本书系海南省社会科学2014年专项重大课题研究项目（编号:HNSK（ZD）-A3）
本书获得海南大学中西部高校综合实力提升专项资金项目“农村经济与管理创新团队”（项目编号：HDZHSL201301）支持和资助

海南省城乡统筹基本公共服务均等化问题研究

王丽娅　吴伟雄◎著

·北京·

图书在版编目（CIP）数据

海南省城乡统筹基本公共服务均等化问题研究/王丽娅，吴伟雄著．

北京：中国经济出版社，2017.11

ISBN 978-7-5136-4877-6

Ⅰ.①海… Ⅱ.①王… ②吴… Ⅲ.①城乡建设—公共服务—研究—海南 Ⅳ.①D669.3

中国版本图书馆 CIP 数据核字（2017）第 234012 号

责任编辑　丁　楠

责任印制　马小宾

封面设计　久品轩

出版发行　中国经济出版社

印 刷 者　北京九州迅驰传媒文化有限公司

经 销 者　各地新华书店

开　　本　710mm×1000mm　1/16

印　　张　18.75

字　　数　336 千字

版　　次　2017 年 11 月第 1 版

印　　次　2017 年 11 月第 1 次

定　　价　68.00 元

广告经营许可证　京西工商广字第 8179 号

中国经济出版社　**网址** www.economyph.com　**社址** 北京市西城区百万庄北街 3 号　**邮编** 100037

本版图书如存在印装质量问题，请与本社发行中心联系调换（联系电话：010-68330607）

目 录
CONTENTS

1

基本公共服务均等化的理论

改革开放以来，我国城乡居民在收入、财产等许多方面的差距不断拉大，已经影响到了经济社会的协调发展。我国正处于经济社会转型的关键时期，如何逐步缩小城乡差距，是一个重大的经济社会问题。目前，城乡之间的差距不仅反映在经济发展水平和居民收入水平上，更反映在政府提供的公共医疗、义务教育等基本公共服务上。农村基本公共服务的缺失、城乡基本公共服务的严重失衡，已成为阻碍城乡统筹发展的突出问题，成为城乡分治的焦点。严重的城乡基本公共服务不均等还会威胁到社会公正理念，带来一系列的社会问题。提高农村的基本公共服务水平，逐步实现城乡统筹基本公共服务均等化，是亟待解决的问题。为此，本书对基本公共服务均等化进行研究，探索实现我国社会均衡发展的有效途径。

1.1 公共服务的内涵

1.1.1 关于公共物品和公共服务关系的不同观点

关于公共物品，西方经济学中有较为充分的论述。非竞争性和非排他性是两个基本特征。完全具备非竞争性和非排他性的产品，属于纯公共物品，而只具备其中的一个特征，或排他性或竞争性不充分的产品，则属于准公共物品。公共物品有狭义和广义之分。狭义的公共物品主要是指能够直接为公众提供安全和社会福利水平的产品，如国防、外交、义务教育、公共卫生、基础设施等；广义的公共物品包括了市场经济中政府的所有职能，包括宏观经济管理、政府管制、反垄断、再分配及狭义的公共物品。

然而，对于公共服务的内涵及其与公共物品的关系，理论界并未给出一个统一的、明确的解释。综合国内外专家学者的论述，可以归纳出以下几种观点：

一是从有形与无形的角度来定义。服务是无形的，产品是有形的，因此有人说政府为民众提供的那些无形的消费服务就叫公共服务，而有形的被称为公共物品。这种直观的理解实际上相当流行，在许多文献中把“公共物品”和“公共服务”并列的做法，在一定程度上就证实了这一点。“服务”从其中文字面来讲，的确常用来特指那些没有实物形态的“产品”，但在“基本公共服务均等化”的特定政策语境中，服务不仅包括“无形”产品，也包括“有形”产品。

二是从政府的性质来理解。在市场经济下，政府要为市场服务，政府的权力来自人民，为人民服务是政府应有的职责。在这一意义上，政府干的所有事情都是公共服务，也即公共服务 = 政府职责，所谓构建服务型政府，即是从这层含义上提出的。

三是从广义公共物品角度来分析。认为公共服务和公共物品是同义的不同表达，没有本质差异。而按照现在对公共物品的广义理解，把法律、制度、秩序、公平正义等纳入公共物品的范围，可以得出：公共服务 = 公共物品 = 政府职能。可见，这种观点与第二种观点只是表述上存在差异，在本质上没有区别。

四是从政府的四大职能来解释。按照中央有关文件的表述，现阶段政府职能有经济调控、市场监管、社会管理和公共服务。公共服务成为国家职能的组成部分，但其不是政府的唯一职能。这是从排除法来定义公共服务，即除了经济调控、市场监管和社会管理之外，政府所干的事情就是公共服务。由于未对公共服务给予一个正面的准确界定，到底什么是公共服务仍显得十分模糊。

五是从直接需求角度来解释。认为满足居民和组织直接需求的都可称为公共服务，满足间接需求的就排除在公共服务范围之内。这个定义并未说明公共服务的实质内涵，其新意在于认为公共服务是为企业发展提供法律、治安、交通等良好的外部环境。

六是从分担居民消费风险的角度来解释。认为公共服务是指政府利用公共权力或公共资源，为促进居民基本消费的平等化，通过分担居民消费风险而进行的一系列公共行为。这种观点实际上是基于公共服务的功能来界定其内涵，但把公共服务的功能局限于分担居民消费风险，则是值得商榷的。

1.1.2 本书中对公共服务的界定

基于对上述各种观点的研究分析，特别是基于“基本公共服务均等化”政策语境，我们认为，公共服务应是政府为满足社会公共需要而提供的各类公共物品。对公共服务的理解，至少应把握如下要点：

第一，从严格意义上讲，公共物品既包括有实物形态的公共物品，也包括无实物形态的公共物品，即公共服务，从而公共服务只是公共物品的部分。但从“基本公共服务均等化”的政策目标分析，作为均等化对象的显然不仅仅是那些无形的公共服务，也包括那些有形的公共物品，如公路与公共交通。基于此，本书把公共服务作为公共物品的同义词使用。

第二，这里的公共服务是一种广义的公共物品，不仅包括公共设施、教育、医疗卫生等服务性产品，也应涵盖社会保障制度、收入分配等。

第三，提供公共服务是政府的责任。确立广义的公共服务概念，并非意味着政府的所作所为都是提供公共服务。公共服务的边界是市场失灵领域，也即社会公众自身无法解决的事项。社会公众自身可以做的事情，即使政府在做，也不能认为是公共服务。同样地，政府没有做的事情，也不能认为就不是公共服务。因此，在界定公共服务范围时，需要注意现实中政府行为存在的“越位”和“缺位”问题。

第四，政府公共服务的对象是为企业发展提供法律、治安、交通等良好的外部环境。这里需要注意的是，要把政府重点提供的公共服务，或称基本公共服务与公共服务本身的概念区别开来。那种把政府为居民提供的服务叫公共服务，而把对企业提供的服务排除在公共服务之外的观点，是值得商榷的。

1.2 基本公共服务的内涵

1.2.1 关于基本公共服务内涵的不同观点

关于基本公共服务的性质，人们的认识和理解并不一致，存在不同的理解，大致有以下几种观点：

一是从民生性和公共服务的技术特征角度，认为基本公共服务是指与民生相关的纯公共服务，除此以外的公共服务都属于一般公共服务。这种观点强调基本公共服务的民生性，无疑是正确的，但其同时把准公共服务包括那些与民生相关的准公共服务排除在基本公共服务之外，则不尽合理。因为一方面，对于“纯”与“准”的公共服务，政府都承担着相应的责任，技术特征（非排他性与非竞争性）并不是区分二者孰轻孰重或者“基本”与“非基本”的依据；另一方面，在现实生活中，真正理论意义上的纯公共服务是少之又少的，甚或是不存在的。

二是从消费需求的层次和同质性的角度，认为“基本”公共服务可以从两个角度理解：首先从消费需求的层次来看，与低层次消费需要有直接关联的即为基本公共服务。层次低的就是基本的，类似于马斯洛解释人的基本需求，吃饱、生存是最基本的需求，安全、穿衣等也是基本需求。基本需求得到保障后，人们追求高档消费就不是基本需求了，有钱多消费，没钱少消费，这不再是政府的职责；其次从消费需求的同质性来看，人们无差异消费需求属于基本公共服务。如对食品和药品的消费，无论是穷人还是富人都要求保证质量安全，尽可能减少对健康带来的危害，这样的消费需求对所有人来说都是一样的。上述两个条件决定了基本公共服务的外延，但“基本”不是绝对的，它会因时间、地点的变化而变化。这种观点指出了基本公共服务的一些基本特征，但问题是仅从消费需求角度来定义基本公共服务的内涵，其口径是否有些狭隘？除非这里的“消费”是一种广义的消费概念。

三是从保护人的基本权利的角度，认为基本公共服务是指建立在一定社会共识基础上，根据一国经济社会发展阶段和总体水平，为维持本国经济社会的稳定、基本的社会正义和凝聚力，保护个人最基本的生存权和发展权，为实现人的全面发展所需要的基本社会条件。基本公共服务包括三个基本点：首先保障人类的基本生存权（或生存的基本需要），为了实现这个目标，需要政府及社会为每个人都提供基本就业保障、基本养老保障、基本生活保障等；其次满足基本尊严（或体面）和基本能力的需要，需要政府及社会为每个人都提供基本的教育和文化服务；最后满足基本健康的需要，需要政府及社会为每个人提供基本的健康保障。随着经济发展和人民生活水平的提高，一个社会基本公共服务的范围会逐步扩展，水平也会逐步提高。

四是从基础性、广泛性、迫切性和可行性四个标准来界定基本公共服务。所谓基础性，是指那些对人类发展有着重要影响的公共服务，它们的缺失将严重影响人类发展。所谓广泛性，是指那些影响到全社会每一个家庭和个人的公共服务供给。所谓迫切性，是指事关广大社会最直接、最现实、最迫切利益的公共服务。所谓可行性，是指公共服务的提供要与一定的经济发展水平和公共财政能力相适应。

五是基于现实性、国际性、法制化、战略性和发展性原则来界定基本公共服务。现实性原则要求从我国现阶段的历史特点出发，根据人民群众最关心、最迫切、最需要解决的问题来确认我国现阶段基本公共服务；国际性原则要求我们，一方面要借鉴国际经验来建立我们的公共服务体系，另一方面在确定我国现阶段基本公共服务时，也需要与国际接轨；法制化原则要求确定我国现阶段的基本公共服务必须依据我国政府的有关法律和政策。战略性原则要求从均等化原则出发界定的基本公共服务，应当是对经济社会发展和实现人的全面发展至关重要的具有“战略性”的公共物品；发展性原则要求当前我国推行基本公共服务均等化的重点应该是缓解基本公共服务供给的地区差距、城乡差距、收入差距。据此，应当把我国现阶段的全国性基本公共服务界定为医疗卫生、基本教育、社会救济、就业服务和养老保险。

1.2.2　本书对基本公共服务的界定

应当说，目前理论界关于基本公共服务的不同界定反映了考察问题的不同视角。实际上基本公共服务本身就是一个“立体物”，从不同角度审视就存在不同的特征。在借鉴理论界现有研究成果的基础上，我们认为基本公共服务是应由政府提供的直接满足社会公众基本公共需求的公共服务，包括以下四个基本要点：（1）基本公共服务对应的是社会公众低层次的或基本的公共需求。在我国现阶段，基本公共服务是指那些与民生直接相关的公共服务，政府提供公共服务目的是满足社会公共需求。按照社会公共需求的层次划分，公共服务可以分为基本公共服务和非基本公共服务。满足其他层次需求的公共服务则属于非基本公共服务。（2）基本公共服务具有需求的无差异性。不同地区、人群之间、城乡之间对这类公共服务的需求具有同质性，与之相对应的非基本公共服务则具有需求的差异性。（3）基本公共服务并非就是纯公共服务，有些准公共服务，只要是与民生直接相关，也应属于基本公共服务范畴。（4）基本公共服务的供给范围受社会成员的基本公共需求与政府供给能力的共同影响和决定，因而存在一个动态的发展过程，具有阶段性特征。

1.3　基本公共服务均等化的内涵

关于基本公共服务均等化的内涵，大多数学者认为，公共服务均等化是我国公共财政制度改革的基本目标之一，是指政府要为社会公众提供基本的、与经济社会发展阶段相适应的、体现公平公正原则的大致均等的公共物品和公共服务。也就是说，在基本的公共服务领域政府应最大限度地满足人们的基本物质需求，尽可能地使人们享有同样的权利。公共服务领域包括公共设施、公共医疗、文化教育、环境保护、社会保障等。

1.3.1　本书对基本公共服务均等化的理解

首先，基于政府基本公共服务供给能力和协调公平与效率关系的考虑，基本公共服务均等化并不等于绝对平均，即所有国人都享有完全一致的基本公共服务，而是在承认地区、城乡、人群存在差别的前提下，保障所有国民都享有一定标准之上的基本公共服务，其实质是强调“底线均等”。均等化的主体是地区、城乡和个人，客体是以上分层次和分阶段的各类（各项）基本公共服务，均等化的重点是盯住落后地区、农村和弱势群体，使他们能够享受最低标准的基本公共服务。当然，这里的“均等底线”即基本公共服务的最低保障标准，是一个动态的指标，要随社会公众的需求和社会经济的发展，特别是财政承受能力的增强而逐步调高。“最低保障标准”逐步调高的过程，既是一个地区间、城乡间和社会群体间基本公共服务消费差距缩小的过程，也是社会整体基本公共服务水平的提高过程。

其次，从社会福利改进的角度来看，即一概尊重消费者主权有时会降低社会福利，“均等化”应兼顾“机会均等”和“结果均等”两个方面。在实现基本公共服务均等化过程中，必须首先确保公众对基本公共服务享有均等的机会，在机会均等的前提下，结果均等的实现程度取决于不同基本公共服务项目的特殊性质。应该指出，由于基本公共服务属于那些对公众自身发展具有基础性、战略性意义的公共服务，对于给予的基准均等的消费机会，理性的选择（追求自身福利最大化）不应是拒绝而是接受。显然，对于那些排斥基本公共服务消费的公众来讲，一定是他们对这些基本公共服务的主观效用评价偏低，低于这些公共服务实际效用，换句话说，这些基本公共服务对他们而言实际上是一种优质品。从社会经济福利改进的角度来说，对于一般公共服务的消费，政府必须尊重消费者的偏好，而对于优质品的消费，政府则需要矫正消费者的偏好。据此我们认为，基本公共服务均等化既应为消费者创造均等的消费机会，也应通过规制和激励的制度安排，如强制性的义务教育、社会保险制度等，保证均等的消费结果。总之，基本公共服务的均等化应是机会均等与结果均等的统一。

1.3.2 基本公共服务均等化的基准

在推进基本公共服务“底线均等”的情况下，必须先界定清楚均等化的“基准”（底线均等标准），这包括两个方面：一是根据什么标准实施均等化，若标准定得太高，不切实际，难以实现；若标准定得太低，又可能难以达到均等化本身预期的缩小差距、推进平衡发展的目的。二是测度指标选择问题，即均等化标准测度的是“投入、产出”还是“效果”？

对于均等化的标准何在，笔者认为有三种理解：一是最低标准，即要保底。“一个国家的公民无论居住在哪个地区，都有平等享受国家最低标准的基本公共服务的权利。”对这个“最低标准”应该理解为就是要政府托一个底，对于诸如普及义务教育、实施社会救济与基本社会保障这类东西，是政府应该提供的，对其应该保证的最低限度的供给，要能满足最低限度的需求，这必须由政府托起来。二是相等的标准，即结果均等。政府提供的基本公共服务，应达到中等的平均水平，使不同条件不同经济发展状况的地区的居民，都能共享改革发展的，平等地享有同等水平的基本公共服务。三是起点相等的标准，即机会均等。地区和个人的天生禀赋有差异，这是不争的事实，但是基本公共服务却应该做到使不同地区的不同禀赋的居民，都能够享有平等发展的权利。这三个标准其实并不矛盾，实际上这是一个渐进的过程，一个逐步发展的动态的过程，应该作为不同发展阶段的目标来选择。在经济发展水平和财力水平还不够高的情况下，一开始首先是低水平的保底，其次提高到中等水平的结果均等，最后的目标是实现机会均等。

对于测度指标选择问题，从国际实践来看，在对公共服务水平的测度中长期使用的是投入指标，同时规定严格的程序控制。结合中国公共服务总体投入不足，地区、城乡差异巨大这一重要事实，考虑到现实可操作性，我国短期内均等化测度的指标重点还是应该放在“投入”类指标上，同时加快完善相关程序控制措施，确保公共资源的投向和利用效率。但是随着公共服务投入的逐步改善，测度的重点要逐步向“产出”和“效果”转变。

1.4 基本公共服务的内容与范围

明确基本公共服务的内容和范围是推进均等化的前提。本书立足于基本公共服务均等化的不同视角，提出基本公共服务内容和范围的界定。

1.4.1 公民权利说

从法律的角度来看，保障人权是国家的义务和政府的责任，基本公共服务均等化是国家（政府）提供的旨在保障公民基本权利得以实现的公共服务，关系到公民的生存权、劳动权、受教育权等基本权利的实现与否及其实现程度。虽然人权事业的全面发展有赖于经济的发展，但人权的普遍实现却不可能完全交由市场机制来完成。市场竞争以经济效率为目标，各国市场经济发展的经验已表明，市场机制在增进效率的同时也会使社会成员享有社会发展成果的差距扩大。而国家作为凌驾于社会之上的政治共同体，享有主权，能够借助其强制力参与国民收入再分配，保证一个国家的公民无论居住在哪个地区，都有平等享受国家最低标准的基本公共服务的权利。因此，纳入均等化目标的公共服务是具有公民基本权利性质的公共服务，任何人的这一权利不能因客观因素的差别而被剥夺。

从公民权利出发，基本公共服务是指政府提供的保障居民最低生存权限和发展权限的服务，是由各种保障公民生存、发展和追求幸福等基本人权的基本公共服务组成的完整体系。因此，基本公共服务均等化可具体体现为：全体公民在基本生存权、基本受教育权、基本就业权、基本居住权和基本健康权等领域享有获得基本公共服务机会的均等。从上述分析可知，公民权利所强调的是机会均等，涉及的基本公共服务范围则主要包括就业和社会保障、义务教育、医疗卫生、基础设施、环境保护和社会安全等。

1.4.2 政府职责说

公共服务型政府是当代政府公共管理的基本模式，“基本公共服务均等化”

的提出标志着国家对“发展理念”的定位从数量指标过渡到质量指标、从外延追求转变到内涵追求、从重点推进回归于系统规划。公共服务型政府作为与政治统治型政府和经济建设型政府相比较的一种政府范型，主要是依据政府的职能范围、履职方式来概括的，是在公民本位、社会本位理念的指导下，在整个社会民主秩序的框架下，通过法定程序，按照公民意志组建起来的以为公民服务为宗旨并承担着服务责任的政府。这意味着，政府要由原来的控制者改变为兴利者和服务者。政府的角色不仅要从统治的角色改变为管理的角色，而且要从管理的角色改变到服务的角色上来。因此，公共服务型政府的基本内涵可以概括为：为全社会提供基本而有保障的公共产品和有效的公共服务，以不断满足广大社会成员日益增长的公共需求和公共利益诉求，在此基础上形成政府治理的制度安排。

由于对政府职责的理解还没有一个统一的观点，因此学者们对基本公共服务范围的界定也众说纷纭。总体来说，主要包括就业和社会保障、义务教育、公共卫生和基本医疗、基础设施、公共交通、公共安全、社会安全、环境保护、科技、文化、国防外交等，似乎凡是政府的职责，就可以纳入基本公共服务的范围。

由联合国统计司公布的，经济合作与发展组织编制的《政府职能分类》，将政府职能分为十个方面，具体包括：一般公共服务、国防、公共秩序和安全、经济事务、环境保护、住房和社会福利设施、医疗保健、娱乐文化和宗教、教育、社会保护。这十个方面是《政府职能分类》的第一个层次，即部门，在部门以下还有两个层次：组和类。部门可视作政府的广泛目标，组和类对实现这些广泛目标的手段进行了细化。

表1－1　政府职能分类

部门	组　类
一、一般公共服务	(1) 行政和立法机关、金融和财政事务、对外事务；(2) 对外经济援助；(3) 一般服务；(4) 基础研究；(5) 研究与发展，一般公共服务；(6) 未分类的一般公共服务
二、国防	(1) 军事防御；(2) 民防；(3) 对外军事援助；(4) 研究与发展，国防；(5) 未分类的国防服务
三、公共秩序和安全	(1) 警察服务；(2) 消防服务；(3) 法院；(4) 监狱；(5) 研究和发展，公共秩序和安全；(6) 未分类的公共秩序和安全
四、经济事务	(1) 一般经济、商业和劳工事务；(2) 农业、林业、渔业和狩猎业；(3) 燃料和能源；(4) 采矿业、制造业和建筑业；(5) 交通；(6) 通信；(7) 其他行业；(8) 研究和发展，经济事务；(9) 未分类的经济事务
五、环境保护	(1) 废物管理；(2) 废水管理；(3) 减轻污染；(4) 保护生物多样性和自然景观；(5) 研究和发展，环境保护；(6) 未分类的环境保护
六、住房和社会福利设施	(1) 住房开发；(2) 社区发展；(3) 供水；(4) 街道照明；(5) 研究和发展，住房和社会福利设施；(6) 未分类的住房和社会福利设施

续表

部门	组 类
七、医疗保健	（1）医疗产品、器械和设备；（2）门诊服务；（3）医院服务；（4）公共医疗保健服务；（5）研究与发展，医疗保健；（6）未分类的医疗保健
八、娱乐、文化和宗教	（1）娱乐和体育服务；（2）文化服务；（3）广播与出版服务；（4）宗教和其他社区服务；（5）研究和发展，娱乐、文化和宗教；（6）未分类的娱乐、文化和宗教
九、教育	（1）学前和初等教育；（2）中等教育；（3）高等教育；（4）中等教育后的非高等教育；（5）无法定级的教育；（6）教育的辅助服务；（7）研究和发展，教育；（8）未分类的教育
十、社会保护	（1）疾病和残疾；（2）老龄；（3）遗属；（4）家庭和儿童；（5）失业；（6）住房；（7）研究和发展，社会保护；（8）未分类的社会保护

资料来源：国际货币基金组织《2001 年政府财政统计手册》。

在借鉴经合组织与联合国政府职能分类的基础上，依据我国的具体国情，《政府收支分类改革方案》将政府支出划分为十七类：一般公共服务、外交、国防、公共安全、教育、科学技术、文化体育与传媒、社会保障与就业、社会保险基金支出、医疗卫生、环境保护、城乡社区事务、农林水事务、交通运输、工商业金融等事务、其他支出、转移性支出。该方案反映了我国政府对政府职能的基本认识。

1.4.3 现实需求说

从基本公共服务的需求层面来看，基本公共服务需求不仅受到气候、自然条件及历史文化传统等诸多因素的制约，在经济社会发展的不同阶段，社会公众对基本公共服务的需求重点也有所不同。改革开放 30 多年，我国的国内生产总值不断增长，目前已跃居世界第二位，财政收入不断扩大。伴随着这些发展成绩的同时是城乡差距、地区差距、群体差距、个人差距的不断加大，正处在以生存为主的社会向以发展为主的社会转变的关键时期，全社会公共需求快速增长同公共服务不到位、公共产品短缺之间的矛盾越来越突出。为适应这个现实需求，中央政府明确提出了要逐步实现“基本公共服务均等化”的目标，以解决不断出现的“四大差距”。

基于经济学理论和我国目前经济社会的发展水平，基本公共服务范围主要包括就业和生活保障、公共卫生和基本医疗、义务教育、社会保障、公共安全、环境保护等，个别学者认为还应包括基础科研服务和行政管理服务等。

《国家基本公共服务体系“十二五”规划纲要》中从现实需求的角度界定的基本公共服务范围，包括保障基本民生需求的教育、就业、社会保障、医疗卫生、计划生育、住房保障、文化体育等领域的公共服务，广义上还包括与人民生活环境紧密关联的交通、通信、公用设施、环境保护等领域的公共服务，以及保障安全需要的公共安全、消费安全和国防安全等领域的公共服务。

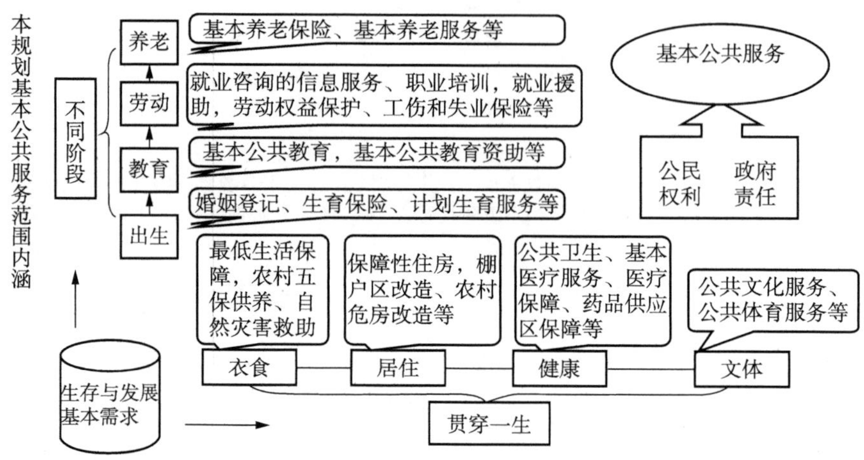

资料来源：国家发改委《国家基本公共服务体系“十二五”规划》

图 1-1　国家基本公共服务体系“十二五”规划

综上可见，基于不同视角所形成的对基本公共服务范围的界定虽然莫衷一是，难以统一，但三种观点均认为基础教育、公共卫生与基本医疗、就业与社会保障、公共文化、基础设施建设、生态环境保护和社会安全应属于基本公共服务的范围，口径的分歧主要在于科学技术、国防安全和行政管理等环节。

1.5　影响基本公共服务范畴的因素

基本公共服务的内容和范围不是一成不变的，它是随着国家（地区）经济的发展水平和人民群众日益增长的公共服务需求而不断发展变化的。

1.5.1　居民的公共服务意识

人们的社会意识一般随着社会的发展而发展，社会的文明程度越高，其对公共服务均等化的要求也越高。公共物品的消费是人们在基本物质生活条件得到满足之后而延伸、发展的高层次需求。社会文明发育程度无疑对公共物品的需求有直接影响，文明程度越高的国家（地区）对公共物品的需求规模就越大，水平也越高。在工业文明非常发达的西方国家，国民对公共安全、交通、卫生、教育、环保都有较高的要求，而在一些文明程度低的社会里，人们对教育的要求低，没有改变环境的过高要求，相互之间的物质往来、信息交流量很小，因而对公共交通、通信也没有太多或太高的要求。

同时，居民收入水平及其变化情况直接影响着社会的物质文化消费需求的规模、结构和水平。在公共物品消费领域，居民的收入水平越高，对教育、卫生、旅游、环境以及其他社会福利保障等方面的需求数量、水平也越高。当居民收入水平处在比较低的层次上时，公众对公共物品的需求较小，随着收入水平的提高，公共消费需求会以高于收入增长的速度增长。

当我国的发展逐步迈向一个富裕、文明的经济社会，当个体通过形成自主性和独立性而达到一定程度之后，人们心理需要的层次将逐渐上升。因此，在居民的公共服务意识不断增强的情况下，公共服务均等化程度随着经济的增长而成为可能。

1.5.2 当地经济发展水平与财力状况

地方经济发展水平与财力状况强力地影响着该地区基本公共服务的供给。地方政府的财政支付能力在很大程度上决定了公共服务的供给和质量。在我国，政府对公共物品拥有的控制权，使公共物品供给能力的形成历来依赖政府的财政投入，公共领域的供给和质量一般总是与政府的财政预算成正比。一般来说，哪里政府的财政投入越多，哪里的公共经济环境就越好，如北京、上海、广州、深圳、厦门等城市的公共物品供给数量和水平都远在全国平均水平之上，关键就是这些地方政府财政支付能力居全国前列。一些落后国家和地区的公共经济不发达，其中重要原因就是那里的政府财政经常处于捉襟见肘之中。

公共经济资源决定公共物品的供给结构。一个国家和地区的经济结构和发展水平在很大程度上受当地资源的制约。公共经济虽然与私人部门的有形物品生产不同，它不完全受矿产、能源、交通位置、土地物产等自然资源的约束，但是它受自身需要消耗的资源约束。除政府的财政预算外，人才、科技、文化、习俗、地理环境条件等都可以说是重要的公共经济资源，一个国家和地区的公共物品供给的内部结构往往与这些资源条件密切相关。

1.5.3 秉持的价值理念

由于所秉持的价值理念不同，不同国家（地区）提供的基本公共服务也有所不同。在自由主义盛行的国家（地区），如美国，由于受自由主义、新教伦理等价值理念的影响，比较强调个人的责任和义务，在公共服务的供给上更重视和依赖市场的作用，认为市场才是利益与财富分配的主要决定因素。从普通的社会成员，到决策者，更不用说是资方等强势的利益集团，几乎都认为个人要对自己负责，国家只应帮助少数不能自助的人，过多的福利不仅会滥用纳税人的财富，还会导致“养懒汉”现象的频繁发生。因此，“在福利保障制度方面，美国反对以平等和福利为目的的收入再分配政策，而更倾向于减少税收，以私营机构等非政府机构来管理有关社会保障的公共事务，并且倾向于政府决策分散化，加强地方政府的作用”。

而在秉持社会民主主义的国家（地区），如瑞典，由于对团结、合作、平等社会民主主义理念的追求，政府在基本公共服务和社会福利中的责任被强调很多，把为每个社会成员谋福利看作社会的责任，主要由国家而不是市场来对公共服务进行再分配，并且通过把各种社会福利和社会服务普遍化、法律化的方式将福利制度变成了基本的国家制度，所提供的公共服务覆盖面广、标准高。

1.5.4 制度环境的差异

历史文化传统、制度环境等差别对于基本公共服务制度走向有重要影响。历史制度主义认为，制度塑造了行动者的偏好和动机，为行为提供了外在框架：许多不同的制度所形成的制度环境会影响到行动者的行为，制度环境之间的差异会反映到行动者的行为中去；反之，行动也会改变制度和制度环境，引起制度变迁，甚至导致新制度的产生。由于环境差异的存在，无论是党派之间的较量，还是不同社会群体之间力量的对比、互动方式、进行政治行动所能产生的结果等，都有很大差异。不同的国家（地区）在政党制度、选举制度等方面都存在很多差异，导致在制度环境上亦存在很大的不同。比如，主张高福利的瑞典社民党可以在其国内获得长期、有效的支持；而美国的民主党在医疗改革中却屡战屡败，历时数十年、多次推动全民医疗的实现也未果。

历史制度主义认为，关键节点不仅是制度变迁的断裂期，也是新的历史发展道路上的重要转折点。各国的历史发展道路和制度建设之所以会呈现出各种不同的形态，一个重要的原因就在于在其制度变迁的关键节点时期内各种政治变量呈现出了不同的组合，导致各国在关键节点时期形成了差异性的制度结构，这些制度结构在路径依赖机制的作用下，促使各国走上了不同的发展道路。

1.6 基本公共服务均等化的评价方法

现代经济学中，有很多度量不均等程度的指标和方法。当前国内外比较著名的不均等程度测量指标主要有基尼系数、泰尔指数、变异系数等。这些指标的计算方法不尽相同，其优点和缺点也是同时存在的，每一种指标的使用都是与具体的应用环境分不开的。

1.6.1 基尼系数法

基尼系数是一个经济学概念，最初是于 20 世纪初由意大利经济学家基尼

(Gini) 根据洛伦茨曲线提出的，用来分析国民收入规模分配格局的方法，特别是用来分析居民户之间收入分配的均衡性和差异性程度。基尼系数是在洛伦兹曲线的基础上总结出的测量收入距的指标。洛伦兹曲线（见图1－2）原本用于衡量收入和财富分配的不平等程度，现在已经广泛应用于衡量收入分配、地区差异、产业集中度等领域。

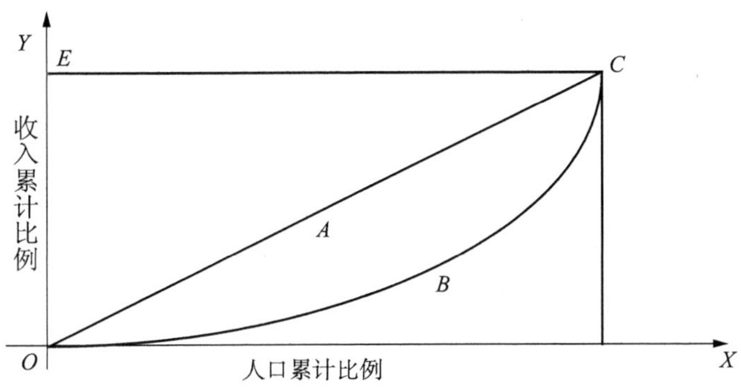

图1－2　洛伦兹效曲线

横坐标为累计人数/家庭数百分比，纵坐标为累计收入数百分比，设实际收入分配曲线和收入分配绝对平衡曲线之间的面积为 A，实际收入分配曲线右下方面积为 B，并以 A 除以 $A+B$ 的商表示不平等程度，这个数值被称为基尼系数，实际分配曲线称为洛伦茨曲线。如果 A 为0，基尼系数为0，表示收入分配绝对平等；如果 B 为0则系数为1，表示收入分配绝对不平等。该系数可在0和1之间取任何值。收入分配越是趋向平等，洛伦茨曲线的弧度越小，基尼系数也越小；反之，收入分配越是趋向不平等，洛伦茨曲线的弧度越大，那么基尼系数也越大。由于基尼系数可以比较客观、直观地反映和监测居民及各阶层群体之间的贫富差距，预测、预警居民之间出现的贫富两极分化的质变临界值，克服了其他方法的不足，是衡量贫富差距最可行的方法，因此得到了世界各国的广泛认同和采用。

基尼系数最初是作为一个表达分布不均等的指标而提出的。在很长的一段时间内，人们只是把它和方差或标准差当成作用类似的分布不均等的指标。当经济学家必须从中选择一个指标，就会发现：若不考察这些指标的社会福利含义，就很难判断哪个指标比其他的指标更为合适。因此，经济学家便开始考察各种不平等指标和社会福利函数之间的关系。现在经济学家已经发现许多不平等指标与社会福利函数之间存在直接但又不是一目了然的关系。这些发现还表明，不平等的程度越高，不平等所导致的社会福利损失就越大。这些理论上的发现使基尼系数的社会福利含义更为清晰。

从基尼系数问世以来，有关基尼系数的研究已经历了八十多年的历程。在过去八十多年中，基尼系数成为经济学中度量经济不平等的主要指标。这个指标已为许多经济学家所通晓，并在实证研究和政策分析中得到广泛的应用。国内外学者对于基尼系数在经济领域中的应用、算法及其局限性展开了深入研究。并随着研究的深入，基尼系数的应用领域也在逐步扩展，在经济领域中，基尼系数不但可以描述收入分配的集中度，还可以描述经济中财产和资本的集中度；除经济领域外，还被应用在人口、工业的地理分布以及地震预测等领域来描述人口的地理分布集中程度、工业的地理分布集中程度、专业产品生产的集中程度以及地震活动的集中程度等。基尼系数是在 20 世纪初由意大利经济学家基尼提出的。它是从洛伦兹曲线推导出来的反映收入分配差距程度的一个指标。基尼系数把洛伦兹曲线所表示的收入差距量化，适用洛伦兹曲线与绝对平均线之间所围成的面积大小来度量收入差距的，也就是用洛伦兹曲线的弯曲程度来度量收入分配的，是国际上通用的反映收入差距的重要指标。

1.6.2 极差法

极差（range）法是最常见、最普遍的测量横向公平的方法。它是一组数中最大数与最小数的差。这个差越大，说明不均等水平越高，即差异越大。极值方法由于仅仅用到一组数中的两个，忽略了所有其他个体的特征，特别是它仅用最大值与最小值的差显现这组数据的特征，因而很难反映或描述这组数据的整体特征。极差法之所以得到广泛应用，除了其简单、明了之外，主要是易于被非专业人士所理解与引用，而且这个数通常较大，因而容易引起震惊。正基于此，该测量方法通常用于政治领域的相关现象的描述，目的是对现存体制提出挑战，并且因为其夸张性而能够引起利益相关者的共鸣。不过，从描述一组数据的整体特征的角度上说，这个测量方法是最不准确、最不恰当、最不科学的方法。

受限极差（restricted range）是在修正简单极差后形成的一个新统计量，既保持了简单极差易于理解与掌握的特征，又改进了其不足。受限极差的计算是首先删除一组数据中的最大值与最小值，其次再计算剩下这组数据的简单极差。

简单极差与受限极差都存在一个共同缺点，即对测量尺度非常敏感。联邦极差比率（federal range ratio）正是为消除这种对测量尺度过于敏感而设计的一个测量方法。其计算方法是删除一组数据中处于最上端与最下端的 5% 后，计算此组数据的简单极差并被第 5 个百分位上的数除，即联邦极差比率为 $(X_{95th}-X_{5th})/X_{5th}$。

1.6.3 变异系数法

变异系数又称离散系数，是衡量资料中各观测值变异程度的一个统计量，是指总体中单位样本值变异程度的相对数，是绝对差异与平均值之比，因为在标准差的基础上进行计算的一个统计指标，所以也被称为标准差系数。

当进行两个或多个资料变异程度的比较时，如果度量单位与平均数相同，可以直接利用标准差来比较。如果单位和（或）平均数不同时，比较其变异程度就不能采用标准差，而需采用标准差与平均数的比值（相对值）来比较。标准变异系数是一组数据的变异指标与其平均指标之比，它是一个相对值，没有单位，其大小同时受平均数与标准差的影响，在比较两个或两个以上样本变异程度时，变异系数不受平均数与标准差大小的限制、变异系数越大，波动程度就越大。

标准差是样本中的各变量值与其均值的离差平方的平均值的算术平方根，它能精确反映各地区经济指标的离散程度，各地区经济指标绝对差距越大，标准差也就越大。变异系数在标准差的基础上，考虑到每组样本基数大小不同，为了剔除由于基数大小不同造成的影响，因此变异系数是以样本标准差除以样本平均值，其计算公式为

$$CV = \frac{\sigma}{\overline{X}}, \sigma = \sqrt{\sum_{i=1}^{n} \frac{(x_i - x)^2}{n}}$$

其中，n 为样本数量，xi 表示 i 地区的样本值，$\bar{x}$表示样本的平均值，σ 表示标准差，该指标运用了所有地区的数据，因此所包含的信息量较为充分。实际运用中一般使用加权变异系数也叫威尔逊系数。其公式为

$$Vu = \frac{1}{x'} \times \sqrt{\sum_{i=1}^{n} \frac{(x_i - x)^2 p_{\mathrm{i}}}{p}}$$

其中，x_i，x'，p_i，p 分别是 i 地区人均 GDP、背景区域人均 GDP、i 地区人口和背景区域总人口。V_u 越大，不平衡性就越大。

变异系数法是直接利用各项指标所包含的信息，通过计算得到指标的权重，是一种客观赋权的方法。此方法的基本做法是：在评价指标体系中，指标取值差异越大的指标，也就是越难以实现的指标，这样的指标更能反映被评价单位的差距。

1.6.4 泰尔指数法

泰尔指数（Theil index），最早是由荷兰经济学家 H. Theil 在 1967 年提出，当时主要是用来计算收入的非均等化即不平衡性。因为泰尔指数是衡量非均等化

程度的一个综合指标。随后，泰尔指数被广泛应用，特别是在国外，运用在测算城乡收入差距方面。泰尔指数具备一个好的相对指标的所有优点，包括匿名性、齐次性、人口无关性和强洛伦兹一致性等。它可以将总体差异分为不同区域的组内差异和组间差异，总体差异的形成可以通过组内差异和组间差异来反映出来，即总体差异在多大程度上由组内差异引起或者由组间差异引起，从而可以进行层层的剖析。泰尔指数介于0～1，越接近于0说明非均等化程度较小；反之，越接近于1，显然非均等化程度较高。

泰尔指数基本公式 $$G = \frac{1}{n}\sum_{i=1}^{n}\log\frac{y_i}{}$$

指数分解为组间和组内差距，其分解公式为

$$G = I_w + I_b$$

$$G = \sum_{g=1}^{G}\frac{N_g}{N}\Big[\sum_{i\in S_g}\frac{1}{N_g}\log\frac{\bar{y}_g}{y_i}\Big] + \sum_{g=1}^{G}\frac{N_g}{N}\log\frac{\bar{y}}{y_g}$$

N 为样本总数，将样本分为 G 组，N_g 为第 g 组的样本个数，$\bar{y}_g$ 为第 g 组的收入均值，y_i 为第 i 个样本的收入。

泰尔在20世纪50年代和60年代分别提出了两个计算公式：泰尔 U 系数和泰尔 T 系数。其计算公式分别为

$$U = \frac{\sqrt{\frac{\sum (x_i - y_i)^2}{n}}}{\sqrt{\frac{\sum x_i^2}{n}} + \sqrt{\frac{y_i^2}{n}}}$$

U 值在0～1变动，若为0，表示完全平等；若为1，表示完全不平等。

$$T = \sum_{i=1}^{n}\frac{y_i}{y}\log\frac{\frac{y_i}{y}}{\frac{x_i}{x}}, y = \sum_{i=1}^{n}y_i, x = \sum_{i=1}^{n}x_i$$

其中，n 为地区数量，x_i 是按各地区人均收入的份额从低到高的顺序排列的，y_i 为各地区的人均收入。T 值在0～$\log N$ 变化。若 T 值为0，表示最大平等；若为 $\log N$，表示最大不平等。

由于泰尔 T 系数具有可分解性，不仅能判断整体差异水平，还可以区分组内差距和组间差距，并分析二者对整体差距的贡献，另外由于其涉及对数运算，可选用不同正数作底，其结果只具有相对意义，因此实际操作中多利用泰尔 T 系数分解后的计算公式

$$T_n = T^* + T = \sum_{i=1}^{n}Y_i\log\frac{Y_i}{p_i} + \sum_{i=1}^{n}\Big(\sum_{j=1}^{m}Y_i\log\frac{Y_{ij}}{p_{ij}}\Big)$$

T_n、T^*、T 分别表示总体区域差异、地带间的差异、地带内的差异，i 表示地带，n 为总的地带数，j 为地带内子区域，Y_i 表示第 i 地带的 GDP 占全国 GDP 的比重，P_i 表示第 i 地带人口占全国总人口的比重，Y_{ij} 表示第 j 省 GDP 在第 i 地带 GDP 中所占比重，P_{ij} 表示第 j 省人口在第 i 地带人口中所占比重。

2

我国城乡统筹基本公共服务均等化的现状与存在问题

改革开放30年以来，我国经济发展迅速，取得了巨大成就，人民的生活水平也得到了极大的改善。中国已经由生存型社会进入了发展型社会，这种发展直接表现为对基本公共服务的需求。但由于我国经济、社会发展极不协调，城乡发展差距进一步拉大，社会贫富分化日益严重。人民群众对于公共服务产品的需求上升与政府供给不充分的矛盾，是我们面临的突出问题。基本公共服务非均等化的态势不断扩大，这已经成为全面建设小康社会、促进社会协调发展的重要制约因素。党的十六届三中全会提出“完善公共财政制度，逐步实现基本公共服务均等化”，这是在经济转轨和社会转型的关键时期提出的重大战略决策。在十七大报告中，党与时俱进地提出“围绕推进基本公共服务均等化和主体功能区建设，完善公共财政体系”。十八大报告更加系统地指出“加快完善城乡发展一体化体制机制，着力在城乡规划、基础设施、公共服务等方面推进一体化，促进城乡要素平等交换和公共资源均衡配置，形成以工促农、以城带乡、工农互惠、城乡一体的新型工农、城乡关系”。党的十八届三中全会从制度体制层面高瞻远瞩地作出部署“紧紧围绕更好保障和改善民生、促进社会公平正义深化社会体制改革，改革收入分配制度，促进共同富裕，推进社会领域制度创新，推进基本公共服务均等化，加快形成科学有序的社会治理体制，确保社会充满活力又和谐有序”。综合党和国家的发展战略，城乡基本公共服务均等化已成为我国社会转型时期改善和保障民生、转变经济发展方式、全面进行社会建设的战略主题。基于城乡之间公共服务的巨大差距和国家层面对基本公共服务建设的重视，社会各界对基本公共服务均等化的关注和讨论也越来越多。在“三化”建设深入推进，社会矛盾日益凸显的今天，对城乡基本公共服务均等化的体制机制障碍进行研究和探讨，具有深刻的现实意义和理论价值。

目前我国城乡基本公共服务均等化的内容包括义务教育、医疗卫生、社会保障、基础设施、公共安全、公共文化等内容。从我国目前实际的发展情况来看，城市和农村对于公共服务在具体内容和需求上还是有差别的。一方面，城乡居民对诸如义务教育、医疗卫生等基本公共服务项目有着相同的需求；另一方面，由于城乡在经济发展水平、社会环境、历史人文等方面都存在差别，城乡居民对于公共服务的需求也存在一定的差异。因此，考虑到城乡居民对于公共服务的基本需求和方便对城乡基本公共服务进行对比分析两个因素，本章将我国城乡基本公共服务的范围界定为城乡最基本、最急需的“共需型”公共服务。具体内容包括义务教育、医疗卫生、社会保障和基础设施四个方面。

2.1 我国城乡统筹义务教育服务均等化的现状与问题

在社会基本公共服务体系中，义务教育是一项重要内容。威廉·配第、亚当·斯密等经济学家在其经济思想中都将义务教育纳入公共服务的范畴，认为义务教育的支出是政府公共机构支出的重要内容。义务教育的公共服务性决定了它应该由政府来组织提供并负责调节，而在实践过程中，提供均等化的义务教育公共服务有着重要的意义。对于受教育者来说，义务教育是最为特殊、最为基础的教育阶段，义务教育水平的高低对国民未来的生存、技能提高起着基础性作用；对于社会公平来说，义务教育均等化有利于促进社会稳定发展，政府提供均等的义务教育，为处于弱势状态的群体提供了向上层流动的机会，维护了社会的公平性和稳定性。

2.1.1 我国城乡统筹义务教育服务均等化的现状

1. 我国财政对教育的投入现状

教育作为支撑国家长远发展的基础性、战略性投资，是公共财政保障的重点。党中央、国务院始终坚持优先发展教育，高度重视增加财政教育投入，近年来先后出台了一系列加大财政教育投入的政策措施。在各地区、各有关部门的共同努力下，我国财政教育投入持续大幅增长。

2010 年全国教育财政支出为 12550.02 亿元，占全国财政支出的 13.96%，2011 年全国教育财政支出为 16497.33 亿元，占全国财政支出的 15.1%，2012 年全国教育财政支出为 21242.1 亿元，占全国财政支出的 16.87%，2013 年全国教育财政支出为 22001.76 亿元，占全国财政支出的 15.69%，2014 年全国教育财政支出为 23041.71 亿元，占全国财政支出的 15.18%。从教育财政支出的绝对数上来看，2010—2014 年，教育财政投入呈现逐年上升趋势。但是从占总财政支出的比例上来看（图 2－1），2010 年教育财政支出占总财政支出比呈现上涨趋势，2012 年后有所下降。目前，教育支出已经成为公共财政的第一大支出。

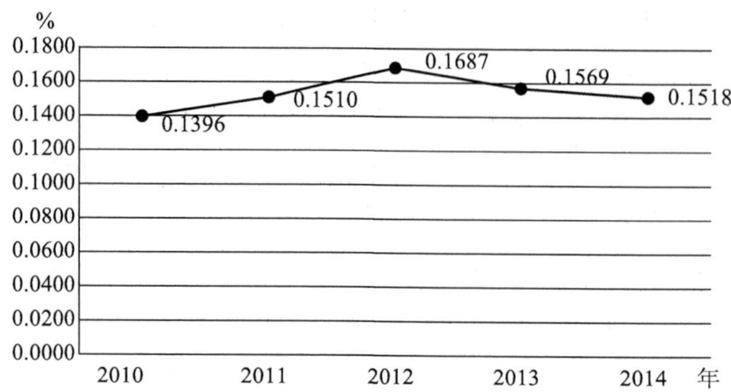

图 2－1　2010—2014 年我国教育财政支出占总财政支出比

资料来源：《中国统计年鉴 2011—2015》。

图 2－2 是 2010 年至 2014 年我国财政性经费占 GDP 的比重。总体来看，财政性教育经费占 GDP 比重呈现上涨趋势。2010 年，我国财政性教育经费占 GDP 比例为 3. 55%，2011 年增长至 3. 8%，为了实现《国家中长期教育改革和发展规划纲要(2010—2020 年)》明确提出的到 2012 年实现国家财政性教育经费支出占国内生产总值比例达到 4% 的目标，国务院发表关于《进一步加大财政教育投入的意见》(国发〔2011〕22 号)，该意见明确指出，必须充分认识加大财政教育投入的重要性和紧迫性，拓展经费来源，合理安排使用财政教育经费。2012 年，我国财政性教育经费为 22236. 23 亿元，占 GDP 比例 4. 28%，比上年的 3. 8% 增加了 0. 48 个百分点，持续了 20 年的“追 4”行动如期实现，成为中国教育发展史上的重要里程碑。2013 年，财政性教育经费占 GDP 比较 2012 年略微上涨，为 4. 3%。2014 年国家财政性教育经费为 26420. 58 亿元，比 2013 年的 24488. 22 亿元增长 7. 89%，占国内生产总值 GDP 比例为 4. 1%，比 2013 年的 4. 11% 降低了 0. 01 个百分点。国家财政性教育经费已连续三年占 GDP 比例超过 4%，达到了国际标准。

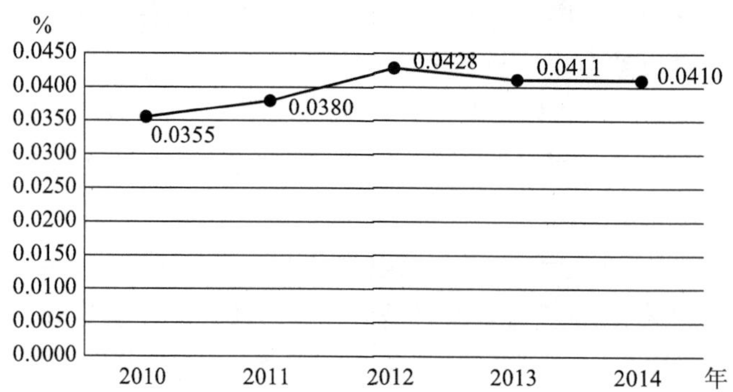

图 2－2　2010—2014 年我国财政性教育经费占 GDP 比重

资料来源：《中国统计年鉴 2011—2015》。

2. 我国城乡义务教育经费投入差异现状

表2－1是2000年至2014年我国义务教育生均公共财政预算教育事业费。其中，“普通小学”和“普通初中”表示全国平均水平。总体来看，农村义务教育生均公共财政预算教育事业费要低于全国平均水平，但是与全国平均水平的差距在逐年减小。2000年，全国普通小学生均公共财政预算教育事业费是农村的1.19倍，全国普通中学生均公共财政预算教育事业费是农村的1.27倍，到了2014年，农村基本达到全国平均水平。目前，我国城乡义务教育事业费基本上实现了均等化的供给。

表2－1　2000—2014年义务教育生均公共财政预算教育事业费

年份	普通小学（元）	普通小学：农村（元）	全国/农村（倍）	普通初中（元）	普通初中：农村（元）	全国/农村（倍）
2000	491.58	412.97	1.19	679.81	533.54	1.27
2001	645.28	550.96	1.17	817.02	656.18	1.25
2002	813.13	708.39	1.15	960.51	795.84	1.21
2003	931.54	810.07	1.15	1052.00	871.79	1.21
2004	1129.11	1013.80	1.11	1246.07	1073.68	1.16
2005	1327.24	1204.88	1.10	1498.25	1314.64	1.14
2006	1633.51	1505.51	1.09	1896.56	1717.22	1.10
2007	2207.04	2084.28	1.06	2679.42	2433.28	1.10
2008	2757.53	2617.59	1.05	3543.25	3303.16	1.07
2009	3357.92	3178.08	1.06	4331.62	4331.62	1.00
2010	4012.51	3178.08	1.26	5213.91	5213.91	1.00
2011	4966.04	4764.65	1.04	6541.86	6207.10	1.05
2012	6128.99	6017.58	1.02	8137.00	7906.61	1.03
2013	6901.77	6854.96	1.01	9258.37	9195.77	1.01
2014	7681.02	7403.91	1.04	10359.33	9711.82	1.07

资料来源：《中国统计年鉴2001—2015》。

3. 城乡义务教育办学条件差异现状

表2－2反映了2014年城乡中小学办学条件的差异。从表2－2中可以看出，小学人数镇区和乡村明显高于城区，但是初中学生人数中，乡村明显小于城区和镇区，仅占城区初中学生的50%左右，还不到镇区初中学生的一半。说明乡村初中教育还是与城镇存在较大的差异。在生均危房面积、生均计算机数量和固定资产总值这些方面，无一不显示出城乡义务教育办学条件的差异，农村义务教育

在办学条件方面处于明显劣势。对于生均图书藏量，小学的城乡生均图书藏量差别不大，但是在初中教育中，农村生均图书藏量明显高于城镇生均图书藏量，乍看之下，似乎体现了我国农村在办学条件上相对于城镇的优势。但是，随着计算机在教育系统中的推广，城镇学校越来越多地应用到电子书籍，因此图书藏量的增长逐渐缓慢下来，这也正是数据中农村初中生图书藏量高于城镇的原因。

表 2－2　2014 年城乡小学和初中办学条件对比

类别	项目	学生数（万人）	生均危房面积（平方米）	生均计算机（台）	生均图书藏量（册）	生均固定资产总值（万元）
小学	城区	2943.25	0.06	0.11	20.44	0.82
	镇区	3457.96	0.15	0.08	18.45	0.66
	乡村	3049.86	0.44	0.08	20.43	0.73
初中	城区	1468.70	0.08	0.154	28.18	1.49
	镇区	2167.48	0.27	0.12	28.80	1.24
	乡村	748.46	0.61	0.147	38.14	1.35

资料来源：根据《中国教育统计年鉴 2015》相关数据计算。

4. 城乡义务教育师资水平差异现状

表 2－3 是我国 2014 年中小学专任教师学历情况，即从师资质量角度反映我国城乡义务教育师资水平的差异。总体来看，城区的中小学师资力量明显强于镇区和乡村。小学中，城区教师研究生学历人数为 20119 人，镇区为 4077 人，乡村仅为 2929 人，城区是农村的近 7 倍（6.87）；镇区和乡村小学教师的学历大多集中在专科毕业，其次是本科毕业，而城区小学教师的学历大多为本科毕业，其次是专科毕业。初中教师中，城区研究生学历教师数为 40837 人，镇区为 10543 人，乡村为 3395 人，城区为乡村的 12 倍（12.03）。由此可见，城乡中小学专任教师学历的差距是非常大的，表明我国城乡义务教育师资质量上，乡村和城市存在巨大的差距。乡村师资力量不应该只注重数量，更要注重品质，我国在乡村师资上应加大投入和管理。

表 2－3　2014 年中小学专任教师学历情况　　单位：人

地区	小学				初中			
	研究生毕业	本科毕业	专科毕业	高中毕业	研究生毕业	本科毕业	专科毕业	高中毕业
城区	20119	937535	546862	54317	40837	922188	131750	1876
镇区	4077	771712	1012305	169280	10543	1267726	419641	8580
乡村	2929	611871	1153907	342207	3395	472383	203527	5426

资料来源：根据《中国教育统计年鉴 2015》整理得出。

2.1.2 我国城乡统筹义务教育服务均等化存在的问题

1. 我国财政对教育的投入力度尽管有很大改善但差距还是比较明显

虽然党中央、国务院始终坚持优先发展教育，高度重视增加财政教育投入。尤其在近几年，加大对教育的财政性投入，2012 年，我国财政性教育经费占 GDP 比例首次突破 4%，成为中国教育发展史上具有重要意义的一年。但是我国早在 1993 年就提出要在 2000 年实现国家财政性教育经费占 GDP 的 4% 的目标，而 2000 年我国财政性教育经费仅占 GDP 的 2.87%，远远没有达到 4% 目标。我国用了 12 年的时间，到 2012 年才达到 4% 的目标，可见在教育经费的投入上还是投入不足投入增长较慢。图 2－3 是我国 1999 年到 2014 年国家财政性教育经费占 GDP 得比重折线图，从图中也可以看出，我国财政教育经费的投入增长缓慢，甚至在 2002 年之后出现下降趋势。虽然到了 2012 年，我国财政性教育经费达到了 4.28%，但是与发达国将相比，差距还是非常明显，在国家财政性教育投入上，目前世界平均水平为 7%，其中发达国家为 9% 左右，经济欠发达的国家也达到了 4.2%。由此可见，我国在教育经费上财政财力投入不足问题还是比较严重的，教育经费的投入不足是教育制约教育发展的决定性因素，我国必须加大对教育的财政投入，保障教育事业的大力发展。

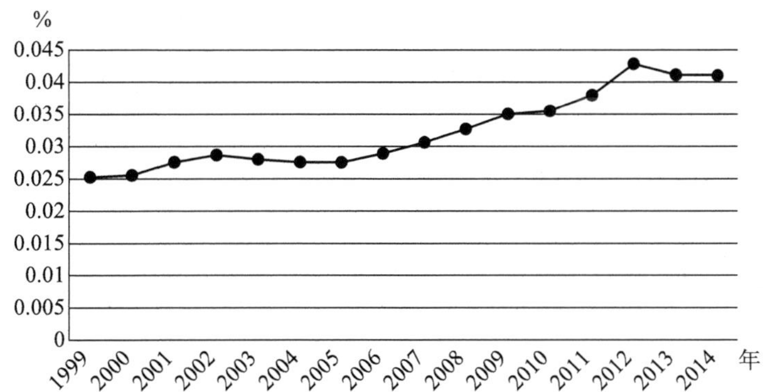

图 2－3 1999—2014 年我国财政性教育经费占 CDP 比重

资料来源：根据《中国统计年鉴 2000—2015》整理得出。

2. 我国城乡义务教育财力资源配置失衡

长期以来，我国一直实行城乡二元结构的管理体制，造成了我国城乡经济社会发展的巨大差异。在义务教育领域，自我国 1986 年实施义务教育法以来，在相当长的一段时期内，我国义务教育投入主要由乡级政府来承担。随着 1987 年“财政大包干”体制的进一步施行，以及 1994 年分税制改革的实施，使财政收入重心上移，县乡财力水平明显下降，这也直接导致了农村义务教育财力供给的不足。为了保障对农村义务教育的投入，促进义务教育体制改革，国务院在2001年出台了相关政策，提出在国务院领导下，对农村义务教育采取地方政府负责、以县为主的管理体制。虽然在财政投入上由“以乡为主”上升到了“以县为主”，财力保障水平有了进一步的提升，但由于义务教育资金缺口太大，县级财力尤其是一些贫困县根本无法满足义务教育发展的需求。义务教育经费主要由地方政府（主要是县级政府）负担，而中央政府只负担较小的比例，这与各级政府的财力水平极不协调。针对农村义务教育经费短缺的状况，2005年末，国务院发布了《关于深化农村义务教育经费保障机制改革的通知》，对农村义务教育阶段学生实施免除学杂费，向贫困家庭学生免费提供教科书等政策，对于免除的项目经费，由中央和地方政府按一定比例承担，这一改革措施被称为农村义务教育经费保障新机制。新机制有效地缓解了农村义务教育经费供给不足的问题，尤其对广大中西部地区，中央财政倾斜力度更大，农村义务教育经费在保障上更加明确和具体。

由于过去我国农村义务教育长期实行以“县”“乡”为主的财政体制，教育投入水平较低，与城市相比，农村义务教育缺乏稳定的财政来源，教育经费长期处于短缺状态，虽然近些年国家实施了义务教育经费保障新机制，加大了对广大农村地区义务教育的投入力度，但在财政上也只是保证最基本的投入，农村义务教育经费总体不足、城乡投入差距过大局面一直没有得到有效解决。

《2014年中国教育统计年鉴》和《2014年中国统计年鉴》有关数据表明，2013年全国普通初中教育经费支出为5156.64亿元，其中用于城市的经费支出为2378.84亿元，占全国普通初中教育经费支出总额的46.13%，而2013年城市普通初中的学生数量占全国普通初中学生总数的33.5%。这说明占全国66.5%的农村普通初中学生仅获得全国普通初中教育总经费的53.87%，城乡之间生均经费比在1.7∶1左右。2013年全国普通小学教育经费支出为7950.89亿元，其中用于城市的经费支出为3016.78亿元，占全国普通小学教育经费支出总额的37.94%，而2013年城市普通小学的学生数量占全国普通小学学生总数的32.96%。这说明占全国67.04%的农村普通小学学生仅获得全国普通小学教育总经费的62.06%，城乡之间生均经费比在1.2∶1左右。可见，城乡间义务教育经费存在相当大的差异，城乡间义务教育投入不均衡问题十分突出。

3. 我国城乡义务教育物力资源配置失衡

中共中央制定的“十二五”规划建议中提出：合理配置公共教育资源，重点向农村、边远贫困、民族地区倾斜，加快缩小各地区之间的差距。《国家中长期教育改革和发展规划纲要（2010—2020）》指出，均衡发展是义务教育的战略性任务，推动义务教育学校标准化建设，均衡配置教师、设备、图书、校舍等资源，加快缩小城乡差距，建立城乡一体化义务教育发展机制，在财政拨款、学校建设、教师配置等方面向农村倾斜。目的就是要通过缩小区域、城乡之间的教育差异，给每个学生提供相对公平的教育机会，使义务教育真正成为惠及全民的公平教育。近几年，在国家政府与地方各级政府的努力下，国家义务教育的均衡发展取得了一定的成效，各地纷纷制定义务教育学校建设标准，坚持“缩小差距、抬高底部”的原则，将新增教育资源重点向农村地区、贫困地区、民族地区倾斜，向薄弱学校倾斜。全国义务教育学校，尤其是薄弱学校的办学条件得到很大改善。城乡义务教育物力配置均衡是城乡义务教育办学条件均衡的重要内容，但是从我国目前得而实际情况来看城乡义务教育物力资源的配置仍然存在较大的差距。具体表现在农村地区义务教育的基础设施、教学设施、教学设备与仪器、图书资料均与城镇地区存在较为明显的差距。

我国城乡义务教育物力资源配置的失衡严重影响了我国的教育公平，滋生了一系列的问题。首先，我国目前教育资源中的物力资源的配置处于失衡状态，物力资源的城乡非均衡配置导致农村学校的物力教育资源不足，办学条件较差，尤其是缺乏优质教育物力资源，有些农村学校甚至连必要的教学仪器、设施都不齐全，语音室、微机室、计算机等现代教育设施的配备更加匮乏，这将导致农村学校的学生从一开始就不能与城镇学生站在同一起跑线上，享受不到与城镇学生一样的优质的教育机会。其次，城乡教育物力资源的非均衡配置，严重影响了农村教育质量。农村学生后天获得的知识量和获知能力的培养就不如城镇学生，无论在知识结构或者知识的深度与广度均无法与城镇学生相比，农村的教育质量无法得到保证。最后，农村义务教育物力资源不足与落后导致农村优秀教师短缺与流失。一方面，优秀的师范毕业生倾向于硬件条件、设施优越的城镇学校，这样影响了农村中小学优秀教师的流入；另一方面，农村中小学教学条件和生活环境与城镇相比差别大，年轻的、基础知识好、业务能力强的教学骨干和一些有门路的人员流失严重。农村中小学教师不合理的流动造成了我国农村教师的综合素质与能力与城镇的教师相比差距较大。

造成我国城乡义务教育物力资源配置的失衡的原因是多方面的，农村义务教育财政经费投入不足是导致我国农村义务教育物力资源直接原因。在教育经费中公用经费与基本建设经费部分主要用于教育物力资源的投入。而我国城乡教育经费差距过大，农村义务教育经费总体不足，这必然会导致城乡义务教育物力资源配置的失衡。追其根本原因，是由于我国社会的经济发展受城乡二元化结构的影响较大。城乡二元化结构造成我国农村经济发展落后，财政收入远远小于城市。而经济作为教育发展的保障因素，其发展水平制约着物力资源的总量、规模和结构。城乡义务教育物力资源的配置失衡是我国城乡社会经济发展失衡的大背景下的一种必然状态，而城乡经济发展失衡可以说是城乡义务教育物力资源配置失衡的最根本原因。

4. 我国城乡义务教育人力资源配置失衡

由于不同地区的政策、环境和条件等的巨大差异，教师资源分配也会随之发生变化。本报告研究的教师资源配置失衡，是指在义务教育阶段城乡之间教育人力资源的分配不合理情况。农村的教育人力资源无论是在数量上还是在质量上都与城镇的教育人力资源有着明显的差距。就数量而言，一般来说，东部教师资源充足，甚至过于饱和；中西部教师资源相对短缺，尤其是部分学科教师严重不足。城市教师相对较多，农村教师相对较少。质量失衡也即结构失衡，东部教师学历、职称、性别、年龄、学科等结构均普遍优于中西部教师；城市教师结构也相对优于中西部教师。这种教育人力资源的失衡严重损害了农村地区学生的权益，影响了城乡教育的均衡发展，阻碍了教育公平的实现。

由于城市和农村的条件以及环境等的巨大差异，使义务教育阶段师资总体数量在城市和农村中存在明显差距。当前我国义务教育师资在数量上呈现出教师资源的集中与短缺的不均衡现象。在东部较发达地区和大中城市中，教师数量充足，甚至过于饱和，而中西部欠发达地区和农村中，教师数量短缺，甚至一人身兼数职。城乡义务教育师资总量分布失衡主要表现在区域面积和与人口分布两个方面。首先，城乡义务教育师资总量在区域面积分布占比失衡。随着我国社会主义市场经济的发展，我国经济发展的区域差距越来越大。同时，教育发展也与经济发展一样，表现出随着地区差距而不同的差异格局。从区域面积结构来看，东部经济较发达地区师资数量优于中、西部经济欠发达地区，尤其是条件较好的城镇教师相对充足，而广大农村地区教师则相对短缺。在我国中部和西部山区，教师短缺和优秀教师流失问题比东部地区突出，特别是在条件艰苦的贫困山区，中小学教师数量严重不足，教师资源向城市集中，造成了一些学科的教师在区域分布上严重失衡，存在突出的供需矛盾。其次，农村义务教育师资总量的人口分布占比失衡。随着我国现代城镇化进程的发展，农村人口逐渐向城市流动，城市规模随着人口的增加而不断扩大。城市与农村相比，城市经济发达，有更多的机会吸引大量农村人口和劳动力前往城市谋生或定居。但总体而言，仍然是农村人口多于城市人口，农村人口基数大，而且大多数是留守的老人和儿童；相反，教师总量在城市占的比重比农村的要大，城市环境优越，经济水平高，交通便捷，发展机会多，多数教师都会选择去城市发展，造成城市教师过于集中，甚至超编，农村教师严重短缺，城乡师资差距逐渐拉大。

5. 我国城乡义务教育教师结构不合理

教育质量的高低，主要取决于教师作用的发挥程度。教师结构影响着教师整体作用的发挥。我国城乡义务教育教师结构不合理主要表现在教师的学历、职称、性别、年龄和学科结构五个方面。第一，农村义务教育师资学历偏低。由于农村经济不发达，生活条件差，相比之下，高学历的人群多数选择在经济发达的城市就业。第二，农村义务教育中高级职称教师不足。这也是农村义务教育师资学历偏低造成的，加上农村经济、生活、交通各方面条件差，不能留住具有经验教师，人才流失严重。第三，农村男女教师比例失衡。由于农村环境艰苦，大多数女教师不愿到农村任教，因此，在农村中男教师相对较多。教师性别结构失衡会影响学生的个性特征，性别角色以及创新能力的培养，同时也会对国家和社会的发展带来不良的影响。第四，农村义务教育教师老龄化现象严重。随着农村年富力强、教学成熟的中青年教师逐步向城镇和发达地区流失的加剧，农村教师老龄化现象严重。农村教师的老龄化，一方面是由于缺少新教师的输入，有些学校甚至已十多年没有引进新教师了；另一方面也和教育主管部门的重视程度有关。第五，农村义务教育部分学科教师缺乏。从学科结构来看，城乡之间普遍存在学科教师分布失衡的问题。农村地区，中小学普遍缺乏外语、计算机、体育、美术、音乐教师，而城市地区，语文、数学、英语等学科教师充足乃至富余。城市外语教师中除了学校内部的教师外，还广泛聘请外教教习学生口语课程，这种情况在农村则几乎少见。在计算机、劳动技术等课程上，由于城市学校中，教学设备齐全，教师能够运用设备开展课程，而农村学校设备短缺，条件落后，有些课程无法展开，教师相应不足。这五个结构的不合理，导致了农村教师整体素质偏低，影响教师的整体效能，从而影响了农村义务教育的整体质量。

2.2　我国城乡统筹医疗卫生服务均等化的现状与存在问题

在文明社会，医疗卫生服务可及性和公平性已是衡量一个国家医疗卫生政策和制度正确性的一项重要指标。在我国，发展医疗卫生事业、保证人民群众公平享有基本卫生保健，既是所有公民的基本权利，也是构建社会主义和谐社会的重要基础和重要组成部分，还是检验社会主义和谐制度的重要标准。目前，我国的医疗卫生事业发展迅速，我国加强了城乡基层医疗卫生服务体系建设，提高了基层医疗机构的服务能力，基本实现了医疗保障的全覆盖。特别是新型农村合作医疗制度的推广完善、公共卫生突发事件应急机制的构建及加强传染病预防控制手段的运用，使广大农村社会成员所能享受到的公共卫生及基本医疗服务水平有了明显提高。但是，目前我国城市与农村之间的基本医疗卫生服务水平仍然呈现出巨大的差异，农村居民“看病难，看病贵”的问题依然存在，这种城乡不均等，不仅关系到国民的身体素质与健康状况，也影响整个社会的经济繁荣和公平制度的建设。因此，实现城乡基本医疗卫生服务均等化意义重大。

2.2.1　我国城乡统筹医疗卫生服务均等化的现状

1. 我国医疗卫生财政投入现状

由表2－4可以看出近年来我国财政支出中，医疗卫生占比呈现上升趋势。2009年全国医疗卫生财政支出为3994.19亿元，占全国财政支出的5.23%，到了2014年全国医疗卫生财政支出为10176.81亿元，占全国财政支出的6.70%。从医疗卫生财政支出的绝对数上看，医疗卫生的财政投入呈现明显的上升趋势，并且医疗卫生的财政投入增长率都在10%以上。从全国医疗卫生财政支出占全国总财政支出的比重上看（见图2－4），2009年至2011年呈现上升趋势，2012年略微下降，2013年和2014年又持续上涨。

表2－4　2009—2014年我国医疗卫生财政支出及占比　　单位：亿元

年份	2009	2010	2011	2012	2013	2014
医疗卫生财政支出	3994.19	4804.18	6429.51	7245.11	8279.9	10176.81
占比（%）	5.23	5.35	5.89	5.75	5.91	6.70

资料来源：《中国统计年鉴2010—2015》。

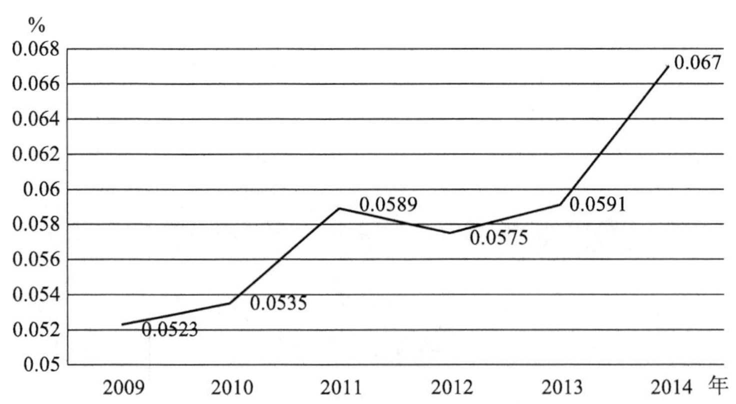

图2－4　2009—2014我国医疗卫生财政支出占比

资料来源：根据《中国统计年鉴2010—2015》整理得出。

表2－5显示了我国1998—2014年卫生费用及卫生费用占GDP得比重。我国卫生总费用从1998年的3678.72亿元提高到了2014年的35312.40亿元，后者是前者的9.6倍；卫生总费用占国内生产总值也从1998年的4.36%增长到2014年

的5.55%。图2-5是我国1998年至2014年卫生费用占GDP比重的折线图，从图中可以清楚地看到这17年卫生总费用占GDP比重的发展和变化情况。总体来说，卫生费用占GDP比重是上涨的，2003年到2008年，我国卫生费用占GDP呈现下降趋势，2009年有所回升。

表2-5　1998—2014年我国卫生总费用绝对规模和相对规模

年份	卫生总费用（亿元）	人均卫生费用（元）	卫生总费用占GDP（%）
1998	3678.72	294.9	4.36
1999	4047.5	321.8	4.51
2000	4586.63	361.9	4.62
2001	5025.93	393.8	4.58
2002	5790.03	450.7	4.81
2003	6584.1	509.5	4.85
2004	7590.29	583.9	4.75
2005	8659.91	662.3	4.68
2006	9843.34	748.8	4.55
2007	11573.97	876.0	4.35
2008	14535.4	1094.5	4.63
2009	17541.92	1314.3	5.15
2010	19980.39	1490.1	4.98
2011	24345.91	1807.0	5.15
2012	27846.84	2056.6	5.36
2013	31661.50	2326.8	5.57
2014	35312.40	2581.66	5.55

资料来源：根据《中国卫生和计划生育统计年鉴1998—2014》整理得出。

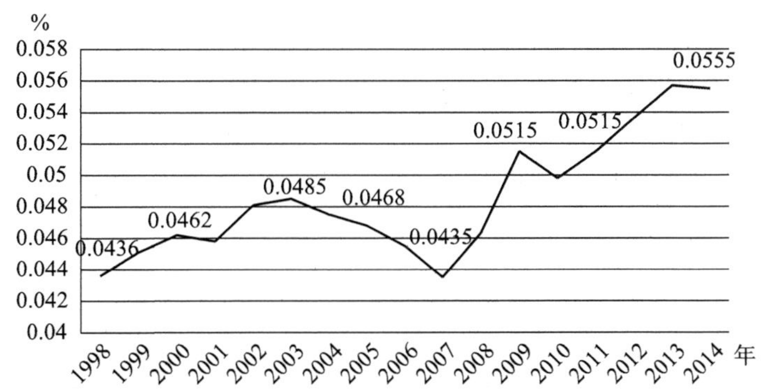

图2-5　1998—2014年我国卫生费用占GDP比重

资料来源：根据《中国卫生和计划生育统计年鉴1999—2015》整理得出。

2. 我国城乡医疗卫生投入差异现状

图2-6显示了我国1998年至2013年城乡卫生费分配状况。从表2-6中可以看出，1998年城市卫生费用为1906.92亿元，是农村卫生费用的1.08倍，两者几乎接近。但是经过十几年的发展，城乡差距逐年增大，到了2010年，城市卫生费用为15508.62亿元，农村卫生费用仅为4471.77亿元，城市卫生费是农村卫生费用的3.47倍。虽然随后的两年差距略有下降，但是截至2013年，城市卫生费费用仍为农村的近3倍。此外，人均卫生费用也有极大的差距，从1998年到2013年，城市人均卫生费用一直居高不下，是农村人均卫生费用的三倍到四倍。2007年城市人均卫生费用是农村的4.29倍，2007年之后，差距逐年下降，但是2013年城市人均卫生费依然是农村人均卫生费的2.5倍。城乡卫生费用的巨大差距说明了部分低收入农民由于缺乏相应的医疗保障，无力承担高额医疗费用而有病不敢医，极大损害了这部分人群的健康权益。

表2-6　1998—2013年我国城乡卫生费用分配

年份	城乡卫生费用			人均卫生费用		
	城市（亿元）	农村（亿元）	城市/农村（倍）	城市（亿元）	农村（亿元）	城市/农村（倍）
1998	1906.92	1771.8	1.08	625.9	194.6	3.22
1999	2193.12	1854.38	1.18	702	203.2	3.45
2000	2624.24	1962.39	1.34	813.7	214.7	3.79
2001	2792.95	2232.98	1.25	841.2	244.8	3.44
2002	3448.24	2341.79	1.47	987.1	259.3	3.81
2003	4150.32	2433.78	1.71	1108.9	274.7	4.04
2004	4939.21	2651.08	1.86	1261.9	301.6	4.18
2005	6305.57	2354.34	2.68	1126.4	315.8	3.57
2006	7174.73	2668.61	2.69	1248.3	361.9	3.45
2007	8968.7	2605.27	3.44	1516.3	358.1	4.23
2008	11251.9	3283.5	3.43	1861.8	455.2	4.09
2009	13535.6	4006.31	3.38	2176.6	562	3.87
2010	15508.62	4471.77	3.47	2315.5	666.3	3.48
2011	18571.87	5774.04	3.22	2697.5	879.4	3.07
2012	21065.69	6781.15	3.11	2969	1055.9	2.81
2013	23644.83	8023.75	2.95	3234.1	1274.4	2.54

资料来源：根据《中国卫生和计划生育统计年鉴1999—2014》整理得出。

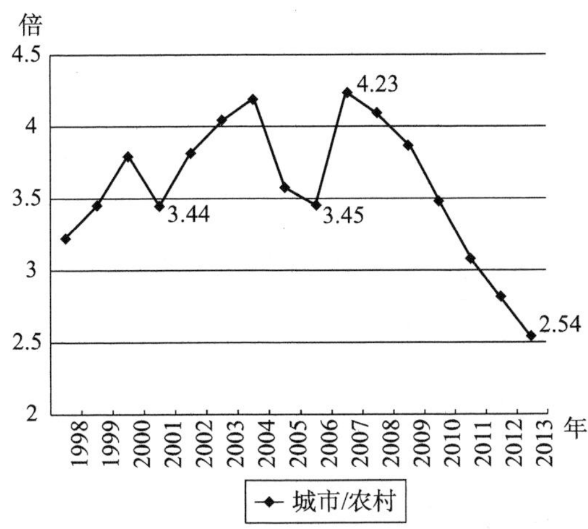

资料来源：根据《中国卫生和计划生育统计年鉴1999—2014》整理得出。

图2－6　1998—2013年我国城乡卫生费用城市与农村比

3. 我国城乡医疗卫生床位数差异现状

表2－7显示我国近几年城乡每千人口医疗卫生院床位数。我国的每千人口医院和卫生院床位逐年增加，2009年，城市每千人拥有床位5.53张，农村每千人拥有床位2.41张，城市所拥有的床位是农村的2.3倍。2014年，城市每千人拥有床位7.84张，农村每千人拥有床位3.54张，城市所拥有的床位是农村的2.21倍。从2009年至2014年，我国城乡医疗卫生机构床位差距呈现略微下降趋势，但是城乡差距依然十分明显。可见我国的卫生设施城市优于农村。

表2－7　2009—2014年我国每千人口医疗卫生机构床位　　单位：张

年份	每千人口医疗卫生机构床位		
	城市	农村	城市/农村
2009	5.54	2.41	2.30
2010	5.94	2.60	2.28
2011	6.24	2.80	2.23
2012	6.88	3.11	2.21
2013	7.36	3.35	2.20
2014	7.84	3.54	2.21

资料来源：根据《中国卫生统计年鉴2010—2015》整理得出。

4. 我国城乡医疗卫生人员差异现状

医疗卫生人员是提供医疗服务的实际操作者，各种事务都必须由其去实践、落实。医疗人员配备的差异会直接导致城乡居民医疗服务获得水平的差距。表2－8是我国2009年至2014年城乡每千人口卫生技术人员数。从表中可以看出，从2009年到2014年，城乡医疗卫生成员总体上呈现逐年上升的趋势。这是由于我国在城乡在医疗卫生人员数量差距方面，差距还是非常悬殊的，且从2009年到2014年并没有看出显著的改善，医疗卫生人员城市一直是农村的三倍多。在医疗卫生成员的质量方面，农村也远远不及城市。农村地区的基层卫生人员医学基础薄弱，医技水平不高，不能满足当地农村居民的医疗需求。而农村经济生活条件差，是造成城乡医疗卫生成员差距大的主要原因。

表2－8　2009—2014年我国每千人口医疗卫生成员　　单位：人

年份	卫生技术人员			执业（助理）医师			注册护士		
	城市	农村	城市/农村	城市	农村	城市/农村	城市	农村	城市/农村
2009	7.15	2.94	2.43	2.83	1.31	2.16	2.82	0.81	3.48
2010	7.62	3.04	2.51	2.97	1.32	2.25	3.09	0.89	3.47
2011	6.68	2.66	2.51	2.62	1.10	2.38	2.62	0.79	3.32
2012	8.55	3.41	2.51	3.19	1.40	2.28	3.65	1.09	3.35
2013	9.2	3.6	2.55	3.4	1.5	2.27	4.0	1.2	3.33
2014	9.7	3.77	2.57	3.54	1.51	2.34	4.3	1.31	3.28

资料来源：根据《中国卫生统计年鉴2010—2015》整理得出。

5. 城乡居民健康水平的差异现状

健康水平作为一种衡量的标准，是用来衡量我国城乡基本医疗卫生服务均等化结果的。其城乡居民健康水平的不同可明确地反映出他们之间享受医疗卫生服务结果的不同。在我国居民健康状况方面，存在的城乡差距十分严重，而这一差距尤其体现在妇幼健康方面。

如表2－9所示，通过近几年来年婴幼儿保健指标和孕产妇保健指标，农村的死亡率明显高于城市。2009年至2014年新生儿死亡率、婴儿死亡率和5岁以下儿童死亡率，农村的是城市的两倍多，差距较大。农村孕妇死亡率农村高于城市，差距不明显。由此可见，在我国城市和农村妇幼保健方面仍然存在较大的差距，也体现了农村居民从中受益的程度要远低于城市居民，城乡居民间健康水平存在较大的不均等。

表 2－9　2009—2014 年监测地区 5 岁以下儿童和孕产妇死亡率

年份	新生儿死亡率（‰）			婴儿死亡率（‰）			5 岁以下儿童死亡率（‰）			孕产妇死亡率（1/10 万人）		
	城市	农村	农村/城市	城市	农村	农村/城市	城市	农村	农村/城市	城市	农村	农村/城市
2009	4.5	10.8	2.4	6.2	17.0	2.7	7.6	21.1	2.8	26.6	34.0	1.3
2010	4.1	10.0	2.4	5.8	16.1	2.8	7.3	20.1	2.8	29.7	30.1	1.0
2011	4.0	9.4	2.4	5.8	14.7	2.5	7.1	19.1	2.7	25.2	26.5	1.1
2012	3.9	8.1	2.1	5.2	12.4	2.4	5.9	16.2	2.7	22.2	25.6	1.2
2013	3.7	7.3	2.0	5.2	11.3	2.2	6	14.5	2.4	22.4	23.6	1.1
2014	3.5	6.9	1.97	4.8	10.7	2.23	5.9	14.2	2.41	20.5	22.2	1.08

资料来源：根据《中国统计年鉴 2010—2015》整理得出。

2.2.2　我国城乡统筹医疗卫生服务均等化存在的问题

1. 医疗卫生投入力度不足

党的十八大报告提出“为群众提供安全有效方便的公共卫生和基本医疗服务，着力完善国民健康政策”“实现医疗保障全覆盖，人人都享有基本医疗卫生服务”的奋斗目标。健康是促进人全面发展的必然要求，健康领域也是我国积极进行财政投入与政策改善的重要领域。政府高度关注，坚持为人民的健康服务的方向，各级卫生部门也积极贯彻国家政策，推进了我国在公共卫生与医疗服务领域的改革与发展。近年来，我国财政对医疗卫生的投入持续增加，公共卫生与基层医疗服务水平越来越高，医疗保障体系也逐渐完善，全国医疗卫生资源总量达到一定规模。

近年来，我国在医疗卫生领域确实取得了诸多成绩，但是与世界其他国家相比，我国医疗卫生服务财政投入力度不足，医疗卫生服务提供的能力有待进一步提高。表 2－10 是 2000 年至 2013 年部分国家医疗卫生支出总额占 GDP 的比重。与发达国家相比，我国医疗卫生投入差距较大。截至 2013 年，我国医疗卫生支出总额占 GDP 的比重不到美国的三分之一，仅为日本的一半，甚至医疗卫生投入还不如越南。综观近几年中国医疗卫生的支出变化，从 2000 年到 2013 年的十三年，医疗卫生占 GDP 比重仅仅增加了不到一个百分点。因此，我国医疗卫生长期投入不足，制约了我国医疗卫生事业的发展。

表2-10　2000—2013年部分国家医疗卫生支出总额占GDP比重　单位：%

年份＼国家	美国	法国	日本	英国	韩国	俄罗斯	越南	中国	印度
2000	13.41	10.07	7.69	7.04	4.79	5.40	5.28	4.62	4.61
2001	14.07	10.20	7.95	7.27	5.31	5.65	5.59	4.58	4.84
2002	14.82	10.52	7.97	7.59	5.15	5.96	5.14	4.81	4.77
2003	14.64	10.89	8.09	7.79	5.38	5.57	5.23	4.85	4.58
2004	14.67	11.01	8.04	8.02	5.39	5.16	5.53	4.75	4.13
2005	14.72	11.10	8.16	8.25	5.73	5.19	5.86	4.73	4.03
2006	15.85	11.09	8.19	8.47	6.05	5.30	6.50	4.55	4.05
2007	16.08	10.88	8.23	8.50	6.39	5.38	7.08	4.35	3.88
2008	16.54	11.02	8.61	8.95	6.59	5.14	6.00	4.63	3.93
2009	17.71	11.73	9.53	9.91	7.10	6.17	6.52	5.15	3.93
2010	17.66	11.68	9.59	9.55	7.29	6.30	6.93	4.98	3.69
2011	17.68	11.63	9.95	9.42	7.38	6.06	6.80	5.15	3.92
2012	17.91	11.75	10.07	9.44	7.54	6.26	6.57	5.41	4.05
2013	18.10	11.70	10.30	9.10	7.60	6.20	6.60	5.50	4.10

资料来源：万得资讯wind数据库整理得出。

2. 我国城乡医疗卫生资源配置不合理

近年来，我国医疗卫生服务体系建设取得了一定的成就，医疗机构及其从业人员数量与日俱增，医疗技术水平得到了明显提升，但是城市与农村之间的医疗卫生费用分配差距悬殊，投入明显向城市倾斜。同时，城市集聚了硬件齐全的大型医院、医疗卫生领域专业技能突出的优秀人才、高新的技术、先进的医疗设备设施，农村却处于缺少医疗卫生人员、医疗设备陈旧、医务环境简陋的资源极度匮乏状态。本书主要从医疗卫生费用、医疗机构床位数和医疗卫生人力三个方面来反映我国医疗卫生资源配置的不合理现状。

在医疗卫生费用投入方面，相对于城市来说，农村卫生公共服务只占政府投入的一小部分。世界卫生组织的《世界卫生报告》指出，按总体医疗卫生质量排名，中国在191个国家中列第61位。但是按医疗卫生资源分配公平性指标排名，则位居158位。医疗卫生费用投入非均等，造成了我国城乡医疗卫生基础建设的差距，表2-7显示了是我国城乡医疗机构床位数，从表中可以看出，城乡医疗卫生床位数差距较大，城市是农村的两倍多，且近年来，这种差距并没有明显的缩小。城乡医疗卫生硬件设施的差距进一步导致专业的医疗卫生技术人员向经济发达、医疗卫生设备齐全的城市转移，造成我国城乡医疗卫生技术人员的差异。表2－8的数据揭露了我国卫生人员严重的城市倾斜倾向，农村卫生人员匮乏。卫生人才是医疗卫生事业的一个主体，在很大程度上决定了我国的医疗卫生服务水平，表中反映的仅仅是城乡之间卫生技术人员数量上的一个差别，从业人员的专业素养与技术水平的高低很难通过数据直观的体现，如果将基层卫生人员的技术落后等因素考虑进去，那么城乡之间的卫生人员差距将远远超出数据的差别。

造成我国城乡医疗卫生服务资源配置非均等的原因主要体现在以下两个方面。首先，我国长期的城乡二元化结构城乡二元结构导致了社会资源配置的不公，使财政投入、社会保障、公共服务等制度设计全方位偏向城市，造成城乡间在经济、社会发展等方面的差距越来越大。由于国家"先城市后农村"的战略，医疗卫生资源如大型综合性医院、高精尖医疗设备、医技人员等都过度集中于城市，农村地区设施落后、人员短缺、医疗技术不发达，严重阻碍了基本医疗卫生服务均等化的进程。而且国家通常以 GDP 为指标对地方政府进行考核，把经济增长速度放在首要位置。而医疗卫生服务通常不会在短期内出现经济收益，一些任期制的地方官员自然不会把工作重心放在加大卫生财政支出、改善医疗卫生服务水平上，导致城乡间医疗卫生服务差距在原先的基础上不断扩大。其次，市场失灵也是造成我国城乡医疗卫生服务差异化的另一个主要原因。改革开放以来，市场机制介入医疗卫生领域，问题也随之而来。由于医疗卫生体制的过度市场化，医疗机构逐渐以追求高额经济利益为目标，忽视了医疗卫生的公益性质，导致政府忽略了其在医疗卫生领域责任。医疗卫生领域的过度市场化造成我国区域、城乡之间的医疗卫生服务差距在不断加大。

3. 我国城乡医疗卫生服务效率差距大

在医疗服务效率方面，乡镇与城市医院差距显著。2012 年至 2014 年我国乡镇卫生院的病床使用率从 66.5% 降低到 60.5%，但与城市医院相比病床使用率仍然偏低。表2－11 显示，2012 年三级医院的病床使用率高达 104.5%，患者平均住院日为 11.4 天。三级医院的服务效率明显高于其他卫生机构，这也是病人对医院与自身治疗服务自愿选择的结果，经济条件稍好的患者一般会选择医疗资源集中、医师专业水准较高的城市大型医院就医，造成城市医院负荷大、农村卫生机构利用率较低，同时也加剧了居民就医的难度。相较于城市的医疗服务效率，在病床使用率指标上，乡镇卫生院与城市医院 2014 年的 88.0% 相比差距仍然很大，医院的平均住院日接近卫生院的 2 倍。同时，社区卫生服务中心的病床使用率也低于 60%，使用率较低。2011 年医师日均担负住院床省属与县属均为 2.6；在医生日均担负诊疗人次方面，医师日均担负诊疗人次省属为 7.9，县属为 6.1，差距较小。

表 2 -11　2012—2014 年我国医院病床使用情况　单位:%，天

	病床使用率			平均住院日		
	2012 年	2013 年	2014 年	2012 年	2013 年	2014 年
医院	90.1	89.0	88.0	10.0	9.8	9.76
其中：三级医院	104.5	102.9	103.8	11.4	11.0	10.8
二级医院	90.7	89.5	91.9	9.1	9.0	8.9
一级医院	60.4	60.9	63.7	8.9	9.0	8.5
社区卫生服务中心	57.7	58.3	55.0	9.7	9.7	9.76
乡镇卫生院	66.5	64.1	60.5	6.0	6.0	6.3

资料来源：根据《中国卫生统计年鉴 2013—2015》整理得出。

4. 城乡健康水平还存在较大差距

公共医疗卫生关系着全国的健康水平，其重要性不言而喻，公共医疗卫生理所应当的由政府财政提供，居民均等地享受。近年来，我国颁布了一系列的卫生政策，从不同受众的需求实施公共卫生计划，主要有针对全民的居民健康档案、健康教育宣传与咨询服务，面向重点人群如婴幼儿的保健、孕产妇的产后视访、老年人的健康指导，针对不同疾病类型患者的专业医疗指导。在疾病预防与控制方面做了大量工作，在长效机制的作用下，能使城乡居民的健康水平趋于一致，但不可否认的是，当前城市与农村居民的健康水平还是有一定差距。

如表 2 -9 所示，我国城乡在新生儿死亡率、婴儿死亡率和 5 岁以下儿童死亡率这三个指标上存在显著差异，农村这三个指标的死亡率是城市的 2 倍多。虽然近年来我国的妇幼工作水准有所提高，城市和农村的婴幼儿、孕产妇死亡率都呈现逐步下降的趋势，但是由表 2 -9 的对比数据可以看出，在相关指标上，农村的整体水平虽然有所提高，但是与城市仍然存在较大差距，农村的一些指标依然停留在城市十几年前的水平，我国城乡妇幼保健工作还存在一条难以跨越的鸿沟。

婴儿死亡率、孕产妇死亡率可以有效地衡量居民健康水平与社会经济发展状况，尤其能真实反映一国的妇幼工作水平。居民健康水平的状况是衡量我国城乡基本医疗卫生服务均等化的结果的重要指标。我国农村医疗水平差，医疗基础设施不健全，医疗人员专业水平较差，是造成我国城乡孕产妇和婴幼儿死亡率高得直接原因。

2.3　我国城乡统筹社会保障服务均等化的现状与存在问题

社会保障制度的目的和功能在于弥补市场法则所导致的一次分配的不公平结果，消除绝对贫困，缩小贫富差距，维护社会和谐稳定。

党的十八大报告中关于社保的表述是，“坚持全覆盖、保基本、多层次、可持续的方针，全面建成覆盖城乡居民的社会保障体系”，在党的十八届三中全会

的决定中，提出的改革目标是，“建立更加公平可持续的社会保障制度”，表明在经济发展的基础上，要更加注重社会公平。社会保障是再分配的一个重要组成部分，公平是社会保障制度的核心理念和基本价值目标。

2.3.1 我国城乡社会保障服务均等化的现状

1. 我国社会保障财政投入现状

表2－12是我国2010年至2013年社会保障和就业财政支出及占当年财政支出的比重。从表中可以看出，2010年至2013年我国社会保障和就业财政支出逐年增长，但是占财政指出的比重波动变化，2011年我国社会保障和就业财政支出占全国财政总支出比重和2010年基本相同，2012年占比有所下降，2013年比重上升（见图2－7）。

表2－12 2010—2012年我国社会保障和就业财政支出及占比 单位：亿元

年份	2010	2011	2012	2013
社会保障和就业财政支出	9130. 62	11109. 40	12585. 52	14490. 54
占当年财政支出比重（%）	10. 16	10. 17	9. 99	10. 33

资料来源：《中国统计年鉴2011—2014》。

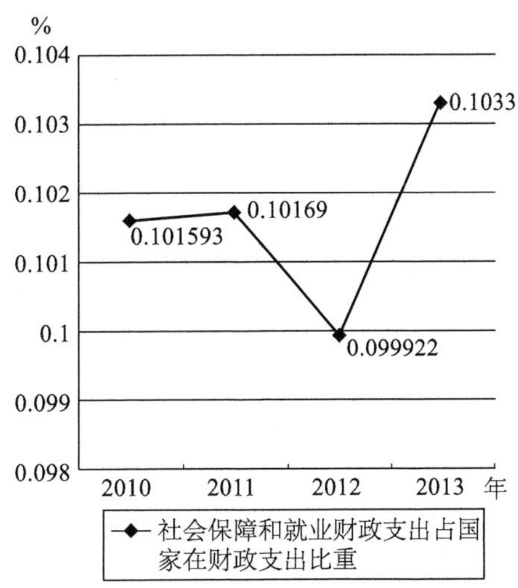

图2－7 2010—2013年社会保障和就业财政支出占国家财政支出比重

资料来源：《中国统计年鉴2011—2014》。

2. 我国城乡养老保险差异现状

当前，中国社会养老保险制度缺乏统一性和整体性，社会养老保险制度分人群设立，并存在较大的差异。随着工业化和城镇化的不断推进，建立统筹城乡、覆盖全体居民的社会养老保险体系是养老保险制度改革的重要目标。2009年9月，新型农村社会养老保险（以下简称新农保）开始试行，2011年7月，城镇居民养老保险（以下简称城居保）进入试行。虽然新农保吸收了城市基本养老保险制度的有益实践和成功经验，但我国城镇和农村基本养老保险在制度模式上存在诸多差异（见表2－13）。正是由于这些差异的长期影响，城镇与农村居民在对待养老的方式上产生了分歧。农村居民认为年老后的生活需求主要依靠家庭来满足，而城镇居民则大多会选择养老保险。这是因为城镇职工基本养老保险制度是强制性的，费用是通过企业和个人共同缴纳的，缴费得越多，待遇就越高；而农村居民的社会养老保险的保障性质是自愿性的，主要以个人缴费为主，且缴费数目比较少，虽然政府给予了一定的补贴，但待遇水平偏低，农村的养老保险只是一项基本保障制度。此外，从表2－13中，我们可以看到，新农保较之于老农保，筹资方式、账户模式都有了明显的改进和完善，但是较低的社会统筹层次、有限的资金来源、不完备的农村养老保障体系和管理体制都会降低保障标准，抑制农民参加社会养老保险的积极性。

表2－13　城乡基本养老制度的模式比较

	城市养老保险模式	农村养老保险模式
保障对象	城镇各类企业职工、个体工商户、灵活就业者	农村户籍、未参加城镇职工基本养老保险
保险体系	基本养老保险、补充养老保险、商业保险	农村社会养老保险、家庭养老、土地保障
资金来源	企业＋个人	老制度：个人缴费为主，集体补助为辅，国家给予政策扶持
		新制度：个人缴费＋政府补贴＋集体补助
资金运行	部分积累制，即社会统筹＋个人账户	老制度：个人积累制
		新制度：部分积累制，社会统筹＋个人账户
保障性质	强制	自愿
统筹层次	省级统筹	县级统筹
完善程度	相对完善	试点阶段

资料来源：笔者根据资料整理得出。

为了消除城乡养老保险差距，建立更为公平规范的养老保险制度，加快城镇化进程，2014年2月21日，国务院出台了《关于建立统一的城乡居民基本养老保险制度的意见》（国发〔2014〕8号），提出“十二五”末，在全国实现新农保与城居保制度的合并实施，并与职工基本养老保险制度相衔接。预计2020年以前，全面建成公平、统一、规范的城乡居民基本养老保险制度”。这标志着我国迈出了建立城乡统一的社会养老保险制度的第一步。从长远来看，建立城乡统一的社会养老保险制度是城镇化的必然要求，是建立城乡统一的劳动力市场的内在要求和动力，是缩小城乡差距、维护社会稳定的重要途径。

3. 城乡居民最低生活保障差异现状

我国城乡二元化结构导致我国长期以来城市和农村的最低生活保障存在较大差异，在居民最低生活保障政策方面，农村低保制度的建设远远跟不上城市的步伐。中央在1997年正式颁布建立城市居民最低生活保障的通知，虽然我国在1992年开始在一些地方开始设置农村低保，但是真正到2007年国务院才颁布关于建立农村最低生活保障制度的农村工作的安全系统试点项目的通知。就资金的投入补差而言，城市与农村也存在较大差异。表2－14显示了我国2007年至2013年城乡最低生活保障人数和最低生活保障支出。从表中可以看出，我国城乡最低生活保障存在较大差异。在最低生活保障人数方面，农村和城市的差距呈现逐年扩大趋势。从低保的绝对数上看，我国城镇低保人口数逐年下降，但是农村低保人口数逐年上升。一方面体现了农村主要享受着我国的最低生活保障服务，但是从侧面也反映了农村经济的发展远不及社会经济发展的平均水平，农村中越来越多的人没有达到最低的生活保障水平。从最低生活保障支出水平上看，城市为农村最低生活保障支出的两倍多，城乡间的差距较为显著。

表2－14　2007—2013年全国城乡低保基本情况

年份	最低生活保障人数			最低生活保障支出水平		
	城市（万人）	农村（万人）	农村/城市	城市（元/人月）	农村（元/人月）	城市/农村
2007	2270.90	3451.90	1.52	102.00	37.00	2.76
2008	2334.60	4284.30	1.84	141.00	49.00	2.88
2009	2347.70	4759.30	2.03	165.00	64.00	2.58
2010	2311.10	5228.40	2.26	179.00	70.00	2.56
2011	2276.80	5313.50	2.33	224.80	96.40	2.33
2012	2142.50	5340.90	2.49	244.01	109.19	2.23
2013	2061.30	5382.10	2.61	251.80	111.40	2.26

资料来源：万得资讯wind数据库整理得出。

近年来，农村最低生活保障逐渐趋于稳定，如表2－15所示，2011年至2013年，农村最低保障人数基本稳定。在最低生活保障的财政支出上，近三年来农村各级在最低生活保障上的支出都要高于城市。虽然农村最低生活保障最近几年制度逐渐趋于完善，保障人数逐渐稳定，资金供给也稳定增长，但是不可否认的是，我国城乡在最低生活保障上还是存在明显的差异。相比农村还在略微上涨的保障人数，城市的低保人数近三年来持续下降；虽然财政对于农村的低保支出高于城市，但是由于农村低保人口多，微小的财政投入优势并不能缩小人均低保财政支出的巨大差异；从低保实际人均补助上看，近三年来城市是农村的两倍多，差距还是非常明显的。

表 2－15　2011—2013 年我国城乡低保基本情况

项目	保障人数（万人）		各级财政支出（亿元）		低保实际人均补助（元/人·年）	
	城市	农村	城市	农村	城市	农村
2011 年	2276.8	5305.7	659.9	667.7	2883.6	1273.2
2012 年	2143.5	5344.5	674.3	718.0	2869.2	1248
2013 年	2064.2	5388.0	756.7	866.9	3168	1392

资料来源：中华人民共和国民政部：《社会服务发展统计公报 2011—2013》。

我国城乡最低生活保障在保障标准上也存在显著的差异。表 2－16 是 2006 年至 2013 年我国城乡最低生活保障的平均标准。从表中看出，2006 年，我国城市低保平均标准为每人每月 169.6 元，农村低保平均标准为每人每月 70.9 元，城市为农村的 2.39 倍；截至 2013 年，我国城市低保平均标准为每人每月 373.3 元，农村低保平均标准为每人每月 202.83 元，城市为农村的 1.84 倍。总体来看，我国城市和农村最低生活保障平均标准都有所提高，一方面，这是由于通货膨胀率造成的人民币购买力下降，所以最低生活保障的标准有所提高；另一方面，随着我国经济的发展，城乡居民生活水平有了一定的提高，因此最低生活保障标准的提高也是理所应当的。在我国城乡最低生活保障平均标准的差距上，大体上呈现差距减小的趋势，但是到 2013 年，城市仍然是农村的将近两倍。图 2－8 可以清楚地看到城乡最低生活保障平均标准的差距。

表 2－16　2006—2013 年我国城乡最低生活保障平均标准

年份	城市低保平均标准（元/人月）	农村低保平均标准（元/人月）	城市/农村（倍）	城市低保平均标准增长率（%）	农村低保平均标准增长率（%）
2006	169.60	70.90	2.39	……	……
2007	182.40	70.00	2.61	7.55%	－1.27%
2008	205.30	82.30	2.49	12.55%	17.57%
2009	227.80	100.80	2.26	10.96%	22.48%
2010	251.20	117.00	2.15	10.27%	16.07%
2011	287.60	143.20	2.01	14.49%	22.39%
2012	330.10	172.32	1.92	14.78%	20.34%
2013	373.30	202.83	1.84	13.09%	17.71%

资料来源：wind 数据库。

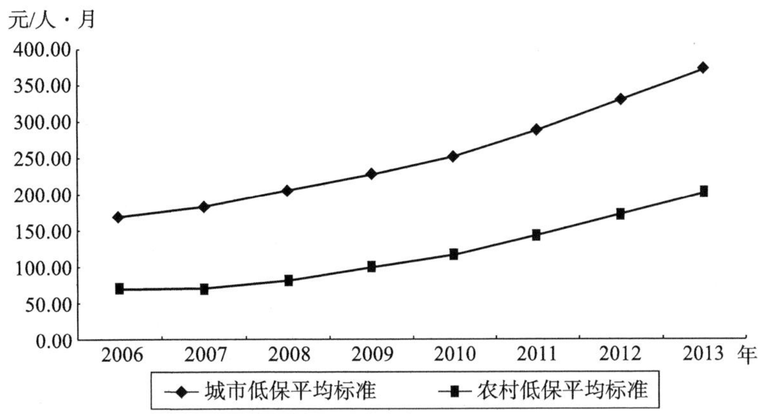

图 2－8　2006—2013 年我国城乡最低生活保障平均标准

4. 我国城乡医疗保障差异现状

我国城乡医疗保障系统在筹资方式上有很大的不同。图 2－9 是我国城乡医疗保障体系差异，从图中可以看出，城市居民保障系统筹资方式比较多元化，一般城市居民的医疗保险都不仅仅是个人承担的，它往往会由政府或者单位给予一定金额补助，城市居民负担的部分比较少，而农村个人居民的医疗保险则只是由农民个人出资负担，政府只给予少量的补贴。城乡之间医疗保障的待遇大，城市有比较全面的医疗保障，不管城市居民的任何病症，都有相应的医疗保障。而农村中只对比较严重的病症才能得到一点保障，然而，农村大多数的医疗保障还是通过依靠农民自己来保障的。

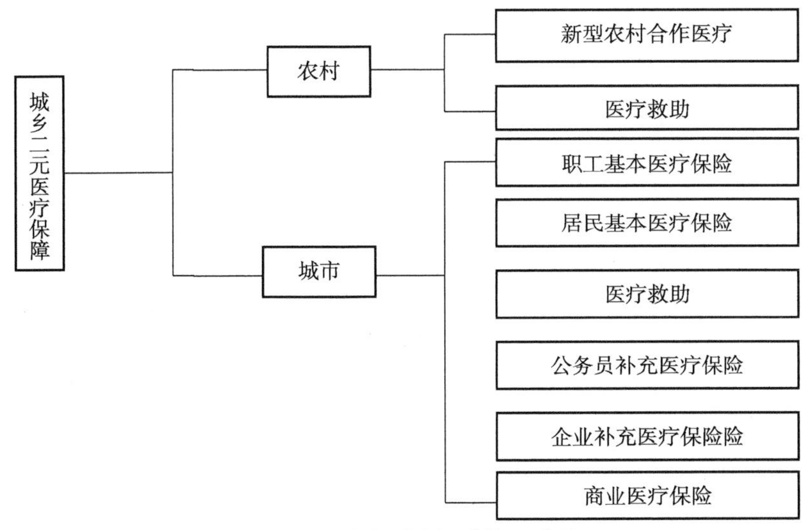

图 2－9　城乡医疗保障体系差异

我国城乡基本医疗体系也存在不同。我国的基本医疗保障体系由城镇职工基本医疗保险、城镇居民基本医疗保险与新型农村合作医疗构成。城镇职工基本医疗保险，不仅是我国建立最早的基本医疗保险，而且也是我国参与度较广的一种基本医疗保险，其参保对象是有工作单位的城镇户籍人员。我国 1999 年初开始全面进行城镇职工基本医疗保险制度改革，建立社会统筹医疗基金与个人医疗账户相结合的医疗保险制度。城镇职工医疗保险费用由单位和个人共同承担，在不享受政府任何补贴的条件下有最低缴费年限要求，缴纳的费用较多，保障水平也相应较高。到 2013 年我国有 2.74 亿人次参加城镇职工基本医疗保险。由于我国的城镇非就业居民一直游离在医疗保障制度之外，为了提高全民的医疗保障水平，保障每一位公民的生命健康权，促进社会和谐发展，因此从 2007 年起针对城镇非就业居民，我国开始试点推行城镇居民基本医疗保险，截至 2013 年底共有 2.96 亿人次参保，由此可见，我国城镇医疗保障的覆盖率相对较低。与此同时，农村居民以新型农村合作医疗为主，2003 年新型农村合作医疗兴起，由于政策惠民、政府广泛推动，参保人数从 2004 年的 0.8 亿人增长至 2009 年的 8.33 亿人并持续保持高参保率，覆盖了广大农村人口。截至 2013 年底，全国已经有 2489 个县（市、区）实行新型农村合作医疗，参保人数达 8.02 亿人，参保率达 98.7%，人均筹资达到 370.6 元，覆盖面较高，筹资水平也大幅提高，已达到逐步实现新农合基本覆盖全国农村居民的目标。

表 2－17　2004—2013 年我国基本医疗保险参保情况　　单位：亿人次

年份	城镇职工基本医疗保险参保人数	城镇居民基本医疗保险人数	新型农村合作医疗参保人数
2004	1.24	—	0.80
2005	1.38	—	1.79
2006	1.57	—	4.10
2007	1.8	0.43	7.26
2008	2.00	1.18	8.15
2009	2.19	1.82	8.33
2010	2.37	1.95	8.36
2011	2.52	2.21	8.32
2012	2.65	2.71	8.05
2013	2.74	2.96	8.02

资料来源：根据《中国卫生和计划生育统计年鉴 2005—2014》、《2013 年我国卫生和计划生育事业发展统计公报》整理得出。

虽然新农合自开展以来取得较大成效，参保率也非常高，但与针对城镇居民的医疗保险相比较，新农合依然有其自身的局限性，具体表现在筹资标准与保障水平不高（见表2-18）。新农合为农村居民的身体健康买了一份保险，缓解了农村居民的就医支出，提高了医疗卫生设备的利用率，尤其是农村病床使用率大大提高，提升了基层医疗服务水平。但由于新农合的保障层次较低，一些基础的治疗如门诊、跌打损伤等被排除在保险范围之外，而且新农合参保登记以及理赔复杂且持续时间长，这就使农民的实际受益低于预期值，所以新农合的社会满意度仍然不高。

表2-18　我国城乡医疗保险制度的特征与区别

	制度名称	服务对象	参保原则	筹资标准	保障标准
城市	职工基本医疗保险	城市就业人口	强制	职工工资的8%；用人单位出资6%，个人承担2%	当地职工年平均工资的10%至4倍
城市	城市居民基本医疗保险	城市非从业居民	自愿	政府补助大于40元；学生儿童筹资标准100元，政府补助40元；非从业城镇成年居民筹资标准560元；特殊人群全部政府补助560元；70周岁以上老人政府补助440元；其他非从业城镇居民政府补助230元	住院或门诊大病医疗支出，所用费用的55%～65%
农村	新型农村合作医疗	农村居民	自愿	个人60元，政府240元	门诊报销20%～60%（根据就诊机构级别划分）；住院报销30%～60%；大病报销65%～70%（据所用费用分段报销）

2.3.2　我国城乡统筹社会保障服务均等化存在的问题

1. 我国城乡养老保险差异明显

随着经济社会的快速发展，当前我国城乡养老保险制度发展日渐成熟。但由于我国社会二元结构，城乡养老保险制度存在明显差距，城镇基本养老保险制度已经较为健全，而农村养老保险制度相对落后，农民享有的养老权受到制约。

城镇职工基本养老保险制度和新型农村社会养老保险制度是基于城乡二元制度分别建立的独立运行的养老保险体系。虽然两者都坚持“保基本、广覆盖”的原则，但是两套制度完全不相同，并没有交叉并轨之处，通过表2-13可以看出，我国城乡养老保险在性质、模式以及具体内容规定上都存在较大的差异，形成两套运行上截然不同的制度。两种制度在保障对象、保障体系、资金来源、资金运行、保障性质等诸多方面都存在较大差异，这些差异造成城乡两种养老保险制度在性质上也呈现明显的不同，城镇基本养老保险制度是真正意义上的社会保险制度，而农村社会养老保险制度是自愿储蓄，不具备基本养老保险制度的特征。

我国城乡养老保险制度差异的原因是多方面的。首先，长期以来的二元社会制度导致户籍制度的二元化对经济社会的发展形成严重的制约，不仅影响劳动力的自由流动也阻碍城乡居民对社会保险制度的选择。养老保险制度建立之初其参保的对象主要是城镇企业职工和个体劳动者，而将农村户籍的人排除在制度之外。另外，由于广大农民不愿意放弃农村户口担心无土地保障的生活，处于“非农非工”的状态。因此，户籍制度已成为影响城乡养老保险制度统筹衔接的壁垒，难以使农村居民的生活获得与城镇居民同样地保障，最终导致参保率下降，参保人数减少。其次，城乡收入分配受二元经济结构的影响存在明显的差别，收入结构严重失衡。巨大的收入水平差异表现在对养老保险的支付能力上，农村居民的支付能力明显低于城镇居民。最后，我国城乡财政体制是以市（县）为单位分头管理即所谓的“分灶吃饭”，这种体制影响养老保险制度城乡衔接的推进与实施。一方面从城市来看，目前我国城镇基本养老保险制度是省、市、县三级统筹体制，未形成省级统筹，原因就在于它受制于各级地方政府财政体制，影响支付水平与支付能力。另一方面从农村来看，我国农村基本养老保险制度的统筹层次低，处于市级或者县级水平，两种统筹层次的差异客观上为养老保险城乡之间、跨地区之间转移续接造成障碍，更不利于基本养老保险制度城乡衔接。

2. 我国城乡最低生活保障差异明显

最低生活保障制度是在我国社会经济体制转型的背景下，为解决城市和农村贫困问题而确立的社会救助制度。经过各级政府的努力，城乡最低保障制度成效显著，在保障我国贫困人群的基本生活和维护城乡社会稳定方面发挥了重要作用。但是由于历史背景不同，城乡最低生活保障制度从诞生之日起就被划分为城市和农村两个独立的系统。在城乡最低生活保障制度的发展过程中，二元格局不断得以强化，农村最低生活保障制度的发展远远滞后于城市，这不仅使最低生活保障制度的公平性大打折扣，同时也为城乡最低生活保障制度的统筹发展设置了障碍。农村最低生活保障制度滞后于城市主要体现在以下几个方面的差异：

（1）法律制度的差异。城市最低生活保障制度建设在中央政府的强力推行下不断完善，《城市居民最低生活保障条例》是国家最高行政机关以行政法规的形式颁布的，从立法上确立了城市最低生活保障制度，使该制度的推行具有很强的法律强制力。同时，近年来中央、民政部和地方政府颁布了很多规范性文件进一步健全了城市最低生活保障制度。其中，最高级别的规范性文件是国务院下发的《关于在全国建立农村最低生活保障制度的通知》。该通知对农村最低生活保障的建设仅做了一些原则性和方向性的规定，在全国建立农村最低生活保障制度的要求也是从政策层面提出的，没有法律的强制力。目前，农村最低生活保障制度的建设主要靠地方政府的政策法规，这就导致了农村最低生活保障制度的建立与运行不够完善。整体而言，我国农村最低生活保障制度仍然没能超越行政指导的范畴，农村最低保障制度的约束力远远低于城市，难以有效地保障农民享受到应享受的权利。我国城乡最低生活保障在法律制度上的差异，不仅阻碍了城乡最低生活保障制度的统筹发展，也与我国“依法治国，建设社会主义法治国家”的治国方略相去甚远。

（2）保障标准的差异。城市居民最低生活保障标准是依据《城市居民最低生活保障条例》制定的，标准是维持当地城市居民基本生活所必需的费用支出，包括衣、食、住、行费用以及适当的水、电、气和未成年人义务教育费用。农村最低保障标准制定的依据是由国务院颁布的《关于在全国建立农村最低生活保障制度的通知》制定的，标准是维持当地农村居民全年吃饭、穿衣、用电、用水等费用，这些是基本生活所必需的费用支出。从二者对比来看，在保障范围上，城市与农村最低保障标准存在一定的差别，城市最低保障标准除保障最低保障对象的“衣、食”等需求外，比农村最低保障标准增加了“住、教”等项目。同为低保人员，却被执行保障范围不同的标准，这对农村最低保障对象来说显然是不公平的。城市最低保障标准与农村最低保障标准制定时对最低保障对象基本生活的保障范围不同以及参照标准不同，形成了两种标准差异的制度基础。

（3）资金投入及筹资方式的差异。在资金的投入时间上，中央财政于 1999 年开始对城市低保进行补助，而对农村低保的补助则从 2007 年才开始，比城市整整晚了 8 年。在资金的投入数量上，中央对城镇低保的投入也远远超过农村。从表 2－15 可以看出我国近年来各级财政支出在城乡最低生活保障上的差距。农村到达最低生活保障的人数远多于城市，但是各级财政对农村的低保投入绝对数并没有城市多，因此城乡实际低保人均补助差距明显。正是由于我国低保法律制度的不同和城乡最低生活保障标准的不同，造成我国城乡低保资金投入及筹资方式的差异。

3. 我国城乡医疗保险差异明显

中国改革开放近 40 年来，社会、经济、民生发展迅速，取得了举世瞩目的成就，我国医疗保险制度也不断完善，基本实现全覆盖。与此同时，经济的迅猛发展不仅没有改善城乡居民的整体福利，反而扩大了城市和农村之间的福利差距，医疗保障作为我国社会保障体系中极为重要的组成部分，尤其受到政府、社会和百姓的高度关注。我国城乡基本医疗保险的差距主要体现在以下几个方面：

首先，保险种类不同。我国城市的基本医疗保险是城镇职工基本医疗保险和城镇居民基本医疗保险，我国农村医疗保险是新型农村合作医疗保险。从表2－18可以看出我国城乡基本医疗保险的差异。其次，我国城乡医疗保险在筹资方式上也存在巨大差异。从图2－9可以看出，城市居民保障系统筹资方式比较多元化，一般城市居民的医疗保险都不仅仅是个人承担的，它往往会由政府或者单位给予一定金额补助，城市居民负担的部分比较少。而农村个人居民的医疗保险则只是由农民个人出资负担，政府只给予少量的补贴。造成我国城乡医疗保险在资金筹集上的巨大差异。

导致我国城乡医疗保险差异的原因是多方面的。二元化的城乡结构和户籍制度是我国城乡医疗保险制度差异巨大的主要原因。城乡二元化结构使我国城市表现为比较完善的市场经济特征，而农村则表现为自给自足的经济特征。我国严格的户籍制度加重了城乡间差距，导致我国城乡医疗资源分配不均，医疗保障服务有失公正和可靠，特别在农村，医疗保障覆盖范围窄和补偿金额少。另外，我国目前公共财政体制不健全，财力与事权不匹配，转移支付制度不完善，使我国城乡医疗保险制度的差异没有得到明显的改善。

4. 非均等化社会保障制度扩大了城乡居民收入上的差距

社会保障有起着调节收入分配作用的特点，它可以引导资金从高收入者向低收入者流动，可以有效地减少中国社会的贫富差距现象。然而，由于中国的城市和农村这种社会保障制度，它在这一阶段有着极度倾斜的特点，中国的社会保障不仅没有发挥应有的作用，缩小城乡居民之间的收入差距，还不断地增加他们之间的收入差距。如表2－19所示，从1992年至2013年，中国城乡居民收入差距的趋势是不断扩大的。1992年我国城镇居民人均可支配收入是农村人均可支配收入的2.4倍。但是到了2013年，城市是农村的三倍多。由于在城乡间实行有差别的社会保障制度，城镇居民拥有许多农村居民没有的优惠补贴，如住房补贴、物价补贴等。如果在计算城乡居民的收入差距时把这些也计算在内，那么，我国的社会保障制度对收入差距的负面效应将会更加明显，城乡居民的收入差距也会更大。由此可见，现阶段我国的社会保障制度并不是一个能够有效调节收入差距、发挥收入再分配作用的工具。

表2－19　1992—2013年我国城乡家庭收入比较　　单位：元，倍

年份	城镇居民人均可支配收入	农村居民人均可收入支配	城市/农村
1992	2026	708	2.40
1995	4283	1578	2.71
2000	6280	2253	2.79
2004	9422	2936	3.21

续表

年份	城镇居民人均可支配收入	农村居民人均可收入支配	城市/农村
2007	13786	4140	3. 33
2008	15781	4761	3. 32
2009	17175	5153	3. 33
2010	19109	5919	3. 23
2011	21810	6977	3. 13
2012	24565	7917	3. 10
2013	26955	8896	3. 03

资料来源：根据国家统计局《中国统计年鉴1993—2014》整理得出。

2.4 我国城乡统筹基础设施均等化的现状与存在问题

公共基础设施是地区经济发展的基础和前提，是当地群众日常生活的必需，更是关系到生产发展、社会进步和国计民生的大事。世界银行在《1994 年发展报告》中指出：“基础设施的完备与否有助于决定一国的成功与另一国的失败，无论是在使生产多样化、扩大贸易、解决人口增长问题方面，还是在减轻贫困及改善环境条件方面，都是如此。”中国的改革开放在推动经济飞速发展的同时也拉大了地区之间、城乡之间的经济差距，因此也成了各地经济差异的显像反映。公共基础设施发展的不均等直接关系到各地的民生问题，关系到和谐社会的建设以及科学发展观的落实。作为基本公共服务的重要组成部分，基础设施的均等化建设被摆到了关键位置。城乡基础设施均等化的建设也是目前国家政府高度关注和重视的。

2.4.1 我国城乡统筹基础设施均等化的现状

1. 我国基础设施财政投入现状

表2－20是我国2010年至2014年交通运输财政支出情况。从表中可以看出，2010年我国交通运输财政支出为5488.47亿元，占当年财政总支出的6.11%；2011年为7497.8亿元，占当年财政总支出的6.86%；2012年为8196.16亿元，占当年财政总支出的6.51%，2013年为9348.82亿元，占当年财政总支出的6.67%；2014年为9669.26亿元，占当年财政总支出的7.48%。从近五年交通运输财政支出的绝对数额上来看，支出逐年增长，尤其是2011年交通运输财政支出增长率接近40%。但是从占财政总支出的占比上看（见图2－10），2011年比重上升，但是2012年相比2011年有所下降，2013年有所回升，

2014 年持续增长。

表 2－20　2010—2014 年我国交通运输财政支出情况　　单位：亿元，%

年份	2010	2011	2012	2013	2014
交通运输财政支出	5488. 47	7497. 8	8196. 16	9348. 82	9669. 26
占当年财政支出比重	6. 11	6. 86	6. 51	6. 67	7. 48

资料来源：《中国统计年鉴 2011—2015》。

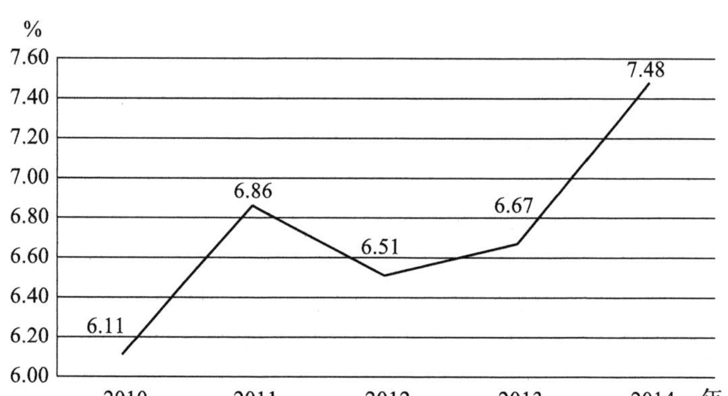

图 2－10　2010—2014 年交通运输财政支出占财政总支出比重

资料来源：《中国统计年鉴 2011—2015》。

2. 我国基础设施建设现状

交通运输建设是我国基础建设中最基本的一项公共基础设施建设。表 2－21 是我国近几年来交通运输的基本情况，从 2010 年到 2014 年，我国公路里程、铁路营运里程、管道运油（气）里程都呈现逐年增长趋势。2010 年，我国公路里程为 400. 82 万公里，2014 年公路里程为 446. 39 公里，增长了 11. 37%；2010 年我国铁路营运里程为 9. 12 万公里，2014 年铁路营运里程为 11. 18 万公里，增长了 22. 59%。

表 2－21　2010—2014 年我国交通运输业基本情况　　单位：万公里

年份	2010	2011	2012	2013	2014
公路里程	400. 82	410. 64	423. 75	430. 78	446. 39
铁路营运里程	9. 12	9. 32	9. 76	9. 32	11. 18

资料来源：《中国统计年鉴 2010—2014》。

表 2－22 是我国城市公用设施普及率。1990 年，我国城市用水普及率仅达到 48%，城市燃气普及率仅为 19. 1%。2014 年，我国城市用水普及率达到 97. 6%，城市燃气普及率达到 94. 6%，经过三十多年的发展，我国城市用水普及率和燃气

普及率得到了快速的发展，尤其是燃气普及率的发展更为迅速，可见我国城市公用设备建设取得了一定的发展和成效。

表 2－22　2010—2014 年我国城市公用设施普及占有率　　单位：%

年份	1990	2000	2010	2011	2012	2013	2014
城市用水普及率	48.0	63.9	96.7	97.0	97.2	97.6	97.6
城市燃气普及率	19.1	45.4	92.0	92.4	93.2	94.3	94.6

资料来源：《中国统计年鉴 2011—2015》。

3. 我国城乡基础设施建设差异现状

在城乡二元化的公共服务体制下，城市的公共设施大多由国家和各级政府提供，而农村的基础设施多由农民自己解决。城乡之间公用设施资产供给、自来水普及率、燃气普及率、道路建设和通信设备上都存在较大的差异。

从表 2－23 是我国 2014 年城乡基础设施建设供给对比表。从表中可以看出，我国城乡间基础设施建设存在较大差异。城市人均公用设施固定资产投资为 4209.04 元，县城人均公用设施固定资产投资为 2550.71 元，村镇人均固定资产投资人 1691.28 元，城市是县城的 1.7 倍，城市是村镇的 2.5 倍，差距明显。在用水普及率、燃气普及率、污水普及率和人均道路面积上，城乡之间也存在明显的差距。占我国人口绝大多数的农村人口在水、燃气、道路等基础设施服务方面并没有享受到预期规模相匹配的供给，城乡之间基础设施非均等化的供给现状已经成为严重制约我国农村经济设计全面发展的障碍性因素。

表 2－23　2014 年城乡基础建设供给对比

<table>
<tr><th colspan="2">项目</th><th>人口（亿人）</th><th>人均公用设施固定值产投资（元）</th><th>用水普及率（%）</th><th>燃气普及率（%）</th><th>污水处理率（%）</th><th>人均道路面积（平方米）</th></tr>
<tr><td colspan="2">城市</td><td>3.86</td><td>4209.04</td><td>97.64</td><td>94.56</td><td>90.18</td><td>15.34</td></tr>
<tr><td colspan="2">县城</td><td>1.40</td><td>2550.71</td><td>88.89</td><td>73.23</td><td>82.11</td><td>15.39</td></tr>
<tr><td rowspan="4">村镇</td><td>建制镇建成区</td><td rowspan="4">9.52</td><td rowspan="4">1691.28</td><td>82.77</td><td>47.8</td><td>—</td><td>12.6</td></tr>
<tr><td>乡建成区</td><td>69.26</td><td>20.3</td><td>K6，</td><td>12.6</td></tr>
<tr><td>镇乡级特殊区域建成区</td><td>86.95</td><td>50.3</td><td>K6</td><td>15.95</td></tr>
<tr><td>自然村</td><td>—</td><td>—</td><td>—</td><td>—</td></tr>
</table>

资料来源：《中国统计年鉴 2015》。

4. 我国城乡网络建设差异现状

2013 年，中国国务院发布“宽带中国”国家战略实施方案，部署了未来 8

年间互联网宽带的发展规划。这意味着，“宽带战略”从部门行动上升为了国家战略，互联网成为国家战略性公共基础设施。在信息经济的今天，互联网是衡量一个国家信息化发展程度的重要指标。互联网发展水平的高低反映着一国文明与现代的程度，其意义深刻，影响深远。表 2－24 是我国近五年城乡宽带接入情况。从 2010 年到 2014 年，我国城市和农村宽带接入户数都呈现明显的上升趋势。城市宽带接入户数从 2010 年的 9963.5 万户增长到 2014 年的 15538.8 万户，农村宽带接入数从 2010 年的 2475.7 万户增长到 2014 年的 4762.3 万户，可见我国近几年来的网络基础设施建设发展较快。但是比较城乡之间的宽带网络接入情况，城乡间差距虽然呈现逐年缩小的趋势，但是，由于城乡间长期经济文化差异，导致现阶段我国城乡间网络建设的差异仍然较为显著。

表 2－24　2010—2014 我国城乡宽带接入情况　　单位：万户，倍

年份	城市宽带接入用户	农村宽带接入用户	城市/农村
2010	9963.5	2475.7	4.02
2011	11691.4	3308.8	3.53
2012	13442.4	4075.9	3.30
2013	14517.8	4626.2	3.13
2014	15538.8	4762.3	3.36

资料来源：《中国统计年鉴 2011—2015》。

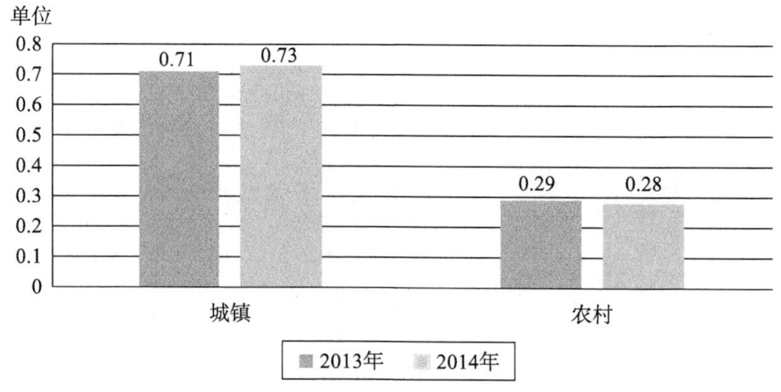

图 2－11　2013—2014 年我国网民城乡结构

资料来源：《2014 年中国互联网发展状况统计公告》。

近年来，随着中国城镇化进程的推进，我国农村人口在总体中的占比持续下降，但我国农村网民在总体网民中的占比却保持上升，反映出农村互联网普及工作的成效。截至 2014 年 12 月，我国网民中农村人口占比 29%，规模达到 1.78 亿人，相比 2013 年增长 169 万人。2014 年，农村网民规模的增长速度为 7.7%，

城镇网民规模的增长速度为 10%，城乡网民规模的差距缩小。但是，我国现阶段城乡网民占比悬殊仍然较大，城市网民为农村网民的近三倍。农村地区依然是目前中国网民规模增长的重要动力。

2.4.2 我国城乡统筹基础设施均等化存在的问题

1. 城乡基础设施投入差距明显

我国城乡二元供给体制的产生有其深刻的历史和社会背景，政府对于基础设施的供给也存在巨大的城乡二元供给。新中国成立之后的很长一段时间里，中央政府的着力点在于发展城市工业尤其是重工业。而城市重工业的发展离不开较为完备的交通、能源供给等基础设施，因此，在此时政府大规模的财政支持城市的基础建设。而此时农村的情况则恰恰相反，农村公社化运动使集体经济成为农村唯一经济主体，国家规定除去中央规划的公路和水利建设以外，集体经济承担着其他所有农村基础设施建设任务。改革开放之后，农村基础建设依然没有被纳入到政府财政范围，直到进入 2006 年，我国城乡基础设施投资国家财政指出的差额才逐渐下降。

在城乡一体化的进程中，我国逐渐加大对农村基本公共服务的供给，但是在基础设施的投入差距仍然十分明显，截至 2014 年，城市人均公用设施建设的投入资金是农村的三倍多，占我国人口绝大多数的农村并没有享受到预期规模相匹配的基础设施财政投入。城乡基础设施财政投入的差距既是造成城乡基础设施建设不均等的主要原因，也是阻碍城乡一体化进程和社会公平和谐的根本因素。所以我国应加大对农村基础建设的资金投入，改善农村基础设施，促进城乡公平和社会稳定。

2. 城乡基础设施建设差距明显

由于城乡基础设施财政投入非均等，我国目前基础设施建设表现出城乡之间的巨大差异。截至 2014 年，我国城乡在公路建设、网络建设、水、燃气交通等一系列基础设施上都有着巨大的差异，从表 2 – 23 可以看到，城市的用水普及率达到 97.64%，燃气普及率达到 94.56%，基本上实现了全覆盖，而农村的用水普及率与城市还存在明显的差距，在燃气普及率上，农村还不及城市的一半。在污水处理率上，我国农村并没有该项指标的数据，可见农村自污水处理方面并没有形成同意的管理。在网络建设上，从表 2 – 24 可以看出，城市网络建设明显优于农村。截至 2014 年，城市的宽带接入数是农村的三倍。图 2 – 11 是近两年我国城乡网民数的柱状图，农村网民数仅占城市的三分之一左右。农村人口众多，但是并没有享受到更多的基础设施。城乡基础设施的巨大差异造成了我国城乡居民生活条件和质量的不均等。这种不均等不利于社会公平和谐的发展。

造成我国城乡基础设施建设差距的原因主要有以下几点：首先，我国城乡二元化结构固化，城市偏向明显。我国城乡二元化和城市偏向严重导致社会各项向城市倾斜，城市经济发展较快，进一步拉大城乡差距。我国城乡二元结构制约农村公共物品的供给，从根本上造成了城乡基础设施建设的差距。其次，我国城乡发展不平衡，城市经济发达，对基础设施的要求也较高，而农村生活条件差，居民生活水平不高，对基础设施的需求和质量上的要求也相对较小，这造成了我国城乡差距的进一步扩大。

3. 我国城乡基础设施维护力度差距明显

根据世界银行的发展报告，根据一般估算，对道路的维护获得的收益应当是修建一条公路本身的两倍。世界上大约有 60% 的基础设施需要维护才能正常运行。由此可见，基础设施的维护对于基础设施存量的作用之大。而我国城乡在基础设施维护力度的差距仍然十分明显。

就公路而言，城市具有专业的养护队伍，随时准备维护城市公路的损坏部分。除城建局、公路局可以担负起公路养护的工作外，城市交通警察也在努力避免不法分子破坏公路设施，并在路基脆弱的路段杜绝一些能损害路基的车辆通行。但在农村地区，不仅没有专业的养护队伍，更鲜有交通警察的执勤。在广大的农村地区，很多路段早已损坏并长时间得不到维修，最终造成了道路通行的中断。在自来水维护方面，城市具有专业的维护队伍，可以及时排解居民的用水故障。在农村地区，情况却不容乐观。目前我国农村自来水并没有得到普及，对于安装了自来水管道的村庄，由于农村人民用水习惯不同，对自来水管道缺乏正确的使用，加上缺乏专业人员维护，自来水管道破坏问题较为严重。很多村庄仍然使用水井或者压水井等水源，因缺乏专业人员维护，一些水井临近生活垃圾堆放处或者牲畜圈养栏，极易受到污染，影响了农民的用水安全。在通信维护方面，城市具有专业的维护队伍，或者按小区分片承包给个人，分属区域的电话、宽带等通信项目进行维护。在广大的农村地区，电话和宽带维修不及时，经是比较普遍的现象。

造成我国城乡基础设施维护力度差距的原因主要由以下几点：从政府官员的角度来看，地方政府没有太大的动力将较大财力用于农村基础设施的维护和监管上。面对居住分散的农村地区，对基础设施进行专人监管需要花费较大的财力，相比之下，政府官员更愿意将这些财力用于建设更多的“看得见”的农村基础设施，以突出表现其“政绩”。从专人和专属部门的维护和监督来看，城乡的差距也十分巨大。在城市中，广大市民、各层政府机构和各类媒体都能起到监督的作用。但在广大的农村地区，村庄内缺乏专业的人员对农村基础设施进行维护和监管，也缺乏媒体对基础设施损坏的关注，村民更没有动力去自觉维护。加上受教育和人口素质影响，农民的“搭便车”心理较重，更出现过破坏、盗取基础设施的情况。另外，农村基础设施所处区域的地理特性以及农民的生产生活习惯，也容易造成城乡基础设施维护力度的巨大差距。

4. 政府在基础设施供给中的角色错位

随着基础设施领域市场化改革的逐步推进，政府已经不再是基础设施的唯一生产者和提供者，而成为基础设施市场化的推动者。在这一过程中，政府的角色定位已经发生了转变，但是目前政府在基础设施供给的过程中仍然存在一些角色错位现象。

行政垄断是由政府凭借行政权力对于涉及国计民生的重大领域进行直接控制，并限制竞争形成垄断。一直以来，我国基础设施供给的垄断程度还是比较高，主要表现为：由政府垄断基础设施供给，缺乏优胜劣汰的竞争机制；政府投资基础设施建设，由于特殊的地位不会面临直接的竞争；政府对基础设施供给的垄断割裂了生产者与消费者之间的联系，造成对基础设施评估和评价的困难；现阶段对政府机构及公务人员的监督机制还不完善。政府垄断供给基础设施不仅导致供给效率低下，还容易加剧社会不公平。

权力寻租是指由于政府的行政权力介入公共基础设施供给领域，使拥有这种权利的人为了谋取自身利益而利用各种合法或非法手段得到占有租金的特权。由于行政权利可以创造寻租的条件，掌握权力的行政部门和官员就可能利用权利进行寻租活动。在社会经济发展中各个领域，只要存在权利的参与，就会存在寻租腐败现象。现阶段，在公共基础设施领域产生的寻租行为，不仅影响了经济发展和公众生活对基础设施的必要要求，而且也造成了社会资源配置的低效率和公共利益的损失。

无论是行政垄断还是权力寻租，其根本原因都是对行政权力的滥用而导致政府角色扭曲，行为错位，过多参与基础设施供给，从而制约基础设施的有效供给。

3

城乡统筹基本公共服务均等化在我国城镇化进程中的作用

自改革开放后30年以来，城镇化进程步伐逐步加快，城镇得到快速发展，城镇的数量、质量（功能）与规模都有极大提高。城镇化率从1978年的17.90%，增至2013年的53.73%，从改革前30年每年平均0.25个百分点，增至后30年的每年平均1.02个百分点，增长了4.08倍。更突出的是，我国的城镇不仅在数量、功能质量、规模上有了很大发展，其经济总量也在国民经济中占到主导地位。中国国内生产总值的70%，国家税收的80%，第三产业增加值的58%，高等教育和科研力量的90%以上都集中在城市，城市经济成为名副其实的主导经济。但是，由于我国在城镇化进程的初期片面追求城镇人口增加，导致城镇化的质量不高。特别是在居民享受基本公共服务水平上出现的城乡间、区域间和社会不同群体之间的差距逐步扩大的现象，已经成为影响社会经济发展、影响社会稳定和谐的重大问题。中共中央十六届六中全会提出逐步实现基本公共服务均等化，把“基本公共服务体系更加完备”明确列为2020年中国构建社会主义和谐社会的9大目标和主要任务之一。

3.1 城镇化的内涵与模式

3.1.1 城镇化的内涵

从世界范围来看，近现代意义上的城镇化已经200多年了。自200多年以来，在城镇化概念内涵的界定上，始终没有形成一个普遍认同的权威定义，但学者们从不同学科、不同角度予以解释，对于我们全面把握城镇化的丰富内涵具有启发意义。

埃尔德里奇（H. T. Eldridge）认为，“人口集中的过程就是城市化的全部含义。人口不断向城市集中，城市就不断发展。人口停止向城市集中，城市化亦随即停止。”再如，《大英百科全书》对城市化的定义：“城市化（Urbanization）一词，是指人口向城镇或城市地带集中的过程。这个集中化的过程表现为两种形式，一是城镇数目增多，二是各个城市内人口规模不断扩充。”2000 年 7 月在柏林举行的世界城市大会，把城市化定义为：“城市化是以农村人口向城市迁移和集中为特征的一种历史过程，表现在人的地理位置的转移和职业的改变以及由此引起的生产与生活方式的演变，既有看得见的实体变化，也有精神文化方面的无形转变。”

国务院总理李克强曾经指出：“城镇化不是简单的人口比例增加和城市面积扩张，更重要的是实现产业结构、就业方式、人居环境、社会保障等一系列由‘乡’到‘城’的重要转变。”再如，中国社会科学院城市发展与环境研究所的盛广耀认为，“城市化作为社会经济的转型过程，包括人口、地域、经济、社会、文化等诸多方面结构转换的内容，其内涵是十分丰富的”。他概括出城市化包含农村人口转为城市人口、农业活动转化为非农业活动、农村地区转化为城市地区、传统的农村社会转化为现代城市社会四个过程。

综观国内外相关研究成果，我们可以发现，城镇化的内涵是极其丰富的。城镇化不仅是指农村人口向城镇转移，第二、三产业向城镇聚集，从而使城镇数量增多、规模扩大、现代化和集约化程度提高，而且也是指城市文明、城市生活方式、城市价值观念向农村扩散、渗透的过程。这一过程具体表现为：农村人口比重日渐降低、城镇人口比重日渐提高；农业从业人员越来越少，非农产业从业人员越来越多；城市文化在全社会的主导地位日益提高，乡村文化的影响越来越小；越来越多的农民思想观念得到更新、落后习惯得到改造、综合素质明显改善。由此可见，城镇化既有人口的集中、空间形态的改变和社会经济结构的变化等看得见的实体变化，也有农村意识、行动方式和生活方式向城市意识、行动方式和生活方式的转化或城市生活方式的扩散等精神文化方面的无形转变。

3.1.2 城镇化发展的模式

在不同历史阶段，受不同国际环境、禀赋条件和社会制度的影响，各国走出了不同的工业化和城镇化道路。从城镇化水平和质量的关系等因素来看，可将主要国家的城镇划分为四种模式，如下图所示。

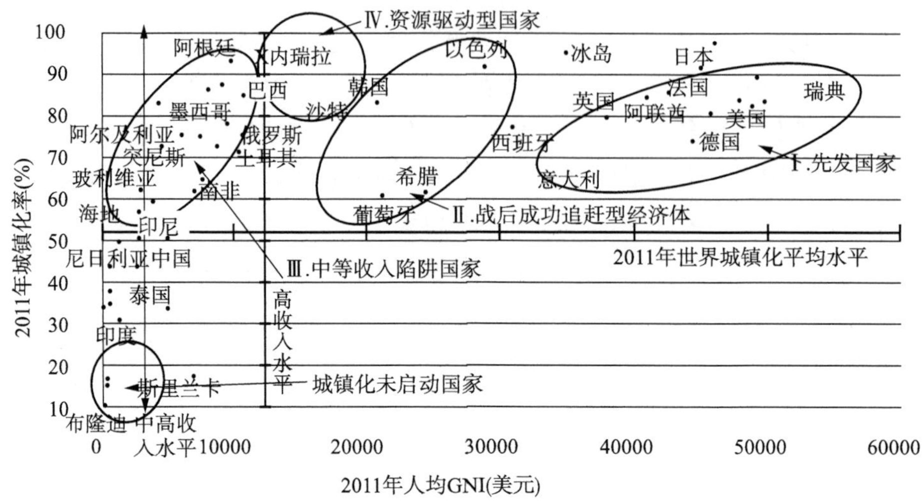

图 3－1　不同国家城镇化发展的四种模式

资料来源：《国务院发展研究中心课题组》的系列研究报告。

1. 先发国家：长期探索中实现城镇化水平和质量的同步提升

英国、美国、德国等先发国家，以工业革命为开端，二战之前已基本完成城镇化，在长期历史探索中实现了城镇化水平和质量的同步提升，具有特殊的时代特征。

第一，在工业革命驱动下实现了工业化和城镇化的良性互动。工业革命建立了全新的工业经济体系，是推动城镇化发展的不竭动力，而城镇化也为工业化提供了基础设施和市场，提高了生产效率。先发国家在技术和制度等领域进行了全面探索，工业化、城镇化充分相互作用，普遍经历了百年以上，最终完成城镇化。

第二，旧殖民体系和世界格局是其城镇化的特殊时代背景。一方面，先发国家通过殖民掠夺、对外贸易和侵略战争为城镇化积累了大量资本；另一方面，在不平等的国际经济秩序和政治格局下，其城镇化发展不存在资源环境约束，形成了“高投入、高消耗、高污染”的粗放发展模式和“先污染、后治理”的道路，也曾为此付出了巨大的资源环境代价。

第三，公共政策适时转型和雄厚的经济实力，是其有效应对社会危机的重要途径和保障。先发国家普遍经历过严重的社会问题和环境问题，以雄厚的财力为保障，及时调整社会政策、促进社会转型，帮助他们渡过了危机。英国面对严重的城市公共卫生危机，1848 年颁布《公共卫生法》等法律，调整公共政策和城市规划，历经百余年彻底治理了城市环境问题。

先发国家的城镇化具有时代特征，今天已难以直接借鉴。不过，以工业革命为契机，实现工业化和城镇化的良性互动发展，以市场机制为基础合理发挥政府作用，及时调整公共政策、促进社会转型等经验，仍具有现实意义。

2. 战后成功追赶型经济体：较短时期内实现城镇化水平和质量同步高速提升

二战以后，全球迎来了新一轮工业化和城镇化浪潮，日本、韩国、新加坡等抓住机遇，在较短时期内高质量完成了工业化和城镇化。

第一，高速工业化是城镇化快速发展的强大动力。20 世纪 50—70 年代的日本及 60—80 年代的韩国分别经历了“挤压式”的快速工业化进程，长期保持了两位数的工业增长率，带动城镇化率年均增长 1.5 个百分点左右，各自在 30 年左右基本完成了城镇化。

第二，政府是工业化、城镇化的积极推动者。政府十分重视国土空间规划，对优化城镇化空间布局、促进要素资源合理配置起到了重要的指导作用。日本先后五次编制和实施“全国综合开发规划”，2008 年又启动了新一轮“国土形成计划”。同时，政府还通过有效干预促进产业升级和战略转型。

第三，强调统筹城乡发展和农业现代化。日本、韩国始终重视农业和农村现代化问题，把提高农业生产率作为推进工业化、城镇化的前提和基础。20 世纪 60 年代，日本颁布了《农业基本法》《农振法》等法规，提高了农业生产率和农民收入水平，促进农业振兴和农业结构调整。

虽然日本、韩国的城镇化依然面临各自的问题，但同样作为东亚国家，他们在较短时期内实现城镇化水平和质量同步高速提升的成就令人瞩目。尤其是，立足本国资源禀赋和文化传统，有效发挥政府的导向性作用，强调城乡统筹和农业现代化，及时化解城镇化中的复杂社会问题，具有直接借鉴意义。

3. 中等收入陷阱国家：战略和体制缺陷导致的高水平、低质量城镇化

二战后，拉美和亚洲、非洲等地区城镇化取得了令人瞩目的发展。2012 年，拉美城镇化率达到 79%，与高收入国家 80.2% 的水平基本持平，但人均 GDP 只有其四分之一，“过度城镇化”特征明显。

第一，由于战略失误导致工业化遭遇重大挫折，城镇化发展拉力不足。二战后，拉美国家一度取得了令人瞩目的成就，通过实施进口替代战略建立了比较完整的工业体系。然而，未能抓住战略机遇促进产业升级，长期僵化执行进口替代战略，导致劳动生产率低下、经济效益增长缓慢，制约了工业化持续推进。

第二，政府对工业化、城镇化中的经济社会问题应对不力。拉美国家长期奉行经济自由主义，对如何处理好政府和市场的关系缺乏深刻认识和有力举措。一方面，城镇化缺乏统筹规划，中心城市畸形发展，区域发展很不平衡。另一方面，对城镇化中的社会问题不够重视，贫富差距巨大、城市贫困和城市犯罪问题

严重，社会矛盾不断激化。

第三，历史形成的土地制度使城镇化缺乏坚实基础。在长期殖民统治下，拉美国家形成了种植园经济和大土地制度。但此后拉美国家并未完成社会改造，传统农业模式和土地制度依然占据主导地位。

拉美等中等收入陷阱国家的城镇化，是由于战略和体制缺陷导致的高水平、低质量的城镇化。其经验教训，使我们更加深刻地认识到工业化与城镇化协调发展的重要性，为城镇化健康发展奠定坚实的物质和制度基础。

4. 资源驱动型国家：水平较高、质量有待提升的城镇化

在二战后经济全球化的背景下，沙特阿拉伯、伊朗、委内瑞拉等国石油资源丰富的国家获得了长足发展，积累了大量石油资本，城镇化实现了快速发展，一些国家已基本完成城镇化。这是一条特殊的资源驱动型城镇化道路。总体上，这些国家具有以下特点：

第一，经济结构相对单一，石油开采及相关产业比重很高，科技创新不活跃，人力资本素质提升缓慢。

第二，经济增长的包容性不足，石油收益较多集中在少数权贵阶层手中，普通民众分享不足，收入分配差距较大，即使是委内瑞拉，2008 年基尼系数仍高达 0.495。

第三，多数国家尚未完成现代化转型，尤其是一些中东、北非国家，宗教因素影响深远，政权更迭和社会动荡不断。

资源驱动型国家的城镇化是在超额石油资源收益推动下超常规实现的。城镇化水平与本国经济社会发展实际所处阶段不一致，属于水平较高、质量有待提升的城镇化。特别是如果不能处理好现代化转型中的若干重大关系，较高的城镇化水平反而更易引发社会冲突，2011 年中东、北非政局动荡就值得引起反思。

3.2 我国城镇化发展的历程

我国城镇化进程伴随不断的制度变迁，发展的总体趋势并未脱离客观规律，与“初期—中期—高级”的城镇化阶段理论吻合，并呈现显著的阶段性特征。以改革开放作为我国城镇化进程的最重要转折点，我国城镇化可以划分为三大阶段。

3.2.1 城镇化启动及波动发展阶段（1949—1978 年）

新中国成立至“一五”时期末，我国城镇化发展处于启动阶段，工作重心由农村向城市转移，城市数量由 1949 年的 132 个增加到 176 个。这期间，除

1955 年城镇化率低于上年 0.36 个百分点外，其余年份城镇化率均比上年都有所增长。1972 年，城镇化水平一路下滑，一直跌落到 17.1%，形成了一个明显的“谷底”。1972 年以后，城镇化发展虽然有所提高，但较为缓慢。1972 年至 1978 年的六年间，城镇化率总共提高了 0.8 个百分点。截至 1978 年底，我国城镇化率才回升到 1966 年的水平，即 17.9%。

3.2.2 城镇化恢复发展阶段（1979—1992 年）

1978 年改革开放，我国城镇化发展迎来了新的契机。在农村改革的推力和城镇就业渠道拓宽的拉力下，我国城镇化进程呈现恢复发展的特征。1984 年 10 月，党中央在十二届三中全会上正式提出全面开展城市经济体制改革，实行有计划的商品经济新体制；同年 11 月，国务院批转《民政部关于调整建制镇标准的报告》；1986 年国务院又批转《民政部关于调整市标准和市领导县条件的报告》。随着市镇标准的降低，全国城镇数量迅速增加，城镇化水平随之提升。

3.2.3 城镇化快速发展阶段（1993 年至今）

以 1992 年春天邓小平南巡讲话以及党的“十四大”的召开为标志，我国进入了全面建设社会主义市场经济体制时期。城市现代化建设、工业进程和小城镇发展加快，使得城市综合承载能力与吸纳农村人口的能力明显提高，中国城镇化全面快速推进。2012 年我国城镇化率达到 52.57%，与世界平均水平大体相当，城镇化取得显著成效。然而，与我国城镇化率的快速增长不相匹配的是城镇化质量的低下，主要表现为受户籍制度约束下的城乡矛盾的突出。2010 年中央“一号文件”提出，深化户籍制度改革，加快落实放宽中小城市、小城镇特别是县城和中心镇落户条件的政策，促进符合条件的农业转移人口在城镇落户并享有与当地城镇居民同等的权益，多渠道多形式改善农民工居住条件，鼓励有条件的城市将有稳定职业并在城市居住一定年限的农民工逐步纳入城镇住房保障体系，采取有针对性的措施，着力解决新生代农民工问题。这标志着我国城镇化由关注速度的快速城镇化阶段向以提升城镇化质量为目标的新型城镇化阶段转变。1978 年至 2013 年，我国城镇常住人口从 1.7 亿人增加至 7.3 亿人，城镇化率从 17.9% 提升到 53.7%，年均提高 1.02 个百分点；城市数量从 193 个增加至 658 个，建制镇数量从 2173 个增加至 20113 个。京津冀、长江三角洲、珠江三角洲三大城市群，以 2.8% 的国土面积集聚了 18% 的人口，创造了 36% 的国内生产总值。

3.3　我国城镇化发展的现状与特点

我国城镇化发展主要基于两个群体：一个是大中专毕业生；一个是农民工群体，未来城镇化也主要从这两方面着手推进。对大专中毕业生来说，市民化过程和就业相关，但未来可能因户籍等制度改革而改变。农民工群体在生活方式上很难融入市民生活，存在巨大的迁徙群体和农村留滞群体，从而使我国城镇化具有鲜明的特点。

3.3.1　我国工业化程度高于世界水平，城镇化率低于世界平均水平

国家统计局数据显示：从 1978 年到 2012 年，我国城镇常住人口从 1.72 亿人增加到 7.12 亿人，常住人口城镇化率从 17.92% 提升到 52.6%，年均提升 1 个百分点。从该数据来看，中国城镇化建设已经达到世界平均水平，但是在城镇常住人口中，全国人户分离的人口为 2.79 亿人，其中流动人口为 2.36 亿人，包含了从农村到城市打工的 1.63 亿农民工。根据国家统计局数据统计，如果按城镇户籍人口计算，我国城镇化率约为 34.6%，比常住人口城镇化率低 19.4 个百分点。

根据发达国家经验，其现代意义上的城市化发端于工业大革命，是技术革新带来的生产力的提高使城市产生了集聚效应而逐步发展的。通常而言，城镇化与产业化特别是工业化密切相关，城镇化进度决定于工业化程度。在技术革新带动城镇化的情况下，城市原有居民与新增居民不存在工资待遇的差距，一个城市的劳动者收入随着劳动复杂程度的降低而减少，但总体差距较小，收入分配曲线较为平滑，城镇化能够追随工业化发展。

2012 年世界工业产值占国民总产值的 26%，世界平均城镇化率约为 50%，城镇化率领先于工业化率 24 个百分点。而我国工业化率和城镇化率的差距刚好相反，2012 年我国工业产值占国民生产总值的 47%，比世界平均水平高出 21 个百分点，但常住人口城镇化率仅与世界平均水平相当。

3.3.2　我国城镇化发轫于低要素价格而非技术革新，农民工与城镇在岗职工收入差距较大

我国为了加快工业化步伐，采取了出口导向型的经济发展战略，以低廉的土地价格、劳动力价格等要素价格吸引外资和技术流入中国，承接了由发达国家转移而来的制造业，从而促进了我国以制造业为主导的经济形态的快速转变。在这一背景下，农民工长期处于低收入状态，形成了城市正式在岗职工工资与农民工

工资的断崖性差距。在工业化发展初期即使城镇居民从业人员也在压抑状态，近些年才赶上外资企业员工，造成了我国城镇化率严重滞后于工业化发展。

据国家统计局数据统计，2012 年我国外出农民工月均收入 2290 元，比当年城镇在岗职工员工平均工资低 2000 多元。在这种情况下，农民工所抚养的人口不得不滞留在了农村。由于技术与管理的学习效应，我国国有企业等经济体城镇在岗人员与外资企业从业人员收入差距逐步消失。但是由于户籍、养老、保险、住房、教育等制度的存在，形成了城市户籍居民的福利“围墙”，保护了户籍居民的福利待遇，而将农民工排除在外，加上工资收入分配上的差距，农民工与城市户籍居民的收入“断崖”持续，没有因“学习效应”而缩小。农民工在养老、医疗、住房、教育等多方面难以享受城市福利，农民工市民化生活仍任重道远。

3.3.3 农民工所抚养的人口大量滞留在农村，城镇化率远远没有达到理想水平

2012 年我国农民工总人数约为 2.63 亿人，包括 1.63 亿到城市打工的农民工和 0.97 亿农民工在本地务工。根据经济学工资理论，这部分农民工所抚养的父母、配偶和子女，也应当计算在内。考虑到部分农民工夫妻双方均处于打工状态，按人均抚养 1 人计算（由于农民家庭多数有两个以上子女，即使不考虑需要赡养的父母，这一假设也不会高估需赡养的人口），那么我国居住生活在城镇人口不仅应当包含农民工自身，还应当包括其所抚养的人口，由此可以推算我国理想的城镇化率约为 72%，这一城镇化率也和我国工业化进程相匹配。

在我国城镇化进程中，尽管农民工生活和就业在城市区域，但是绝大多数农民工的工资收入不足以支撑他们享受城市居民的生活状态，更不可能支撑其家庭（所抚养的人口）在城市的生活，因此形成我国特有的农民工逢年过节的大迁徙现象，以及所抚养人口的长期滞留农村。同时，由于农业生产力提高提供了劳动力剩余，农民工收入与农业收入“断崖”支持农民工体系不断发展。农村改革和工业发展极大提升了农业的产出，农业生产力提高释放了巨大的劳动力，为现代产业发展提供了充足的劳动力剩余。

我国农民工和大学毕业生增加是我国经济的持续发展所引致。改革开放以后，农民工群体迅速发展壮大，促进了我国城镇常住人口的快速扩张，常住城镇化速度远远超过美国 0.3～0.5% 的发展水平。尽管农民工与户籍城市居民存在收入“断崖”，但与农业从业相比要高出许多。在这种情况下，农民愿意外出打工，从而导致农民工群体不断发展壮大。

3.4 我国城镇化发展的现实紧迫性、目标与路径选择

3.4.1 我国推进城镇化进程的现实紧迫性

我国已进入全面建成小康社会的决定性阶段，正处于经济转型升级、加快推进社会主义现代化的重要时期，也处于城镇化深入发展的关键时期，城镇化是伴随工业化发展，非农产业在城镇集聚、农村人口向城镇集中的自然历史过程，是人类社会发展的客观趋势，是国家现代化的重要标志。按照建设中国特色社会主义五位一体总体布局，顺应发展规律，因势利导，趋利避害，积极稳妥扎实有序推进城镇化，对全面建成小康社会、加快社会主义现代化建设进程，具有重大现实意义和深远历史意义，同时也具有其现实紧迫性。

1. 城镇化是实现现代化的必由之路

自工业革命以来的经济社会发展史表明，一国要成功实现现代化，在工业化发展的同时，必须注重城镇化发展。当今中国，城镇化与工业化、信息化和农业现代化同步发展，是现代化建设的核心内容，彼此相辅相成。工业化处于主导地位，是发展的动力；农业现代化是重要基础，是发展的根基；信息化具有后发优势，为发展注入新的活力；城镇化是载体和平台，承载工业化和信息化发展空间，带动农业现代化加快发展，发挥不可替代的融合作用。

2. 城镇化是保持经济持续健康发展的强大引擎

内需是我国经济发展的根本动力，扩大内需的最大潜力在于城镇化。目前我国常住人口城镇化率为53.7%，户籍人口城镇化率只有36%左右，不仅远低于发达国家80%的平均水平，也低于人均收入与我国相近的发展中国家60%的平均水平，还有较大的发展空间。城镇化水平持续提高，会使更多农民通过转移就业提高收入，通过转为市民享受更好的公共服务，从而使城镇消费群体不断扩大、消费结构不断升级、消费潜力不断释放，同时也会带来城市基础设施、公共服务设施和住宅建设等巨大投资需求，这将为经济发展提供持续的动力。

3. 城镇化有利于加快产业结构转型升级

产业结构转型升级是转变经济发展方式的战略任务，加快发展服务业是产业结构优化升级的主攻方向。目前我国服务业增加值占国内生产总值比重仅为46.1%，与发达国家74%的平均水平相距甚远，与中等收入国家53%的平均水平也有较大差距。城镇化与服务业发展密切相关，服务业是就业的最大容纳器。城镇化过程中的人口集聚、生活方式的变革、生活水平的提高，都会扩大生活性服务需求；生产要素的优化配置、三次产业的联动、社会分工的细化，也会扩大

生产性服务需求。城镇化带来的创新要素集聚和知识传播扩散，有利于增强创新活力，驱动传统产业升级和新兴产业发展。

4. 城镇化是解决农业农村农民问题的重要途径

我国农村人口过多、农业水土资源紧缺，在城乡二元体制下，土地规模经营难以推行，传统生产方式难以改变，这是“三农”问题的根源。我国人均耕地仅0.1公顷，农户户均土地经营规模约0.6公顷，远远达不到农业规模化经营的门槛。城镇化总体上有利于集约节约利用土地，为发展现代农业腾出宝贵空间。随着农村人口逐步向城镇转移，农民人均资源占有量相应增加，可以促进农业生产规模化和机械化，提高农业现代化水平和农民生活水平。城镇经济实力提升，会进一步增强以工促农、以城带乡能力，加快农村经济社会发展。

5. 城镇化有利于推动区域协调发展

自改革开放以来，我国东部沿海地区率先开放发展，形成了京津冀、长江三角洲、珠江三角洲等一批城市群，有力推动了东部地区快速发展，成为国民经济重要的增长极。但与此同时，中西部地区发展相对滞后，一个重要原因就是城镇化发展很不平衡，中西部城市发展明显不足。目前东部地区常住人口城镇化率达到62.2%，而中部、西部地区分别只有48.5%、44.8%。随着西部大开发和中部崛起战略的深入推进，东部沿海地区产业转移加快，在中西部资源环境承载能力较强地区，加快城镇化进程，培养形成新的增长极，有利于促进经济增长和市场空间由东向西、由南向北梯次拓展，以此推动人口经济布局更加合理、区域发展更加协调。

6. 城镇化是促进社会全面进步的必然要求

城镇化作为人类文明进步的产物，既能提高生产活动效率，又能富裕农民、造福人民，全面提升生活质量。随着城镇经济的繁荣，城镇功能的完善，公共服务水平和生态环境质量的提升，人们的物质生活会更加殷实充裕，精神生活会更加丰富多彩；随着城乡二元体制逐步破除，城市内部二元结构矛盾逐步化解，全体人民将共享现代文明成果，这既有利于维护社会公平正义、消除社会风险隐患，也有利于促进人类的全面发展和社会和谐进步。

3.4.2 我国城镇化发展的目标

2014年颁布的国家新型城镇化规划（2014—2020年），根据中国共产党第十八次全国代表大会报告、《中共中央关于全面深化改革若干重大问题的决定》、中央城镇化工作会议精神、《中华人民共和国国民经济和社会发展第十二个五年规划纲要》和《全国主体功能区规划》编制，按照走中国特色新型城镇化道路、全面提高城镇化质量的新要求，明确未来城镇化的发展路径、主要目标和战略任务，规划指出，我国城镇化是在人口多、资源相对短缺、生态环境比较脆弱、城乡区域发展不平衡的背景下推进的，这决定了我国必须从社会主义初级阶段这个最大的实际出发，遵循城镇化发展规律，走具有中国特色新型城镇化道路。

1. 城镇化水平和质量稳步提升

城镇化健康有序发展，常住人口城镇化率达到60%左右，户籍人口城镇化率达到45%左右，户籍人口城镇化率与常住人口城镇化率差距缩小2个百分点左右，努力实现1亿左右农业转移人口和其他常住人口在城镇落户。

2. 城镇化格局更加优化

“两横三纵”为主体的城镇化战略格局基本形成，城市群集聚经济、人口能力明显增强，东部地区城市群一体化水平和国际竞争力明显提高，中西部地区城市群成为推动区域协调发展的新的重要增长极。城市规模结构更加完善，中心城市辐射带动作用更加突出，中小城市数量增加，小城镇服务功能增强。

3. 城市发展模式科学合理

密度较高、功能混用和公交导向的集约紧凑型开发模式成为主导，人均城市建设用地严格控制在100平方米以内，建成区人口密度逐步提高。绿色生产、绿色消费成为城市经济生活的主流，节能节水产品、再生利用产品和绿色建筑比例大幅提高，城市地下管网覆盖率明显提高。

4. 城市生活和谐宜人

稳步推进义务教育、就业服务、基本养老、基本医疗卫生、保障性住房等城镇基本公共服务覆盖全部常住人口，基础设施和公共服务设施更加完善，消费环境更加便利，生态环境明显改善，空气质量逐步好转，饮用水安全得到保障，自然景观和文化特色得到有效保护，城市发展个性化，城市管理人性化、智能化。

5. 城镇化体制机制不断完善

户籍管理、土地管理、社会保障、财税金融、行政管理、生态环境等制度改革取得重大进展，阻碍城镇化健康发展的体制机制障碍基本消除。

表3-3　我国新型城镇化主要指标

指标	2012年	2020年
城镇化水平	—	—
常住人口城镇化率（%）	52.6	60左右
户籍人口城镇化率（%）	35.3	45左右
基本公共服务	—	—

续表

指标	2012 年	2020 年
农民工随迁子女接受义务教务比例（%）	—	≥99
城镇失业人员、农民工、新成长劳动力免费接受基本职业技能培训覆盖率（%）	—	≥95
城镇常住人口基本养老保险覆盖率（%）	66.9	≥90
城镇常住人口基本医疗保险覆盖率（%）	95	98
城镇常住人口保障性住房覆盖率（%）	12.5	≥23
基础设施	—	—
百万以上人口城市公共交通占机动化出行比例（%）	45	60
城镇公共供水普及率（%）	81.7	90
城市污水处理率（%）	87.3	95
城市生活垃圾无害化处理率（%）	84.8	95
城市家庭宽带接入能力（Mbps）	4	≥50
城市社区综合服务设施覆盖率（%）	72.5	100
资源环境	—	—
人均城市建设用地（平方米）	—	≤100
城镇可再生能源消费比重（%）	8.7	13
城镇绿色建筑占新建建筑比重（%）	2	50
城市建成区绿地率（%）	35.7	38.9
地级以上城市空气质量达到国家标准的比例（%）	40.9	60

资料来源：国家发改委：《国家新型城镇化规划（2014—2020 年）》。

3.4.3 我国城镇化发展的路径选择

我国城镇化的发展，要紧紧围绕全面提高城镇化质量，加快转变城镇化发展方式，以人的城镇化为核心，有序推进农业转移人口市民化；以城市群为主体形态，推动大中小城市和小城镇协调发展；以综合承载能力为支撑，提升城市可持续发展水平；以体制机制创新为保障，通过改革释放城镇化发展潜力，走以人为本、四化同步、优化布局、生态文明、文化传承的中国特色新型城镇化道路，促进经济转型升级和社会和谐进步，为全面建成小康社会、加快推进社会主义现代化、实现中华民族伟大复兴的中国梦奠定坚实基础，并要坚持以下基本原则：

1. 以人为本，公平共享

以人的城镇化为核心，合理引导人口流动，有序推进农业转移人口市民化，稳步推进城镇基本公共服务常住人口全覆盖，不断提高人口素质，促进人的全面发展和社会公平正义，使全体居民共享现代化建设成果。

2. 四化同步，统筹城乡

推动信息化和工业化深度融合、工业化和城镇化良性互动、城镇化和农业现代化相互协调，促进城镇发展与产业支撑、就业转移和人口集聚相统一，促进城乡要素平等交换和公共资源均衡配置，形成以工促农、以城带乡、工农互惠、城乡一体的新型工农、城乡关系。

3. 优化布局，集约高效

根据资源环境承载能力构建科学合理的城镇化宏观布局，以综合交通网络和信息网络为依托，科学规划建设城市群，严格控制城镇建设用地规模，严格划定永久基本农田，合理控制城镇开发边界，优化城市内部空间结构，促进城市紧凑发展，提高国土空间利用效率。

4. 生态文明，绿色低碳

把生态文明理念全面融入城镇化进程，着力推进绿色发展、循环发展、低碳发展，节约集约利用土地、水、能源等资源，强化环境保护和生态修复，减少对自然的干扰和损害，推动形成绿色低碳的生产生活方式和城市建设运营模式。

5. 文化传承，彰显特色

根据不同地区的自然、历史、文化禀赋，体现区域差异性，提倡形态多样性，防止千城一面，发展有历史记忆、文化脉络、地域风貌、民族特点的美丽城镇，形成符合实际、各具特色的城镇化发展模式。

6. 市场主导，政府引导

正确处理政府和市场的关系，更加尊重市场规律，坚持使市场在资源配置中起决定性作用，更好发挥政府作用，切实履行政府制定规划政策、提供公共服务和营造制度环境的重要职责，使城镇化成为市场主导，自然发展的过程，成为政府引导、科学发展的过程。

7. 统筹规划，分类指导

中央政府统筹总体规划、战略布局和制度安排，加强分类指导；地方政府因地制宜、循序渐进抓好贯彻落实；尊重基层首创精神，鼓励探索创新和试点先行，凝聚各方共识，实现重点突破，总结推广经验，积极稳妥、扎实有序地推进新型城镇化。

3.5 城乡统筹基本公共服务均等化是推进城镇化的必要前提

城镇化为公共服务供给提供制度支持，公共服务水平的提升又充实了新型城镇化的内涵。城镇化要求城乡一体化发展、大中小城市和小城镇协调发展。城镇化要求把基本公共服务纳入城镇化的内涵之中，这既有助于扩大公共服务的辐射范围，提高公共服务的质量，从而促进改善民生，又充分体现对政府公共服务的供给的重视，公共服务水平的提升对推进城镇化有重要意义。

3.5.1 城乡统筹基本公共服务均等化是城镇化进程中必须面对的环节

城镇化要求加快实现以城市带动农村、以工业促进农业的局面，需要加大基本公共服务均等化的力度，实现统筹城乡发展，促进包括交通、供水、供电、煤气等在内的基础设施建设以及包括教育、就业、医疗卫生、社会保障等在内的公共服务体系建设，努力实现城乡居民公共服务的无差别化，使改革发展的成果覆盖到城乡每一位居民。长期以来，由于传统的户籍管理制度，人口的自由流动受到限制，社会保障等公共服务与户籍挂钩，导致当前我国虽然已经有两亿多农民工及其家属被统计为城镇人口，但是仍然是“半市民化”状态，没有完全享受城镇的基本公共服务，并不是真正的城市居民，主要表现在以下几个方面：

1. 教育管理体制和投入机制不健全

目前全国有1400多万农民工随迁子女，80%在公办学校就读，同时农村有5800多万留守儿童，无法在父母身边就读，因此要适应人口流动和新型城镇化的发展趋势，着力解决教育可携带性问题。在做好教育管理信息化的基础上，根据农民工随迁子女跨区域流动的情况，完善测算办法，增加接收地区的转移支付，加强对农民工的职业技能和创业培训，提升其就业创新的能力。

2. 社会保险制度未实现全国统筹

当前，国内基本养老保险基金没有实现全国统筹，医疗保险基金转移接续也比较困难，不利于劳动力自由流动。同时，养老和医疗保险制度存在碎片化的问题，不同人群间的待遇水平存在差别，还有一些制度的漏洞，影响到财务的可持续性。今后大量农民工逐步在城镇落户，将增加社会保险基金支付压力，必须抓紧研究完善各项社会保险制度的设计和转移接续的政策，把在农村参加的养老保险和医疗保险规范接入到城镇社保体系，并坚持清算平衡原则，增加可持续性。

3. 住房保障措施不完善

目前我国住房保障渠道不完善，进城落户的农民工并没有完全纳入到城镇住房保障体系。因此可逐步采取廉租住房、公共租赁住房、租赁补贴等多种方式改善农民工的住房条件，完善商品房配建保障性住房建设，鼓励社会资本参与建设。农民工集中的开发区应该鼓励企业建立公共租赁住房，农民工数量较多的企业现阶段可以在符合规定标准的用地范围内建设农民工集体宿舍。

城镇化是一个涉及经济、社会、空间等多重因素的人口迁移过程和社会发展系统工程，未来几十年间，我国将有3亿至4亿人口从农村转为在城镇定居。只有以实现城乡一体化为目标，积极推进集约型可持续发展的新型城镇建设、促进农业现代化，才能缓解环境、资源制约和收入分配等方面的矛盾，促进全面和谐。在以人为本的科学发展观统领下，走集约高效、功能完善、环境友好、社会和谐、城乡统筹、大中小城市和小城镇协调发展的城镇化新路，必然要求以市民化为核心，即最终消除户籍制度的歧视，使进城务工定居常住人口以及农村居民，都能享受到基本的公共服务，这是保证城镇化建设质量、加快实现经济社会全面协调可持续发展的关键。

3.5.2 城乡统筹基本公共服务均等化可以为城镇化提供支撑与保障

1. 城乡统筹基本公共服务均等化可以为城镇化提供持续有效的动力

城镇化是社会经济发展的主旋律，是大量生产要素向城市聚集的过程，但这种聚集过程并非劳动力、资本等生产要素的简单流动，而是一种社会经济形态的转变。它既要求城市具有更高的生产水平来吸纳更多的生产要素，又要求农村转移人口具有较高的素质。农村生产性公共服务既可以通过教育与培训提高劳动力要素的素质，也可以通过生产技术服务提高生产技术水平，进而为城镇化提供强有力的支持。由农村生产发展到一定程度而产生的城镇化是内生式的城镇化，转移到城镇的人口与产业将会长期甚至永远留在城镇。实践证明，农村经济发展水平越高的地区城镇化水平越高，公路、通信等农村生产性公共服务将会使农民向外转移得更快，更有利于城镇化。相反，如果农村生产力水平很低，城乡差距过大，素质较低的农民不得不到城市去谋生，是一种外压式城镇化。在城镇谋生的农民廉价地贡献了其水平并不高的劳动力的精华之后往往又不得不回到农村。如果为农民提供良好的教育与技术培训等生产性公共服务，能使大量的农村人口有能力与实力在城镇长期居住下来，将会为城镇化提供持续有效的动力。

2. 城乡统筹基本公共服务均等化可以增加城乡福利，加速城镇化进程

城镇与农村是社会经济大系统中两个相互联系、相互依赖、相互影响的子系统。城乡互动的流动性公共服务可以降低各种生产要素在城乡之间进行流动的交易成本，有利于城乡生产要素在更大的系统范围内实现优化配置，实现系统放大效果，进而增加城乡福利，加速城镇化进程。最为典型的例子是农村劳动力转移服务，其中，劳务信息、劳务救助、劳务培训、法律咨询等公共服务，可以使农村劳动力转移得更多，定向培训与信誉担保等公共服务将会使城市雇主愿意接纳的更多。

3. 城乡统筹基本公共服务均等化可以缓解城镇化带来的压力和矛盾

城镇化过程中可能会出现一系列社会矛盾，如农村劳动力转移带来的留守儿

童教育问题、农村治安问题、养老问题、民工讨薪难问题、农村人才流失严重问题与农业基础设施老化问题，城镇建设引起的耕地占用与补偿问题，农村工业化造成的环境污染问题等，这些矛盾一旦激化就可能造成严重的后果，甚至可能引起社会动荡，进而直接影响城镇化的进程。保障性的农村公共服务可以有效地减少和缓解这些矛盾，增加了农村社会的稳定性，如农村医疗、卫生、社保等服务可以确保农村“病有所医”“老有所养”，进而减少社会不稳定的诱因，农民合法权益保护服务可以有效地缓解民工讨薪难、耕地占用纠纷、农村工业污染等所产生的社会矛盾，进而可以确保城镇化有序推进。

基本公共服务均等化的有效供给很大程度上依赖政府公共财政的供给，城镇化建设对促进我国经济健康可持续的发展起到了举足轻重的作用，对扩大消费、增加税收有重大意义。税收的增加代表了公共财政的增多，同时，“新市民”获得了更好的经济条件及发展潜力，促进社会资本运转和货币流通，进一步增加和扩大了公共财政的收支，对于基本公共服务均等化的实现起到了促进作用。

3.5.3 城镇化的推进为城乡统筹基本公共服务均等化提供了条件

城镇化和基本公共服务均等化的理论来源都是公平正义，它们的主体核心和本质要求都是以坚持以人为本的理念为出发点和落脚点。坚持以人为本，就是要尊重人的基本权利，如生存权、发展权、自由选择权等，做到“天地万物，以人为贵”，既要讲效率，也要讲公平，将工具理性与价值理性相结合，使人们活的有尊严。中央提出的科学发展观和建设和谐社会的精神，从根本上来讲都是以人为本的具体体现。城镇化建设要求我们在城镇建设过程中要注重人的城镇化，就是要满足人的精神和物质需求，提高人们生活的幸福度。基本公共服务均等化是政府对公民精神和物质需求的最低层次的保障，对不同区域之间、不同社会阶层的和谐发展起到补充和促进作用。

城镇化有利于社会财富总量的增加，进而促进基本公共服务均等化的实现。城镇化建设，不仅仅是房地产化，伴随的还有产业集聚、农业现代化、工业化、信息化的总体结合与提升。在此过程中，社会生产力得到提高，资产投资扩大。以海南省城镇化过程中的基建类为例，2011 年海南省房地产业税收占地税税收总量的 38.9%，建筑业税收占地税税收总量的 16.3%，仅这两个行业相加所占比重就达到 55.2%，这说明现阶段城镇化已经成为海南省社会经济发展的重要驱动力，正发挥着巨大作用。同时，人口向城镇集聚，随之而来的是生活方式和生活层次的改变，有利于刺激消费，增加社会资本的流通速度，有利于社会财富的增加，进而为基本公共服务均等化的有效供给带来财政资金的保障。

4

城乡基本公共服务均等化的国际经验和借鉴

公共服务均等化作为政府部门的一个重要政策目标，在世界范围内已经得到广泛的施行，并且国外关于均等化的系统理论可追溯到20世纪50年代。但是由于历史和体制等原因，我国关于“基本公共服务均等化”的正式表述则出现在2006年3月提出的“十一五”规划纲要中，对于均等化的普遍研究也仅仅起步于2005年。因此，无论是在理论上还是实践上，我国与国外先进国家相比还有很大的差距。这就要求我们要充分借鉴国外公共服务均等化的经验，以此为基础，根据我国的历史和现实建立具有中国特色的基本公共服务均等化模式。本章主要从财政角度介绍了日本、美国、英国、德国、澳大利亚等国家公共服务均等化的经验，为我国公共服务均等化提供一定的借鉴。

4.1 日本城乡基本公共服务均等化的经验

第二次世界大战结束后，日本因战败受到沉重的打击，经济一度濒临崩溃，不过借助于朝鲜战争对物资的大量需求，日本经济又重新振作起来，之后便经历了令世界惊叹的飞速发展时期。同样令世人惊叹的是日本的社会均等化变迁。日本在战后的经济高速增长过程中，出现了地区发展差距不断扩大、收入分配不均等问题，不过由于日本政府实施的一系列均等化政策，使日本经济社会始终没有偏离均衡发展的轨道。其中，“地方交付税”制度以及“国库支付金”制度在实现均等化目标方面发挥了尤为重要的作用。

4.1.1 “地方交付税”制度

1. 建立“地方交付税”制度的目的

“地方交付税”制度是日本1954年建立的一种转移支付制度，被称作世界上最完美、最精确的“收支均衡型”转移支付制度。日本《地方交付税法》的第一条明确规定：“地方交付税”的目的是中央为了实现地方良治，交付地方一定的金额，保障其行政财源，使地方行政顺利推进，以求得区域间发展的均衡。换句话说，“地方交付税”制度是为了确保地方政府财力的均衡，从而保障地方行政计划的正常执行，促进地方自治宗旨的实现，保障公民公平地享有政府提供的公共服务。

2. “地方交付税”制度的资金来源

“地方交付税”制度的资金来源于“地方交付税”。“地方交付税”是抽取一定比例的国税（包括所得税、法人税、消费税、烟酒税等）作为“地方交付税”的总额，然后中央政府再银据各地政府的财政状况对“地方交付税”进行分配，地方政府获得的“地方交付税”收入可以由地方政府自主支配，中央政府不附加任何条文。日本的《地方交付税法》中明确规定：“地方交付税”总额为所得法人税、酒税的 32%，消费税的 24%，烟税的 25%。国会有权根据实际情况，对资金来源的百分比进行调整。目前，国税中的 40% 要通过“地方交付税”的形式返还给地方，而国税占全部税收的 2/3。

3. “地方交付税”的分配

在日本，“地方交付税”的分配较为规范，以《地方交付税法》为依据并且中央政府每年都要制定相关的分配政策和公布各地的分配额，不断提高分配的合理性和科学性。另外，“地方交付税”在支出预算中设置“地方交付税”科目，而且中央财政还设置专门的特别会计预算——交付税特别预算，来专门负责地方交付税资金的管理和拨付。“地方交付税”总额在全国范围内按照因素法进行分配，这些因素主要包括与收入有关的地方税基、税率以及与支出有关的人口、规模、行政效率等。

4. “地方交付税”的计算

日本“地方交付税”的计算有严格的步骤，需要注意的是，我们下面所说的计算步骤是指普通交付税。因为，日本的“地方交付税”包括普通交付税和特别交付税，其中普通交付税是地方交付税制度的核心，占交付税总额的 94%。特别交付税是作为普通交付税不足时的补充性拨款，主要用来满足一些特殊或紧急的需要，它占交付税总额的 6%，在年度的 12 月以及次年的 3 月两次确定并进行拨付。

《地方交付税法》中明确规定：普通交付税根据各个地方政府的基准财政需要额和基准财政收入额之间的差额来进行分配，于每年 8 月底之前确定对各个地方政府的支付额，在 4 月、6 月、9 月和 11 月四个月分次进行拨付。计算步骤如下：

第一步，计算地方标准财政支出需求。标准财政支出需求是指各个地方政府提供合理水平的公共服务所需要，所谓的“合理水平”，包括有关法律制度规定的（如与义务教育和卫生保健等有关的法律）和与当地经济社会发展水平相适应的（如城市中的自来水、下水道、道路、路灯等）水平，其中都道府县 23 个项目，市町村 22 个项目。将各个项目按照以下公式计算出标准财政支出额：

标准财政支出 = 支出项目衡量单位 × 标准单位成本 × 修正系数

其中地方政府的支出项目主要包括地方行政管理、警察与消防、政府公共工程、教育、社会福利和劳动服务、工业与经济发展六大类。衡量单位一般指服务受益对象的数量（教师或学生的人数、需要警察保护的居民人口、需要消费服务的居民人数、公路的长度和土地面积等）。标准单位成本是指提供每单位服务所需的标准投资额（如每个教师的经费）。每一项服务的单位成本是按一个假想的标准规模的地方政府的情况来估算的。修正系数是考虑到各地的地理、社会、经济和体制情况所确定的成本差异系数。修正系数大于 1 时，代表该地方提供该项公共服务的单位成本高于全国标准；反之，则该地方单位成本低于全国标准。

修正系数的计算方法比较复杂，一般需要考虑以下 8 类修正系数：①类别修正系数。一个典型的例子是计算中学或职业学校的支出需求，其衡量单位是学生人数，但单位成本通常因学校的种类不同而不同，如全日制与半日制的成本就不同。对职业学校来说，学术学校、工程学校、农业学校的单位成本也不尽相同。在这种情况下就需要用类别修正系数来调整各地单位成本的差别。②规模修正系数。一些公共服务项目具有规模效应，即在人口较多的地方该项公共服务的单位成本较低。③密度修正系数。有些公共务的单位成本与人口密度成反比。例如，由于设施的利用率不同，一个人口为 10 万人的城市里，医院的人均成本就会低于一个人口为 1000 人的小镇。④特殊因素修正系数。这一系数主要是考虑都市化程度、工资水平、房屋补贴、经济结构、土地成本和日均人流量等因素。⑤寒冷区修正系数。寒冷的地区由于需要较多地使用暖气、铲雪等设施，因此许多服务项目的单位成本会较高。寒冷地区修正系数用来反映寒冷地区因取暖系统、燃料消耗和相关附加费用而导致的较高单位成本。⑥衡量单位增长修正系数。这个修正系数用来调整某些衡量单位（如人口）剧增时所引起的单位成本的变化。⑦衡量单位骤减修正系数。这个修正系数用来调整因某些衡量单位骤减而导致的单位成本的变化。⑧债务修正系数。这个系数用来反映那些有较高偿债率的地区较高的支出需要。

计算出各项地方支出项目的标准财政支出额后，将其加总，得到某一地方政府的标准支出需求。

第二步，计算地方标准财政收入。地方政府的财政收入能力，由地方税和其他法定收入组成。其他法定收入包括：地方让与税、国产所在地交付款和交通安全对策特别交付款。地方税的收入能力，由中央政府核定，计算公式是：地方税收入能力 = 地方税税基 × 核定的标准税率。经过修正系数调整后的地方税的收入能力加上其他法定收入，即为地方政府的标准财政收入，其中都道府县的修正系数为 80%，市町村的修正系数为 75%。将地方税收能力作为补助基础并加入修正系数，既考虑了地方政府非均等化范围的支出需求，又可以调动地方政府增收积极性。具体公式如下：

都道府县标准财政收入 = 地方税税基 × 核定的标准税率 ×80% + 其他法定收入

市町村的标准财政收入 = 地方税税基 × 核定的标准税率 ×75% + 其他法定收入

第三步，计算地方普通交付税数额。在计算出地方标准财政支求和地方标准财政收入后，就可以得出拨付给地方的普通交付税数额，计算公式如下：

标准财源不足额 = 地方标准财政支出需求 – 地方标准财政收入

其中，标准财源不足额就是向地方政府拨付的普通交付税额。如果该值大于零，则中央向地方政府支付普通交付税，以补足该地方政府的财政缺口；如果该值小于零，则中央不向地方拨付普通交付税。如果各个地方的标准财源补助额的总数大于当年法定的普通交付税总额，那么就需要对各地方政府的分配额进行重新调整；如果小于当年法定的普通交付税总额，就将多余资金转入特别交付税。

5. “地方交付税” 分配的检查

为了保证“地方交付税” 分配的公正、合理，日本建立了“地方交付税” 检查、申诉和处理制度。“地方交付税” 检查由自治省负责。检查包括两个方面的内容：一是计算错误；二是地方政府的辅以行为而引起的错误。对于计算错误，自治大臣可根据错误的程度及相关地方政府的财政状况决定是否更正，以及当年或以后年度（5 年以内）更正。地方政府的故意行为，是指地方政府在提供公共服务作为“地方交付税” 分配额计算基础的数据时人为地调整数据，扩大标准财政支出，缩小标准财政收入，从而增大了标准财源不足额和地方交付税分配额的行为。《地方交付税》规定，自治省必须有计划地进行检查，每个地方政府最少 3 年检查一次，实际是 2 年一次，即每年检查一半的地方政府。法律规定各地方政府必须保存其作为所提供数据基础的原始资料 5 年以上，以便检查。若发现地方政府有故意虚报行力，除要求其返还错分的分配额外，还征收一定的处罚金。如果地方政府无正当理由不返还错误的分配额或不缴纳处罚金，则可采取其他处理措施，如停止对其分配地方交付税资格等。

中央政府在确定分配额后，要及时公布有关计算公式及各地方政府的分配额，并书面通知各地方政府。地方政府在接到通知后，如认为本政府的分配额计算不合理或有误时，可向自治省提出申诉，自治省在接到申诉后要认真检查，并将检查结果通知有关地方政府并公布。

4.1.2 国库支付金制度

国库支付金是指中央指定用途，以实施中央政府的经济社会政策为目的的政聚性转移支付资金。日本中央政府在 20 世纪中期下放事权的过程中，对于一些重要的事权，如义务教育、社会保障等，为了保证各地能够享有大致均等的公共服务水平，实行中央和地方共同负责制，即形成了许多由中央和地方政府共同分担的公共服务。对于共同分担的公共服务，主要由基层政府来负责处理具体事务，中央和地方各级政府按所负责任大小分担资金。中央政府所负担的这类共同分担公共服务的资金责任是以国库支付金的形式支付的，并且规定地方政府没有按照规定使用的，对该项拨款可全部或部分停止拨付，或要求退回所拨款项。

从补助对象来看，大约 40% 的国库支付金用于补助公路、桥梁、公园、河坝、港口和贫困者住房等公共工程建设。从单一的项目来看，对都道县级政府最大的补助是义务教育，对市级政府最大的补助项目是贫困者的生活保障。国库支付金是日本中央政府保证各地公共服务的水平和质量标准化的重要手段，对于支持地方加强基本公共服务供给具有重要意义。中央政府通过国库支付金影响地方支出、控制地方政府活动，地方政府必须执行中央政府关于使用这些拨款的各种规定才能得到这种拨款。

由于国库支付金是中央本级支出，因而对国库支付金的监督管理不同于“地方交付税”，不仅地方政府负有职责，中央政府也有重要职责。中央政府对国库支出金的监督管理类似于其他中央财政支出主要由大藏省监督、指导，由会计检察院进行审计。中央政府的口督、管理主要是两个方面：一是专款专用，防止任何形式的挪用，发现挪用的可以收回资金或进行其他处理；二是资金使用效益通过对申请报告内容真实性、资料真实性及支出进展、工程进度等进行调查、监督，保证国库支付金的有效使用。对于地方政府故意虚报或管理不善等造成的损失要进行严厉的处罚，必要时可以暂停对其付国库支付金。对于国库支付金的监督管理，是成本保障资金使用的有效性和基本公共服务在全国范围内的水平和质量标准化、均等化重要的一环。

4.2 美国城乡基本公共服务均等化的经验

美国经济发展水平比较高，并且区域间社会经济发展不平衡情况不太严重，再加上体制、宪法、历史等原因，决定了美国并没有一般概念上的政府间财政均衡性分配制度，其公共服务均等化主要是通过有条件转移支付制度来实现的，这种有条件转移支付主要有两种形式：专项补助和分类补助。

4.2.1 专项补助

专项补助是美国联邦政府运用时间最长的一种转移支付形式，也是联邦政府对地方和州政府补助的主要形式，据统计，20 世纪 90 年代初，专项补助占联邦政府补助总额的 90% 以上，其中 2/3 拨给州政府，1/3 拨给地方政府。专项补助是由联邦政府指定补助的用途并规定金额、期限和其他具体要求，州和地方政府不得挪作他用。专项补助之所以成为美国转移支付的主要形式，在于美国联邦转移支付的首要目标是保证各个地区所提供的公共服务能够达到一定的水平和质量，而不仅仅为了保证各个地区达到一定的财政收入水平，因此，专项补助能够保证地方政府将联邦政府的拨款花在联邦政府所希望的项目上。因此，专项补助很好地将联邦政府公共服务均等化意愿贯彻在实践中。在实践中，这些专项补助主要是用于地方社区发展、住房、教育等公共服务领域，并且通过有关的法律规章来保障这种专项补助的合理拨付和有效使用。

专项补助中约有 70% 是以人口、人均收入或是财政收入作为衡量的标准，然后按照因素法来确定获得专项补助的州和地方政府。有的专项补助需要州和地方政府拿出一定比例的配套资金，不同项目的配套比例不同（一般在 5% ~50% 之间）。其他的专项补助大多是以计划项目为基础，需要者自行提出申请，由上级政府选择最可能成功和最符合实际需要的项目进行资助。接受专项资助的州或地方政府需要按照规定的用途和方式使用专项资助资金，还必须向联邦主管部门提交关于各项补助计划执行情况的书面报告。

4.2.2 分类补助

分类补助是美国均等化的又一重要实现机制。美国财政间关系顾问委员会将分类补助定义为："上级政府依据法定公式对一些特定领域进行的资助，下级政府对这类补助的使用拥有相对较大的自主权"。"分类补助只规定某一类支出项目的补助总额，不规定具体用途和要求，由州和地方政府自行决定具体使用项目。分类补助还要向联邦主管部门提交有关补助款使用情况的书面报告，其资金也要根据国会提出的计算公式进行分配"。分类补助其实也是一种有条件的转移支付，不过它不同于专项补助，它弥补了专项补助支付范围狭窄、接受补助者自主性差的缺点，使各个地区政府能够参与到分类补助的决策中来，并加强责任机制，使资金运用更有效率，从而促进了公共服务均等化目标的实现。虽然接受分类补助的州和地方可以在规定的范围内自行确定支出项目、制订计划和分配资源，但是要求项目的完成必须达到某一特定标准，否则不再进行分类补助。

美国分类补助兴起于 1981 年，当时美国国会通过专门的法案（《Omnibus

Reconciliation Act》)，将57个分类资助项目并入9大类资助项目中。这9大项目分别是：①健康（包括精神健康）；②犯罪控制；③社区发展；④社会服务；⑤就业培训；⑥城市交通；⑦贫困救助；⑧妇幼照顾；⑨基础教育。1996年又增加了对贫困母亲和孩子的长期资助项目。美国政府间关系顾问委员会认为：分类资助能够简化项目管理，推动项目功能之间、政府之间的合作。鼓励更广泛地参与和发挥地方政府的积极性和主动性。

美国十分重视对专项拨款的监督和管理，并且重视对专项拨款使用效果和资金使用效率的考察，主要体现在以下几个方面：首先，美国已设有专门的机构负责对专项拨款进行监督管理，这一机构即拨款委员会。其次，美国对专项拨款的使用过程进行监督，目的是为了保障转移支付资金的正确、合理使用从而也就为均等化意愿的达成建立良好的基础。例如，规定美国接受专项转移支付的地方政府必须按规定的用途使用资金，并且要向联邦政府主管部门提交各项资助项目使用情况的书面报告。再次，对专项拨款项目规定了一定的绩效标准，以此为依据对资金的使用效果进行考察，由审计总署来进行绩效考核，并以此作为将来转移支付的参考依据。最后，拟定《单一审计法案》，对转移支付资金审计进行专门的规定。美国于1984年颁布的《单一审计法案》规定凡每年从联邦政府：取得10万美元以上财政援助的州政府和地方政府，以及州政府和地方政府所有的经营项。例如，医院等，都必须接受年度审计。转移支付的审计由独立审计师或州政府和地方政府的独立审计师执行。

4.3 英国城乡基本公共服务均等化的经验

英国是一个单一制中央集权的国家，由英格兰、苏格兰、威尔士、北爱尔兰四个地区和大伦敦市组成。地方政府的权利和责任由中央政府决定，中央政府可以随时通过立法程序安排地方政府的权责，甚至取消或设立某些地方政府。与高度集权的政治体制相适应，英国实行相对集中的财政管理体制，中央政府掌握了大部分的财政收入，控制个人所得税、公司所得税、消费税、关税以及增值税等带来较大收入的税种。而地方政府仅有有限的税收权力，其中财产税是其收入的主要来源，地方财政支出中有2/3都是通过政府转移支付取得的。英国转移支付的目标是为了实现财政支出的纵向平衡和横向均衡，同时对地方政府的收支实行统一管理，以保证中央政府的集权。

4.3.1 促进公共服务均等化的转移支付制度

英国的均等化财政制度主要是由无条件的均等化转移支付以及专项拨款组成的。其中均等化转移支付主要用来平衡地区间提供公共服务财政能力的差异，而专项拨款则主要用于诸如城市公共教育、社会福利、环境保护等公共服务的供给上。因此，虽然英国并没有明确将基本公共服务均等化作为财政转移支付制度的目标，不过在制度设计中暗含了公共服务均等化的意愿。在英国的转移支付体系中，财政均等化转移支付约占全部转移支付的 90%，专项拨款占 10%，无条件的均等化转移支付占据了主要地位。

英国的无条件拨款（均等化转移支付）从 1929 年就开始实行，1967 年更名为税收支持拨款（Revenue Support Grant），这一体制一直延续至今。在对均等化转移支付额进行核定时，中央政府主要考察各地的支出需要和收入能力因素，其中支出需要在均等化转移支付计算公式中用地方政府标准支出评估值来衡量，而地方政府的财政收入能力则用标准地方税收入和商业财产税返还这两部分来衡量。每个地方政府获得的税收支持拨款数额由下面公式决定：

税收支持拨款 = 地方政府标准支出评估值 - 标准地方税收入 - 商业财产税返还

地方政府标准支出评估值 = 事业考核项目 × 单位成本 ± 地区费用调整

上述公式中，标准地方税收入是中央所确定的居民房产税标准税率与上一年度地方政府所上报的地方税基的乘积。商业财产税是地方政府对非住宅的房产按出租租金或折合成租金征收的营业房产税，该税收全额上交中央政府，然后再由中央政府根据各地的补助数额返还，从而形成公式中的商业财产税返还项目。中央政府对地方标准支出需求的评估出发点是中央的均等化拨款应保证地方政府有能力提供标准的服务水平。其中，事业考核项目主要是指英国法定的地方政府应承担的事权。中央政府原来设定了 50 个左右的考核项目，测算过程较为复杂。工党政府上台后，中央政府对考核项目进行了简化，把全部考核项目调整为 7 类，分别是教育、个人社会服务、警察与治安、消防、公路养护、环境保护与文化服务以及资本支出借款还贷。每个考核项目又分为若干个考核子项目，如教育考核项目具体又包括初等教育、中等教育、5 岁以下儿童教育、高额成本学生教育、年轻人和社区教育等 8 个子项目。对考核的每一项目都要按一定的标准计算出所需的资金量。英国政府规定，地方建设项目所需的资金经批准可以通过借款来解决，借款还本付息可在财政转移支付中予以考虑。地区费用调整一项主要是对各个地区因人口、经济、地理和社会特点不同而带来的人工成本和其他费用差异进行调整。

需要注意的是，英国的均等化转移支付有“下限”和“上限”的规定。根据英国法律，中央政府对地方政府的均等化转移支付额每年至少要有一定程度的增长，增长率应不小于规定的“下限”。如果地方政府按照公式计算出的转移支付增长率小于“下限”，则一律按“下限”进行拨款。同时，中央政府也规定各地方政府的均等化拨款年增长率不得超过一定的“上限”。如果地方政府计算出的均等化拨款额增长率高于“上限”，则一律按“上限”进行拨款。由于每一财政年度中央政府对地方政府均等化转移支付的总额是固定的，因此，只能用增长率高于“上限”的部分弥补增长率低于“下限”的地方政府的拨款。如果超过“上限”产生的富余转移支付额不足以弥补低于“下限”的缺口，则需要同比例减少拨款增长率介于“下限”和“上限”的地方政府的拨款额，直到缺口得以补齐。

根据地方政府各部门职能的不同，中央政府把地方政府分成三个类别，分别规定不同的“下限”和“上限”。教育和社会服务当局“下限”和“上限”分别为8%和31.5%，治安和消防当局分别为3%和4.9%，郡县地方当局分别为3%和12.5%。拨款上下限的调整也根据拨款类别分别进行。

除了均等化转移支付外，英国的专项转移支付在促进公共服务均等化方面也起到了重要的作用。专项转移支付主要用来解决一些基本公共服务的供给问题，这些项目包括交通道路、教育、社会福利等，这些专项转移支付通常是需要配套的。

4.3.2 建立专门的转移支付中介机构

在英国的转移支付中，有专门的中介机构进行协调和分配，并不是由上下级政府直接讨价还价。中央与地区之间由环境部协调，地区与郡、区之间由地方当局协会协调。环境部是处理中央与地方财政关系的具体执行部门，具有特殊的地位和作用。环境部的基本职责是：负责审编地方财政收支计划，测算、拟定地方年度预算指标，检查监督地方预算的执行，征求、听取地方意见上报财政部，并同财政共同拟定对地方补助支出的总盘子。每年，中央对地方的补助大部分由财政部统一拨给环境部，再拨给各地方，小部分通过教育、工贸、交通等部门分配给地方政府。环境部作为中央部门，也不直接同地方政府打交道，而是同5个地方工作委员会发生关系。这5个委员会都是由地方自愿结合组成的政治团体，它们负责集中所属各地方的意见定期同环境召开协商会议，代表地方的利益同中央谈判，以求得统一，并把中央的政策、意见和各地数量指标传递给各地方政府。地方当局协会则是由郡和区地方当局自愿成立的，以协调地区与郡、区之间的财政转移支付关系。由中介部门来对转移支付进行协调和分配，有利于上级政府特别是中央政府掌握地方的需求，而且通过层层的“委托代理”能够增强中央政府在转移支付决策中的独立性，从而有利于促进转移支付的公正性，有利于公共服务均等化的实现。而且，由于这些中介部门中的一部分代表了地方政府的利益，因此，有利于地方需求信息向中央政府的传递，从而使资源配置更有效率，更能满足公民需求。

4.3.3 加强对转移支付的监督管理

在英国，地方政府获得的转移支付资金由审计委员会进行审计，并提供相应的运行情况指标和报告。另外，审计委员会还对中央政府关于政府间关系的立法、政策进行评估，提出改进意见。除了由专门机构对转移支付资金的使用情况进行监督和评价外，英国还形成了很好的社会监督机制，主要表现在：无论是中央政府还是地方政府，它们的收支情况都要按照议会的要求做出报告，该报告经政府内部的会计委员会审计或外部审计机构进行审计后，向社会公众公开；公众对政府收支报告有任何疑问的，由审计人员及时答复；支出单位和提供公共服务的公司企业同样也要接受社会公众的监督，其转移支付资金的使用情况必须接受审计并向使用者公开。

4.4 德国城乡基本公共服务均等化的经验

德国从 20 世纪 50 年代开始建立与其“财权集中、共享分税为主、横向均衡”的分税制模式相适应的转移支付制度，并在不断地修订和完善下，逐步形成了较为完善的均等化转移支付制度。德国的均等化转移支付模式较为独特，是一种横向转移支付与纵向转移支付相结合的复合模式，并由《财政平衡法》来保证这种模式，旨在实现财力分布的横向和纵向均衡，从而保证在全国范围内提供大体平衡的公共服务。

4.4.1 财政纵向平衡的机制

德国的财政纵向平衡机制是以《基本法》为保障的，主要包括联邦对州的财政平衡机制和州对地方的财政平衡机制。

1. 联邦政府对州政府的财政平衡机制

税收协调是联邦对州的财政平衡的主要形式。在德国，共享税在全部税收中所占比例最大，约为全部税收收入的 74%。共享税包括个人所得税、公司所得税、工资税、资本盈利税和增值税等，各个共享税的分成比例是由法规加以规定的：对于工资税和个人所得税，联邦、州各占 42.5%；对于公司所得税和资本利得税，联邦、州各占 50%。如果在联邦和州之间的财政收支出现不平衡或者其他问题时，经参议院批准可以进行适当调整。在共享税中，增值税是一种调剂性共享税，它不是简单地按比例在各级政府间进行分配，而是随着联邦和州双方财力的变化定期协商调整分配比例，在具体分配形式上带有明显的“均富济贫”性质。

除了税收协调之外，还有《基本法》明确规定的联邦对各州的财政拨款补助来平衡各州财政，具体包括以下几种方式：第一，联邦政府对一些属于州和地方事权范围的重要支出和投资项目拨款。《基本法》中规定，有些州级支出需要联邦政府解决。例如，对一般市民的居住和教育支出，每年联邦政府都要拿出100亿欧元补贴。第二，联邦对州的某些负担较重的支出项目和联邦委托给州的任务进行拨款和补助。例如，属于联邦政府的交通管理、重大科研活动等需要委托给州政府的任务，联邦政府对此提供相应的拨款。再如，对于高等院校学生的补助金开支、房租补贴、伤残者社会保障费用等负担较重的支出项目，联邦政府也对州政府提供适当的拨款和补助。第三，联邦为平衡各州的财力而给予贫困州补助，联邦政府每年要拿出不超过全部增值税收入的2%作为对贫困州的补充拨款，以满足其一般性的财政需要。第四，联邦政府特别补助。例如，联邦政府从增值税中再拿出一定的比例用来资助规模小的州。第五，"共同任务"补助。在完成联邦政府和州政府共同承担的任务时，联邦政府向州政府提供财政资助，来达到协调政策的目的，同时此类政策仍遵循"生存条件一致"的原则，即这些补助只能用于平衡地区差异。这些"共同任务"主要包括：大学建设、地区政策、教育规划农业结构政策和海岸保护以及重要且超出州范围的研究。

2. 州政府对所辖地方政府的财政平衡机制

德国为了平衡州内各地方政府之间的财政收支水平，州对所辖地方政府进行一般性财政拨款和指定用途的拨款补助，从而保证本级政府能够有财力支付各项公共服务任务所需的支出。其中一般性财政拨款是主要手段，这一拨款约占州对地方财政拨款的70%。主要有以下几种形式：第一，按照所辖地方政府税收能力指数和需求指数计算的一般性拨款，约占州政府对所辖地方政府拨款的50%以上。第二，按照各地方政府管辖人口数计算的行政开支补贴拨款。第三，须经地方申请并获得州政府批准方能得到的对特别困难地方的特殊拨款。另外，除了一般性财政拨款外，州还向所辖地方政府提供指定用途的拨款补助。这种转移支付形式要求地方政府按照州政府指定的方向使用这笔拨款，州所指定的用途主要是学校、医院、道路和公交系统等。

4.4.2 财政横向平衡的机制

实际上，德国的纵向不平衡问题并不突出，与之相比，德国州政府之间的财政横向不平衡程度相对比较严重。这主要是因为在德国统一前，前联邦德国就已经是欧洲地区差距较大的国家之一，1970年西部仅占德国总面积7%的24个主要城市中，却集中了全国46%的人口和50%的就业人数。德国统一后，东、西德的经济差距更为突出。为了确保整个联邦范围内公共服务均等化目标的实现，德国建立了以州际均等化为核心的财政横向平衡机制。需要指出的是，这里所说的财政横向平衡机制并不仅指州与州直接进行的横向转移支付，而是指各项促进州际均等的机制。这一横向平衡机制主要分为三个步骤（见表4－1）：

表4－1　德国州际均等化步骤

步骤	州的分享份额	水平均等化的标准	水平均等化的效果
第一步	个人所得税（42.5%） 公司所得税（50%） 增值税（49.6%），其中 75% 25% 地方营业税 州税（100%）	居所原则 经修正的居所原则 以人均为基础 均等化公式 税收收入的地方模式 税收收入的地方模式	弱 弱 强 非常强 没有 没有
第二步	州际均等化	高于平均人均收入的州对外支付 低于平均人均收入的州获得支付	强
第三步	联邦政府垂直补助 无条件 有条件	 联邦补充补助 共同任务补助	 强 中等

资料来源：王莹．财政均等化：理论与实践［M］．北京：中国财政经济出版社2008年版，120.

步骤一：对增值税分享的预先平衡机制。增值税是联邦和州的共享税，联邦和州的分配比例不是固定的，而是由双方协议确定，不同的年份不一样，但总的趋势是联邦的比例在下降，州的比例在上升。从1978—1982年，联邦比例为67.5%，州为32.5%；1996—1997年，联邦的比例为50.5%，州的比例为49.5%。从1998年开始，市镇开始参与增值税的分配。增值税应当属于州级财政的部分，在各州之间的分配主要分为两个部分：第一部分，将增值税中应当属于州级财政部分的至少3/4按州的居民人口进行分配。也就是说，先用这部分增值税计算出全国统一的人均增值税收入，然后再用各州的居民数乘以人均增值税收入，从而得出各州按居民人数分配到的增值税份额。大部分州级增值税按人口分配的理论依据并不是人口多，财政开支需要就要多，而是因为增值税是由消费者承担的，与消费支出相关的税收，它最终是由消费者支付的。人口多，总消费就多实际缴纳的增值税必然就高。因此，根据最终消费原则，这部分增值税应该按人口分配，其主要作用并不是均等化各州的财力。第二部分，将增值税中应当属于州级财政的最多不超过1/4的部分进行平衡性非对称分配，即增值税预先平衡。增值税预先平衡机制先测算出各个州的税收能力和标准税收需求，并进行平衡比较性非对称的税收能力和标准税收要求，进行平衡比较，就是那些贫困州取得参加分配的份额。分配目标是使那些贫困州的财政能力达到全国平均水平的92%。

步骤二：州与州之间进行的横向平衡。州与州之间的横向财力平衡主要是指各州财政支出的需求和财力的平衡，其基本依据是增值税预先平衡后产生的州财政收入。具体操作程序是先测量财力指数与平衡指数，然后进行比较并通过财力强的州向财力弱的州的横向拨款来实现各州之间财力水平的基本接近。其中财力指数主要是体现各州的税收能力水平；平衡指数实际上体现的是标准财政支出需求，是一个用来与各州的财力指数相比较，以确定财力平衡情况的数值。具体公式如下：

财力指数 = 增值税前的税收能力 + 增值税 + 补贴税 - 港口税 + 地方税

平衡指数Ⅰ = 〔（所有州的增值税前的税收能力之和 + 增值税 + 补贴税 - 港口税）÷所有州测定居民数总和〕×各州测定居民数

平衡指数Ⅱ = 〔所有州的地方（区）税之和÷所有州测定居民数总和〕×各州测定居民数

财力平衡超额（+）及短缺（-）=财力指数 - 平衡指数之和（Ⅰ+Ⅱ）

通过对比各州财力指数与平衡指数，来确定某州是接受平衡基金的州还是贡献的州，以及各州之间财政转移支付的资金流向和数量规模在年度执行中，联邦政府和应付出平衡基金的州按上述计算结果在每季度末按季度向接受转移支付的财政困难州划拨平衡基金，年终汇总清算。对于州财政能力低于平均财政能力95%的州进行第二次转移支付，保证经过第二次转移支付后，使每一个州的财政能力至少要达到平均财政能力的95%。而转移支付的资金，来源于经过上述测算财政能力超过标准的州，按《财政均衡法》规定的比例所贡献出来的财力。

步骤三：联邦补充补助。虽然联邦对州的补助也可以作为财政纵向平衡机制看待，但是，由于联邦补助的目的是平衡各州之间的财力，因此，从制度安排来看可以将其最为平衡州级财力的一个层次。联邦补充补助是对增值税分享和州际横向平衡的一种补充性拨款，基本上属于一种无条件拨款。联邦补充拨款不采用公式化补助的办法，而是根据一些特殊的需求来确定补助额，如政治性负担高于平均水平的州、财政困难的州（指财政能力不足全国平均水平的90%）和一些存在特殊困难的州等。2002年，联邦补充补助分为差额补助拨款、政策实行特别需求拨款、老州过渡性拨款、不来梅和萨尔整顿拨款和新州特别需求拨款。其中，联邦差额补助是对州级平衡以后各州之间仍然存在的差别进行补助。补助的限额是差别的90%。通过联邦补助以后，各个州财政支出需要的99.5%得到了保证。通过三步骤的州级财政平衡，德国各个州之间的人均财政收入差别大大缩小。

4.5 澳大利亚城乡基本公共服务均等化的经验

澳大利亚拥有一个非常复杂的均等化体系，其中财政能力和支出需求是均等化所要考察的两个主要指标，在综合考虑财政能力和支出需求后，联邦政府按照公式化的程序分配均等化补助。在 2000 年联邦政府引入商品和劳务所得税（GST）后，均等化补助的资金主要来源于征收商品和劳务所得税（GST）所取得的税收收入。

4.5.1 澳大利亚均等化体系的三大支柱

澳大利亚的均等化体系基于三大支柱：财政能力均衡、政策中性和内部标准。

第一，财政能力均等。财政能力均等是三大支柱中最重要的一个，它确定了澳大利亚均等化的基本目标是各州有均等的财政能力为公众提供公共产品，而不是保证资源配置使所有居民都享有完全平均的公共产品。

第二，政策中性。政策中性是指联邦补助委员会旨在建立适用于所有州的、基于一般政策的政策标准，并在此基础上做出评价。各个州不会因为改变其政策而影响到自己享受的均等化补助份额。

第三，内部标准。在建立标准预算时，委员会的基准是在不同的收支情况下，根据所有州的政府职能计算出平均收入，也就是在各州收支活动的基础上使其均等化，而不会应用外部标准，在综合考察各个州政府的表现基础上做出评价。

政策中性以及内部标准的目的在于保证各州不会因为与其他州的政策或行为不同，而获得奖励或受到惩罚。一个准备将更多支出用在某一特定职能上的州，不会获得额外的补助，它仍然只能获得评估所确定的补助额；一个有高税收保证其获得额外收入的州，它得到的补助份额也不会减少。

4.5.2 澳大利亚均等化体系的构成

1. 标准预算

建立一个框架，确定收入和支出项目的评估范围（财政均等化的范围以及评估标准），使各个州之间收入和支出水平可以相互比较，这个框架被称之为标准预算。这种预算体系反映了各州的收支项目，在澳大利亚联邦拨款委员会目前使用的标准预算中有 68 个支出项目（医疗服务、社会福利、公共治安等）和 30 个收入项目（工资税、印花税、矿产税等）。标准预算范围的确定主要是依据州的事权以及州与州之间的可比性，同时将数据获取的难易程度等技术性因素考虑在内。财务标准以公开发表的数据为基础，计算出各个州每一类支出的平均水平和平均税率，这些数据主要来自澳大利亚统计局发布的政府财政统计报告。政策标准因实际的收支水平受各州不同政策的影响，委员会尽量推算出各州政策的一般情况，确保评估建立在政策中性的基础之上。

2. 不确定因素

在假定标准政策的前提下，委员会将对影响每一类支出和收入基础的因素进行评估。在提供相同标准的公共产品的情况下，与其他州相比，这些因素会使某一州的支出增加或减少；或使该州的收入提高或下降。这些因素被称为不确定因素，它们反映了某州的面积、社会人口特征，是否远离东南部大城市以及自然环境等。它们之间的差异会导致一个州在提供标准的公共产品和获取标准收入时面临不同的预算压力，这就需要委员会进行调节。最复杂的调节在支出方面，条件不同的州可能会产生高于或低于平均水平的支出需求。例如，不同社会人口特征的人群，要求提供更多的特定服务；或者向特殊群体提供服务的成本更高。大多数情况下，在委员会认为需要进行调整的地方，会对特定群体进行加权（大于或小于 1）；如果认为不存在不确定因素，委员会的评估就会以人均水平为基础。

具体来说，这些因素主要有：

（1）年龄、性别和社会经济构成。年龄、性别以及社会经济构成将影响社会公共需求结构以及税收能力。比如，一个州的年轻人口比重大，则该州将面临教育方面的高额支出需求；一个州的土地和财产价值高于一般水平，则它在征收印花税和土地资源税方面的能力要高于平均水平。

（2）相关人口。即需要某种社会公共服务的人口数量。例如，澳大利亚西北部州的土著居民比东南部州要多，那么西北部州与土著居民相关的财政支出就要比东南部州多。

（3）投入成本。各地的地理环境、劳动成本等各不相同，因此即使完成的是同一公共服务，其成本也会有所不同（见图 4－1）。比如，一个州地形复杂、气候恶劣，则它在道路建设方面的成本一般要高于平均水平；如果一个州地处偏远山区、人口众多，则其在大部公共服务提供方面都将面临较高的成本。

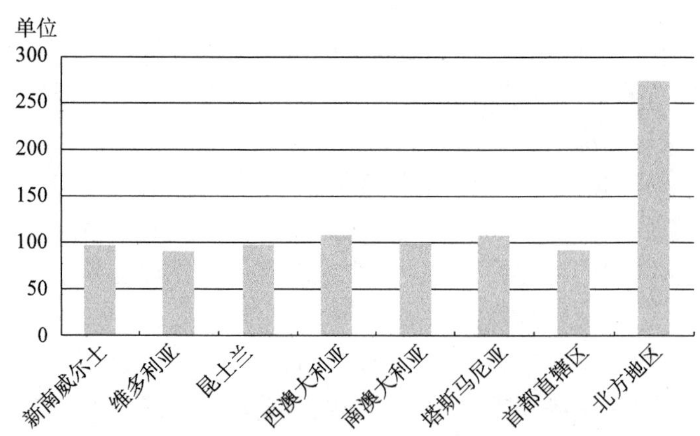

图 4－1　澳大利亚 1995—1996 年提供服务的相对成本比例

资料来源：沙安文，沈春丽．地方政府与地方财政建设［M］．中信出版社 2005 年版，223.

（4）管理规模。各个州或地方政府的行政管理规模由于人口量和地域大小的不同而有所不同，因此行政管理的需求规模也不同。

（5）城市化程度、治安状况。城市化程度不同，所产生的公共需求也就不同，如悉尼、墨尔本地区的城市化程度很高，人口很密集，因此对城市公共交通的需求就高。

（6）经济环境。同一项因素在不同的经济环境中，其影响也会不同。比如，在悉尼的移民比较多，但它的经济比较发达，就业机会就较多，移民对其产生的负面影响很小，因此联邦补助委员会在评定悉尼应获得的均等化份额时，不会把移民看作它的负面影响；但是，如果移民这项因素对西北部相对较贫穷的州来说，则会造成很大的压力，因此在评价中移民则作为这些州的负面影响。

（7）跨地域服务。澳大利亚对居民的公共消费没有严格的区域限制，如居民可以自由地选择上学的学校、看病的医院，这就会产生跨地域服务问题。比如，首都堪培拉的中小学教育质量比较高，附近地区的居民可能会把子女送到堪培拉上学，这样委员会在评估堪培拉地区的教育需求时就应该考虑到附近地区居民的因素，而不能只考虑堪培拉当地所拥有的人口数。

3. 相对系数

经过调整的支出或收入才是标准化评估，即对不确定因素调整之后所有州的平均水平。委员会将某一州的不确定因素折合成相对系数，所有州的相对系数和为1；少于标准化支出需求的州，相对系数小于1；而高于标准化支出需求的州，相对系数大于1，所有的支出和收入加总后即得出各州的相对系数。

4. 补助份额

每个州获得的实际补助份额等于其人口比重乘以其相对系数。基于上述均等化体系，联邦补助委员会建立起均等化模型。根据模型，联邦补助委员会在由财政部确定的转移支付规模之内，制订出向各州拨款的分配方案，并把制订出来的分配方案报送联邦总理办公室审定，通过后，作为联邦预算的组成部分提交国会审议。联邦国库部根据议会批准的预算向各州国库部拨款。可以看出，联邦补助委员会在均等化补助程序中，起十分重要的作用，因此有必要进一步了解一下这一机构。它是一个专为联邦总理提供有关转移支付意见的独立咨询机构，它的评估和分配方案基于中立的立场。主席由联邦总理任命，成员由联邦国库部提名，各州投票选举。拨款委员会的主要工作是研究和提供转移支付办法，测算澳大利亚全社会的公共服务应该达到的水平，提出均等化分配方案等。

澳大利亚均等化体系实际上是通过均等化的一般转移支付实现财政均等化的体系，也可以称作均等化一般转移支付体系，这一体系可使各个州有足够的财力提供平均水平的公共服务。除此之外澳大利亚的转移支付体系中，还有特殊目的的转移支付，这一专项拨款对实现澳大利亚公共服务均等化的目标也起了重要作用。所谓特殊目的转移支付就是由联邦指定用途用于特定项目的拨款。澳大利亚《宪法》第96条对此做出了明确规定：专项拨款由联邦总理、国库部长、财政部部长和其他几个主要部长组成的支出审查委员会，在审查各部预算支出基础上，与有关部的部长进行讨论确定政策框架。支出审查委员会将确定的对各个部门的专项拨款提交议会审议通过后，由联邦国库部负责拨给有关部门，除了医疗保健专项拨款由拨款委员会提出分配建议方案外，其他各种专项拨款均由联邦政府与州、地方政府的对口部门进行讨论和分配。这些专项拨款在中央政府的转移性支出中占据了相当重要的位置。有资料显示2005年6月，通过州政府和给予州政府的特殊目的转移支付总计达到261亿澳元，另外有4.4亿澳元是中央政府直接针对地方政府的。这些特殊目的转移支付占到整个中央政府支出的大约13%且其投入主要集中在教育、卫生、交通、社保住房等公共领域（前三项约占75%）。这种特殊目的转移支付对于实现全国范围的基本公共服务均等化具有重要意义，因为中央政府可以从整个国家的全局入手，合理运用专项转移支付来纠正基本公共服务供给不足以及公共服务提供过程中的不均衡状况。

4.6 国际经验对我国城乡基本公共服务均等化的启示

综观各国均等化实践经验，虽然每个国家都根据自己的历史和现实建立了不同的均等化模式，不过各国的均等化实践经验却有许多共同点，这些共同点值得我们借鉴。

4.6.1 科学划分各级事权和财权，并以法律形式加以确定

从德国、澳大利亚等国的均等化实践中可以发现，它们的均等化转移支付制度都是建立在各级政府事权和财权明确划分的基础上的，并且对于事权和财权划分都有明确的法律规定。一般的，将关系国家整体利益的支出、需要统一规划的支出划归中央政府；将与地方利益直接相关的、外溢性较小的支出，划归地方政府；对具有外溢效应的跨区域公共产品，上级政府在一定程度上加以干预。在政府间收入划分上，则应在坚持中央政府主导地位的同时，使地方各级政府拥有一个与其事权相对应的税源体系，并赋予地方政府一定的税收权利，而且还需要将事权和财权的划分上升到法律高度，一方面，利用法律强化各级政府在基本公共服务供给中的职责，减少推诿现象，防止出现基本公共服务供给的真空地带；另一方面，利用法律的权威性和规范性确保地方政府拥有一定的财权。总之，科学、明确地划分各级政府事权和财权，是实施均等化政策措施的必要前提。

不过，需要注意的是，通过法律形式划分事权和财权，是一个需要不断努力探索和调整的过程。英、美等市场经济较为成熟的国家，都是经历了一个较为漫长的过程。比如，从市场经济制度基本确立到比较规范的政府间事权、财权划分，英国经过了 300 多年，美国经历了 200 多年，而日本自第二次世界大战后以来以法律形式规范政府间事权、财权划分也经历了 50 多年。对于我国来说，法规化事权和财权也需要一个过程，并要为之付出巨大的努力。因为各国的政治制度、历史文化传统等不同，没有一种现成的划分模式可以让我们直接加以套用，而且我国市场经济还处于初步建立阶段，还不完善和成熟，因此，当前的首要问题就是要尽快解决政府与市场的边界问题，这样才能使事权和财权的规范划分有好的逻辑基础。

4.6.2 中央政府在财政收入分配中居主导地位

从各国的均等化实践来看，中央政府起到了主导作用，均等化主要是通过中央政府的统筹、协调来实现的。无论是实行联邦制的美国、澳大利亚、德国，还是实行单一制的日本、英国，都是在中央政府掌握较大财力的基础上，通过大规模的转移支付来实现国家均等化的宏观调控意图。比如，近几年来，美国、日本和澳大利亚的中央财政收入占全国财政收入的比重均保持在 60% 以上。美国联邦政府补贴占州和地区政府财政支出比例在 20% 左右，日本中央政府的补助额占地方政府收入比例在 36% 左右，澳大利亚州政府 40% 左右的支出靠联邦政府补贴。可以看出，中央政府承担了推进均等化的主要财政责任，并通过中央财政的公共资源分配来促进基本公共服务均等化。

对于我国这样一个各地发展不平衡，差距大的国家，强调中央在财政收入分配中居主导地位，并按照胡锦涛总书记在党的十七大报告中提出的“中央和地方财力与事权相匹配”的要求来改革我国的财政体制。特别是完善财政转移支付制度显得特别重要。由于我国各个地方经济发展差距大，赋予地方政府相应的财权并不能保证各个地方政府都拥有必要的履行事权的财力。有的地方经济发展条件和发展能力较强，因此有了财权自然也就能保证其有相应的财力；但是有的地方则恰恰相反，无论是经济发展条件，还是经济发展能力都较弱，因此即使赋予其财权也不能保障其财力的充足，这就要求中央政府集中大部分的财政收入，并通过科学设计均等化转移支付方式的途径，来保障地方政府有相应的财力来提供基本公共服务。

4.6.3 建立科学合理的转移支付制度促进均等化目标的实现

国际经验表明，实现公共服务均等化的基本手段是财政均衡化，而财政均衡化则需要通过转移支付制度来调节。因此，转移支付制度是否科学规范，对于均等化目标的实现非常重要。从德国、澳大利亚、日本、英国等国家的均等化实践中可以发现，它们均根据各自的实践，建立了较为科学规范的转移支付制度。

1. 法制化的转移支付制度

从国外均等化实践中我们发现，各国对政府间转移支付制度一般都有严格的立法和详细的条文约束，实行管理法制化。首先，大部分国家都将各级政府的支出责任划分及相应的财权划分以法律形式规定下来，为均等化转移支付的有效实施奠定基础；同时，对于转移支付的目标、原则、资金来源、技术性操作程序、用途、限制条件等都以立法的形式加以明确。法制作为转移支付的保障之所以重要，是因为转移支付是各级政府间利益的再调整，必然引起各级政府的高度关注，出于自身利益的考虑，都希望拥有相对较多的财力，因此在具体操作时难免有局部损害整体之处。其次，建立转移支付制度不能随心所欲、朝令夕改，必须有可靠而完善的立法依据，否则转移支付政策不仅会失去稳定性、连贯性和严肃性，还会因法令的混乱而造成频繁的摩擦和难以集中统一的散乱局面。我国在实践中应借鉴其他国家的做法，尽快建立专门转移支付法，对财政转移支付的政策目标、资金来源、分配方法、分配程序等做出具体规定，用法律法规来保证转移支付制度的严肃性，减少人为操作的空间。

2. 合理的转移支付构成

从各国的实践来看，除美国外，其他国家都是建立了以均等化转移支付为主，专项转移支付为辅的转移支付体系，这一体系有利于区域均等化目标的实现。均等化转移支付资金主要用来保证地方政府提供基本公共服务的财力需要，缩小区域间的基本公共服务供给的差距。而专项转移支付则主要用来提供具有区域外溢性的基本公共服务或者全国性公共产品的提供。因此，一般看来，区域间贫富大的国家，均等化转移支付所占的比重就越大。这一点，对于我国来说非常重要，因为从我国当前经济发展的程度、财力水平来看，近期我国基本公共服务均等化政策的重点应当放在缩小地区间提供公共服务的差距上。所以，我国在转移支付资金的结构安排上应该以一般性转移支付为主，专项转移支付为辅。

3. 转移支付额确定的公式化和规范化

德、澳等五国均采用了“因素法”来确定转移支付额。政府通过事先确定的转移支付公式计算转移支付额，所有接受转移支付的地方政府都按统一的公式获得中央政府的转移支付。公式中涉及项目大部分都是客观的、可测的。另外公式的设计比较科学合理，大部分国家通常在综合考察地方政府的支出需求和收入能力的基础上，计算转移支付额。其中，对于支出需求的计算，一般会根据地方政府在人口规模、地理环境、社会结构、经济水平等方面的差异加以调整；对于收入能力的计算，大部分国家并不是以各个地方实际收入数来计算而是综合考虑税收努力度等因素，计算出各地的“理论收入”。公式化的转移支付使转移支付过程有章可循，避免了由中央政府与地方政府之间讨价还价带来的成本，提高了均等化转移支付的公正性、可预见性。有鉴于此，我国尽快规范转移支付资金的核算方式，用“因素法”代替“基数法”，设计出一套科学的计算公式，作为转移支付制度的拨付依据。

4. 建立专门机构对转移支付进行管理

为了使转移支付制度更加公平合理，多数国家都建立了专门的机构负责转移支付方案的设计，对转移支付的实施进行管理和评价。比如，澳大利亚设立了联邦补助委员会专门负责设计均等化分配方案和技术性方案，这一机构独立于政府各个部门；加拿大则由联邦政府财政部的“联邦与省的财政关系司”负责均等化转移支付的管理工作，主要负责收集财政经济信息、计算均等化转移支付额、公布转移支付计算结果等。由专门机构管理转移支付，有利于提高均等化转移支付制度的运行效率，便于社会公众对公共资金的分配进行监督。我国也应参照其他国家的做法，建立专门负责财政转移支付制度设计和调整的机构。这一机构应独立于政府各部门，决策过程应接受公众监督。为了确保这一机构能够发挥积极作用，这一机构应直接向总理负责。为确保其权威性和公正性，这一机构的组成成员应包括中央政府和地方政府的官员，并吸收相关领域的专家和学者。在每年3月的全国人大会议上，该机构应向全国人大提供一份有关政府间转移支付的报告，其内容一方面应包括对以往支付运行情况的评估，另一方面包括下一年度转移支付的计划。

5. 注重对转移支付资金使用的监督及对使用情况的评价

从各国的实践中我们不难发现，各国都十分注重对转移支付资金，特别是专项转移支付资金使用的监督管理，很多国家要求审计部门对转移支付资金的使用情况进行审计并出具相关的报告，有关部门还对转移支付资金的使用绩效进行评估，并将评估结果与未来的转移挂钩。不仅如此，对于专项转移支付，一些国家制定了不按指定用途使用资金的惩罚措施。

4.6.4 从国情出发，制定公共服务均等化的有关政策

不同国家由于历史条件、经济发展水平以及文化认识等差异，使其公共服务均等化的目标、实现手段、评价标准等方面存在较大的差别。比如，在实现公共服务均等化目标的手段上，美国以专项转移支付为主；在政策重点上，美国以同

一区域内的不同群体为均等化实施重点，德、澳等国则以区域间的财政均衡为政策重点，通过各区域财政能力的均衡来导向公共服务的均等；从基本公共服务的范围和均等化标准来看，不仅各国之间有较大的差异，同一国在不同的历史阶段也有不同。因此，我国在充分研究和借鉴国外实现公共服务均等化的财政政策经验的同时，要认识到我国与这些发达国家在历史条件、自然地理环境、经济发展水平、文化传统等方面的不同，应充分认识当前我国的实际，从我国的国情出发，在促进均等化的政策措施设计上，注意量力而行的制定短期、中期、长期目标和相应的政策措施，在关注社会公平的同时，继续关注经济效益。

推进基本公共服务均等化，要认识到我国各地区发展水平差距还较大，选择适合我国国情的均等化模式。在实现均等化过程中，要紧密联系各个发展阶段政府的社会目标，在短期实行较简易的财政收入能力均等化模式，而将更高水平的财政收支均等化模式作为中长期目标，做到实现社会公平的同时，也要促进经济效率的提高。要明确中央政府承担主要财政责任，从全国大局出发分配公共资源；基本公共服务均等化的实施主体是各级地方政府，它们负责具体操作实施。由政府主导提供基本公共服务同时，也要注意发挥市场机制的作用，避免类似英国模式的效率低下。提高财政资金使用效率，鼓励一些市场主体通过竞争间接提供公共服务。

5

海南省率先实现城乡统筹基本公共服务均等化的意义与条件

就海南省而言，在全国范围内争创城乡统筹基本公共服务均等化的实践范例既具有必要性又具有可行性。就必要性而言，海南省争创城乡统筹基本公共服务均等化的实践范例是海南省作为全国均等化标杆的责任、作为南海战略要塞的要求、作为两岸统一过渡地带的基础、作为“海上丝绸之路”桥头堡的条件，同时也是海南省经济特区与国际旅游岛建设过程中维护区域稳定的必要条件。就可行性而言，海南省争创城乡统筹基本公共服务均等化的实践范例，同时具备硬条件和软条件：在硬条件方面，海南省的自然条件便于城乡统筹，而其经济发展水平、公共服务能力、财政支持与政府作用竞争力也有利于实现城乡统筹基本公共服务均等化；在软条件方面，海南省争创城乡统筹基本公共服务均等化的实践范例具有发展定位优势、政府重视优势和先行优势。

5.1 海南省率先实现城乡统筹基本公共服务均等化的重要意义

海南省争创城乡统筹基本公共服务均等化的实践范例，对中国宏观战略意图的实现、对海南省的经济建设都有重要的现实意义。这些意义有些已经被认识到并被强调出来，但有些却还没有受到足够的重视。以总的来看，在全国率先实现城乡统筹公共服务均等化，争创城乡统筹基本公共服务均等化的实践范例具有这样几方面的重要意义。

5.1.1 城乡统筹基本公共服务均等化是海南省作为均等化标杆省份的责任

海南省的经济总量与发达程度都不能与浙江相比，然而，作为与浙江同一批实行基本公共服务均等化的省份，海南省具有与发达省份相对的标杆意义，其绿色崛起的过程将为贫困与少数民族聚居地区均衡发展提供经验。同时，鉴于我国发展的区域性差异较大，在中国完全踏出中等收入陷阱之前，海南省城乡统筹基本公共服务均等化的实践范例是最有推广可行性的，所以，争创城乡统筹基本公共服务均等化的实践范例是海南省作为均等化标杆省份的责任。

海南省的经济发展水平在2012年才刚刚达到国际公认的公共服务均等化要求，其城乡收入比也始终保持在2.8∶1以下，正处于推进城乡统筹基本公共服务均等化的优势区间。相较于全国3∶1以上的城乡收入比水平，海南省的城乡收入差距问题并不严重，同时，海南省在面临城乡统筹基本公共服务均等化问题时，不需要考虑成本巨大的产业经济结构转型问题，此外，海南省人口规模相对较小，这也使城乡基础公共服务均等化的推进阻力相对较少，这些都构成了海南省作为经济发展初期公共服务均等化标杆的条件。而海南省能够具备这些条件是我国中央发展战略规划和转移支付造就的，因此，争创城乡统筹基本公共服务均等化的实践范例是海南省作为标杆的责任。在全国各区域发展的过程中，东部地区的战略定位趋向于经济快发展，采取非均衡的发展策略，由此产生了难以弥合的差距，在江苏甚至出现了苏南、苏北两重天的局面，由于公共服务均等化需要分阶段进行，初级阶段的目标为实现区域公共服务均等化，主要表现为区域之间的公共服务均等，中级阶段的目标才能定位实现城乡公共服务均等化，这就造成了东部省份要推进城乡均等就要先保证区域均等的情况。而西部地区则囿于自身的经济发展水平，公共服务能力总体较差，但可以预见在西部全面通车，经济加速发展后，西部各省势必会需要面对城乡统筹公共服务均等发展的问题，然而，以北京为代表的资本密集型公共服务均等化建设方式并不适合这些省份，相对而言，海南省城乡统筹基本公共服务均等化的实践范例则更具有推广价值。因此，在中国新常态发展的过程中，争创城乡统筹基本公共服务均等化的实践范例是海南省作为均等化标杆省份的责任。

5.1.2 城乡统筹基本公共服务均等化是海南省作为南海战略基地的要求

中国南海战略先后经历了新中国成立之初的主权宣示阶段，对越反击战时期的军事维权与行政管辖阶段，经济快发展时期的搁置争议共同开发阶段，以及自2010年以来国际局势嬗变时期的维护领土完整核心利益“进取战略”阶段，海南省建省即出于第二阶段对南海行政管理的要求。如今，随着南海诸岛的主权争夺事态加剧，海南省级机构对南海诸岛的管辖难以深化，而原设的西南中沙办事处又缺乏政治治理能力，为打破权力机构与办事机构之间障碍，我国于2012年正式设立海南省三沙市。

三沙市作为战略要塞，其公共服务能力始终难以满足辐射三沙各岛的要求。在军事力量方面，三沙市配备大型海监船，可以形成越南和菲律宾难以逾越的领海防护圈，但例行巡逻毕竟无法全天护卫绵长的国境线；在行政管理方面，由上图5－1可知，三沙市所在的东兴岛距离南沙等群岛的距离仍然十分遥远，面临空有行政管理权力却难以行使。在各群岛遭遇极端天气、外国骚扰等问题时，能否维护其供水、供电、通信、安全等公共服务势必会成为进一步开发三沙旅游与石油资源的决定性因素。

三沙市的建设目前以第二、第三产业为主，第一产业方面显示出巨大的短板效应。然而，事实证明，单纯以第二、第三产业发展海岛经济无法完全巩固三沙市战略要塞的地位。早在2010年中海油“海上大庆”项目便已投产，当时就有学者提出南海开发应当遵循“油气先行、渔业紧随、旅游跟进”的顺序，而如今西沙旅游项目也已经投入运营，却仍然难以阻止越南等国在我海域内进行违法捕捞，究其原因，渔业发展的短板效不容忽视。自古以来，三沙群岛便非无人岛，岛上居住的我国原著居民与外国非法捕捞者始终在这一海域不断发生摩擦。虽然，第二产业和第三产业能够为我国带来丰厚的经济效益，但最终展示“主权归我、体现管辖”的原则仍然要依靠岛上的居民，而据《2014中国渔业统计年鉴》数据显示，渔业经营收入依然是中国渔民家庭收入的主要来源，占调查户家庭全年总收入的90%以上，如果不能保证渔业的发展就无法保障海岛居民的正常生活。因此，要长期有效地保证对三沙诸岛的实际控制，就必须提高政府保障海岛渔业发展的能力。由此可见，争创城乡统筹基本公共服务均等化的实践范例是海南省作为南海战略基地的要求。

5.1.3 城乡统筹基本公共服务均等化是通过海岛交流促进两岸统一的基础

相似的海岛环境是琼、台交流的先天优势，而社会生活的对等则是两者交流的基础。因此，争创城乡统筹基本公共服务均等化的实践范例有利于进一步发展海南省独立行政能力以及经济平衡发展能力，从而为实现对台沟通交流创造良好平台，间接促进两岸统一。

在先天条件方面，台湾省位于中国大陆架的东南缘，北临东海接琉球，东濒太平洋，西望福建，南邻菲律宾，是我国西太平洋航道上的“七省藩篱”；与之相对，海南省位于中国最南端，北界广东，西临越南，东望台湾，东南有菲律宾、文莱和马来西亚。由此不难看出，海南省与台湾省具有相似的经纬、气候、军事局势以及文化渊源。台湾—海南区位关系如上图5－1－1所示。然而，由于两者行政权力的不对等，在两岸交流的过程中，海南省作为与台湾类似的海岛始终未能充分发挥其纽带作用。

在经济发展方面，台湾以外向型经济为主，作为“亚洲四小龙”经历过年均经济增长率 8% 的“台湾经济奇迹”并随后落入中等收入陷阱；海南省以房地产起家，曾作为中国金融高危地区受到多重限制，甚至直到 2014 年才重新建成具有独立法人资格的商行。因此，从经济发展轨迹和遭遇的问题来看，两者具有相似性，海南省在进行工业产业园区、生态养殖与农业旅游园区的过程中也借鉴了台湾的经验。然而，台湾省专家在对海南省进行帮扶的过程中，发现海南省的田园旅游发展及其困难，在经过多番考察后才在海口周边地区进行了几次不成功的试点。究其原因，海南省城乡统筹基本公共服务均等化水平较低仍然是其经济发展路径无法与台湾接轨的短板所在。台湾省能够将田园作为生态旅游基地的一个重要原因就在于其高度发达的教育均等化水平，这使当地农民能够为游客提供良好的导游服务，而海南省受教育因素掣肘，总体表现出本土居民缺乏表达能力，而引进人才缺乏具体认识的尴尬局面。因此，海南省想要在经济方面与台湾省进行发展经验交流，首先必须解决城乡统筹基本公共服务均等化问题。然而，作为我国内地第一批进行公共服务均等化的省份，海南省没有可以借鉴的先例，因此，海南省有必要自力更生，争创城乡统筹基本公共服务均等化的实践范例。

5.1.4　城乡统筹基本公共服务均等化是建设“海上丝绸之路”服务基地的保障

溯古至今，海南岛在“海上丝绸之路”航线中均为无法绕过的淡水补给中转站，处于西太平洋通往印度洋海上交通线附近，南通亚洲第一大港新加坡港，北邻香港，历史上早有“东方航线上的中途站”之美誉。在 21 世纪中国—东盟自由贸易区建设中，海南省更是位于面向东盟的国际大通道的地理中心。

中国要重建“海上丝绸之路”，海南应充分担负起桥头堡的职责，加快港口建设与基础设施互联互通，从而推动中国—东盟港口群的形成。

以在建的三沙市为例，其单一旅游层面的开发已经初具规模，但其海港作用尚未得到体现。建立城乡统筹的“海上丝绸之路”人才培养机制有利于加速三沙建设，从而为海上丝路的中继站和海上服务基地提供智力保障，而建立城乡统筹的基础设施则有利于保证三沙移民的生活稳定。三沙市的建设离不开人才，而引进人才成本较高、流动性较大并且容易使当地居民产生相对被剥夺感，因此，建设城乡统筹的基本教育并给予原住民平等的进修机会有利于三沙海港作用的实现。同时，由于三沙市陆地面积较小，平台上要建设酒店、超市、文体育场馆以及医院等基础设施，就必须统筹考虑城乡居民的消费能力，以及财政转移支付效率，这样才能保证三沙市在引入港口经济模式后不会因不均等而产生不稳定。

而已经被充分开发出来的三亚市，则肩负沟通中国—东盟文化的责任。三亚市在海洋救护、人流物流、军民融合发展等方面仍然受制于当地人口素质与外来引进人才的困难，想要把三亚建设成为国际化的“海上丝绸之路”港口，就需要平衡城乡发展资源配置，这不仅是为了三亚本市的发展，更是为了更好地与东盟形成文化交流。在东南亚有琼籍华侨200多万，他们活跃于东南亚政商各界，而三亚正是他们寻根旅游的首选目的地，因此，要进一步与东盟形成文化上的互联互通，就需要让华侨感受到海南省和谐均等的环境，让华侨体验到支持家乡建设的成效。

此外，中国在非洲、拉丁美洲等地区均有“亚洲基础设施投资银行”计划项目，但始终难以惠及本土居民，在“海上丝绸之路”建设过程中，如果不能解决这一问题，那么我国与东盟各国的关系就会面临相似的投入多而产出少的局面。海南省作为中国本土上最具东南亚风情浓厚的海岛，正可以作为测试统筹普惠金融服务的实践园区。

5.1.5 城乡统筹基本公共服务均等化是海南省保持社会经济稳定发展的必要条件

建设经济特区与国际旅游岛都需要一个相对稳定的社会环境，因此，定位为离岸金融特区的英属维京群岛和位于中东的旅游城市迪拜都在公共服务事务上大量投入以维持社会稳定。然而，海南省的经济条件无法支持这种维持稳定的方式，所以应当转而推进城乡统筹基本公共服务均等化。

一个贫富差距过大的社会必定是不稳定的，而均等的公共服务可以有效地缩小贫富差距，减小社会成员的“相对剥夺感”，从而使社会处在一种安全运行的状态之中。海南省是农业大省，900万户籍人口中的60%以上都是农业人口，在全国农业人口占比约为50%，相比而言，“三农”问题对于社会稳定性的影响更加突出，提高农村基本公共服务水平更加具有紧迫性。海南省农业人口与非农人口增长情况如下图5－1所示：

由图中数据计算可知，海南省农业人口占比由2010年的61.67%到2014年的62.34%不降反升，由于农业人口越来越多，“被剥夺感”的存在对社会稳定的影响势必愈发深远，作为农村人口占绝大多数的省份，城乡统筹基本公共服务均等化的程度也就由此制约社会的稳定。在这种条件下保证海南省的社会生活稳定只有两条途径，第一是提高农村经济水平，第二是加强农村居民的公共服务可得性，无论哪条途径，都需要统筹城乡发展。统筹城乡发展的本质，就是要把“三农”问题放到整个宏观经济发展全局中统筹部署，城市对农村的带动作用，使分属农业人口的人力资源能够得到充分的发展。鉴于海南省的财政实力难以维持高额度的转移支付，争创城乡统筹基本公共服务均等化的实践范例就是海南省

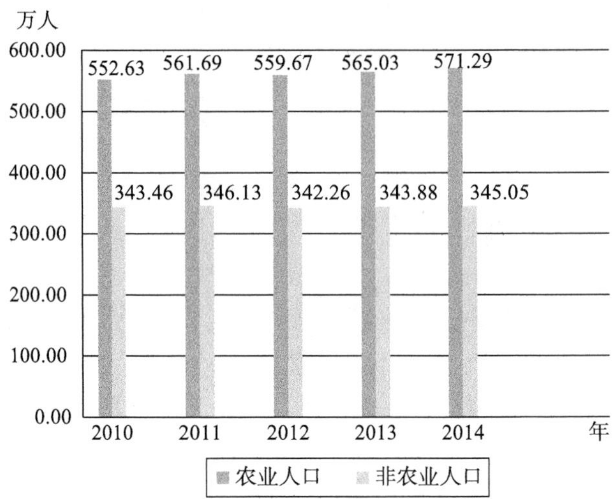

图 5－1　2010 年—2014 年海南省农业人口与非农人口增长情况

资料来源：《海南省统计年鉴 2011—2015》。

维持稳定的必要条件。

5.2　海南省率先实现城乡统筹基本公共服务均等化的有利条件

推进城乡统筹基本公共服务均等化是一项艰巨的任务，必须具备一定的硬性条件，根据樊丽明（2010）的总结性研究，城乡统筹基本公共服务均等化的前提条件主要包括经济发展水平、城市化水平、政府财力丰裕程度、责任的明晰划分以及政府治理的民主性五个方面。海南省争创城乡统筹基本公共服务均等化的实践范例具备的硬性条件优势，则得益于先天条件、经济发展、基础设施、财政支持以及政府能力建设五方面。

5.2.1　海南省的先天自然条件有利于城乡统筹基本公共服务均等化

海南省具有建省时间短、人口少、面积小等自然优势，因此，海南省争创城乡统筹基本公共服务均等化的实践范例具备优于其他省份的先天硬性条件。

首先，海南省建省时间短，存在的问题少，有利于推进城乡统筹基本公共服务均等化。从理论上来看，基本公共服务均等化条件跟建省时间没有直接关系，但从中国区域发展政策实践的角度分析，海南省建省于 1988 年且建省之前广东省也未将外向型第二产业发展战略引入海南，从而使海南省成为我国罕有的未经历 1979—1990 区域经济政策非均衡发展阶段的特殊省份，其产业结构与对外依赖性较低，不均等问题相对简单。除工业发展时间短，造成的污染较少外，海南省虽然也有经济特区的待遇，却避免了珠三角、长三角等经济特区发展的对外依赖性，如依靠“三来一补”发展起来的珠三角经济，在面临城乡统筹基本公共服务均等化问题时，不得不考虑成本巨大的产业经济结构转型问题。而海南省几乎不存在这样的问题，给城乡一体化、公共服务均等化的发展提供了更大的自由度，减小了均等化推进的阻力。此外，海南省人口规模相对较小，这也使城乡基础公共服务均等化的推进阻力相对较小。

同时，海南省是全国陆地面积最小的省份且地形结构简单，基本不存在许多内陆省份所要面临的公共服务区域割离问题，行政区划仅设有海口市、三亚市和三沙市 3 个地级市，其余的 6 个县级市、4 个县和 6 个民族自治县发展情况类似，需要面对的不均等问题也相对简单且便于统筹。海南岛呈椭圆形，东北至西南径长约 290 千米，西北至东南宽约 180 千米，环岛海岸线长 1528 千米。省内统辖的三沙群岛地势较低平，西沙群岛和中沙群岛距离海南本岛东南沿 300 多千米，中沙群岛仅黄岩岛露出水面，西沙群岛陆地面积 8 平方千米，岛屿 22 座，南沙群岛以暗沙为主，陆地面积仅 2 平方千米。而海南本岛四周低平，中间高耸由 500 米至 800 米的丘陵性低山地形构成环形层状梯级地貌，环岛滨海平原占总面积的 11.2%，各区域基础公共设施建设方式类似，并天然形成陆路运输的环线建设路线。

根据海南省“两小时交通圈”规划，2015 年海南省已经全面建成东西环线高铁，交通的便利又进一步提升了海南省的公共服务城乡覆盖率。在供水方面，河流起于中部山区组成辐射状水系，集水面积均超过 3000 平方千米，全岛供水系统建设不存在资源障碍。而河运方面，北有南渡江斜贯，经白沙、琼中、儋州、澄迈、屯昌、定安、琼山至海口入海；西有昌化江横贯，经琼中、保亭、乐东、东方至昌化入海；中有万泉河分南北两支自琼中五指山和风门岭，经琼中、万宁、屯昌至琼海龙江合口至博鳌入海。

5.2.2 海南省经济发展水平有利于城乡统筹基本公共服务均等化

经济基础一方面决定了居民对公共服务基本需求，另一方面决定了政府能够为公共服务支付的基础财力，因此，经济基础对基本公共服务供求具有双向影响的决定性条件。

在公共服务基本需求方面，如前文所述，公共物品的消费是人们在基本物质生活条件得到满足之后而延伸、发展的高层次需求。根据国际经验，人均 GDP 3000 美元是推进基本公共服务均等化的基础条件，人均 GDP 7000 美元到 10000 美元阶段是落实基本公共服务均等化的较好时机。在经济发展趋势方面，根据福利经济学理论，需要保证基本公共服务给城乡居民带来的边际福利尽可能保持在均等状态，从而保证福利函数在每一个时刻都能实现最大化，这就要求福利的提升是平稳而连续的而不是“跃迁式”的。在地区发展“跃迁式”阶段，农业与其他产业的二元化结构无法取消，因而无法有效地进行基本公共服务均等化。海南省 2010—2014 年经济发展情况如下图 5－2 所示：

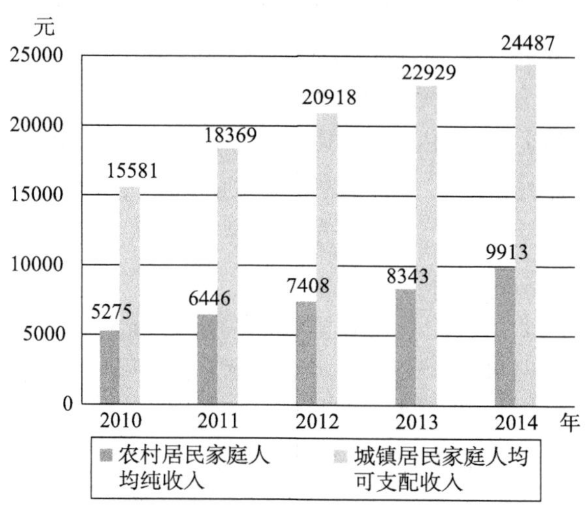

图 5－2　2010—2014 年海南省城乡居民家庭人均可支配收入

资料来源；《海南省统计年鉴 2011—2015》。

由图可知，海南省城镇居民可支配收入在 2012 年达到基本公共服务均等化调控下限，而 2010—2014 年发展趋势平稳而连续，符合推进城乡服务均等化的条件。进一步地，可以由图中对比情况可知，海南省城乡收入差距已经从 2010 年的 10306 元扩大到 2014 年的 14574 元，但与全国平均水平相比仍然处于较低的水平，因此，海南省经济发展水平适合争创城乡统筹基本公共服务均等化的实践范例。

与全国其他省份相比，海南省的经济与财政收入总量并不占优，但是财政收入这一指标重点反映的是政府提供公共服务和公共物品的总体能力，是在人民生活水平不断提升的过程中满足高层次公共服务需要的保证，而人均财政收入指标则能够更好地反映政府提供基础公共服务的能力。但由于海南省建省时间短，人口密度小，人均财政收入指标并不落后。2014 年海南省人均财政收入在全国排位情况如图 5－3 所示。

由图可知，2012 年海南省人均财政收入在全国范围内处于第 11 位的上游位置，这说明海南省具备创先推进基本公共服务的现实条件。而如前文所述，基本公共服务均等化目标之中最低层次的目标就是城乡统筹基本公共服务均等化，加之海南省内不同区域之间的不均等问题也主要来自城乡发展不平衡，所以，海南

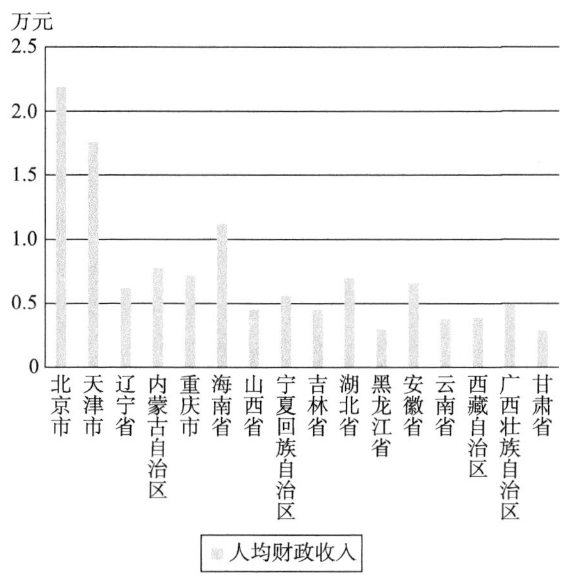

图 5-3　2014 年海南省与全国部分省市人均财政收入的比较

资料来源：国家统计局《中国统计年鉴 2015》。

省财政并不需要分流资金专门解决区域服务均等问题，因此，完全可以满足推进城乡统筹基本公共服务均等化的要求。

5.2.3　海南省现有的公共服务基础设施有利于城乡统筹基本公共服务均等化

在具备了推进城乡公共服务均等化的基本条件之后，争创城乡统筹基本公共服务均等化的实践范例的难度和成本就主要取决于现有的城乡公共服务发展水平。

海南省推进城乡统筹基本公共服务均等化的难度，取决于现有的基本公共服务产品的成熟程度。城乡统筹基本公共服务均等化政策的实现途径是将城市成熟的基本公共服务产品向农村推广，而非单纯追求均等而牺牲城市公共服务水平。所以如果城市公共服务产品仍不成熟，那么即便将推广至农村也很难保障其未来运营和持续发展，并有可能成为政府的“沉没成本”造成浪费。据中国社会科学院马克思主义研究院、华图政信公共管理研究院、社会科学文献出版社 2013 年 12 月 17 日联合发布的《中国城市基本公共服务满意度评价（2014—2015）》报告，我国 38 个主要城市基本公共服务满意度评价排名前十的分别是拉萨、宁波、厦门、珠海、海口、重庆、大连、上海、昆明、银川，海口位列全国第五。满意度调研的结果，一方面说明了公共服务供给数量的充足，另一方面表明了公共服务供给质量的达标，因此，该结果基本上反映了海南省达到了将基本公共服务向农村推广的要求。

海南省推进城乡统筹基本公共服务均等化的成本，取决于农村现有公共服务产品发达程度。城乡统筹基本公共服务均等化重心在于提高农村基本公共服务水平，那么，所需要提供的财政支持也主要是用于在农村现有公用服务产品的基础上增加供给，所以，要提供多少资金，花费多少成本也就主要取决于农村现有公用服务产品与目标值的差距。总体而言，在收入差距不大的条件下，居民非食品开支很大程度上要依赖于消费品的可得性、消费与投资的偏好以及信息通达程度，而这些指标的大小又与基本公共服务中的运输、教育、通讯等公共产品的供给能力关系密切，所以城乡居民基本公共服务差距的大体情况可以由恩格尔系数反映出来，海南省城乡恩格尔系数对比情况如下图 5 -4。

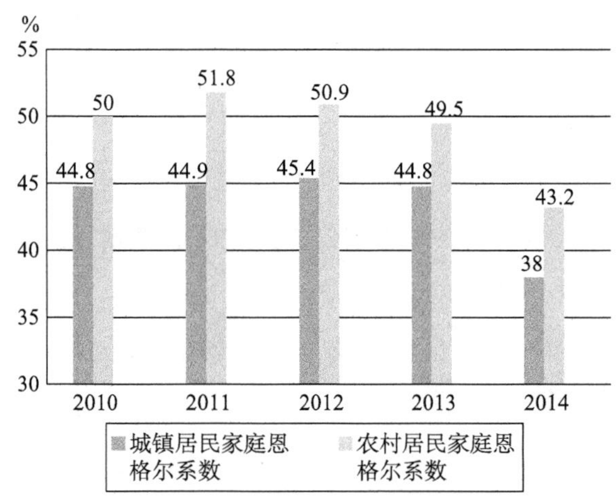

图 5 -4　2014 年海南省城乡居民家庭恩格尔系数情况

资料来源：《海南省统计年鉴 2015》。

由上图可知，海南省城乡居民家庭恩格尔系数差距已经由 2009 年的 8.4% 下降到 2014 年的 5.2%，虽然在 2010—2011 年出现过一次反弹，但总体呈下降态势。因此，在城乡食品消费比例均呈下降趋势的条件下，海南省城乡公共服务发展水平有利于争创城乡统筹基本公共服务均等化的实践范例。

5.2.4　中央财政对海南省的大力支持有利于城乡统筹基本公共服务均等化

在财政转移支付的过程中，区域经济发展与公共服务均等化具有替代性，因此在效率与公平的选择过程中，中国大部分省份都不得不做出选择，而无论选择效率，还是选择公平都会对城乡统筹基本公共服务均等化造成不同程度的滞碍。但由于海南省的战略定位不在于经济快发展而在于亚洲经济特区建设，中央财政对于海南省经济发展的转移支付支持相对较多，中央转移支付占各省 GDP 的比例排名如下图 5 –5 所示：

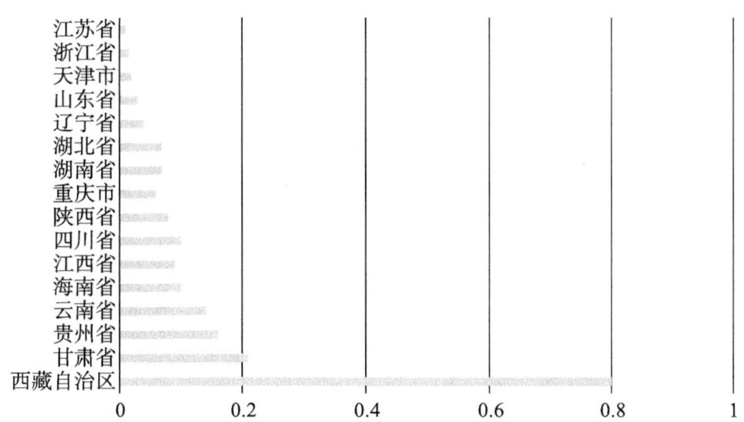

图 5 –5　2015 年中央对部分省市转移支付额度占 GDP 比例的情况

由图可知，海南省的经济发展主要受到中央财政的转移支付支持，因此，本省的财政支出可以更多地配置于城乡统筹基本公共服务均等化。而海南省本省的财政收入也逐年增加，其增加趋势如下图 5 –6 所示。

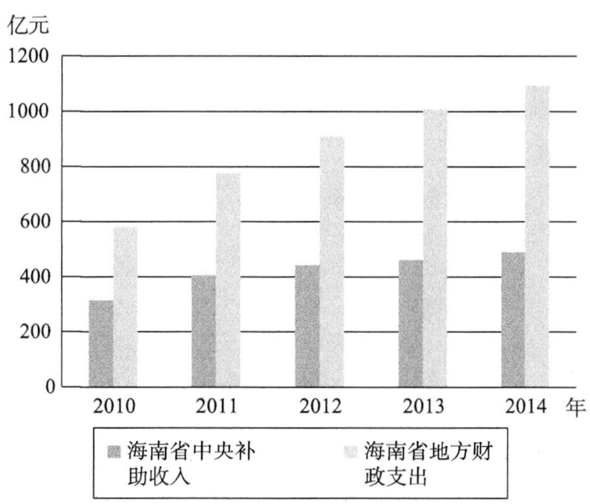

图 5 –6　2010—2014 年海南省财政支出与中央补助收入情况

由图可知，中央财政对海南省的财政补助收入近几年来稳步增加，基本上占海南省财政收入的 40% 以上。同时，还可以看出，自国际旅游岛建设以来，海南省地方财政支出增加的速度要高于中央补助的增加。在增长的财政支出中，一部分是海南省经济发展水平提高，财政收入增加，财政自给能力比过去提高。还有一部分地方财政支出来自福利彩票的固定投资、政府基金投资等公共转移支付。由此可见，海南省受到的中央财政转移支付缓解了本省的财政压力，从而为海南省争创城乡统筹基本公共服务均等化的实践范例提供了有效支持。

5.2.5 海南省政府的竞争力有利于城乡统筹基本公共服务均等化

我国公共服务除国防由中央政府承担外，大多数公共服务都需要地方政府负责，因此海南省政府的作用力是争创城乡统筹基本公共服务均等化的实践范例的重要条件。

在政府供给公共服务的财力方面，海南省的经济发展不但能够扩大政府征税的税基，而且有利于地方政府提高土地出让金以及公益彩票销售额等非税收入。这些收益都有利于提高政府财力，而政府财力的提高，不仅有利于应对公共需求总量的上升，而且有利于政府自身提高行政能力和资源配置能力，从而应对公共需求的结构变化。海南省2010年至2014年政府财力与公共服务供给情况如下图5－7所示：

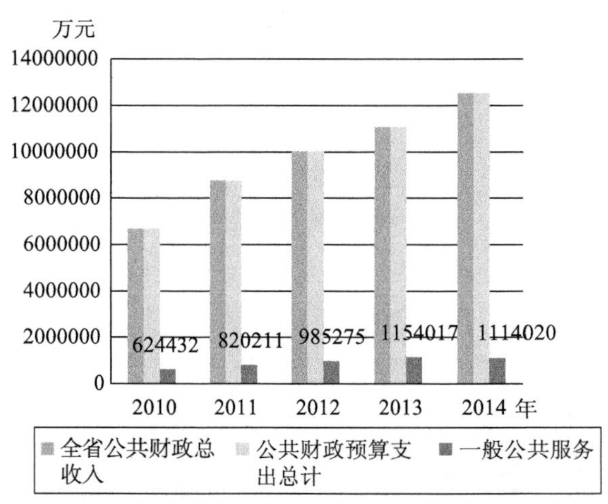

图5－7 2010—2014年海南省政府财力与公共服务供给

资料来源：《海南省统计年鉴2011—2015》。

由图可知，海南省公共财政收支的增长十分平稳，而一般公共服务的现有占比也并不高，因此有能力为基本公共服务提供更多的支持。在政府社会治理能力方面，根据《中国省域经济综合竞争力发展报告（2014—2015）》的评价，就是政府作用竞争力属于上升指标，这得益于海南省宏观税负的增加。按照国际货币基金组织（IMF）的统计口径，宏观税负指标是指包括税收、社会保障缴款、赠予和其他收入在内的指政府收入占GDP比重。2014年海南省以地方财政收入占GDP衡量的宏观税负在全国排位情况如下图5－8：

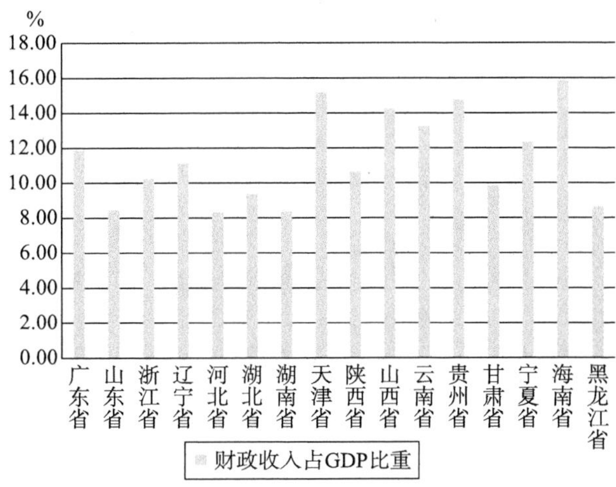

图 5-8　2014 年海南省宏观税赋情况

资料来源：国家统计局《中国统计年鉴 2015》。

由图可知，2014 年海南省政府参与国民收入分配的能力排在全国第一位，反映政府社会治理能力的指标除去政府财力以外，还有每十万人交通事故发生数、有失业保险覆盖率、城镇登记失业率、优势指标有规范税收、医疗保险覆盖率、养老保险覆盖率、政府公务员对经济的贡献、物价调控、调控城乡消费差距、人口控制、城市城镇社区服务设施数、下岗职工再就业率等。在政府财力充裕的情况下，这些指标可以通过人才引进等方式迅速提升，因此对于海南省创先推进城乡服务均等化的阻碍作用不大。同时，根据《中国省域经济综合竞争力发展报告（2014—2015）》的分析结果，在这些指标中，2014 年海南省有一半指标处于优势地位，已经具备了足够的社会治理能力基础。总体而言，海南省政府的作用力有利于争创城乡统筹基本公共服务均等化的实践范例。

5.3　海南省城乡统筹基本公共服务均等化具备的现实条件

海南省争创城乡统筹基本公共服务均等化的实践范例不但需要有利的硬条件，更需要具备现实的软条件，而海南省的优势软条件当中最重要的条件包括发展战略定位、政府重视条件和先行先试的经验优势。

5.3.1　省委省政府发展战略定位的优势

在我国“十三五”规划中，各省发展都具有固定的发展定位和发展规划，海南省的战略定位和发展目标是建成国际旅游岛，发展路径注重绿色可持续性，因此没有过多的发展速度的压力。海南省争创城乡统筹基本公共服务均等化的实践范例具有发展定位战略优势。

在国际旅游岛发展目标下，海南省发展的六大战略定位如下：第一，旅游业改革创新的试验区，充分发挥海南的经济特区优势，积极探索，先行试验，发挥市场配置资源的基础性作用，加快体制机制创新，推动海南旅游业及相关现代服务业在改革开放和科学发展方面走在全国前列；第二，世界一流海岛休闲度假旅游目的地，发挥海南区位和资源优势，按国际通行旅游服务标准，推进旅游要素转型升级，进一步完善旅游基础设施和服务设施，开发特色旅游产品，规范旅游市场秩序，全面提升海南旅游管理和服务水平；第三，全国生态文明建设示范区，坚持生态立省、环境优先，在保护中发展，在发展中保护，推进资源节约型和环境友好型社会建设，探索人与自然和谐相处的文明发展之路，使海南省成为全国人民的四季花园；第四，国际经济合作和文化交流的重要平台，发挥海南对外开放排头兵作用，依托博鳌亚洲论坛品牌优势，全方位开展区域性、国际性经贸文化交流活动及高层次外交外事活动，使海南省成为我国立足亚洲、面向世界的重要国际交往平台；第五，南海资源开发和服务基地，加大南海油气、旅游、渔业等资源的开发力度，加强海洋科研、科普和服务保障体系建设，使海南省成为我国南海资源开发的物资供应、综合利用和产品运销基地；第六，国家热带现代农业基地，充分发挥海南热带农业资源优势，大力发展热带现代农业，使海南省成为全国冬季菜篮子基地、热带水果基地、南繁育制种基地、渔业出口基地和天然橡胶基地。

5.3.2 中央和各级政府政策支持的优势

2012 年海南省第六次党代会上提出建设国际旅游岛的根本目的是保障和改善民生，而保障和改善民生又有利于刺激消费、开拓市场，增强国际旅游岛建设的内生动力，两者良性互动。因此，海南省委省政府始终把支持推进城乡统筹基本公共服务均等化作为战略目标。

在经济发展的过程中，海南省政府运用财政转移支付加快构建覆盖城乡、公平合理、普惠标准不断提高的基本公共服务体系，推动公共资源重点向基层延伸、向农村覆盖、向弱势群体倾斜。海南省城乡事务支出占财政支出的比例如下表 5 – 1 所示：

城乡统筹基本公共服务均等化对城乡事务支出的依赖较高，而如图 5 – 9 所示，自 2011 年开始海南省城乡事务支出占比逐年增加，由此可见，海南省争创城乡统筹基本公共服务均等化的实践范例具备政府支持优势。

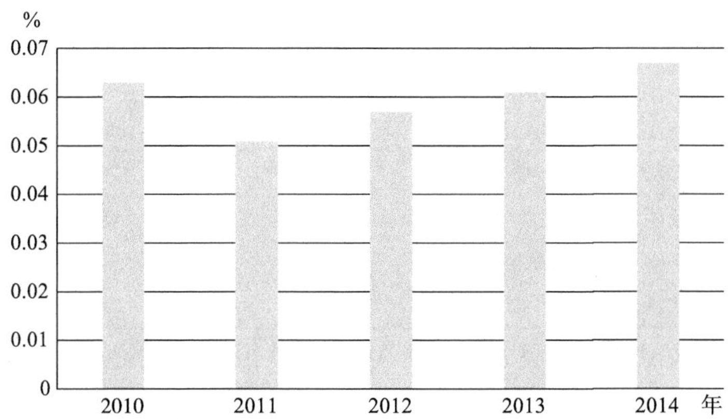

图 5－9　2010—2014 年海南省城乡事务支出占财政支出比例

资料来源：《海南省统计年鉴 2011—2015》。

5.3.3　海南省作为经济特区先行先试的经验优势

早在 2007 年中共十七大提出“围绕推进基本公共服务均等化和主体功能区建设，完善公共财政体系”的第二年，海南省就与浙江省率先出台了行动纲领性文件。海南省出台的《中共海南省委关于大力改善民生推进基本公共服务均等化的意见》，系统化、规范化地确定了以往每年临时确定的民生工程，并制定出《海南省 2008—2012 年重点民生项目发展规划》，明确了五方面目标，即“一个率先”“三个确保”“四个提高”“五个超过”。其中“一个率先”是率先实现全民医保；“三个确保”是确保每个零就业家庭和失地农民家庭至少有一名适龄劳动力就业，确保每个农村贫困户至少有一名适龄劳动力转移就业，确保城乡居民最低生活保障标准增长速度不低于物价上涨速度；“四个提高”是义务教育教师平均工资水平显著提高，基础教育和职业教育发展水平显著提高，公共卫生医疗服务水平显著提高，低收入群体、中低层公务员和农垦职工住房保障能力显著提高；“五个超过”是城乡居民最低生活保障补助水平超过全国平均水平，城乡居民人均收入超过全国平均水平，新型农村合作医疗人均筹资标准超过全国平均水平，城镇居民基本医疗保险人均筹资标准超过全国平均水平，城镇生活垃圾无害化处理率和污水集中处理率超过全国平均水平。海南省 2008 年至 2012 年推进基本公共服务均等化的主要任务与规划投入情况如下表 5－1 所示：

表5-1　海南省推进基本公共服务均等化主要任务及投入表

主要任务	五年资金投入
发展基础教育和职业教育，提高城乡居民受教育水平	100亿元
积极促进就业与再就业，显著提高城乡居民收入	40亿元
完善全民的社会保障网络，提高社会保障水平	130亿元
改善公共卫生医疗条件，争取率先实现全民医保	49亿元
加强住房保障，基本解决城乡居民住房困难	58亿元
优化人居环境，加快建设生态文明省	70亿元

资料来源：根据《海南省2008年—2012年重点民生项目发展规划》整理。

2006—2010年，海南省各级财政教育支出293.5亿元，并于2006年率先对边远贫困地区和核心生态保护区初中以下学生实施“教育移民”扶贫工程，2010年，新建9所教育扶贫工程学校，增加5500个优质学位，完成中西部农村139所初中校舍改造工程；社会保障和就业支出261.6亿元，2009年11月12日，国务院新农保试点工作领导小组正式批复海口市美兰区，三亚市、文昌市、保亭县为首批新型农村社会养老保险（“新农保”）试点市县；医疗卫生支出100.9亿元，农林水事务支出254.3亿元，住房保障支出42.4亿元。

2011年海南省实现“三率先”“两提前”：即率先免除中小学义务教育阶段杂费，率先完成农村中小学D级危房改造，率先实现农村低保“应保尽保”；提前1年免除农业税，提前实现市、县工资标准“统一加浮动70%”的目标。在“十二五”时期，海南省进一步发布了《海南省基本公共服务均等化重点民生项目发展规划（2011—2015年）》，计划投入资金1300.0亿元（其中，计划中央财政投入419.0亿元，计划省级财政投入235.8亿元，计划市、县财政投入174.6亿元，计划农垦投入61.9亿元，计划带动社会投资408.7亿元），实施教育、就业服务和农民增收、医疗卫生、养老保障和社会福利、保障性住房、公共文化体育六大民生工程以及其他与民生建设相关的重点项目共21类73个，实现“两个率先”“三个确保”“六个超过”：即在全国率先实现基本养老保险制度全覆盖，率先实现五项社会保险省级统筹；确保基本普及高中阶段教育、实现中等职业教育免学费和家庭经济特别困难学生免住宿费，确保每个零就业家庭、贫困家庭和失地农民家庭至少有1人就业，确保建成辐射全岛的五大区域医疗中心和“1小时三级医疗机构服务圈”；城乡居民人均收入超过全国平均水平，企事业单位退休人员养老金水平超过全国平均水平，城乡居民最低生活保障标准和补助水平超过全国平均水平，城镇住房保障水平超过全国平均水平，人均享有公共文化服务设施指标超过全国平均水平，城镇生活垃圾无害化处理率和污水集中处理率超过全国平均水平。努力使全省人民学有所教、劳有所得、病有所医、老有所养、住有所居，生活幸福感、尊严感显著增强。其中，解决海南省 60 岁以上农民的养老保险问题的计划任务比国务院要求的 2020 年基本建立覆盖城乡居民的社会保障体系的进度至少早了 8—10 年。由此可见，海南省争创城乡统筹基本公共服务均等化的实践范例具备先行经验优势。

6

海南省城乡统筹基本公共服务均等化的现状分析与存在问题

6.1 海南省城乡统筹基础教育服务的现状分析与存在问题

6.1.1 海南省城乡统筹基础教育服务的现状

国运兴衰，系于教育，科教兴国一直是我国的一项基本国策，而义务教育作为教育体系中最基础的一部分，其重要性不言而喻。自改革开放以来，在中央政府和地方政府的共同努力下，海南省义务教育发展取得了显著的成绩，基本保障了人人都能接受义务教育的权利。海南省义务教育基本情况如下。

1. 海南省基础教育支出占财政支出比例现状

从图6－1可以看出，海南省2010年至2014年在基础教育支出占财政支出方面保持平稳，基本保持在11%～13%之间，但2012年、2013年和2011年占比情况相比下降幅度较大。从各年总量指标来看，2010年海南全省的基础教育支出为779046万元，2011年为1008252万元，2012年为1166488万元，2013年为1309656万元，2014年为1332278万元。近五年海南省教育支出总量保持增长趋势，说明虽然海南省基础教育支出逐年增加，但就其他公共服务而言，增长较慢。

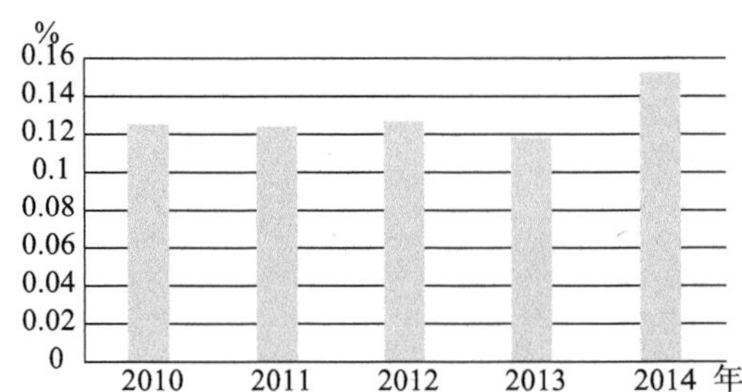

图6－1 海南省2010年—2014年基础教育支出占财政支出比例

资料来源：《海南省统计年鉴2011—2015》。

2. 海南省基础教育支出增长率现状

从图6－2可以看出，海南省近三年的基础教育支出呈增长趋势，其中2012年相比2011年，增长率为8.08%，2013年和2012年相比，增长率为11.36%，说明海南省政府正逐年增加对基础教育的投资。同时期，全国教育支出增长率分别为28.76%、24.91%，从海南省和全国数据横向比较来看，海南省教育支出仍明显落后于全国水平，海南省政府今后应增大对基础教育的投入。

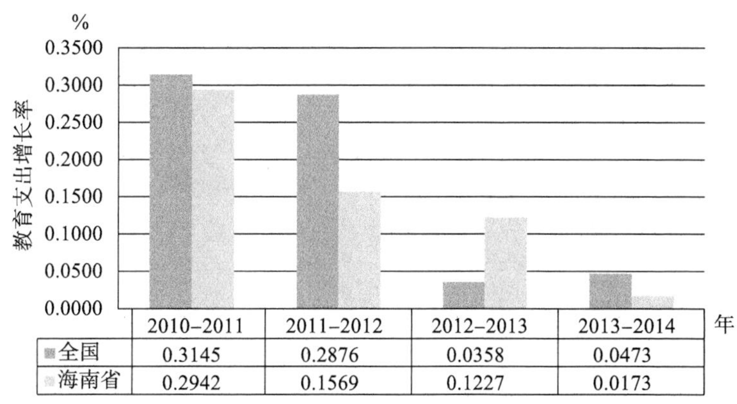

	2010-2011	2011-2012	2012-2013	2013-2014
全国	0.3145	0.2876	0.0358	0.0473
海南省	0.2942	0.1569	0.1227	0.0173

图6－2　2010—2014年海南省和全国基础教育支出增长率柱状图

资料来源：《中国统计年鉴2011—2015》、《海南省统计年鉴2011—2015》。

3. 海南省小学升学率现状

从图6－3可以看出，海南省2010—2014年的小学升学率保持在96%～98%之间，以2014年数据为例，该年小学升学率为97.84%，意味每万人中将有

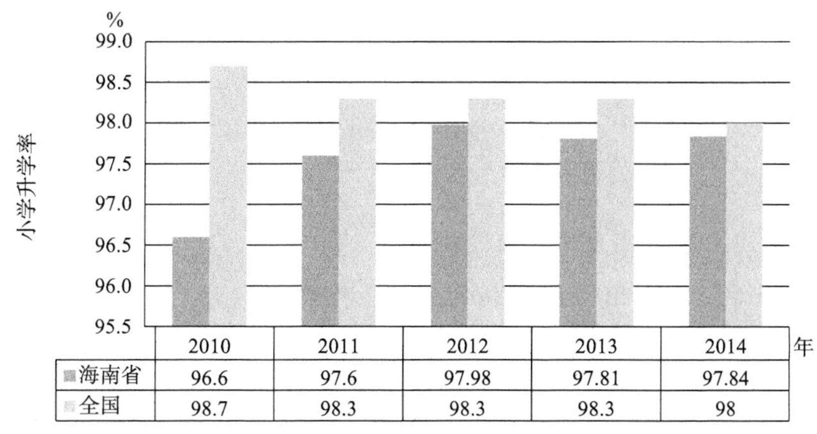

	2010	2011	2012	2013	2014
海南省	96.6	97.6	97.98	97.81	97.84
全国	98.7	98.3	98.3	98.3	98

图6－3　2010—2014年海南省与全国小学升学率柱状图

资料来源：《海南省统计年鉴2011—2015》。

216 人丧失受初中教育机会；全国 2010—2014 年的小学升学率均大于 98%，以 2014 年为例，该年小学升学率为 98%，意味着每万人中将有 200 人丧失受初中教育机会。海南省和全国同一时期数据相比较，小学升学率仍比较落后。因此，政府今后在加大对教育支出的投入比重时，着重引进高学历人才，提升师资质量。

4. 海南省基础教育生均学校数现状

从图 6－4 可以看出，海南省 2010—2014 年的生均学校数分别为 0.0024、0.0023、0.0022、0.0020、0.0018，呈下降趋势；全国 2010—2014 年的生均学校数分别为 0.0021、0.0020、0.0019、0.0019、0.0018，也呈下降趋势；这可能是我国优化教育资源，部分学校被撤销或合并的原因。但从整体上来看，海南省的生均学校数要优于全国的数据，这在很大程度上与海南省政府对教育的重视有关。比如，2006 年，海南率先对边远贫困地区和核心生态保护区初中以下学生实施“教育移民”扶贫工程。2010 年，新建 9 所教育扶贫（移民）工程学校，增加 5500 个优质学位，完成中西部农村 139 所初中校舍改造工程。

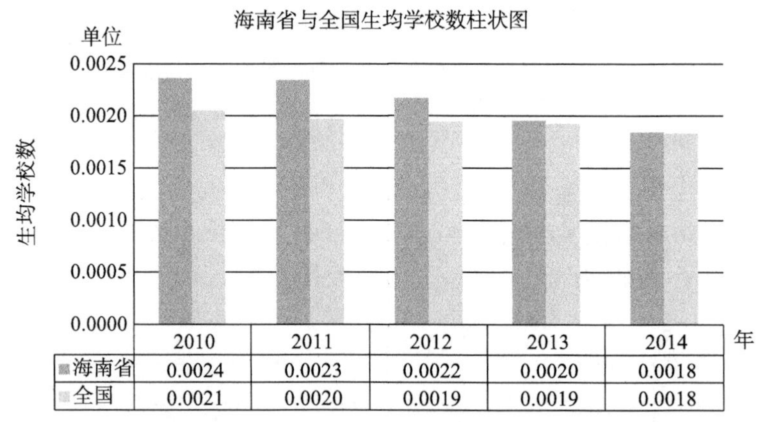

	2010	2011	2012	2013	2014
海南省	0.0024	0.0023	0.0022	0.0020	0.0018
全国	0.0021	0.0020	0.0019	0.0019	0.0018

图 6－4　2010—2014 年海南省与全国生均学校数柱状图

资料来源：《海南省统计年鉴 2011—2015》。

5. 海南省基础教育生均教师数现状

从图 6－5 可以看出海南省和全国的生均教师数相比，海南省一直高于全国平均水平。这一方面反映出，随着社会的进步，人们的生活观念正逐渐发生变化，其中包括生育观，导致出生率下降；另一方面，由于海南省近年来逐步加大对教育的投入，特别是师资队伍的建设以及对教育资源在城乡之间的整合。从整体上来看，海南省基础教育的师资力量正不断提升，基础教育质量不断提高。

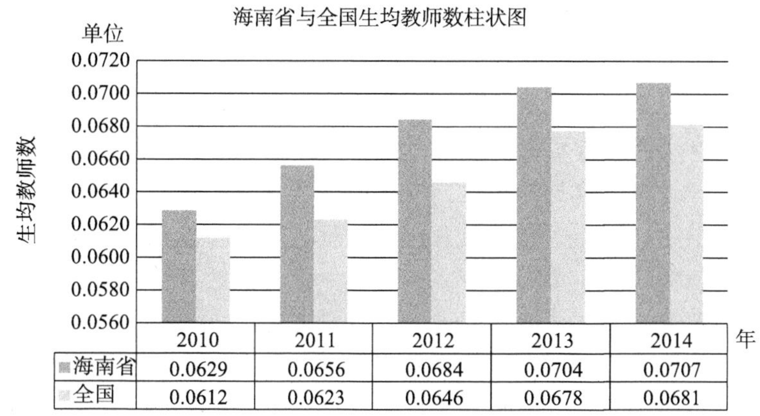

图 6－5　2010—2014 年海南省与全国生均教师数柱状图

资料来源：《海南省统计年鉴 2011—2015》。

6. 海南省基础教育现状总结

总体来说，海南省基础教育服务下面的生均教师数、生均学校数和都高于全国的平均水平，这说明自海南建省办特区以来，省委省政府高度重视教育事业发展，加大对教育的投入，基础教育虽然起步较晚，起点较低，但就发展现状而言还是走在了全国前列，这也与海南人口少、基数小、发展较快有很大关系，如生均学校数的数值虽然高于全国，一方面说明，海南义务教育比较普及，但另一方面也说明，海南的教育资源还存在集聚效应不够，教育资源分散，规模效益不明显的问题。海南省小学升学率和教育支出增长率数值均小于全国平均水平，说明海南省的基础教育质量仍然落后于全国平均水平。

6.1.2　海南省城乡统筹基础教育服务存在的问题

1. 义务教育的财政投入体制不当

2005 年 12 月国务院公布了《国务院关于深化农村义务教育经费保障机制改革的通知》（以下简称《通知》），对现有的农村义务教育财政投入机制进行调整。在这次的改革中，明确由中央和地方政府来共同负担教育经费投入，实行的是“以中央省级经费投入为主，以县级管理为主”的财政投入模式。但在这次的改革之后，也存在农村义务教育财政投入体制各级投入主体权责不清、农村义务教育经费得不到保障等问题。首先，2006 年国家决定开始免除农业税，这无疑是进一步削弱了县级政府的财政能力。但是现阶段的农村义务教育的管理仍以县为主，县级政府因为自身财力有限，无法真正成为管理主体。其次，在这次的《通知》中，只是明确地规定了中央和地方政府各自承担的教育经费比例，对于各级地方政府之间的义务教育经费并没有明确的规定，并决定由省级政府来划分本级以及下级政府间的承担比例。这种做法本身就会存在一定的漏洞，缺乏对省级政府应有责任的监督和约束，使省级政府在具体的操作过程中可能将自身应承担的责任部分推卸给地方政府，最终导致省级政府在农村义务教育的财政经费投入方面没有很好地履行自身的职责，农村义务教育发展受阻，进而影响城乡义务教育的均等化供给。另外，新的教育投入体制在实施的过程中也会出现地方政府不按国家规定比例来落实负担经费，或对中央拨付的教育经费进行挤占、挪用的情况，这些会严重影响城乡义务教育的均等化发展。

另外，海南省本身由于经济发展水平落后，自身税收收入少，海南省的财政支出很大一部分要依靠中央的纵向转移支付，由于《通知》并没有对各级政府的权责划分明确，导致各级政府在农村义务教育的财政经费投入方面没有很好地履行自身的职责。从各年海南省对基础教育的投入比例来看，基本维持在12%左右，相比于海南省基础教育质量的落后，投入依然不足。

2. 义务教育资源配置不合理

（1）“以城市为主”的教育资源配置方式存在缺陷

我国是典型的城乡“二元经济”发展模式，在这种经济发展结构的主导下，海南省义务教育资源的配置必然会出现“城乡区别对待”的现象，义务教育资源的配置更多是以“城市为主”。在海南省的教育资源配置体制中，教育资源的配置主要由政府来主导，那么在这种情况之下，政府相关部门很大程度上是按照学校所在区域以及所属性质来进行教育资源的配置。城市地区的重点学校由于其自身的区域和发展优势必然会受到政府的更多青睐，因而分得较多教育资源，如海口和三亚；而农村地区的大多数学校，自身并无较多优势来争取政府的支持，从而就出现了“先城市，后农村；先重点学校，后一般学校”的教育资源配置方式。在这种资源配置方式下，城市地区的学校尤其是重点学校发展的越来越好，农村地区学校的发展越来越滞后，城乡学校之间发展的差距因此也越来越大。除此之外，教育部门在制定教材方面也是以城市学生的能力为标准来制定统一的义务教育教材、统一的教学大纲，并没有考虑到农村地区学生的实际接受水平，导致农村地区的部分儿童因为课堂教学内容较难，难以胜任，最终选择主动放弃学业。尽管近年来，政府部门开始重视农村地区教育的发展，在资源分配的时候也对农村学校有所倾斜，但是长期以来形成的较大差距不会在短时间内得到消除，这致使海南省现阶段的城乡学生享受的教育机会、教育条件以及教育结果都存在非均等化的状况。

（2）义务教育教师资源配置机制不完善

从目前来看，海南省义务教育教师资源配置存在以下的问题：一是教师资源配置机制建设滞后，城乡教师待遇之间有较大差别，很多教师不愿支教边远农村；二是缺乏教师素质培养的完整体系，在全省没建立起完善的教师培训和评估机制，农村教师的专业素质还有待提高；三是尚未建立专门的教师工资支付体制，教师的平均工资水平不得低于当地公务员的工资水平这一法律规定还没能得到实质性地实现；四是教师资源的流动机制还不完善，在教师流动的程序、流动的期限以及流动期间待遇等问题还没明确的量化规定，致使部分优秀的教师仍然不愿意到偏远的地区任教，较好的教师资源都向城市流动。

（3）缺乏义务教育资源配置、绩效评价和反馈机制

虽然现阶段海南省建立了义务教育资源配置的评估和督导机制，但都是一些自上而下的评估督导。由于其运行周期长、成本昂贵，无法形成长效的评估机制。长此以往，极有可能忽视义务教育资源配置机制在运行中存在的问题，也不能及时获取教育资源配置状况的信息，最终可能导致政府难以制定科学的政策。因此，全面引进绩效管理的思想，建立科学、规范、操作性强的义务教育资源配置的绩效评价体系，实现对义务教育资源配置效率的价、检测和反馈，是义务教育资源配置优化的关键环节，也有利于更好地实现海南省城乡义务教育供给的均等化。

3. 义务教育转移支付制度存在缺陷

近年来，在现行的义务教育转移支付制度下，海南省对农村义务教育加大了转移支付力度，对缓解农村义务教育的投入不足起了一定作用，因而在一定的程度上缩小了城乡义务教育的差距。但是现行的义务教育转移支付制度在实际的运行中也出现一些问题，严重阻碍了义务教育的均衡发展。财政转移支付主要由一般财政转移支付和专项转移支付两部分组成。在这两项转移支付中均含有义务教育的转移支付。一般性转移支付，又名无条件转移支付，主要包括税收返还和过渡时期转移支付两部分。一般性转移支付中的税收返还主要是与当地经济增长挂钩，这就会导致经济发展不好的地区无法得到相应的税收返还，因而得到的义务教育一般性转移支付也少，而经济较为发达的城市地区得到的义务教育转移支付较多，所以，在这种制度之下一般转移支付基本上没有起到转移支付的作用，反而加剧了义务教育发展的不均等。另外，一般性教育财政转移支付具有均等化的作用，最能实现义务教育的均等发展，很多国家都将一般性转移支付作为主要的转移支付制度，在转移支付总额中所占比例达到50%；然而，一般教育性转移支付在我国的教育转移支付总额中所占的份额较小，并且其中还有一部分是税收返还与体制补助。义务教育专项转移支付是一种有条件的转移支付，主要服务于政府的特定政策目标，它们所占的比重较小，只有教育经费支出总额的1%左右。现阶段海南省义务教育专项转移支付因为缺乏相应的监督和约束机制，存在

经费分配和拨付不规范、随意性强的问题。在这种情况之下就会导致部分经济不发达的地区急需资金，却得不到相应的支付，使专项转移支付资金的使用率较低，从而无法从根本上缩小城乡义务教育的差距。

4. 义务教育的法律监督制度不健全

首先，义务教育的城乡均等化发展缺乏法律制度的保障。海南省为推行义务教育的均衡发展，陆续出台了一些条例、规定，如《海南省教育事业“十二五”规划》《关于进一步推进义务教育均衡发展的意见》和《海南省实施〈中华人民共和国义务教育法〉办法（修订草案）》等。但是由于这些条例和规定不具备法律的约束力，很多地方在实施的过程中并没有严格按照条文规定执行，最终导致政策的推行率低，城乡义务教育发展的非均等问题仍然较为突出。这在很大程度上是因为国家在义务教育均衡发展方面的法律法规还不够完善。其次，义务教育的财政投入监督管理制度仍不健全。海南省城乡义务教育发展不均等，农村义务教育经费困难，不仅与投入上的不均衡有关，而且与长期以来城乡义务教育经费在管理上的漏洞有关，挪用、侵吞教育经费的现象普遍存在。政府对义务教育的财政投入本来就是一种权力的行使，如果这种权力的使用过程中没有相应的监督管理机制，就会产生不利的影响。我国一向很重视对财政资金收入和支出的监管。自改革开放后，随着我国经济的飞速发展，财政收支规模的不断扩大，如何提高财政性资金的使用效率以及安全性成为公众关注的焦点。中央也先后推出了多部关于财政监督的法律法规，如《预算法》《审计法》《会计法》《行政处罚法》等，并通过不断地探索和完善，逐步形成了较为系统的财政监督管理体制。这些法律法规中，有适用于教育财政监督的法律法规，但是并未形成专门的教育财政投入监督制度。这说明我国在教育财政投入监督方面的立法处于滞后状态，除了《会计法》《审计法》和《行政处罚法》外，目前仍没有一部专门针对教育财政投入资金监督和管理的法律。由于没有将教育财政投入上升到法律高度，海南省教育财政投入监督就难以得到有效保障，因而出现执法手段偏软、被监督单位不配合或者拒绝监督的情况，严重影响了义务教育财政投入监督的权威性。

6.2 海南省城乡统筹医疗卫生服务的现状分析与存在问题

6.2.1 海南省城乡统筹医疗卫生服务的现状

从海南省城乡发展历程来看，全省由 18 个市县和农垦系统分割城乡资源，经济社会发展复杂化，形成了既有城乡差距，又有区域差距，全岛存在多元发展与差距并存的情况。尽管海南省拥有全国其他地方难以比拟的资源优势，但是经济发展水平低于全国平均水平，这在一定程度上影响其医疗卫生事业的发展。

近些年来，在医疗卫生服务均等化方面，海南省已经实施了一些措施来促进城乡医疗卫生一体化，如一个措施是在实施城乡医疗卫生一体化管理方面，海南省做了一些积极尝试。澄迈县的“县乡村”一体化的三级医疗卫生网络医疗模式、村卫生室“六统一”（统一机构名称、统一人员调配、统一业务管理、统一药品供应、统一财务管理、统一工资发放标准）的管理模式，均取得了一定的效果。另一个措施是在全省推广医疗救助“一站式”同步结算服务。即依托城乡基本医疗（新型农村合作医疗与城镇居民基本医疗保险）信息管理平台，建立城乡医疗救助系统，实现信息资源共享，医疗救助对象在定点医疗机构住院治疗，经民政部门网上审批，得到城乡基本医疗报销的同时享受医疗救助，定点医疗机构先行垫付医疗救助补助金额，民政部门定期与医疗机构结算。海南省在基础医疗卫生服务方面虽然采取了一些政策促进城乡医疗卫生服务均等化，且成效显著，但是从总体来看，还是存在不少问题。下面将通过分析海南省总体的医疗服务均等化现状具体说明。

1. 海南省医疗卫生支出占财政支出总体状况分析

从该图中可以看到近三年来海南省政府在医疗卫生方面的支出情况，2012年全省的医疗卫生支出为598637万元，2013年为695860万元，2014年为884609万元，都有不同幅度的上涨。除此之外，医疗卫生财政支出占总财政支出的比例约为6%～8%之间，2014年的医疗卫生支出占比较前两年有一定程度的提高。但是从整体看来，医疗卫生财政支出在总财政支出中所占比例很少，说明政府在卫生领域的投入还很有限，从而导致依赖各市县自身财政状况对医疗卫生进行投入，导致各市县医疗卫生服务存在差异。海南省政府应重视医疗卫生在民生方面的作用，逐步加大投入力度，给医疗卫生事业的发展提供有力的经济保障。

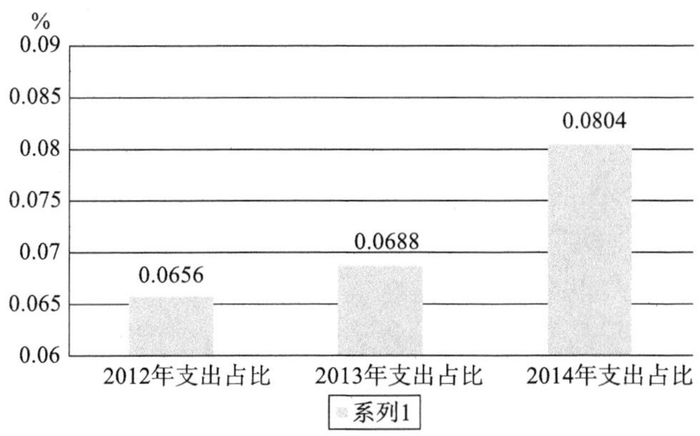

图6－6　2012—2014年海南省医疗卫生支出占财政总支出比例

资料来源：《海南省统计年鉴2013—2015》。

2. 海南省医疗卫生财政支出增长率总体状况分析

由上图可以看出，海南省最近几年的医疗卫生财政投入呈增长态势，2013年与2012年相比，增长率为16.24%，而同年全国的医疗卫生财政支出增长率为14.28%，高于全国增长率，说明海南省的医疗卫生事业投入在迅速的发展。但是2013年与2014年相比，海南省公共医疗卫生支出增长率为22.91%，虽然，比2013年增加了近8个百分点，但同年全国医疗卫生支出增长率达到27.12%，比海南省高出4.21%。由此可以看出，近三年来海南省的医疗卫生支出虽然在不断扩大和增长，但是增长率和全国平均水平相比，还有一定差距，这是海南省政府应该高度关注的事情。

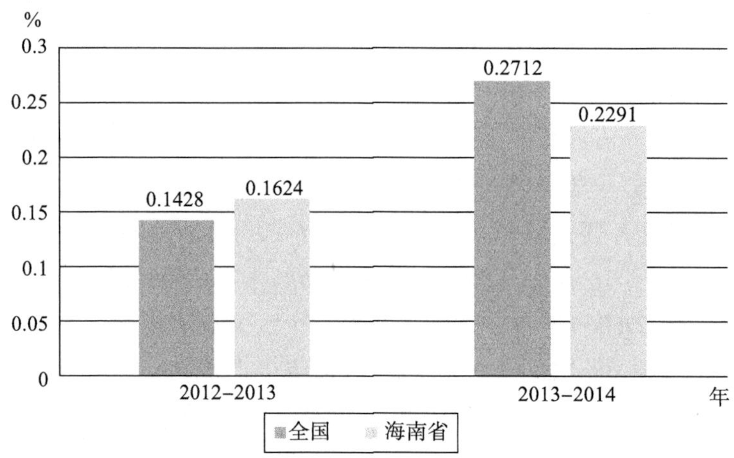

图6－7　2012—2014年海南省与全国医疗卫生财政支出增长率柱状图

资料来源：《海南省统计年鉴2013—2015》。

3. 海南省每千人口医疗机构床位数总体状况分析

从图6－8中可以看到海南省2012—2014年每千人口医疗机构床位数变化情况。2012年海南省每千人口医疗机构床位数约为3.39，2013年约为3.59，而2014年约为3.78。从中可以看出全省的该指标值近三年呈上升趋势，并且上涨幅度不断增加。就全国的平均水平而言，2012年全国每千人口医疗机构床位数为4.24，2013年为4.55，而2014年为4.85。海南省该指标距离全国平均水平还有一定的差距，并未达到全国的平均水平。海南省的人口数量相较于全国大部分省份来讲比较少，因此，造成这种现象的原因极可能是由于医疗卫生投入不够，导致海南省的卫生机构床位数量不足，使得该指标数量偏低的状况。

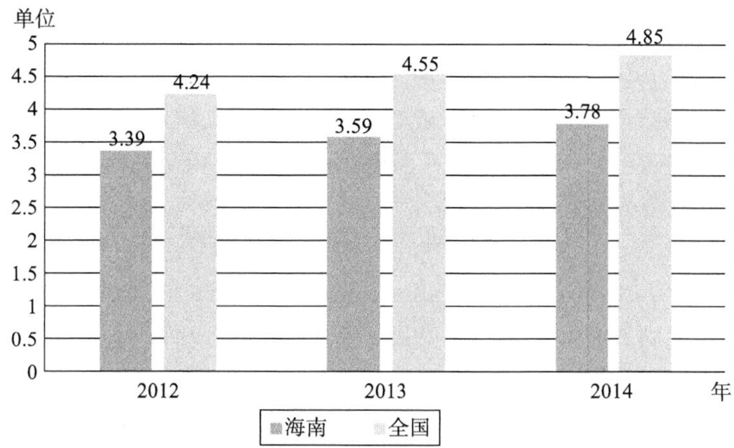

图 6－8　海南省与全国 2012—2014 年每千人口医疗机构床位数比较

资料来源：《中国统计年鉴 2013—2015》、《海南省统计年鉴 2013—2015》。

4. 海南省每万人口卫生技术人数总体状况分析

从图 6－9 中可以看到海南省 2012—2014 年每万人口卫生技术人数变化情况。2012 年海南省每万人口卫生技术人数约为 50，2013 年约为 54，而 2014 年约为 56。从中可以看出全省的该指标值近三年呈上升趋势，并且上涨幅度不断增加。就全国的平均水平而言，2012 年全国每万人口卫生技术人数为 49.4，2013 年为 52.7，而 2014 年为 55.6。在医疗卫生专业技术人员上，海南省已经达到并略高于全国平均水平，但是与很多更重视医疗卫生人员培育的省份相比，还有不小差距。

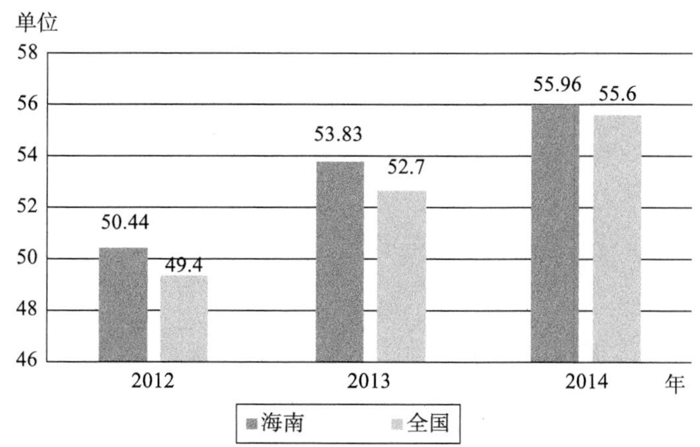

图 6－9　海南省与全国 2012—2014 年每万人口卫生技术人数趋势比较

资料来源：《中国统计年鉴 2013—2015》、《海南省统计年鉴 2013—2015》。

5. 海南省每万人口执业（助理）医师人数总体状况分析

从该图中可以看到2012—2014年海南省每万人口执业（助理）医师人数变化情况。2012年海南省每万人口执业（助理）医师人数约为17.4，2013年约为18.7，而2014年约为19.5。从中可以看出全省的该指标值近三年呈上升趋势，但上升速度十分缓慢。就全国的平均水平而言，2012年全国每万人口执业（助理）医师人数为19.4，2013年为20.6，而2014年为21.2，这说明海南省与全国平均水平仍有一定的差距。与全国的大部分省市相比，2011年，全国有18个省的该指标数超过海南省；2012年全国有24个省份超过海南省，这说明海南省的每万人执业（助理）医师人数基本处于中等偏下水平，需要进一步的提高。

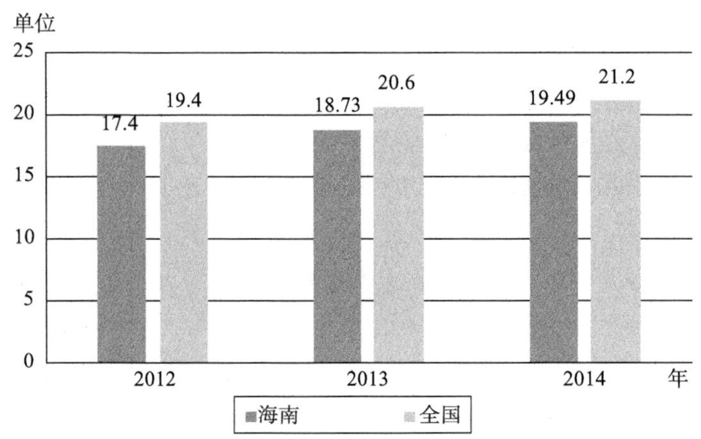

图6－10　2012—2014年海南省与全国每万人口执业（助理）医师人数趋势比较

资料来源：《海南省统计年鉴2013—2015》。

6. 海南省每万人口注册护士人数总体状况分析

从该图中可以看到海南省2012—2014年每万人口注册护士人数变化情况。2012年海南省每万人口注册护士人数约为21.7，2013年约为23.4，而2014年约为24.8。从中可以看出全省的该指标值近三年呈上升趋势，上升较为平稳。就全国的平均水平而言，2012年全国每万人口注册护士人数为18.5，2013年为20.5，而2014年为22，海南省的这一指标略高于全国水平。虽然这项指标高于全国平均水平，但是在前一项指标中，我们看到作为体现一个地区核心医疗水平的执业（助理）医师低于全国平均水平，由此可见，今后的政府工作中，应重视海南省的执业（助理）医师的引进和培育，提升地区的核心医疗水平。

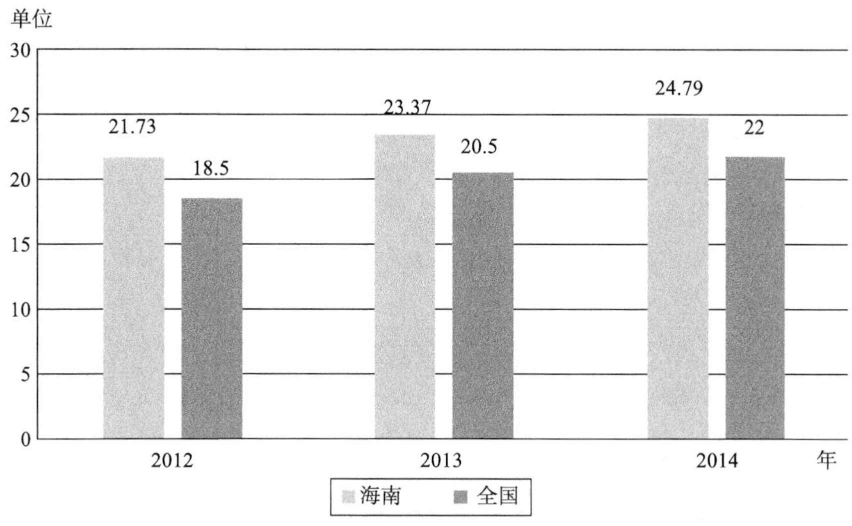

图6－11　海南省与全国2012—2014年每万人口注册护士人数趋势比较

资料来源：《中国统计年鉴2013—2015》、《海南省统计年鉴2013—2015》。

综合以上三项关于医疗卫生相关人员的指标的描述分析，我们可以看出海南省的卫生人力职业队伍建设在逐步发展，但是相较于全国水平来说，仍具有一定的差距，有待于进一步的改善和提高。

6.2.2　海南省城乡统筹医疗卫生服务存在的问题

1. 卫生资源总量不足，亟待增加和提升

随着居民的经济收入和生活水平的提高，医学技术水平的进步和医学模式的转变，不仅对人们的健康提供了更可靠的物质技术保障，也使人们对健康和疾病的观念发生了根本性变化，对医疗服务的消费需求提出了更高要求，医疗服务消费需求数量必然增加。居民的医疗服务需求弹性大，医疗服务行业显示出高收入弹性的特点，当人们的基本生活需求得到满足后，对健康长寿和舒适生活的要求不断提高。在其他条件不变的情况下，随着可支配收入的增加，人们会增大高收入弹性产品（医疗服务）在总收入中的比重。因此，随着社会经济发展水平的不断提高，居民个人可支配收入的增加，居民的医疗服务需求的数量会快速增加。海南省医疗资源总量规模逐年增长，部分区县医疗资源配置数量相对低于居民医疗服务需求增加速度。

在海南省的卫生资源总量不断增加的同时，我们也要清醒地看到，海南省卫生事业“发展不足，发展滞后”的矛盾没有得到根本缓解，与全国平均水平相比，还有很大的差距，其中卫生技术人员数仅占全国的0.067%，医院病床数占全国的0.5%，并且2013年海南省的农业人口占比为62.17%，虽然近年来城镇化速度很快，城市人口逐年增加，但农村人口在全省人口所占的比重还是很大，并且海南地形复杂，在广大民族地区，由于生物因素、化学性因素、传统的生活习惯和生活方式等健康危险因素的影响，医疗卫生工作的开展难度较大。海南省的公共卫生服务的基础还很薄弱。可见，提升海南省卫生服务能力，满足广大人民群众的医疗需求是卫生事业发展的重点

从2012—2013年海南省卫生机构分类及数量所反映的数据来看，海南省基层医疗卫生服务机构的总数2012年为4832所，2013年为4685所，近些年来海南省开始着手改善基层医疗卫生服务机构缺乏的状况，通过加大对基层医疗卫生服务的财政投入，实施社区卫生服务中心、乡镇卫生院标准化建设和村卫生室建设项目，海南省基层医疗卫生机构服务能力提高明显。但海南省卫生事业发展“倒三角”的状态没有得到根本的改善，越往基层医疗卫生事业发展越落后。在海南的广大农村地区，医疗卫生服务的可及性较低，部分农村地区一个乡镇或者一个村没有一所医院或者一所村医疗站，部分基层医疗卫生服务机构的卫生技术人员十分缺乏。继续加强海南省医疗卫生基础设施建设、提升医院档次、整体医疗服务水平和加大对基层医疗卫生服务机构的投入是海南省今后几年医疗卫生事业发展的重点。

2. 医疗卫生资源区域分布不甚合理

由于当前我国城乡分割的二元经济社会结构和国家重城轻乡的发展战略，城市地区因其优越的地理位置和较好的经济发展而受到重视，各级政府相继加大对城市基本医疗卫生服务的财政投入，使各个城市居民能够较好地享受到一定的基本医疗卫生服务。然而海南省农村地区，因农村合作医疗制度覆盖面窄、作用小、医疗卫生人员素质低以及医疗卫生机构缺乏等制约因素的影响，使得农村地区基本医疗卫生服务的供给水平严重滞后，农村居民不能均等地享受到一定的基本医疗卫生服务。

从医疗卫生服务的提供方——政府和社会的角度来看，由于医疗卫生能带来当地居民福利的增加，在政府的正确引导下，容易吸收社会资源，即医疗卫生服务的提供同时受政府资金和社会资源两方面合力的影响；其中政府投入由地方财力决定，社会资金规模由经济总量决定的，而地方财力归根结底也是由经济总量决定，因此，经济发展水平是影响公共卫生服务供给的主导因素，而城市的经济发展水平明显高于农村。从居民自身对医疗卫生服务的消费来说，由于随着经济的快速发展，城乡居民收入差距日益扩大，收入水平差距必然影响城乡居民在医疗卫生产品的消费需求。从医疗服务的价格来看，在城乡二元公共服务体制的情况下，我国农村医疗卫生机构享受的政府医疗卫生补助也相对较少，不仅医疗卫

生服务水平明显偏低，而且为了满足机构运营要求而增加收费的医疗服务项目，医疗卫生服务价格则没有对城乡消费者进行区分，这对于低收入者来说无疑是难以逾越的价格壁垒。

具体来看，海南省经济状况较好的城市或区域发展中心拥有高级别的医疗卫生机构，而经济状况较差的市县则主要依赖于基层卫生机构，因而其提供的医疗服务自然有所差异。此外，卫生技术人员是提供公共卫生服务的主体，其数量和素质直接影响到公共卫生服务水平。由于区域生活条件和工作待遇的巨大差异，大多数高水平的卫生技术人员不愿意去农村（县城及县级以下），而多趋向于省份或者经济发展比较好的城市。2013 年的职业队伍建设各个指标人数表明，排名靠前的多为海口、三亚、文昌等城市，而其他市县则比较低，这就使医疗卫生资源的分布存在不均衡的现象。

3. 医疗卫生人力资源配置水平有待提高

随着海南省社会经济的快速发展，人口的流入导流和人口年龄结构变化，医疗卫生人力资源配置状况与人民群众日益增长的医疗服务需求相比存在以下问题：

（1）医疗人力资源整体素质水平不高

随着海南省社会经济的快速发展，工业化、城市化进程的加快，海南省常住人口数已经达到 895 万人。海南省卫生技术人员中高级人才不足，整体素质不高，降低了基层医疗资源的利用率。合理的医疗人力专业结构才可以使其发挥最佳的医疗卫生服务效能。在医疗人力专业结构方面，海南省的卫生人力资源配置均存在一定的不合理之处。

（2）医疗人力资源配置结构不合理

海南省医疗人力资源配置结构不合理，主要从人力资源的专业构成情况进行分析。专业构成方面，医生与护师（士）比例构成不合理，一般认为专业结构最佳的比例构成为：卫生技术人员中医生应占 25%，护理人员占 50%，最佳医护比大于 1∶2。海南省 2013 年末医疗机构卫生技术人员中，执业（助理）医师比例为 35%，注册护师（士）比例为 43%，其中医生和护士的比例为 1∶1.23，医护比远远大于 1∶2，护士资源明显不足。从在各医疗卫生机构内的分配来看，超过 70% 的护师（士）资源集中在区县及以上医院，这说明海南省医护人员不足的情况下还存在配置的严重不合理。

4. 医疗机构的结构配置不完善

海南省医疗卫生机构主要集中在医疗服务领域，结构配置不够完善。随着老龄化程度的加速和疾病谱的改变，居民医疗服务需求的内容和层次必然发生变化。医疗卫生机构的结构配置滞后于医疗服务需求变化的矛盾日益凸显。康复机构、老年护理机构的医疗资源还相当短缺，由于医疗资源配置不足，给市民就医带来了不便。中心城区的医疗卫生资源配置水平远高于全市平均水平，郊区资源配置水平却远低于全市平均水平，医疗机构的设置明显不平衡。

5. 城乡医疗卫生服务财政投入比例低

首先，从近三年的政府财政在医疗卫生方面的支出来看，支出占总财政投入的比例多在10%以下，更是有的市县的比例只有2%左右，可使用的医疗卫生服务资金十分有限，缺乏了吸引医疗卫生福利的人力、物力的基础。其次，财政投入的地区差异较为明显。资金多集中在省会城市或区域发展的中心，如海口、三亚、儋州等市，而一些经济相对落后的市县获得的财政资金较少，这样会进一步拉大城乡之间的差距，使区域医疗卫生服务发展甚至区域经济发展不均衡现象加剧。

目前，基本医疗卫生服务均等化程度的考核尚处于探索阶段，存在各种各样的问题：不同地区对于绩效考核目的认识各异；绩效考核制度不够完善，定位和职责分工不够明确；在具体考核过程中，考核程序不够明确，考核的主观性较强；考核人员的能力不定，考核双方缺乏沟通意识；激励约束机制还不够完善等问题。

6. 缺乏完善的监督考核机制

对基本医疗卫生服务的落实情况进行有效的监督考核，是实现均等化目标的重要保障。目前基本医疗卫生服务项目在实施中存在一些问题：在管理方面，一些地方基本医疗卫生服务资金管理、绩效考核、责任分工等制度尚不完善；在资金方面，存在地方资金配套不到位、拨付滞后以及挤占、挪用资金等问题；在落实服务任务方面，存在服务不规范、数量不足等问题。科学、规范的绩效考核制度一方面可以发现工作中存在问题，便于调整方法和策略，加强对基本医疗卫生服务项目的规范化管理，提高资金使用率；另一方面能够控制工作开展的程度，总结好的经验，提高基层卫生服务机构积极性，促进项目提供的可持续性发展。

6.3 海南省城乡统筹社会保障服务的现状分析与存在问题

6.3.1 海南省城乡统筹社会保障服务的现状

海南建省26年来，海南省的社会保障事业得到了突飞猛进的发展，社会保险覆盖范围不断扩大，筹资渠道逐步拓宽，享受社会保障待遇的人数迅速增加，社会保障制度框架基本形成。然而，当前海南省社会保障体系还存在诸多问题。

社会保障体系在体现公平性、适应流动性、保证可持续性等方面均有待加强。社会保障公共服务能力比较薄弱，难以满足人民群众日益增长的公共服务需求。

目前，海南省的社会保障仍处于非均衡发展状态，在不同城乡之间存在社会保障的失衡，而且同一地区不同群体之间的社会保障也存在比较突出的差异。促进城乡社会保障均等化不仅是民生发展规律的内在要求，也是实现海南省社会公平，建设和谐社会的现实路径。

1989 年底，国务院将海南列为社会保障制度综合改革的试点省。26 年过去了，海南社会保险制度改革在探索中逐步前进，获得了突破性进展，一个与社会主义市场经济相适应的新型社会保险体系已初步建立起来，并且越来越有力地显示出对保障特区社会生活的安定，促进特区经济的腾飞所应有的功效。

养老和医疗保险在制度上实现了全覆盖，医疗保险基本实现“零上访”，“老有所养，病有所医”的目标，各项社保水平得到了大幅提高，老百姓切实享受到了改革开放的成果。近年来，海南省社保工作着力推动制度建设，着力扩大覆盖范围，着力提高待遇水平，着力增强服务能力，着力解决历史遗留问题，精心为广大人民群众编织了一张统筹城乡的社会保障安全网。2013 年海南省的 5 项社会保障项目开展情况见表 6 – 1。

表 6 – 1　2014 年海南省 5 项社会保障项目开展情况

项目		参保人数（万人）	全年基金收入（万元）	全年基金支出（万元）	年末基金累计结余（万元）
城镇职工基本养老保险		386. 8	1671681	1670718	125274
医疗保险	城镇职工、居民	195. 1	576141	480361	642134
	农村居民（新农合）	—	—	—	—
	合计	—	—	—	—
失业保险		157. 2	62902. 8	43955. 1	299514. 97
工伤保险		126. 1	26515	12472	90909
生育保险		122. 0	25660	17443	46427

资料来源：《海南省统计年鉴 2015》。

1. 海南省养老保险发展现状分析

海南省建立了城乡居民社会养老保险制度并率先实现了全覆盖，完善了企业职工基本养老保险政策，创新城镇居民医疗保险统筹区模式并率先实现全省覆盖，制定实施了基本养老、基本医疗保险关系转移接续办法。经过多年的发展，海南省覆盖城乡的社会保障制度体系框架基本建立。

经过近几年的强力推进，海南省社会保险覆盖面实现了从公有制向非公有制企业、从单位职工向灵活就业人员和居民、从城镇向农村延伸，覆盖范围不断扩大，越来越多的人享有了基本社会保障。在养老保险方面，2007 年参保人员仅限于城镇职工，参保人数 141.7 万人；2013 年全省城镇从业人员基本养老保险参保人数达到 231.5 万人。海南省新型农村社会养老保险工作自 2009 年启动。截至 2012 年底，全省新农保参保人数达到 242.3 万人，60.7 万名农村居民领取了养老金，养老金发放率达到 100%。2012 年，全省新农保基金收入达到 8.1 亿元，支出 5.5 亿元；财政投入达到 5.7 亿元；年末基金累计结余达到 8.3 亿元，截至 2012 年底，新增加的新农保参保 242.3 万人。在扩大覆盖面的同时，海南省通过财政补助、政策帮助等方式，先后接收了中央行业企业、双管单位职工社保并纳入属地管理，多层次、多渠道统筹，解决了多个社会困难群体的历史遗留问题，社会保险制度覆盖更多人群。

海南省大幅度增加对社保等民生项目的投入，各项社会保险待遇水平得到稳步提高，改善了广大群众特别是低收入群体的生活，使更多的人分享到经济社会发展成果。最突出的例子就是，2013 年，海南省将基础养老金标准由每人每月 85 元提高至每人每月 100 元，这已是海南连续第 3 年调整此项标准。

2. 海南省医疗保险发展现状分析

2009 年医疗保险参保人员城镇职工，参保人数 112.7 万人，到了 2013 年全省医疗保险覆盖城镇职工、居民老保险参保人数达到 406 万人，加上新增加的新农合参保 244.9 万人，比 2009 年增加了 577%。在扩大覆盖面的同时，城镇职工医保待遇最高支付限额从全省最低市县的 16 万元提高到统一的 26 万元，政策范围内实际报销比例达 85%；城镇居民医保报销比例提高了 10%~15%。工伤、失业、生育保险待遇标准都有了大幅提高。

海南省新型农村合作医疗制度自 2003 年在琼海市、五指山市、三亚市试点实施以来，在缓解农民“看病难、看病贵”，提高全省农民健康水平等方面做出了突出贡献，得到农民的普遍认可。2011 年，海南省新农合累计受益 696.74 万人次，累计补偿资金 8.8 亿元。2012 年，全省 21 个新农合统筹区（不含三亚市、三沙市），参合农民 481.5 万人，参合率 98.23%，筹集资金 13.7 亿；其中，中央下拨人均补助资金 132 元，人均缴费标准 50 元，海口人均筹资标准 328 元；洋浦 302 元；五指山市 298 元；琼海市 291 元；定安县、乐东县 292 元，其余市县为 290 元。

3. 海南省失业保险、工伤保险和生育保险发展现状分析

目前，全省的失业保险、工伤保险和生育保险社会保险制度也已经建立，在 2009 年，参加工伤保险的人数为 90.1 万人，到了 2014 年，参加工伤保险的人数

为 126.1 万人，2014 年，参加失业保险和生育保险的人数分别为 157.2 万人和 122.0 万人。至此，海南省覆盖城乡的社会保障制度体系框架基本建立。

5 年来，海南省社会保障资金筹集力度不断加大，基金规模迅速扩大，抗风险能力显著增强。2012 年城镇从业人员五项社会保险省级统筹的实施，进一步增强了基金共济和抗风险能力。截至 2014 年底，全省城镇从业人员养老、城镇职工居民医疗、失业、工伤、生育保险基金收入分别为 167.17 亿元、57.61 亿元、6.3 亿元、2.65 亿元和 2.57 亿元；支出分别为 167.07 亿元、48.04 亿元、4.40 亿元、1.25 亿元、1.74 亿元。历史拖欠养老金问题全部解决，追缴回收挤占、挪用社保基金问题成效明显，全省共清欠历史拖欠养老金 3426.81 万元，省本级追缴回收挤占、挪用社保基金 2652 万元。从 2009 年下半年开始，财政、人社、地税部门试编制全省社会保险基金预算，做好社保基金决算，增加基金的收支计划性和约束力，提高了基金保障能力和水平，为政府进行宏观决策提供了重要依据。

6.3.2　海南省城乡统筹社会保障服务存在的问题

总体来看，随着海南省的社会保障事业的不断推进，困难群众的生活水平有了质的提高，但是社会保障事业许多项目的目标并未完全实现。结合现状分析，其存在的主要问题如下。

1. 城乡社会保障水平不均衡，经济欠发达地区社会保障水平较低

在社会保障制度改革的过程中，保障项目由简到繁，制度属性由配套改为独立，都经历了一个漫长的过程，由于一直以来社会保障事业始终为经济制度改革服务，在为经济制度改革服务的过程中，总是偏向于城镇居民的基本保障，还容易造成城乡居民收入分配差距继续拉大等问题。

对海南的社会保障水平整体的分析中，虽然可以看出，海南省的社会保障制度在近几年已经有了很大程度的提高，但是在关键性的养老保险、医疗保险上面，欠发达地区的社会保障的水平还是相对较低的。

2. 覆盖率还有待进一步提高

根据国际化的经验，无论城镇还是农村，在养老、医疗保险的覆盖率都应该达到 100%，这在海南省 18 市县是达不到的。而且，养老保险的资费标准，医疗保险的报销比例等问题都是政府应该根据财政的状况，而不断考虑低收入者的利益。另外，也是由于农村的结构特点，关于工伤、生育等保险都没有涉及农民的范围。

3. 社会保障制度监督体系和服务体系欠缺

社会保障制度的监督体系并没有随着保障制度本身的完善而调整，难免造成

监督漏洞。以目前海南省社会保障事业的发展状况来看，要保证社会保障制度得到健康有效的运行，各个部门就应该制定合理的政策法规，各个部门的分管职责不能重复以及缺乏必有的独立性。在当前海南省，社会保障监管体系出现的一个严重的问题是，很多社会保障政策的决策机关往往又是社会保障的监管机关，这并不符合政策决策的独立性，政府来监管自己制定的政策往往容易出现一些徇私舞弊的现象，也阻碍了这种政策的有效执行。政策缺乏有效的职责监管，那么相应的法规也是形同虚设的。举例说明，海南省社保基金的投资运营是通过人力与社会保障厅来负责运营的，对社保基金有效性的监管是通过社会保险经办机构的人员来监视控制的，可是社会保险经办机构是人力与社会保障厅的下属机构，这样，就不可能实现监管的有效性，这种例子在全国范围内还有很多，社会保障的很多管理部门都是形同虚设，根本达不到监管的目的。

4. 城乡二元结构导致城乡之间存在差距

随着海南省的经济实力日益增强，政府和民众对城市和农村这种有差别的二元体制问题也越来越关注，并相应的制定了很多的措施以期改变这种现状。然而，城市农村双重制度的性质并不改变，城市偏向的发展战略仍然存在，市民享受国家财政提供的教育、卫生、医疗等社会保障，而农村的社会保障则主要依靠农村集体经济和农民筹资的形式自主解决。虽然近年来，政府开始对农村有所重视，对农村财政资金的支出也进一步加大了，但是，就城市的而言，农村的社会保障财政支出还是比较小的，自此，城乡差距还会进一步地加大。

5. 社会保障资金运营管理存在问题

（1）保险基金压力很大。现阶段，海南省无论是在养老、医疗、失业、工伤、生育等方面都有比较完善的社会保障制度。这些保障项目往往需要大量的社会基金的投入才可以保持其能够得到有效的运行。虽然到 2014 年末，全省城镇职工基本养老保险、城镇基本医疗保险、工伤、失业和生育五项社会保险基金资产总额 236.29 亿元。但是根据人口结构分析，海南省的老龄化状态不断加剧，而中段年龄和青年人数的减少，这就使得未来几年到几十年内海南省的养老、医疗保险基金支付压力将逐渐增大。所以，如何有效提高海南省社会保障资金的充裕率就显得尤为重要。

（2）社会保障基金保值增值难。由于没有海南省的社保基金的相关数据支持，我们只能选取全国的数据作为替代，用以分析海南省的社会保障基金保值增值的问题。根据全国社会保障基金理事会发布的年报统计数据显示：截至 2008 年底，全国社会保障基金资产总额 5623.70 亿元，投资收益率为 -6.79%，亏损额 394 亿元，当年通胀率为 5.9%，折合实际收益率为 -12.29%。2011 年底，社保基金总规模8688.20亿元，投资收益430.95亿元，投资收益率5.58%，当年通胀率为5.4%，折合实际收益率为0.18%。截至2014年12月31日，虽然全国社会保险基金累计资产总额已达5.25万亿元，占当年GDP高达8.3%，但由于多元化和市场化的投资体制没有建立起来，绝大部分基金作为财政专户存款“躺”在银行里“睡大觉”，购买国债和委托投资合计仅为711亿元，还不到资产总额的零头。事实上，由于市场化和专业化的投资运营难以建立起来，基金保值增值能力仍然维持“很差”的现状。

6. 社会保障法制建设滞后

无论何种制度都应该有相应的法规依据，社会保障制度也应该如此，城乡社会保障均等化应该适当的依赖于法律的强制行为来完成。然而，长期以来，海南省的社会保障制度建设相当落后，社会保障的立法高度不够，权威性比较低，其中有很大一部分的政策法规仅仅是部门的规章制度。一旦在这方面出现了任何纠纷，当我们想寻求基本的法律依据时就会找不到相关的法律条文条款，人们社会保障没有法律的保护，往往是脆弱的，稳定性也值得商榷。例如，有些法规的制定并不严格，在实际操作的过程中，它的保障对象是谁都无法明确，特别是像农民工这种边缘人群，社会保险制度包不包括也是有一定的选择性的。这种放任自由的方式也不利于海南省能够实现社会保障制度的均等化。

7. 社会保障均等化的理念障碍

从政府的角度来看，政府缺少城乡社会保障均等化的理念。政府对农村的社会保障缺乏应有的关注，政府的各项社会保障措施更多的是向城市倾斜，在此基础上，形成了城乡两套社会保障制度，导致了现在城乡之间不公平的社会保障制度。近年来，虽然海南省开始出台了一系列的改变城乡社会保障部均等的政策措施，对农村的社会保障给予了更多的关注，但是由于政策制度还并不完善，缺乏实践的经验总结，在一定程度上缺少可行性与操作性，使农村的社会保障制度的效果还远远不及城市，在广大的农村，居民保障仍然是以家庭为主。与之相反，城市现在已经基本建立起完善的社会保障制度，城市居民不仅享有基本的养老保险、医疗保险和最低生活保障制度外，同时还享有住房福利、社区服务和社会补贴在内的各项社会福利。

从企业的角度来看，企业缺乏社会保障的社会责任理念。在现代社会中，企业经营的主要目的是为了盈利，这就导致了大多数的企业缺乏一种社会责任感，为了获取最大的经济利益不惜牺牲农民工的利益。以农民工的社会保险为例，现阶段，企业往往把农民工当作一种临时的廉价劳动力，而不是作为企业的正式员工，对农民工与正式员工实行有差别的福利待遇。企业一般不愿与农民工签订正式的劳务合同，更不会为农民工办理相应的社会劳动保险，农民的生命财产安全受到了极大的威胁。如果一旦发生劳务纠纷，由于没有签订正式的劳务合同，农民的合法权益将得不到有效的保护。

6.4 海南省城乡统筹基础设施服务的现状分析与存在问题

6.4.1 海南省城乡统筹基础设施服务的现状

自1988年海南省建省以来，随着经济社会的发展，海南省的基础设施领域的建设也取得了长足的发展。特别是近几年来，海南省高度重视民生问题，把提高惠及全民的公共服务水平放在更加突出的地位。而基础设施领域作为基本公共服务的一个主要方面，不仅是社会、经济发展的重要基础，也影响到地区居民的生产和生活水平的提高，因此得到海南省委省政府的高度关注和投入。

1. 基础设施投资力度进一步加大

为了适应经济、社会的发展，海南省一直把县市市政公用基础设施建设作为重点，不断加大对交通、能源、水利和邮电通讯等的建设力度，投资额大幅度增加。2010年至2014年的五年间，县市市政公用基础设施领域的累计完成固定资产投资额为245亿元。其中，交通类基础设施不管从投资额还是增幅与其他门类相比，数据都是较大的，这说明公共交通在社会发展中的重要性及海南省对其的重视程度。

同时，投资方向进一步向农村倾斜，对农村基础设施的投资也实现较快增长。海南省的村镇建设工作重点在打造风情小镇，各级政府高度重视，投入力度不断加大，海南省的小城镇进入了加速发展阶段。以2013年为例，全年完成村镇建设固定资产投资额110亿元。其中，住宅建设完成79亿元，占投资额的71%，生产性建设完成6.7亿元，占投资总额的6%，公共建筑完成7.4亿元，占6.8%。经过近几年的发展，如海口市红旗镇、文昌潭牛镇、琼海市中原镇等40余个重点小城镇的基础设施建设和改造效果显著。

2. 基础设施的规模和服务能力进一步增强

不断加大的基础设施投入也使基础设施的规模和服务能力进一步增强，使其规模总量迅速提高，服务能力不断增强。

表6-2中给出了2006—2014年海南省主要基础设施门类的发展状况，从表中显示，基础设施主要门类的规模总量均有了大幅度的增加。在交通基础设施方面，城市道路长度由2006年的1502公里增加到2014年的2824公里，增幅达88%，城市人均道路面积由2006年的10.34平方米增至2014年的18.43，增

幅达78%。在能源类基础设施中，其中城市燃气普及率2014年同2006年相比增加了19.4%，由79.65%增加到95.09%。在水利基础设施方面，城市用水普及率也发生了快速的增长，从2006年的77.12%增加到2014年的97.46%。

表6-2　2006—2014年海南省基础设施情况

单位	2006	2007	2008	2009	2010	2011	2012	2013	2014
城市市政建设投资额（亿元）	32.6	29.38	32.96	41.05	39.93	80.31	79.49	45.94	
城市燃气普及率（%）	79.65	80.2	81.35	81.67	83.87	91.02	91.23	94.07	95.09
城市用水普及率（%）	77.12	82.85	87.17	87.98	89.2	93.74	95.9	97.52	97.46
城市道路长度（公里）	1502	1622	1726	1778	1914	2525	2673	2753	2824
城市人均道路面积（平方米）	10.34	11.85	12.11	13.31	15.52	18.24	18.96	19.24	18.43

资料来源：《海南统计年鉴2007—2015》。

6.4.2　海南省城乡统筹基础设施服务存在的问题

1. 基础设施建设水平相对薄弱

公共基础设施是发展城乡公共服务事业的必要条件，是保障人民基本生活的必要前提和基础。基础设施建设不仅为整个城乡提供社会化的服务，为人民提供日常基础保障，也能带动一个区域的物质生产。但是，海南省政府并没有充分重视基础建设，由于海南省对基础设施建设的投入力度不足，导致海南省基础建设的水平相对薄弱。与全国相比，2014年全国每万人共公共厕所数为2.79所，海南省仅为0.82所，不足全国平均水平的三分之一。在公共交通建设上，海南省与兄弟省份也存在较大的差异，2014年，广东省公路里程为212094公里，贵州为179079公里，广西为107943公里，福建为101190公里，而海南省公路里程仅为26002公里，不足广东的八分之一，与兄弟身省份中最少的福建相比，也仅为其公路里程的四分之一。无论是与全国相比，还是与兄弟省份比较，海南省在基础设施建设上的差距是非常大的。海南省政府并没有重视基础设施的建设，在基础设施方面的财政支出不足，导致现阶段基础设施建设水平薄弱。

2. 基础设施建设分配不均等

目前，海南省基础设施建设差异性较大。这种不均等主要体现在以下两个方面，首先，是海南省18个市县间公共设施建设分配不均。基础设施建设资金和基础设施物品主要集中在海口市、三亚市等重点发展的富有市县，无论是财政投入、道路交通、水电燃气供应还是基本公共物品的供给，海口市和三亚市都远远优于其他市县。这种局面造成海南省不同市县的居民不能享受同量和同质的基础设施和公共物品，不利于社会公平和谐的发展。其次，这种不均等体现在城乡基础建设的供给上，由于“二元结构”的发展模式，海南省形成了有差别的基础设施供给制度。其主要表现为城市基础设施建设资金主要来源于财政预算，而政府较少投资农村所需的基础建设，大部分是由农村基层，如乡镇、集体、农户等承担，这种倾向城市的财政管理体制使农村基础设施建设资金得不到保障，农村基础设施不仅投入匮乏，而且结构不合理。

3. 重建设、轻管理、轻维护现象严重

重建设、轻管理是海南省现阶段基础设施建设工作中面临的重要问题。各级政府对基础建设投资力度逐渐加大，但是，投资的资金大多数用在了前期的建设上，对于后期的维护及技术人员培训费用投入非常有限。公共厕所建设本来就非常有限，对于公共厕所的维护建设也没有到位。部分设施，尤其是供电、供水等专业化较强的工程设施的管理利用水平较低，管理维护人员技术水平低。在海南省贫困的市县，居民素质较富有市县低，加上专业技术人员的供给不足，导致基础设施的寿命较短，加剧了地区间的不平衡。由于管理体制不佳，责任追究不到位，降低了基础设施利用率，因为维护不到位、不严格、不规范缩短了基础设施的使用寿命。

4. 城乡基础设施投资机制尚未完善

海南省基础设施建设资金的来源主要是中央和地方政府的拨款，很少使用或者说难以充分利用市场机制，城乡基础设施投融资机制尚不完善，政府承担的风险明显太大，投资能力也十分有限。其主要原因：一是国家与地方政府的思想政策的倾向性；二是农村税费改革后，乡镇财政收入减少，基层政府财力不足，运转资金有限，限制了其投资规模；三是城乡基础设施领域目前依然是以中央和地方政府为主的计划型投融资机制，采用垂直一体化管理结构。这种机制造成政府作为投资主体、经营主体和管理主体，同时扮演多个角色，导致职责不分，即“单一主体、职能多样”，政府单一主体的主导地位强化了行政垄断，忽视了市场对资源配置的决定性作用，市场化的投资主体地位就未有效形成，尚处在转型初级的阶段，多元化投资为主的格局尚未建立，缺乏充分调动民间企业和个人参与的积极性，融资渠道狭窄，投融资模式不够成熟和完善，导致了基础设施建设的低效率。另外，政府缺乏统筹规划，尤其是科学合理的基础设施建设长期投资规划，致使本就杯水车薪的基础设施建设资金的使用率不高。

5. 城乡基础设施投融资平台建设体制不健全

投融资平台是为应对2008年以来金融危机而发展起来的创新型产物，主要投资方向便是公共基础设施建设，其设立是政府优化配置大量公共资源，包括无形资产的一种手段，目的是为了公共利益的实现。城市基础设施投融资平台已经建立，并在逐步改革，但仍然存在融资情况不透明、筹资行为责任主体不明确、法人治理结构不清晰、负债率过高等问题，亟须整治与规范。另外，有一部分小城镇和乡村已经建立了相应的投融资平台，但是其建设体制并不成熟，缺乏统筹规划和安排。一些县级政府搭建的投融资平台并不能负担起整个农村基础设施建设的重任，自身能力有限，有部分基础设施建设项目很难做出可行性评估，因而项目的实施受政府主观行政决策的影响较大，影响城乡基础设施建设的顺利进行。

6.5 海南省城乡统筹公共安全服务的现状分析与存在问题

6.5.1 海南省城乡统筹公共安全服务的现状

由于自然、历史等方面的原因，海南省经济和社会发展存在巨大差距，生产力水平和发展很不平衡，公共安全的社会基础、保障条件薄弱，与经济高速发展的矛盾越来越突出，不仅影响到经济社会的可持续发展，也带来了一系列的社会问题，影响国民经济全面协调、可持续地发展，经常给人民生命和财产带来重大损失，成为阻碍社会可持续发展、危害社会和谐稳定的重要“瓶颈”。同时，海南省经济的快速发展对社会发展提出了更高的要求，加强公共安全管理，预防和减少各类灾害、重大生产事故、重大违法犯罪、恐怖事件、外来有毒有害物质和生物入侵、疫病疫情的发生，保持社会稳定和公共安全成为亟待解决的战略任务。海南省实施国际旅游岛战略以来，在保障和促进低收入地区人民享有基本的公共安全服务方面采取了很多措施，提升了基本公共安全服务供给能力，逐步构建了较为完善的基本公共安全服务体系，但是随着经济的迅速发展，随之而来的公共安全问题也逐渐开始显现。目前海南省公共安全的现状如下：

1. 公共安全财政支出不断增长，群众安全感指数逐步提高

自海南省国际旅游岛战略实施以来，海南省经济社会发展取得了显著成效，为海南省公共安全环境的改善，以及进一步做好公共安全服务工作奠定了较好的经济基础。面对广大人民群众日益增强的公共安全需要，海南省政府加大对公共安全领域的投入，加强公共安全基础设施建设，加大对公共安全管理人员的培训力度，改善公共安全管理环境，实现公共安全与经济、社会的协同发展。近三年来，海南省政府对公共安全领域的财政支出不断增加，群众安全感指数逐步提高。

由表 6－3 和图 6－12 可知：

表 6－3　2011—2014 年海南省与全国人均公共安全财政支出增长比较　单位：元

年份 地区	2011	2012	2013	2014	年均增长率
海南省	606.96	643.86	727.19	749.43	9.51%
全国	467.90	525.21	572.25		10.60%

资料来源：《中国统计年鉴 2012—2015》《海南省统计年鉴 2012—2015》。

第一，海南省的人均公共安全支出连续三年均高于全国平均水平 100 多元，这说明海南省政府十分重视对公共安全领域的财政支持。

第二，近三年以来，海南省人均公共安全支出呈现一直上升的趋势，年均增长率 9.51%，而全国公共安全支出也一直呈上升趋势，年均增长率 10.60%，二者较为接近。

作为判断公共安全服务供给水平和质量的一个较有效的指标，这些数据说明海南省近年来的公共安全服务财政支出力度在不断加强。

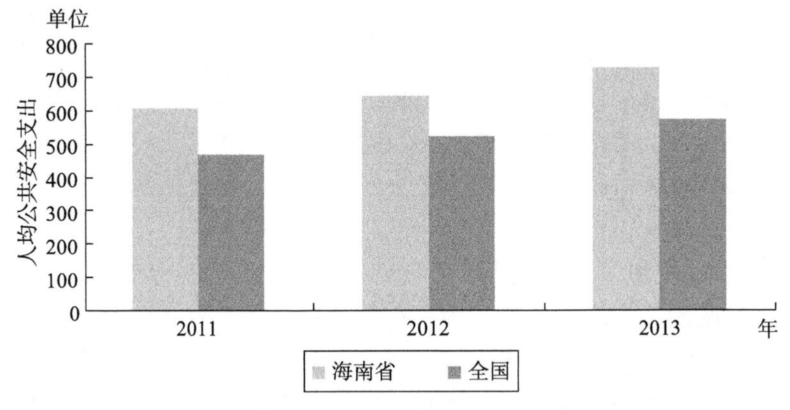

图 6－12　2011—2013 年海南省与全国人均公共安全支出比较

资料来源：《中国统计年鉴 2012—2015》《海南省统计年鉴 2012—2014》。

2. 交通安全事故数量和损失有所增加

近年来，海南省高度重视交通事故灾难的预防和处置工作，取得了一定的成效，但由于近年来流动人口、各种交通工具的剧增以及经济的快速发展，各类交通事故灾难的数量和损失都有所增加。如表 6－4 所示，近三年以来，海南省交通事故发生数从 2011 年的 1736 起逐年上升至 2014 年的 2058 起，上升幅度高达 18.55%；死亡人数从 2011 年的 473 人上升至 2014 年的 576 人，上升幅度高达 21.73%；直接经济损失则从 2011 年的 554.42 万元上升至 2014 年的 1457.1 万元，上升幅度高达 162.8%。

表 6-4　海南省 2011—2014 年交通安全现状

指标＼年份	2011	2012	2013	2014
发生数（起）	1736	1746	1946	2058
死亡人数（人）	473	457	493	576
受伤人数（人）	2419	2363	2720	2872
直接经济损失（万元）	554.42	938	935.02	1457.12

资料来源：《海南省统计年鉴 2012—2015》。

3. 火灾发生数量和损失大幅度上升

火灾是一种破坏性极强，严重威胁人类生存和发展的常发性灾害之一，火灾的发生频率高，时空跨度大，造成的损失与危害严重。近年来，随着海南省经济社会发展以及城市化快速推进，在一定程度上导致了火灾事故急速增加，而社会财富积累增长导致灾因素大量增加，火灾损失也急剧攀升。如表 6-5 所示，近三年来，海南省因火灾造成的直接财产损失每年都达一千多万元，死亡人数已超过一千人，火灾严重威胁人民群众的生命财产安全。2011 年以后，火灾起数攀高，每年火灾起数在 600 起以上，火灾直接损失在 1400 万～2600 万元之间。最近三年来，火灾发生的次数在逐步上升，所导致的人员伤亡人数也在上升，2011—2014 年，死亡人数和受伤人数在前两年没有发生变化，但在 2013 年，死亡人数增加了一倍多，而受伤人数更是大幅度上升，直接经济损失由 2011 年的 1424.29 万元上升至 2014 年的 2620.2 万元，增加了 83.96%。

表 6-5　海南省 2011—2013 年消防安全指标

年份＼指标	2011	2012	2013	2014
发生数（起）	710	688	1302	1419
死亡人数（人）	6	6	13	10
受伤人数（人）	1	1	21	8
直接经济损失（万元）	1424.29	1855.3	2539.3	2620.2

资料来源：《海南省统计年鉴 2012—2015》。

6.5.2　海南省城乡统筹公共安全服务存在的问题

1. 公共安全教育严重滞后于现实需要

如何增强公众公共安全意识，提高相关安全知识、技能水平，是海南省公共安全教育工作的首要任务，也是海南省防灾、减灾工作面临的重要难题之一。由于缺乏自觉、长期、全面的公共安全教育，公众的公共安全防范意识淡薄，存有侥幸心理，缺乏基本的防灾、减灾和自我保护意识。一是我国目前还没有关于公共安全教育的统一立法。现行教育法规对公共安全教育还没有做出相应规定，而其他法规只做出原则性规定，公共安全教育的立法体系尚未形成。二是学校公共安全教育没有受到应有重视。实践证明，学校的安全教育，特别是中小学时期的安全教育最重要。海南省与其他经济发达省份相比，中小学和大学在公共安全教育的时间、内容、形式和手段等方面都存在很大差距。三是针对专业生产的公共安全教育培训欠缺，尤其针对农民工的教育培训不到位，农民工因缺乏必要的安全常识而导致安全生产事故频发。四是社会公共安全教育不完善。特别是对农民、老年人、下岗失业人员、残疾人等特殊群体的公共安全教育的针对性不强，效果也不是很好。五是公共安全教育与经济社会发展不相协调。虽然海南省在防灾、减灾的硬件上投入不断加大，但作为减少灾害损失的最重要软件之一的公共安全教育却不尽如人意。公共安全教育的缺乏导致了许多灾害后果的加剧。

2. 公共安全事件的应急预警机制不健全

目前，海南省公共安全管理中，在预测预警、应急决策和处置等运行机制方面还存在一些问题。一是缺少统一规划和要求的灾害信息管理系统。虽然有关部门建立了独立的灾害信息管理系统，但由于缺少统一的规划和要求，标准不一，格式各异，重复建设，自成体系，难以实现灾害信息和减灾资源的优化配置和充分共享，难以对公共安全危机进行全面的监测预警。二是许多农村还没有统一、权威的应急中心。日常受理公众报警求助的应急中心有公安、医疗急救、森林防火、供电、供水、燃气等十多个。这些中心大多是按照职能或行业来划分的，无论是在管理主体、执行主体还是服务内容上都相对独立，在公众心目中也缺乏权威性。三是有些应急预案常常流于形式。虽然一些地方制定了突发公共事件应急预案，但由于一些预案疏于演练和人员培训，甚至很多应急预案是从其他地方或部门照抄照搬来的，基本上不符合当地的实际情况，因此难以发挥应有的作用。

3. 公共安全的行政管理体制不完善

自海南省建省以后，逐步建立了门类相对齐全的按灾种划分的灾害分类管理系统。但是，这种单灾种管理体制存在多头管理、反应迟缓、效能低下、资源浪费等问题。一是缺乏应急救援部门整体合力。海南省的应急救援队伍基本上都是分灾种、分部门、分系统建立的，功能单一、力量分散、缺少统一规范、缺乏整体合力。二是组织管理“条块”分割现象相对严重。海南省的公共安全管理组织体系是以分领域、分部门管理为特征的，沿用“条块”方式将突发公共事件管理交由有关职能部门去承担，缺乏常设性、专门性、权威性的公共安全管理、协调机构。三是缺少常设的应急管理协调机构。目前海南省涉及灾害管理的部门多达十几个，分别管理不同的灾害事故。这种管理机制专业性比较强，但各部门在应急应变方面还缺少协调机制，难以应对灾害并发的问题。随着公共安全事件的综合性和跨地域性日趋明显，危机处理中所涉及部门越来越多，仅仅依靠各级政府现有的部门，成立一个临时性领导小组来协调相关部门的工作，已不能满足现代化公共安全管理的需要。

4. 公共安全管理难以落实

当前，在构建城乡一体化公共安全体系的过程中，有法不依、执法不严、违法不究问题在一些地方、一些部门比较严重。一是存在权力不明、责任不清、追究不严的问题。有的公共安全法律法规因缺乏相应的责任条款，一些执法不力的行政部门尚有“不做又怎么样”的意识。二是配套性的法律解释不健全。我国的法律一般都制定得相对有原则，需要配套性的法律解释来完善。如果实施细则及相关的配套法规或规范性文件不能尽早出台，必然会影响到法律的实施效果。三是公共安全法律法规执行不到位、监管存在漏洞。有的地方早就被发现存在公共安全隐患，执法部门也曾提出停业整改，但当地政府的态度却模棱两可，导致隐患单位带险营业；有些公共安全隐患因涉及复杂的利益关系，有的执法部门甚至给隐患单位开绿灯，还有一些地方领导宁愿以牺牲安全为代价换取一时的经济发展。目前存在涉及公共安全的行业整顿声势大、责任追究进展慢的现象，容易让公众产生“风声过后一切照旧”的忧虑。如何以具体明晰的规则来确定管理人、直接责任人、监督人的责任，是我国公共安全治理的关键。

5. 公共安全管理系统的技术含量偏低

目前海南省绝大多数地方还没有建立城乡一体化的公共安全信息管理系统。这在很大程度上影响了监测公共安全风险、获得有效信息、发布管理信息、采取应对措施等工作的开展。一是信息搜集、传送和处理机制不够健全。这使得行政机关过分依赖行政系统内部的信息搜集、传送和处理机制。在这种情况下，有些基层组织很可能从自身利益出发对公共安全信息进行取舍，进而出现谎报、瞒报现象。二是经验决策往往占据主导地位。在决策上，许多地方和部门对运筹学、对策学、规划学、系统分析等决策技术和方法运用不够，一些决策还依靠“拍脑袋”开“碰头会”。公共安全管理的非专职化也使决策和管理不能满足公共安全特殊要求，难以进行有效的管理。三是海南省公共安全管理的标准化水平比较低。虽然防火、防震、食品安全、安全生产等领域具有一定的技术标准，但尚处于起步阶段，还没有制定统一的应急救援标准。公共安全管理标准化水平较低甚至某些标准的缺失，很大程度上影响了公共安全应急处理的效果。

6. 农村公共安全的监管缺位问题严重

当前，海南省农村公共安全管理体系建设严重滞后，管理缺位、越位问题并存。广大农村地区的安全状况令人担忧。交通、消防、治安警力严重不足的问题在许多农村地区尤其突出，重经济发展轻社会管理、重救急轻防控的现象在日常工作中也大量存在。一是在农村公共安全管理方面存在行政管理的误区。一些地方政府往往管了许多不该管、管不了也管不好的事，而真正该管的事却没有实质性地去管，或者管了也没管好。二是公共管理服务资源在城乡配置的不平衡、不公平，造成农村公共安全管理先天不足。在农村公共服务条件远远低于城市的不平等情况下，农民为享用这些公共服务，往往还需付出更多的代价。三是农村公共安全管理的主体单一，责任划分不明确。在很多农村基层特别是村寨中，公共安全管理基本上无专人负责甚至无人负责。四是现行财政体制在公共安全管理上的公共支出缺乏良好的制度保障。在一些地方，除非突发公共安全事件，平日根本无力对农村地区的公共基础设施和公共安全管理进行投入，也很难对垂直监管部门或基层群众自治组织在经费上给予补助。在许多地方财力、物力有限的情况下，如何加强农村公共安全管理，已成为摆在海南省政府面前的一项严峻课题。

6.6　海南省城乡统筹环境保护服务的现状分析与存在问题

6.6.1　海南省城乡统筹环境保护服务的现状

1999 年，海南省为了实施可持续发展战略提出了建立“生态省”的宏伟设想，这是在海南省这块“绿色宝地”实施开发与保护并重，社会经济持续发展的重要举措，对全国生态保护和建设也具有重要的示范作用。近几年来，海南省农村环境服务的投入力度显著加大，特别是国际旅游岛建设战略启动以来，农村环境保护服务的投入力度显著提高，投入总量增长较快，海南省城乡环境保护服务呈现出的差距不是很大，但由于环境保护服务涉及面广、覆盖面积大、受益人口多，这也决定了环境保护服务所需投入的资源巨大，不管是人员、资金还是设施等都需要大量投入，尤其是经济发展的不平衡，这也决定了海南省个别市县环境保护服务落后。目前，海南省环境保护服务的现状如下。

1. 环境保护保护财政支出稳中有减，而工业企业污染治理投资稳中有升

海南省城乡环境保护服务呈现出的差距并不是很大，近 3 年来海南省环境保护服务的投入力度并没有很大的变化，总体来看稳中有降，而工业污染治理投资变化也并不大，总体来看稳中有升，环境保护财政支出与工业企业污染治理投资呈现出相反的趋势。

由表 6 - 6 及图 6 - 13 可知：

表 6－6　海南与全国人均环境保护财政支出增长比较　　单位：元

地区＼年份	2011	2012	2013	2014	年均增长率（%）
海南	273.24	239.48	258.88	257.65	－2.13%
全国	196.01	218.86	248.64	278.96	12.63%

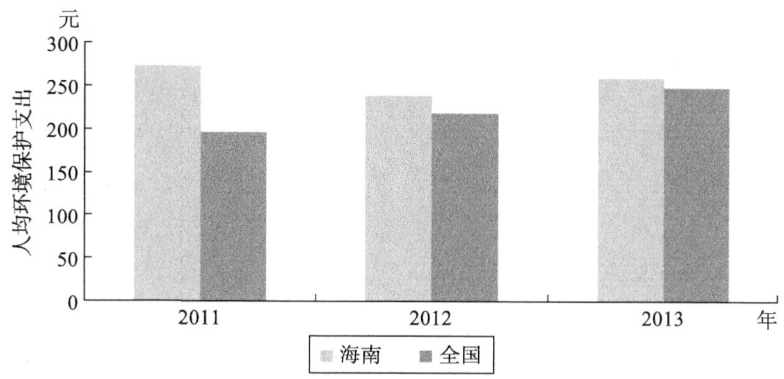

图 6－13　海南与全国人均环境保护支出比较

资料来源：《中国统计年鉴 2012—2015》《海南省统计年鉴 2012—2015》。

第一，海南的人均环境保护支出连续三年均高于全国平均水平，说明海南政府比较重视对生态环境的保护，这也是海南生态环境一直领先于全国的重要原因。

第二，近三年来，海南人均环境保护支出呈现先下降后上升的趋势，2011 年人均环境保护支出总额为 273.24 元，2012 年为 239.48 元，年增长率为－12.36%，2013 年上升为 258.88 元，年增长率为 8.10%，到 2014 年，又略微降低，为 257.65 元。从整体来看，2011—2014 年的年均增长率为－2.13%，而全国同时期人均环境保护支出一直呈上升趋势，年均增长率为 12.63%。

由表 6－7 可知：

表 6－7　海南省 2011—2013 年工业企业污染治理情况

项目＼年份	2010	2011	2012	2013	2014
污染治理项目本年完成投资（万元）	4353.5	28845.0	48279.4	53844.2	79247.9
本年竣工项目数（个）	14	60	49	10	68

资料来源：《海南省统计年鉴 2012—2015》。

第一，海南省近三年来工业企业污染治理项目年完成投资额呈现先增后降的趋势，其中 2013 年的投资额为 53844.2 万元，年增长率为 1.15%，2014 年的投资额为79247.9，年增长率为47.1%，整体看，年均增长率1.23%。与海南省人均环境保护支出相比，二者呈现出相反的趋势。

第二，从工业企业污染处理竣工项目来看，2011—2013年，海南省工业企业污染竣工项目大幅度增加，2011年竣工项目14个，2013年上升到49个，年均增长率310.24%。

2. 土地资源丰富，森林、公园、绿地分布广泛

海南岛地处我国南部边陲，四面环海，背靠祖国大陆，与广东雷州半岛之间仅隔宽约30千米的琼州海峡，地理区位优势明显。土地资源是拥有全国最多的热带土地资源，耕地分布在北部和沿海平原、台地和阶地地带上，以海口市、文昌市和儋州市最多。而对于土地资源的保护，一直是海南省政府工作的重中之重。2013年，海南公园数量达到了75个，总面积0.22万公顷，占海南省总面积的0.06%，城市绿地面积5.42万公顷，占海南省总面积的1.53%，建成区绿化覆盖率39.20%。

由表6-8可知，2012年，与全国相比，海南的城市绿地覆盖率、万人公园面积、森林覆盖率都高于全国平均水平，其中城市绿地覆盖率和森林覆盖率远远高于全国平均水平，说明目前海南土地资源利用状况较好。

表6-8　2012年海南与全国土地资源比较

指标 地区	城市绿地覆盖率	万人公园面积	森林覆盖率
全国	0.27%	2.26公顷	21.63%
海南	1.71%	2.51公顷	61.9%

资料来源：《海南统计年鉴2013年》。

3. 空气状况良好，污染气体排放得到有效遏制

2012年海南省环境空气质量总体优良。城市（镇）环境空气一级天数比例为96.4%，其中三亚、儋州等9个城市（镇）环境空气质量一级天数比例均为100%；主要森林旅游区空气负离子浓度大于世界卫生组织规定标准，对人体健康极其有利。海南正加大对环境综合保护力度：推进"绿化宝岛"大行动，强化中部生态核心区保护；加强重点海域环境预警，加强对沿海湿地、滩涂生态系统的保护；实施珊瑚礁生态恢复工程，启动海洋倾废实时监控系统建设。如表6-9所示，近三年来，海南省污染气体排放得到有效遏制，除了工业废气排放总量由2011年的1675.52亿标立方米略微上升为1716.6亿标立方米外，二氧化硫排放量和烟尘排放量都略微下降，而氮氧化物排放量下降幅度很大，由2011年的9.54万吨降到2013年的6.8万吨，下降幅度高达39.7%。

表 6－9　2011—2013 年海南污染气体排放情况

项目＼年份	2011	2012	2013
工业废气排放总量（亿标立方米）	1675. 52	1960. 35	1716. 6
二氧化硫排放量（万吨）	3. 26	3. 3	3. 2
氮氧化物排放量（万吨）	9. 54	7. 19	6. 8
烟（粉）尘排放总量（万吨）	1. 58	1. 07	1

资料来源：《海南统计年鉴 2012—2014》。

4. 工业水污染得到遏制，生活水污染相对突出

海南省多年平均水资源总量为 307. 3 亿立方米，中地下水与地表水不重复量为 3. 54 亿立方米，人均占有量约 3900 立方米，是全国平均值的 1. 75 倍，为全国水资源丰富的省份之一。海南省的水资源天然分布与各区域的社会经济发展存在相当大的矛盾，西部水少耕地多，东部水多耕地少，对农业发展造成一定局限。包括洋浦、临高、昌江、八所在内的西部临海地区将成为海南省重要的工业基地，水资源却相对匮乏，必将给这一地区的工业发展造成阻力。部分地区水利设施建设滞后，水厂建设规模和利用效率不匹配，难以充分满足城镇用水需求。随着经济的发展，饮用水源受到一定污染，虽然工业废水排放得到有效遏制，但生活废水排放有所增加（如表 6－10）。污染源主要为人畜及农业污染，尤其是居民点和农田边的井，因人畜生活垃圾及化肥污染而导致地下水污染状况较为严重。

表 6－10　2011—2013 年海南废水排放情况　　单位：万吨

项目＼年份	2011	2012	2013
废水排放总量	35725. 2	37103. 3	36214. 7
工业	6820. 1	7464. 9	6802. 3
生活	28858. 4	29586. 9	29374. 1

资料来源：《海南统计年鉴 2012—2014》。

5. 工业固体废物生产量有所降低，综合利用率明显改善

2010 年自海南省实施国际旅游岛战略以来，对严格控制工业固体废物的排放，取得了一定的成效。如表 6－11 所示，2011—2013 年，海南省工业固体废物生产量由 421 吨降为 407 吨，而工业固体废物的综合利用率由 47. 74% 上升为 64. 62%，政府治理工业固体废物成效显著。

表 6－11　2011—2013 年海南工业固体废物综合利用情况　　单位：万吨

项目＼年份	2011	2012	2013
工业固体废物生产量	421	386	407
工业固体废物综合利用量	201	238	263
工业固体废物综合利用率	47.74%	61.66%	64.62%

资料来源：《海南统计年鉴 2012—2014》。

6.6.2　海南省城乡统筹环境乡统筹保护服务存在的问题

为了解决公众日益增长的环境保护服务需求和落后的环境保护服务供给能力之间的矛盾，应当全面重估现行环境保护服务供给体系，努力查找影响环境保护服务生产能力的制度性障碍因素，实现环境保护服务的有效供给。

1. 环境保护服务供给主体单一

由政府对城市环境基础设施统一投资建设和直接经营，政府是环境保护服务的主要供给主体，承担环境保护服务供给的绝大部分职责，但是随着环保基础设施的建设所需资金量越来越大，环境服务的技术要求也越来越复杂，政府有限的资金和能力越来越难以满足多样的环境需求，在环境保护服务领域存在政府失灵现象。由于政府投资结构相对单一，对于环境基础设施投资偏少，机构编制也难以容纳环境技术人才和工人，单一的政府投资模式导致环境项目建设和运行难以完全按照专业化的要求运行。

2. 环境保护服务中的政府责任缺失

市场经济能够对资源配置起一般性和基础性作用，但是对于环境服务等公共物品会出现市场失灵现象，因此建设环境基础设施，合理配置环境资源，提供稳定可靠的环境产品和环境服务，保证公众健康和环境质量安全是政府的法定职责。目前海南省政府在提供环境保护服务方面缺乏责任意识和相应的制度性规范，责任缺失的政府难以提升环境公共产品的质量与公共服务的水平，政府环境责任不完善势必引发政府的信任危机和权力危机，诱发政府行为的错位、越位和缺位，使政府环境公共政策的制定偏离法治化轨道，环境行政权力偏离公共利益，进而降低政府的合法性；危及社会整体环境利益的供给，增加公共产品的提供成本，危及环境法治进程的整体推进。

3. 环境保护服务区域之间不均等

环境服务的公共性要求政府首先应当提供的是清洁的空气和水源，必要的垃圾处理设施，对可能发生的环境污染的检测和防治等基本环境服务，至少政府应当使公众生活在一个免受污染的环境中，这是最低限度的环境保护服务。其次才能追求较高的绿化率和公园人均占有率，实现更高标准的环境保护服务。但是在提高地方城市形象的前提下，环境保护服务存在严重的顺序颠倒现象，环境政策更倾向于将资金投向那些环境设施和环境服务已经较好的地区，造成环境服务过于集中特定区域和群体，导致了环境保护服务的不均等和不公平，忽视了基本环境服务的供给，妨碍了将公共资源惠及全社会。

4. 环境保护服务收费机制监管缺乏

环境保护服务市场化的前提条件是那些有可能形成一定产业规模的政府环境供给，只有这样的环境服务才可以被市场化，而这样的环境服务往往与群众生活密切相关。环境服务市场化中，政府一方面直接出面排除企业的竞争对手，另一方面以政策法规的形式制定收费标准，因此这种收费具有一定的垄断性，对这种由企业出资，政府制定相关政策的混合供应环境保护产品的商业性收费，往往由于政府参与而缺乏有效监管，尤其是所获利益两家分成的做法无疑削弱了政府的监管动力，不区分成本性收费和营利性收费，出现特殊利益集团借助政府行为实现垄断利润的现象，严重损害了公众利益。

5. 城乡环境信息非对称性，农村未建立监测体系

首先，环境信息非对称性表现在农民和污染者之间掌握信息的不对称性。农村大部分处于边远地区，交通不便利、电信不发达、基础设施跟不上，农民们获得的信息非常有限，这样，农民处于十分闭塞的状态之中，百姓对环境知识了解甚少，对许多潜在性的环境污染危害和污染程度认识不足，更多的是停留于表面，注重于看得见摸得着的污染现象，而污染者出于对自己利益保护，部分地或全部地保密其生产中的副产品——“污染”对当地环境和人们健康的危害，使百姓处于对信息的不知状态。迄今为止，中国农村改革与发展政策一直是追求经济增长而忽略资源和生态环境建设，为了获得基本生存和解决资金短缺问题，农民积极寻求赚钱的机会来改变目前贫困的现状。发达城市（地区）的生产者来农村投资建厂，农民们看到投资者的投资一是帮助他们解决就业问题，二是增加收入，帮助他们摆脱贫困的“正面效益”，却没有看到这些经济效益的获得是以牺牲当地的资源环境为代价的“负面效益”。这样，农村环境信息非对称性就有了存在的经济基础。其次，环境信息非对称性还表现在政府主管部门和污染者之间掌握信息的不对称性。污染者出于各种原因尤其是经济原因对信息进行保密；而政府部门出于对当地政治、经济的影响考虑采取大事化小、小事化了、鱼目混珠的态度，导致了对信息掌握和披露的局限性以及对污染现象发现的事后性和解决的滞后性。加之地方行政当局环境监管与宣传脱离群众和实际，搞形式主义。

鉴于历史和现实的原因，地方当局更加重视“形象工程”，大搞特搞形式主义；另外由于交通条块分割、地方分散保护和资金等原因，使当局基层管理人员监管无力，宣传脱离实际。上述分析不难看出，中国农村环保信息的不对称性必然导致政府主管部门、社区、公众很难对污染者进行有效的监管。

6.7 海南省城乡统筹普惠金融服务的现状分析与存在问题

市场经济的核心是竞争和价格，金融资源作为稀缺资源，天然具有逐利性和风险规避性，而金融创新是把“双刃剑”，它既可能通过创新产品来提高金融配置资源的效率，促进经济发展，又可因创新产品潜在风险的爆发而诱发危机。随着次贷危机的爆发、升级至全球金融危机、蔓延至实体经济，金融的逐利性又成了多数评论家诟病的对象。然而普惠金融的推行让我们看到了金融机构在履行社会责任上所做的努力，尤努斯的穷人经济学和格莱珉银行的成功模式也让我们看到了金融在缓解贫困问题、构建社会和谐中的能量与希望。

普惠金融不单单是构建一个金融体系，更重要的是要为社会提供普惠的、可持续的金融服务，同时随着金融的发展，普惠金融被赋予了更多的内涵。首先，其服务对象更加广泛，不仅仅是贫困和低收入的人群，还包括一些欠发达地区、小型的企业、缺乏资金的创业者、弱势的行业；其次，普惠金融的形式更加多样化，除了传统的金融模式，普惠金融还拓展了互联网模式。2013 年，央行行长周小川将普惠金融定义为“通过完善金融基础设施，以可负担的成本将金融服务扩展到欠发达地区和社会低收入人群，向他们提供价格合理、方便快捷的金融服务，不断提高金融服务的可获得性”。

6.7.1 海南省城乡统筹普惠金融服务的现状

对于海南省这样一个农业大省，如何突破金融的制约“瓶颈”，使金融更好地服务“三农”建设，推进海南省农村建设的有序进行，这不仅是一个重大的金融课题，也是一个重大的社会课题。近 5 年来，海南在普惠金融领域开展了三个方面的大胆探索和实践，一是农民小额贷款，年发放额已达 35 亿元以上，海南省财政针对 10 万元以下的农民小额贷款给予了贴息；二是农业保险，财政每年对农业保险安排的资金超过 1 亿元，对橡胶、水稻等 14 个险种提供了保险补贴；三是中小企业信用担保贷款，每年发放额超过 25 亿元，安排财政资金 7500 万元，对企业、银行和担保机构进行补贴。发展普惠金融，是海南欠发达的省情、特色农业的发展优势和自身的产业、企业结构所决定的，事实证明是适合海南实际的。目前，海南省普惠金融服务的现状如下。

1. 海南省农村金融体系基本形成

从2004—2014年，中央已经连续发布11个以“三农”（农业、农村、农民）为主题的一号文件，“三农”问题已被放到更为重要的位置。农村金融的发展是新农村建设中的一个关键环节。近年来，海南省农村金融业务不断发展壮大，实力也逐渐增强，为促进农村经济发展，增加农民收入提供了一个好的契机。

经过一系列的改革，目前海南省农村金融体系已经基本形成，正规金融机构主要有：中国银行、建设银行、工商银行、农业银行、光大银行、民生银行、交通银行、海口农村商业银行等商业银行，农村信用合作社，农村合作银行，农村资金互助社，村镇银行和邮政储蓄机构。非正规金融机构主要有高利贷、当铺、私人钱庄、农民私底下的借贷活动、合伙投资等。目前，农村信用合作社在海南农村金融市场中占据绝对优势，实现标准金融网点乡镇全覆盖和便民服务点行政村全覆盖。2013年，新型农村金融机构试点取得新成果，农村金融公共扶持政策更趋完备，农村支付体系持续改善。海口联合农村商业银行开业，三亚市农村信用联社成功改制为三亚农村商业银行，海南银行筹备工作有序推进。新设立小额贷款公司12家，3家村镇银行获批筹建。截至2013年底，海南省农村金融机构网点数为1028个，比2012年增长了3.5%，实现农村居民人均纯收入8343元，增长了12.6%；截至2013年底，全省金融从业人数占比为0.72%，但海南省农村金融业发展规模仍偏小，种类也偏少，尤其是与“三农”问题相关的保险业、证券业、信托投资和其他金融服务市场发展较滞后，农村金融对农业经济增长的支撑作用尚未完全发挥。

相比于海南省的情况，全国范围内金融机构网点数均呈现出不断增加的态势。截至2013年底，银行业金融机构加快物理网点布局和自助设备布放，营业网点21.03万家，相比2012年增长了2.5%。

表6－12　2013年全国与海南省金融机构网点数对比

单位	2013年（单位：个）	较2012年的增长率（%）
海南省	1028	3.5%
全国	21.03万	2.5%

资料来源：根据全国银行业运行报告及中国人民银行海口中心支行统计报告数据整理。

2. 海南省普惠金融服务能力逐步提高

在存取款和支付结算服务方面，各金融机构不断推出涉农、助农、惠农的特色银行卡，如农民工银行卡特色服务等，实实在在解决农村地区人口支付结算难题，提高支付结算速度，降低支付结算成本，从根本上实现普惠政策；开通银行卡代收代扣"直通车"，如2011年11月，海南省农村信用社与海南电信分公司共同开展电信代收代扣业务合作，充分发挥农村信用社贴近"三农"，点多面广的服务优势，全省402个农信网点全面开通柜面电信费用交纳业务，方便农村地区居民生活，同时开通短信通业务，降低收费标准，提供银行卡客户账户资金变动提醒，并通过该平台宣传银行卡用卡安全提醒，做到随时随地培育农村支付环境。

此外，海南省农村金融机构通过建立农村便民服务点，安装EPOS终端、布放POS机和ATM、网上银行、手机银行、开通农信银结算系统、推进农民工银行卡特色服务业务等，极大地完善了农村地区银行卡受理市场环境，提高支付业务处理的自动化水平和效率，继续推进了以银行卡为介质的电子支付工具和支付方式的运用，促进农村地区支付由传统向现代转型。通过现代化的科技手段将支付结算服务延伸到广大农村地区，农村居民足不出村就能支取基础养老金和各种涉农补贴等小额资金，甚至也可以办理小额贷款，有效节省了往返乡镇或县城银行网点取钱的时间和交通费用。截至2013年底，全省各市县的POS机数量为22528个，自助取款机数量为1724个。

在贷款服务上，2013年末，全省农户贷款74.42亿元，全省人均贷款为5.0173万元每年，2012年末人均贷款为4.2626万元，同比增长了17.71%，全年50万元（含）以下小额贷款投放量达25亿元。截至2013年末，全省给小型企业贷款余额为557.25亿元，比年初增长了19.42%，给微型企业贷款余额为47.77亿元，比年初下降了5.19%。

在保险服务上，截至2013年3月31日，全省农业保险保费收入1.48亿元，比上年同期增长58.8%，其中财政保费补贴9，470.43万元，比上年同期增长57.09%，赔付支出1，468.25万元，比上年同期增长160.43%，保险保障金额61.75亿元，比上年同期下降19.18%。

从全国范围来看，2013年底，全国银行业自助设备布放达626909台；并大力发展电子化服务渠道，离柜交易963.39亿笔，增长32.11%；交易金额1136.40万亿元，增长23.03%；移动支付业务达16.74亿笔，同比增长212.86%，移动支付金额9.64万亿元，同比增长317.56%。"普及金融知识万里行"活动覆盖1.2亿人次，服务综合满意度较2012年进一步提升。同时全国范围内的金融机构以支持新型城镇化建设、服务小微、"三农"和改善民生为重点，积极践行普惠金融，有效促进社会均衡发展。截至2013年底，全国银行业金融机构涉农贷款余额20.9万亿元，同比增长18.5%，高于各项贷款平均增速4个百分点；小微企业贷款余额17.76万亿元，同比增长19.3%，高于各项贷款平均增速5.38个百分点。

表 6-13　2013 年全国及海南省普惠金融服务部分指标对比

单位	金融机构自助设备数（单位：个）	涉农贷款	
		2013 年（亿）	较 2012 年的增长率（%）
海南省	24252	74.42	26.12%
全国	626909	20.9 万	18.5%

资料来源：根据全国银行业运行报告及中国人民银行海口中心支行统计报告数据整理得出。

3. 海南省农村普惠金融机构发展能力不断提高

2007 年开始的农信社改革，在“给穷人贷款，助穷人发展”的理念支持下，海南省农信社结合自身实际，紧紧围绕“促进农民增收”为落脚点，以小额信贷为突破口，全面推进农村金融综合改革，创新具有海南特色的“一小通”金融支农发展模式。这些年来，海南省农信社大胆地突破传统金融思维和体制弊端的束缚，在尊重金融规律的前提下，坚持“跳出金融看金融”发展理念，找到了一个解决农民贷款难问题行之有效的办法，走出了一条有中国特色的农村金融发展之路，使农民人均纯收入由 2006 年的 3256 元增加到 2013 年的 8343 元，使海南农民收入增幅连续多年走在全国前列。

截至 2013 年中旬，海南省农信社累放小额贷款 100 多亿元，累放中小微企业贷款 500 多亿元，并在全省 22 个金融服务空白乡镇新建网点，目前已建成 21 个，让农民都能享有基本的公共金融服务。截至 2013 年 7 月，海南省农信社不良率为 3.12%，拨备覆盖率 226%，其中改革 6 年来新发放贷款的不良率仅为 0.52%，这在全国农信社中都是少见的。

从邮政储蓄银行的经验来看，其在实现普惠金融的商业可持续发展方面也进行了有益的探索。首先，“一小一大，以大促小”的经营策略为普惠金融的商业可持续提供了稳定的财务支撑；其次，“自营+代理”制度设计也是邮储银行的一大创新之处，他们充分发挥邮政点多面广的优势，有效地利用邮政网点提供基础性金融服务，扩大邮储银行普惠金融服务的能力；再次，在践行普惠金融理念的实践中，邮储银行从文化建设、信贷技术、人员管理、合规建设、系统支撑以及社会金融生态环境建设等方面构建了全面的风险管理体系，做好普惠金融的风险控制；复次，自 2009 年起，邮储银行建立了大学生“村官”人才培养新机制，最大限度发挥这些村官熟悉农村情况、了解农民金融需求和信用状况的优势；最后，在可持续发展战略中，邮储银行牢牢把握住了电子银行优先发展的机遇。

4. 海南省普惠金融的支持政策不断完善

近年来，海南省在金融政策与财政政策的结合、政府与市场连接方式等问题上进行了有力的创新，也反映了发展普惠金融过程中，如何处理政府和市场关系。这些政策措施主要包括：鼓励国家开发银行、农业银行、农业发展银行等在海南的分支机构加大对热带特色现代农业和新农村建设的支持力度；农信社金融便民服务点覆盖所有建制村，进一步改进农村致富结算工具；支持农信社牵头建设农村微型金融融合服务平台；开展农信社与农民合作社金融互助合作试点；根据银监会关于资金互助社准入政策和海南实际，支持符合条件和发起人设立农村资金互助社；支持村镇银行、小额贷款公司健康发展；落实县域金融机构涉农贷款增量奖励、农村金融机构定向费用补贴、农户贷款税收优惠、农民小额贷款贴息、中小企业担保贷款补贴等政策，全省农民小额贷款财政贴息率不低于5%，2013年，全省落实强农惠农富农补贴资金15.86亿元，实现农业增加值756.47亿元，增长6.3%；扩大林权抵押贷款规模，完善林业贷款贴息政策；开展特色农产品政策性保险试点，逐步扩大险种，力争将冬季瓜菜等特色农产品纳入保险范围，实现农业保险财政补贴14个险种19个市县全覆盖；积极推动设立海南热带农业股权投资基金；支持符合条件的农业产业化龙头企业和各类相关企业到资本市场筹集发展资金等。

其中，农民小额贷款贴息工作是海南省实施的一项重点民生工程、惠民工程，也是海南省财政通过支持普惠金融发展以促进“三农”发展的有力措施。目前，贴息农民小额贷款额度已从5万元提高至10万元，用途从生产领域拓展到生活领域，用于自建住房的农民小额贷款也被纳入贴息范围。随着小额贷款贴息政策的不断推进，2010—2013年，海南财政已累计投入资金2.24亿元，撬动50万元以下贷款140.24亿元，惠及农户26.95万户。海南省财政厅下达2014年农民小额贷款贴息和奖补资金5380万元，用于对符合政策条件的农民、农民专业合作社小额贷款按不低于5%的贴息率给予贴息，以及对金融机构的奖励和风险补偿。

6.7.2 海南省城乡统筹普惠金融服务存在的问题

1. 农村金融服务主体失衡

目前，海南省城市地区，如海口和三亚，其金融服务主体多样且齐全，银行类金融服务组织、保险类金融服务组织以及证券类金融组织等一应俱全，城市居民充分享受现代市场经济金融服务的便捷。但是，与城市金融行业发展状况相比，广大市县的金融主体供求矛盾突出；这种矛盾不仅体现为数量上不足，更表现为金融服务主体结构性欠缺。虽然目前海南省农村金融体系已经基本形成，但广大农村地区的金融组织主要是以农村信用社和一些国有商业银行为主。而且目前海南省农村金融业发展规模仍偏小、种类也偏少，尤其是与“三农”问题相关的保险业、证券业、信托投资和其他金融服务市场发展较滞后，农村金融对农业经济增长的支撑作用尚未完全发挥。在地域分布上，海南省的金融机构多驻点于海口、三亚等沿海市县城区，白沙、屯昌等中部市县常见的仅有农信社、农业银行、邮储银行三家金融机构设点，再往乡镇一级，金融机构网点越来越少，这很大程度上限制了很多农村需求主体的需求欲望。可以说，这种较为单一且量少的金融主体对于农村市场需求的满足度低，换言之，农村金融服务主体无论是从数量上还是层次结构上都很难满足农村市场对金融的需求。

这多是由于普惠型金融业务收益低，与金融机构的利益、绩效考核冲突较大，加之宏观激励措施不足，税收优惠等政策落实不到位，使涉农普惠金融业务开展难度较大。此外，受管理体制、信贷机制及人员素质等因素的制约，基层银行授信权限较小，产品创新能力弱，其盈利能力进一步减弱，因此不少金融机构逐步减少了农村地区的营业网点数量。

2. 农村地区支付手段较为单一

海南省金融机构在改善农村地区支付服务环境方面虽取得了一定的成效，但目前农村地区仍普遍存在以大量现金交易的现象，支付手段单一，没有充分利用现有的支付结算工具，推动使用银行卡仍然障碍重重。可用机具、网点及新业务平台有限，这是制约农村地区支付服务环境改善和非现金支付工具发展最主要的原因。农村基层网点银行电子化建设相对落后，ATM、POS 机较为缺乏，易出故障，加之维护成本高、安全意识差等原因，使农村地区难以在短时间内及时推广普及电子化支付手段。同时，农村地区大多数农民文化水平较低，受传统支付理念和农村地区电子支付环境建设滞后等影响较深，一直偏好柜台办理和现金结算，对银行卡认识、功能了解、自助设备使用、业务收费等方面理解掌握较少，支付率整体偏低；健康、安全的消费习惯仍未能深入“三农”，持卡消费难以造成强大的社会信用氛围。

3. 面向“三农”的信贷资金不足

海南省农业生产受自然灾害影响较大且范围广泛，风险损失率高，虽然很多金融机构一直在积极开展涉农贷款创新，如海南省一些银行开展的龙头企业应收账款担保贷款、渔船抵押贷款等，但从总体来看，贷款门槛较高。

由于农业风险的不确定性，海南省存在现代化农业发展资金需求与金融资源供给不足和不协调的局面。以农行为例，该行面向三农信贷业务仍有限，农发行商业性贷款发展缓慢，邮储银行小额质押贷款业务和新型农村金融机构信贷业务还处于发展初级阶段，民间资金进入农村金融市场步履维艰，各金融机构受利益驱使也呈现贷款非农化、资金转移城市化等问题。同时海南农村金融机构的营业网点在开展工作的过程中大多缺少创新性，很难满足农户发展过程中的现实需要，并且贷款的手续比较烦琐，工作效率不够高，这些都在一定程度上影响了农户向银行申请贷款的积极性，不利于新时期农业经济的健康发展。

与此同时，近年来海南省涉农贷款增量虽然不断增长，这与国家和海南省不断增加农村资金投入的要求相吻合，但各市县的发展呈现出严重不均等的情况。

4. 农村地区金融机构的服务水平和设施有限，农民办理金融业务不便

随着海南省农业产业化蓬勃发展，涉农机构和农户的融资需求非常旺盛，省内多家金融机构也在不断加快产品创新的基础上，以微小企业（含农民）为主要的投放对象，逐步在海洋渔业捕捞、海洋水产养殖、海洋水产品加工、农资产品销售、立体化养殖等行业加大贷款投放力度，但由于广大农民贷款抵押物不足，像土地、房子等资产无法抵押成资本，因此贷款获得率很低，其融资需求难以得到满足。

农业产业化推动农民收入增长，带动他们对金融支付、理财等需求增加，但是目前海南省各市县的金融机构网点密度较低，很多农户仍然需要去十几公里以外的自助服务设备上进行存取款服务，享受更丰富、便捷的金融服务成为海南省农村地区亟待解决的问题。

5. 农民受教育程度低，接受新事物能力不强

当前，海南省农户的受教育程度普遍较低，文化水平不高，且基本无后续教育，农民文化水平处于初中及以下水平，这致使农民对金融知识知之不多、用之更少。随着农村经济的不断发展，农民群众生产、生活涉及金融知识方面的问题增多，而诸如“送金融知识下乡”等送金融知识的方式多限于送纸质宣传材料，广大农民群众由于文化水平低，不具备从宣传册获得金融知识的认知能力，纸质宣传材料大多成了废纸被扔掉，使“送金融知识下乡”活动没有起到应有的作用，农民得不到全面的金融咨询服务。加之，农民生活条件差，大部分时间用在谋生上，不了解种类繁多的金融服务项目，只知道一些与日常生活关系密切的存款、汇款和贷款等基本知识，基本不了解其他金融知识，无法接受更多金融服务。

6. 农村金融机构可持续发展面临挑战

目前，海南农村金融市场环境和信用状况均不够成熟，特别是对于成立时间较短的新型农村金融机构，难以在短期内得到社会认可，公众接受程度不够，品牌知名度较低，同时其规模小、营业网点少、揽储力度在初创时期显得不足和业务种类有限，这些因素将会使新型农村金融机构的资金来源而临“瓶颈”。新型农村金融机构具有小型化、分散化的特点，其在应对储户提现和其

他日常运营问题上，所需的高流动性资产（现金）与总资产的比例相对较高，形成活期存款各种汇兑头寸较少，资金成本相对较高。如果没有可持续的社会资金来源，贷款投放规模达不到一定的规模，将难以依靠存贷利差收入来平衡成本，实现盈利的可持续发展。不仅如此，如果资金周转不畅，则有可能导致流动性紧张的局面。

同时，农村金融机构在信贷业务扩张的同时，面临系统性风险和道德风险的挑战。系统性风险源于农业的弱质性，农业作为高风险、低效益的行业，受自然风险和市场风险影响巨大。目前，海南省农业政策性保险体系不够完善，系统性风险难以有效分散。道德风险源于借款人故意违约，由于业务人员素质不高、经验不足等原因，可能导致业务发展的审慎性不够，使得容易发生道德风险进而导致贷款风险。

7

海南省城乡统筹基本公共服务均等化的评估指标与方法选取

7.1 海南省城乡统筹基本公共服务均等化的内容与创新

在借鉴理论界现有研究成果的基础上，我们认为基本公共服务是应由政府提供的直接满足社会公众基本公共需求的公共服务，包括四个基本要点：第一，基本公共服务对应的是社会公众低层次或基本的公共需求。在我国现阶段，基本公共服务是指那些与民生直接相关的公共服务，政府提供公共服务的目的是满足社会公共需求。按照社会公共需求的层次划分，公共服务可以分为基本公共服务和非基本公共服务。满足其他层次需求的公共服务则属于非基本公共服务。第二，基本公共服务具有需求的无差异性。不同地区、人群之间、城乡之间对这类公共服务的需求具有同质性，与之相对应的非基本公共服务则具有需求的差异性。第三，基本公共服务并非就是纯公共服务，有些准公共服务，只要是与民生直接相关，也应属于基本公共服务范畴。第四，基本公共服务的供给范围受社会成员的基本公共需求与政府供给能力的共同影响和决定，因而存在一个动态的发展过程，具有阶段性特征。

同时，本研究报告将基本公共服务均等化定义为：在大致均等的大原则下，政府要为全社会成员（无论城市或农村）提供公共产品和服务，使全体社会成员共同享受改革开放和社会发展的成果。这些公共产品和服务从形式上看是基本的、与社会经济发展水平相适应的、能够体现公平正义原则的，提供这些公共产品和服务实现人们生存和发展最基本的条件的均等。

综合相关学者现阶段的研究情况，对于基本公共服务均等化的内容有较为一致的、可以普遍性应用的范畴，本研究称之为一般基本公共服务均等化的内容，这些范畴的界定从我国实际出发，主要包括基本民生性服务、公共事业性服务、公益基础性服务公共安全性服务，具体到城乡一体化范畴，主要体现在基础教育均等化、公共卫生与基本医疗均等化、基本社会保障均等化、公共就业服务均等化、和公共基础设施均等化五个方面，结合海南省的实际情况和研究数据的可得性和可操作性，本研究采用其中基础教育、公共卫生与基本医疗、基本社会保障和公共基础设施四个方面，同时海南省不仅多次对基本公共服务等涉及民生类项目进行研究部署，在实践上，其基本公共服务均等化建设也一直没有停步。依据海南省基本公共服务均等化的进程，现对城镇化背景下的海南省基本公共服务均等化的内容进行创新性的扩充，引入公共安全均等化、环境保护均等化、普惠金融服务均等化三方面的内容，通过以上七个维度的考察和城乡统筹的视角，来说明海南省在基本公共服务均等化领域取得的进展和存在的问题。

7.1.1 海南省城乡统筹基本公共服务均等化的一般内容

1. 城乡统筹基础教育服务均等化

在国外，基础教育有时也被称为初等和中等教育。我国基础教育包括义务教育和特殊教育。根据公共产品和公共服务理论，基础教育是一种非排他性、非竞争性的纯公共产品，应由政府全面提供机会均等的教育。

基础教育均等化是基本公共服务均等化的重要内容。基础教育均等化有机会、过程和结果公平三个方面的内涵。基础教育均等化是一种动态的、相对的均等化，它是伴随经济发展和社会进步不断调整和完善的促进教育均衡发展的过程。对于城乡基础教育均等化的内涵，不同学者有不同的解释，但概括起来主要是指城乡基础教育机会均等和基本办学条件均等。

2. 城乡统筹医疗卫生服务均等化

基本医疗卫生服务是指全体公民都可以公平享受的、免费的、普遍的医疗卫生服务，在范围上包括公共卫生和基本医疗。前者包括疾病预防控制、免疫、健康教育、卫生监督、妇幼保健、计划生育、精神卫生、卫生应急、急救、采血服务以及食品安全、职业病防治和安全饮水等基础性领域；后者指采用基本药物、使用适宜技术、按照规范诊疗程序提供的最低标准的基本临床医疗服务。

城乡基本医疗卫生服务均等化，就是要通过医改建立覆盖城乡居民的基本医疗卫生制度，为城乡居民提供权利均等、机会均等和结果大致均等的医疗卫生服务。

3. 城乡统筹社会保障服务均等化

尽管人们对社会保障的定义还有很多争议，但对社会保障的基本认识还是一致的：（1）社会保障的目标是为了保障人们的生活，确保人们不会因为年老、疾病、失业、遭遇灾害的事情而使自己的生活发生困难，不能维持；（2）通过国家立法建立了社会保障制度，由国家和社会强制实施；（3）社会保障制度是通过国民收入的分配与再分配，形成的能保障全民基本生活的一种社会安全制度。

社会保障服务均等化是指由国家提供的，致力于满足城乡之间的全体国民中最基础、最迫切的共同社会需求。城乡社会保障服务均等化是指城乡社会成员的基本生活需求在机会、过程平等的情况下，力求结果的平等，但允许在结果上存在合理的差别。

4. 城乡统筹公共基础设施服务均等化

公共基础设施服务是居民生活和生产活动的核心，也是基本公共服务的基础性内容，因为它不仅关系到群众的日常生活，而且也是其他公共服务供给的先决条件。根据世界银行的定义，它是指“永久性的工程构筑、设备、设施和它们所提供的为居民所用和用于经济生产的服务”。

公共基础设施服务均等化是指在特定的行政辖区内，政府所提供的公共基础设施服务应一视同仁地覆盖到所有的居民和企业。具体而言，城乡统筹公共基础设施均等化是指城乡之间公共基础设施基本均等或城乡之间政府提供均等化的公共基础设施的财政能力基本均等。

7.1.2 海南省城乡统筹基本公共服务均等化的创新内容

本书参考国际、国内对基本公共服务的定义，并结合海南省城镇化、工业化、信息化和农业现代化的发展的现状和特征，将基本公共服务均等化的范畴扩大，引入公共安全、环境保护、普惠金融三个方面的内容。

1. 城乡统筹公共安全服务均等化

公共安全服务，是指政府为保障公民的人身和财产安全，抵御各种自然和社会因素导致的安全威胁所提供的服务。当今社会对公共安全构成威胁的主要因素包括各种自然灾害、事故灾难、公共卫生事件、社会安全事件、生态环境恶化、恐怖主义威胁和国际军事冲突等，公共安全服务主要目的是抵御各方面的安全威胁，从而保障人民群众的生命和财产安全。

基本公共安全服务均等化就是要将政府为保障公民的人身和财产安全，抵御各种自然和社会因素导致的安全威胁所提供的服务做到区域之间、群体之间和个人之间的大致均等。

将公共安全服务均等化作为“海南省基本公共服务均等化”的重要组成部分，首先，从基本公共服务的界定标准来看，其次，从消费需求的角度来看，与低层次消费需求有直接关联的即为基本公共服务。层次低的就是基本的，类似于马斯洛解释人的基本需求，吃饱、生存是最基本的需求，安全也是基本需求，公共安全作为一个公共问题，是影响社会和谐稳定与科学发展的重要因素，突破了传统公共危机管理和安全观的范畴，将公共安全视为政府管理的主要职责，是政府职能转变和政府管理机制创新的体现，更是社会转型期对政府治理能力、公共服务创新和公共安全服务的必然要求。

2. 城乡统筹环境保护服务均等化

环境保护服务是指由政府为主导提供的为保障和满足全体公民在生存和发展过程中的基本环境质量需求的公共服务，保障基本的环境质量需求是环境公共服务供给的最终落脚点。伴随公民权利意识的强化、基本公共服务体系的逐步建立和环境问题的日趋凸显，环境作为一项基本公共服务也应逐步被确定下来。

环境公共服务均等化在很大程度上依赖环保公共资源配置和相应的制度机制供给，环境基本公共服务的供给规模、结构和方式影响甚至决定均等化的进程和程度。环境基本公共服务均等化是指所有地区居民都应享有均等化的基本环境安全、环境生态和环境服务，确保人人享有能保障安全、宜居、健康等基本需求的生产、生活环境外部条件。

1999 年，海南省颁布了《关于建设生态省的决定》，并通过了《海南生态省建设规划纲要》，成为全国第一个生态文明建设示范省区。2013 年，海南省将生态环境建设和绿色崛起放在更突出的位置，建立起更加注重资源消耗和环境效益、符合生态文明要求的经济社会发展评价体系。全省加大生态环境保护转移支付力度，扎实推进“绿化宝岛”大行动，完成绿化造林 45. 3 万亩，对全省 1345 万亩重点生态公益林进行管护性补偿；实施测土配方和水土保持工程，加大水土流失治理力度；支持增殖放流、人工渔礁及海洋与渔业服务中心建设，增强海洋公共服务和管控能力；强化建设项目环境评价，停止审批高耗能高污染项目 22 个，实施节能技术改造和资源综合利用项目 26 个；积极开展主要污染物减排工程建设，对 123 家污染源企业安装了自动监控系统；新建 4 个省级生态文明乡镇、36 个省级小康环保示范村和 988 个文明生态村。

作为全国生态文明建设省区的海南省，其生态环境不可复制，因此，保护生态环境是海南省实现可持续发展的重要前提，同时，环境公共服务是指能保障全体居民都可公平获得公共性环境服务和条件，这些环境基本公共服务，诸如环境安全（核辐射安全）、公益性环境基础设施、饮用水安全、污水处理达标、生态环境、大气环境质量等，是保障所有人基本环境权利不可或缺的重要条件，本研究正是出于这样的角度，将环境公共服务均等化作为海南省基本公共服务均等化的一个重要考察维度。

3. 城乡统筹普惠金融服务均等化

2005 年，联合国开展“国际小额信贷年”，首次提出普惠金融体系的概念，从而正式拉开了普惠金融研究和实践的序幕。普惠金融是指能有效、全方位为社会所有阶层和群体提供服务的金融体系，通过完善金融基础设施，将金融服务扩展到欠发达地区和社会低收入人群，向他们提供价格合理、方便快捷的金融服务，不断提高金融服务的可获得性。普惠金融是为社会所有人，特别是为低收入和贫困人口提供金融服务的金融服务体系，是让所获得的金融服务体现出实惠的特点，而非救济和施舍。

2007 年，源自于美国次级债务危机的国际金融危机爆发，人们更加清楚地认识到传统金融体系的失衡性和不可持续性。比如，金融资源向大企业聚集，中小微企业贷款难；金融资源向发达地区、大城市聚集，欠发达地区和农村地区贷款不足；金融资源向“强势群体”群体靠拢，弱势群体被排除在金融体系之外等，这增强了建设和发展普惠金融体系的必要性和迫切性。普惠金融坚持“人生来就应该被赋予平等地享受金融服务的权力”观念，所以普惠金融体系可以通过“强调公平合理的金融权、强调惠及所有人群、强调提供全面金融服务、强调金融机构广泛参与以及强调可持续发展”，显著地促进居民效用和社会福利的提升。

普惠金融服务均等化，是指有效、全方位地为社会所有阶层和群体提供基础金融服务，建立多层次、广覆盖、可持续的基础金融服务体系，使所有对金融有需求的人都可以平等地享受金融服务，其实质是信贷获得权的均等化，金融融资和投资权的均等化。

本书将普惠金融服务均等化列入海南省城乡统筹基本公共服务均等化的范畴，是出于以下几点的考虑：

（1）普惠金融体现的是一种和谐金融的理念，体现了“金融权也是人权”的思想，所有人都能以可以承担的成本获得金融服务，有效地参与到社会经济活动中，进而实现全社会的均衡发展。普惠金融的核心理念在于强调一切有金融服务需求的群体都应享有金融服务的平等机会，这与基本公共服务均等化的意义不谋而合。从海南省的现实情况来看，相对于城市金融的发展，农村金融发展严重滞后；相对于富人的金融服务，穷人的金融需求没有得到很好的满足；相对于大型企业的资金供求状况，中小企业融资难问题一直没有得到很好的解决，因此发展普惠金融对于提高海南省整体经济状况与生活水平具有重大意义，也是关系到海南城乡统筹发展的重大民生问题。特别是海南省有 60% 的人口是农民，农村普惠金融服务有效供给依然不足，主要存在农村金融服务网点缺位、机构单一，农村较大额贷款抵押担保难，金融支农成本高、效益低等问题。

（2）从普惠金融的供给和需求的角度来看，对基础金融服务存在大量的需求，对海南农民来说最为迫切的两点，一是将现有的助农服务点逐渐升级成金融服务站，二是在现有的提供支取现金、假钞识别等基础金融服务上，增加，如金融知识普及等更加深化、更具有持续性的金融服务，从这个角度来看，基础性的金融服务已经逐步像医疗、教育、邮政等基本公共服务一样，需要普遍惠及每一个人；而普惠金融能否给农户等弱势群体带来真正的福音，真正为其提供有效的金融服务，不只是提供普惠金融服务的机构或行业本身的问题，它更多地需要发挥政府的作用，需要有政府的政策作为支撑和推动。

（3）从普惠金融对城镇化建设和“三农”发展中的作用来看，普惠金融发挥更加高效、务实的支持作用，包括对城市基础设施建设、城乡一体公共服务设施建设的支持；二是“支持”的内容都不再是简单地大量注入资金，而是通过提高金融资源配置效率和金融服务供给的覆盖率，提高社会各个成员的效用感受，符合城镇化“以人为本”，实现“人的发展”的核心要义。

同时，促进“三农”发展对于海南省的意义不言而喻，农村普惠金融对农村经济发展起核心作用，要改善农村经济面貌必须加强和改善农村普惠金融服务。农业发展有其特殊的一面，金融对农业部门比对其他部门显得更加重要。由于农业生产的季节性强，风险性较大，特别是处于农业现代化动态过程中，以科技进步为基础的农业发展需要大量的固定资本的投入，仅靠农民自己的储蓄是远远不够的，于是就需要各种融资活动，即需要金融要素的参与，才能促进海南省农业的发展和农民的增收。

7.2 海南省城乡统筹基本公共服务均等化评价指标的选取

7.2.1 海南省城乡统筹基本公共服务均等化指标选取的理论依据

一个指标体系的确定与所依据的具体理论密切相关，基本公共服务的内涵和特征是其评价指标体系构建的基本依据。本部分试图从政府职能这个具体的概念入手，结合公共服务的层次性，对基本公共服务的内涵给予界定，并试图细化具体的指标。

虽然基本公共服务并不完全由政府（公共部门）来提供，但是对于那些由非政府部门参与提供的少数基本公共服务，政府同样负有重要的责任。因此，基本公共服务应该与行政管辖权一样，具有相对严格的空间界限，即就某一层级的政府而言，均有相对应的基本公共服务区域。公共服务均等化水平便可以通过比较某一层级基本公共服务区的居民所享受到的基本公共服务来衡量。本部分研究将着重考察地区间基本公共服务均等化水平，根据“基本公共服务”内涵，结合省级政府的职能，从理论上设计出一套能反映省级政府在基本公共服务方面职责的指标体系。它们应该构成“基本公共服务”的完备性指标体系，即全面、准确地反映“基本公共服务”的内涵，而且没有重复和交叉。但是，还需要考虑数据的可得性。从数据的可得性来看，对我国地区间基本公共服务均等化实现程度做出全面的定量评价条件还不成熟，因此，我们只能筛选出能够反映基本公共服务主要内容且数据可得性较好的代表性统计指标作为测算依据。随着数据可得性的改善，后续的研究可以不断调整和修正指标体系，以逐渐实现其完整性。

7.2.2 海南城乡统筹基本公共服务均等化评价指标体系

结合本书前面章节对基本公共服务内涵的论述，笔者借鉴了上述相关研究成果，利用德尔菲调查法，广泛征求相关专家和政府工作人员的意见，并根据海南地区的特色，将海南省基本公共服务的内涵确定为基础教育、医疗卫生、社会保障、基础设施、公共安全、环境保护、普惠金融七个方面，并构建了海南城乡统筹基本公共服务均等化水平评价指标体系，详见表 7 - 1。

表 7 - 1 海南城乡统筹基本公共服务均等化评价指标体系

一级指标	二级指标
基础教育	教育经费占比
	小学升学率
	各市县生师比
	人均学校数
	小初中人均教育经费
医疗卫生	医疗卫生财政支出占比
	医疗卫生支出增长率
	每万人口卫生技术人数
	每万人口执业（助理）医师数
	每万人口注册护士数
	每百万人口基层卫生机构数
	每百万人口专业公共卫生机构数
社会保障	社会保障支出
	人均社会保障支出
	社会保障支出占比
	新型农村合作医疗保险参保率
	农村居民最低生活保障覆盖率
社会保障	城镇居民最低生活保障覆盖率
	养老金替代率

续表

一级指标	二级指标
基础设施均等化	市政公用设施建设投资占比
	每万人道路长度
	自来水普及率
	人均供电量
	燃气普及率
	每万人拥有公共厕所数
	每万人道路照明灯
公共安全	公共安全支出占比
	每十万人交通事故发生率
	每十万人火灾发生率
	交通事故平均直接损失
	火灾平均直接损失
环境保护	环境保护支出占比
	城市绿地覆盖率
	每万人公园面积
	森林覆盖率
	每万人烟尘排放量
	工业固体废物综合利用率
	垃圾处理率（城）
	垃圾处理率（乡）
	污水处理率（城）
普惠金融	人均贷款额
	人均存款额
	金融网点人均拥有率
	金融从业人数占比
	自助取款机覆盖率
	POS 机覆盖率

1. 基础教育指标体系的选取及说明

基础教育是实现社会公平的重要手段和途径。推进海南省基础教育服务的均等化发展不仅成为关系海南省发展战略的重大问题，也是坚持科学发展观、落实以人为本的根本需要。基础教育服务均等化的问题无论是在实践领域还是理论层面都受到了广泛关注。

本研究报告中定义的基础教育是指：由国家或政府为保障公民最基本的生存权和发展权，以公共财力和公共资源为保障，为满足每位公民接受最基本的教育、提升最基本的能力、享受最基本的文化三方面的需求而提供的一种基本公共服务，它是关系到社会公众生存与发展最基本、最直接、最密切、最现实的一项公共服务。

从经济学的角度来看，基础教育均等化是指教育资源在全社会范围内合理、公平配置。衡量基础教育均等化的一般标准是基础教育服务方面的支出，为了科学、定量化的评价海南省基础服务均等化的基本状况和发展趋势，本着系统性、科学性、可行性和公平性的原则，本部分通过多个基础教育服务方面的指标所构成的指标体系来进行测量。基础教育服务方面构建如下的指标体系，如表7－2。

表7－2　海南省基础教育均等化指标设计

一级指标	二级指标	计算公式
基础教育	教育经费占比	教育支出/各市县一般预算支出＊100%
	小初中教育经费	小、初中教育经费支出/小、初中人数＊100%
	各市县生师比	小初中学生数/小初中教师数＊100%
	人均学校数	小初中学校数/小初中学生数＊100%
	小学升学率	升入初中人数/小学毕业人数＊100%

教育经费是指中央和地方财政部门的财政预算中实际用于教育的费用。海南省财政的一般预算支出作为反映海南省的财政支付能力的指标，在一定程度上影响基础教育服务水平。通常认为，一个地区的财政一般预算支出与其基础教育服务水平呈正相关，即财政实力越强的地方，通常情况下该地方的基础教育服务水平越高；财政实力越差的地方，通常情况下该地方的基础教育服务水平越低。海南省各个市县的财政支付能力不同，海南省的财政支付能力在一定程度上影响基础教育服务水平的均等化。于是选取小初中教育经费、教育经费占比两个指标作为衡量指标。

教育条件和资源的差距是影响海南省基础教育服务水平非均等化的一个重要的因素。教育条件和资源越丰富的地区，通常会拥有较高的基础教育服务水平；反之，教育条件和资源越低的地区，通常对应的是较低的基础教育服务水平。所以本研究报告中选择生均教师数和人均学校数作为衡量海南省教育条件和资源的标准。

2. 医疗卫生指标体系的选取及说明

医疗卫生资源包括卫生物力，卫生人力和卫生财力资源。根据研究目的设计以及数据的可得性，构建医疗卫生方面构建如下的指标体系，如表7－3。

表7－3　海南省医疗卫生均等化指标设计

一级指标	二级指标	计算公式
医疗卫生	医疗卫生财政支出占比	医疗卫生财政支出/各市县一般预算支出＊100%
	医疗卫生支出增长率	（当年医疗卫生支出/去年医疗卫生支出－1）＊100%
	每万人口卫生技术人数	各市县卫生技术人数/（常驻人口＊1W）＊100%
	每万人口执业（助理）医师数	各市县执业（助理）医师数/（常驻人口＊1W）＊100%
	每万人口注册护士数	各市县注册护士数/（常驻人口＊1W）＊100%
	每百万人口基层卫生机构数	各市县基层卫生机构数/（常驻人口＊100W）＊100%
	每百万人口专业公共卫生机构数	各市县专业公共卫生机构数/（常驻人口＊100W）＊100%

服务机构建设是实现基本医疗卫生服务均等化的基础，而政府在此过程中作为政策决策者和基础设施资源提供者，对卫生物力规划配置起重要的作用，也是决定基本医疗卫生服务均等化的根本性因素。针对卫生服务机构建设评价，本研究选取了每万人口基层卫生机构数量和每百万人口专业公共卫生机构数量两个二级指标。其中每万人口基层医疗卫生机构数是用各市县的基层卫生机构总数除以以万计的当地总人数；而每百万人口专业公共卫生机构数是用各市县的专业卫生机构数除以以百万计的当地总人数。这两个指标体现了不同县市医疗卫生资源的人口分布情况，也反映了一个地区医疗卫生服务中硬件的投入水平。

关于职业队伍建设方面，主要确定了每万人口的卫生技术人数、每万人口的执业（助理）医师数以及每万人口注册护士数三个二级指标，主要是反映一个地区医疗卫生服务专业性人力资源的投入水平。其中，每万人口的卫生技术人数是由各市县的卫生技术总人数除以当地以万计的总人口，每万人口的执业（助理）医师数是由各市县的执业（助理）医师总数除以当地以万计的人口总数，每万人口注册护士数是由各市县的注册总护士数除以当地人口以万计的总人数。卫生人力资源的人口分布一方面体现政府对资源的规划配置，另一方面也体现了人力资源对不同市县经济发展程度不同的辨别，这在一定程度上也能体现医疗卫生服务资源配置与地区经济发展的相关关系。

经费投入反映的是政府和社会对一个地区基本医疗卫生服务的投入状况，投入的高低程度直接影响不同市县之间人们对基本医疗卫生服务需求的差异。本研究中通过选取医疗卫生财政支出这一指标来体现。医疗卫生财政支出是指每年政府关于医疗卫生方面的财政投入状况，投入的高低体现政府的宏观调控以及对各地区县市医疗卫生的支持程度，这也是政府直接发挥职能的一个重要体现。

3. 社会保障指标体系的选取及说明

社会保障指标体系是综合地、简明地刻画、评价一定历史时期的社会保障发展与运行的指标集合。社会保障指标体系涉及人口、家庭、收入、消费、闲暇、健康、社区服务，职业结构以及社会发展等方方面面，与生活品质指标，社会发展指标及经济发展指标存在相关性。因此，指标体系的设置又要具有简明性，依据保障的基本要素和基本结构，提纲挈领地刻画社会保障运行，便于操作。

社会保障指标体系的设计要能在多个层面，综合的反映社会保障运行的结构，保障覆盖面、保障质量和强度、保障资源供给、保障目标与管理等问题。同时，要能够多层面地分析保障系统内各个子系统的运行和协调关系，保障系统与社会发展之间的关系，评估保障质量、强度以及公众满意度等问题。指标体系的建立为决策管理和宏观调控提供了客观依据。

依据以上的研究思路，设计评价海南省社会保障均等化的指标体系如下表7－4所示：

表7－4　海南省社会保障均等化指标设计

一级指标	二级指标	计算公式
社会保障	社会保障支出（万元）	
	人均社会保障支出	社会保障支出/各市县常住人口数
	社会保障支出占比	社会保障支出/各市县一般预算支出＊100%
	新型农村合作医疗保险参保率	实际参合人数/应参合人数＊100%
	农村居民最低生活保障覆盖率	享受农村最低生活保障金的人员/农村低保对象总人数＊100%
	城镇居民最低生活保障覆盖率	享受城市最低生活保障金的人员/城市低保对象总人数＊100%
	养老金替代率	劳动者退休时的养老金领取/退休前工资收入＊100%

经费投入反映的是政府和社会对一个地区社会保障的投入状况，投入的高低程度直接影响不同市县之间居民的基本生活状况。当地政府对社会保障投资的多少，从根本上决定了居民基本社会保障的质量，这一指标的选取，可以从财政供给上体现各市县的社会保障的均等化程度。

新型农村合作医疗，是指由政府组织、引导、支持，农民自愿参加，个人、集体和政府多方筹资，以大病统筹为主的农民医疗互助共济制度。在保障农民获得基本卫生服务、缓解农民因病致贫或因病返贫方面发挥了重要的作用。新型农村合作医疗保险参保率这个指标作为农村居民重要的社会保障措施，能最大程度的体现社会保障均等化现状。

最低生活保障是指国家对家庭人均收入低于当地政府公告的最低生活标准的人口给予一定现金资助，以保障该家庭成员基本生活所需的社会保障制度。同样选取农村居民最低生活保障覆盖率与城镇居民最低生活保障覆盖率两个指标评价均等化程度。

养老金替代率，是指劳动者退休时的养老金领取水平与退休前工资收入水平之间的比率。它是衡量劳动者退休前后生活保障水平差异的基本指标之一。以国际经验来说，如果退休后的养老金替代率大于 70%，即可维持退休前现有的生活水平；如果达到 60% ~70%，即可维持基本生活水平；如果低于 50%，则生活水平较退休前会有大幅下降。按照国家对基本养老保险制度的总体思路，未来基本养老保险目标替代率确定为 58.5%。

4. 基础设施指标体系的选取及说明

公共基础设施是地区经济发展的基础和前提，是当地居民日常生活的必需物质基础，更是关系到生产发展、社会进步和国计民生的大事。世界银行在《1994年发展报告》中指出："基础设施的完备与否有助于决定一国的成功与另一国的失败，无论是在使生产多样化、扩大贸易、解决人口增长问题方面，还是在减轻贫困及改善环境条件方面，都是如此。"中国的改革开放在推动经济飞速发展的同时也拉大了地区之间、城乡之间的经济差距，因此也成了各地经济差异的显像反映。公共基础设施发展的不均等直接关系到各地的民生问题，关系到和谐社会的建设以及科学发展观的落实。作为基本公共服务的重要组成部分，基础设施的均等化建设被摆到了关键位置。城乡统筹基础设施均等化的建设也是目前国家中央政府高度关注和重视的。

基础设施是指为社会生产和居民生活提供公共服务的物质工程设施，是用于保证国家或地区社会经济活动正常进行的公共服务系统。它是社会赖以生存发展的一般物质条件。广义的基础设施服务包括经济类基础设施和社会类基础设施。经济类基础设施包括公路、铁路、机场、通信、水电煤气等公共设施；社会性基础设施包括教育、科技、医疗卫生、体育、文化等社会事业、本书研究的基础设施即经济类的基础设施。海南省实行"省直管县（市）"的行政体制，按照《海南国际旅游岛建设发展规划纲要（2010—2020)》对各市县的功能分区，选择海南省除了三沙市之外的所有市县作为研究对象，一共 18 个市县。通过对各市县相关基础设施方面数据的分析得到海南省基础设施均等化的实际情况。

根据海南省政府颁布的《海南省人民政府关于印发海南省基本公共服务均等化重点民生项目发展规划（2011—2015 年）的通知》，本书将基础设施分为“财政投入”“公共交通”“水、电、燃气供应”和“基本公共设施”四个类别，各类分别设置评估指标。在“财政投入”方面的指标设置为“市政公用设施建设固定资产投资”；在“公共交通”方面的指标设置为“每万人道路长度”；在“水、电、燃气供应”方面的指标设置为“自来水普及率”“人均用电量”和“燃气普及率”三个二级指标；在“基本公共设施”方面的指标设置为“万人拥有公共厕所数”和“万人道路照明灯”两个二级指标。设计的基础设施均等化指标体系如表 7 –5 所示。

表 7 –5　海南省基础设施均等化指标设计

一级指标	二级指标	计算公式
基础设施均等化	市政公用设施建设投资占比	市政公用设施建设投资/各市县一般预算支出 * 100%
	每万人道路长度	各市县道路长度/（常住人口 * 1w） * 100%
	自来水普及率	城市供水覆盖范围内的总人数/城市总人口 * 100%
	人均供电量	各市县供电量/常住人口 * 100%
	燃气普及率	各市县用气人口数/城市人口总数 * 100%
	万人拥有公共厕所数	各市县公共厕所数/（常住人口 * 1w） * 100%
	万人道路照明灯	各市县道路照明灯/（常住人口 * 1w） * 100%

对基础设施建设的财政投入是基础设施建设的基础，政府在此过程中的资金供给是否均等，也是决定基础设施均等化的根本性因素。市政公用设施建设固定资产投资的多少，从根本上决定了公用设施建设的供给数量和质量，这一指标的选取，可以从财政供给上体现各市县的基础建设的均等化程度，资金投入越多的市县，说明政府对该市县基础设施建设越重视。

公共交通基础设施建设满足人们最基本的出行需求，选择“每万人道路长度”作为衡量指标的原因如下，首先道路长度是人们出行最基本的保障，其次对于贫困地区，落后的交通阻碍了当地资源优势转化为经济优势的进度，道路建设的改善能够促进一个地区经济更好的发展，政府多年来一直秉承“要想富，先修路”的政策思想改善落后区域、促进区域间均等化发展。所以，选取道路长度作为指标具有针对性和代表性。

水、电和燃气与人民生活息息相关，每个家庭的生活都离不开水电和燃气的供应。自来水、电力和燃气是政府为满足居民生活提供的最基本的公共设施建设。因此选取“自来水普及率”“供电量”和“燃气普及率”作为衡量区域间水、电和燃气普及与便捷的指标，最能反映基础设施的特点并衡量区域间差异程度。

最后选取“万人拥有的公共厕所数”和“万人道路照明灯”作为衡量基本公共设施指标。道路照明灯是最具有代表性的公共物品，主要由政府来提供；公共厕所建设也是典型的公共物品，也应由政府投资建设。选取这两个具有代表性和典型的公共物品，反映了政府在地区间投入公共产品的均等化水平。

其他如基础通信、互联网普及率、住房和社会福利设施等衡量基础设施均等化的指标，也是能衡量基础设施均等化的重要指标，但是由于种种原因，数据最终不能取得，本研究报告最后只能舍去相关指标。

5. 公共安全指标体系的选取及说明

公共安全服务从其所包括的内容来看，有广义和狭义之分：广义的公共安全服务包括国防安全、社会治安、公共卫生安全、生产安全、食品安全等诸多公共产品，即“大安全观”所提供的公共安全服务，其涉及的主要是社会公众的生命、健康、重大公私财产以及生产、生活的安全；狭义的公共安全服务主要是指政府向不特定的社会公众所提供的包括维护社会治安、防火、维护交通秩序、预防犯罪等在内的公共产品和公共服务。从理论上分析，狭义的公共安全服务是在一定的社会经济条件下，为保障全体公民最基本的人权，保证社会公共领域的基本价值、基本规范以及基本利益等未受到威胁，确保人类能够沿着社会公共生活的固有逻辑或者人们的预期正常前进的方向所提供的必需的、最为基本的公共安全产品和服务，这种产品和服务是诸多公共服务中具有保障性质和平等色彩的服务类型，在一定区域内的全体公民都应公平、平等、普遍享有。因此，借鉴于已有的研究，在公共安全二级指标的构建上，本研究报告选取公共安全支出占比、交通事故发生率（1/10w）、火灾发生率（1/10w）、交通事故平均直接损失、火灾平均直接损失五个指标作为衡量公共安全均等化的二级指标（见表7－6）。

表7－6　海南省公共安全均等化指标设计

一级指标	二级指标	计算公式
公共安全	公共安全支出占比	公共安全财政支出/各市县一般预算支出＊100%
	交通事故发生率	交通事故发生数/（常住人口＊10w）＊100%
	火灾发生率	火灾发生数/（常住人口＊10w）＊100%
	交通事故平均直接损失	交通事故直接损失/交通事故发生次数＊100%
	火灾平均直接损失	火灾直接损失/火灾发生次数＊100%

公共安全支出是实现公共安全服务均等化的基础，各市县政府间公共安全支出的均等化程度，将直接影响公共安全服务供给的均等化程度。一般而言，

公共安全财政支出水平与公共安全服务均等化水平存在正相关关系，财政支出越高，公共安全服务供给水平就越高。本书选取海南省各市县公共安全支出占比作为公共安全服务供给水平，直接反映了政府对公共安全的投入大小，间接反映了政府对公共安全工作的重视程度，进而直接影响到人们居住的公共安全环境的好坏。

安全事故发生率反映了一个地区安全事故发生的多少，间接反映了人们的安全预防意识以及政府提供的安全设施的程度。本研究报告选取交通事故发生率（1/10w）和火灾发生率（1/10w）两个指标来衡量各市县事故发生率，这在一定程度上反映了一个地区公共安全环境的好坏。

事故平均直接损失反映了一个地区安全事故造成损失的大小，间接反映了安全事故发生后，人们的自救能力以及有关安全部门预警机制和能力的多少。本研究报告选取交通事故平均直接损失和火灾平均直接损失两个指标来衡量各市县事故发生的平均直接经济损失，这在一定程度上反映了一个地区公共安全环境应急机制的优劣。

国内外其他关于公共安全服务均等化的研究还多采取刑事案件破案率等公共安全方面的数据，这些的确是衡量一个地区公共安全很好的指标，但由于保密原因，海南省各市县刑事案件破案率的数据难以获取，因此，本研究报告研究的公共安全主要集中在交通安全和消防安全两个方面。

6. 环境保护指标体系的选取及说明

在现代社会中，环境保护服务是指为了公共生活环境的利益，其被委托于公共部门进行维持和管理的服务。环境保护服务本质上是一种公共资源的分配，它通过提供公共福利设施满足公众的环境需求，环境保护服务要求，诸如公园、绿化、河流改造和污水排放系统以及风景区建设这些由公共资金支持和提供的环境设施应当平等地考虑所有社会成员的环境处境，并使由此产生的环境价值和环境利益作为社会整体财富能够最大程度地在个体间平等分配，它要求提高环境项目和环境建设中公共投入的公平性以及社会成员享受到大致均等的公共环境。因此，借鉴于已有的研究，在环境保护二级指标的构建上，本研究报告选取环境保护支出占比、城市绿地覆盖率、万人公园面积、森林覆盖率、万人烟尘排放量、工业固体废物综合利用率、垃圾处理率（城）、垃圾处理率（乡）、污水处理率（城）九个指标作为衡量环境保护均等化的二级指标（见表7-7）。

环境保护支出是实现环境保护服务均等化的基础，各市县政府间环境保护支出的均等化程度，将直接影响环境保护服务供给的均等化程度。一般而言，环境保护财政支出水平与环境保护服务均等化水平存在正相关关系，财政支出越高，环境保护服务供给水平就越高。本书选取海南省各市县环境保护支出占比作为环境保护服务供给水平，反映了政府对环境保护的投入大小，间接反映了政府对环境保护的重视程度，直接影响到人们居住的公共环境的好坏。

表 7－7　海南省环境保护均等化指标设计

一级指标	二级指标	计算公式
环境保护	环境保护支出占比	环保支出/各市县一般预算支出 * 100%
	城市绿地覆盖率	城市绿地面积/地区总面积 * 100%
	万人公园面积	公园面积/（常住人口 * 1w） * 100%
	森林覆盖率	森林面积/地区总面积 * 100%
	万人烟尘排放量	烟尘排放量/（常住人口 * 1w） * 100%
	工业固体废物综合利用率	工业固体废物综合利用量/工业固体废物产生量 * 100%
	垃圾处理率（城）	城市垃圾处理量/城市垃圾产生量 * 100%
	垃圾处理率（乡）	农村垃圾处理量/农村垃圾产生量 * 100%
	污水处理率（城）	城市污水处理量/城市污水产生量 * 100%

城市绿化不仅具有美化城市、净化空气、调节气温、降低噪音，促进身体健康等多方面的功能，而且为广大市民创造一个清静幽雅、舒适安逸的学习、工作、生活环境，使之尽情享受大自然，从而激发广大市民热爱自然、热爱祖国、热爱生活、奋发向上的思想情感，这就是城市绿化美化的精神因素作用，也就是潜移默化、润物无声，即人们常说的“环境育人”。本研究报告选取海南省各市县城市绿地覆盖率、万人公园面积、森林覆盖率三个指标来衡量各市县绿化程度，直接反映了一个地区能享受到的城市绿地、公园、森林的高低，间接反映一个地区市民从绿化中享受到的舒适环境的程度。

空气污染，即空气中含有一种或多种污染物，其存在的量、性质及时间会伤害到人类、植物及动物的生命，损害财物或干扰舒适的生活环境。本研究报告选取万人烟尘排放量来衡量海南省各市县烟尘排放情况，反映了各市县空气污染程度。

固体废物污染是“四大污染”之一，其任意排放将会大量堆积，占用土地资源，对大气、水体、土壤及地下水产生污染，并可能发生毒性或急性化学反应，直接危害到环境安全和人类身体健康。本研究报告选取工业固体废物综合利用率、垃圾处理率（城）、垃圾处理率（乡）三个二级指标来衡量海南省各市县固体废物的处理程度，直接反映了一个地区固体废物的排放情况，间接反映了一个地区土地、水资源的污染情况。

水是人体主要组成部分，人体的一切生理活动，如输送营养、调节温度、排泄废物等都要靠水来完成。人喝了被污染的水体或吃了被水体污染的食物，就会给健康带来危害。由于海南省尚未完整统计海南各市县农村污水处理情况，所以本研究报告选取海南省各市县城市污水处理率这个二级指标来大致衡量各市县的污水处理情况，直接反映了一个地区污水排放的情况，间接反映了一个地区水资源的情况。

国内外还有很多其他关于环境保护服务均等化的指标选取，如作为“四大污染”之一的噪音污染等，但考虑到数据获取的便捷性，以及跟人们生活的密切性，因此，本研究报告研究的环境保护主要集中在绿化、固体废物污染、空气污染和水污染四个方面。

7. 普惠金融指标体系的选取及说明

2005 年，联合国开展“国际小额信贷年”，首次提出普惠金融体系的概念，从而正式拉开了普惠金融研究和实践的序幕。普惠金融是指能有效、全方位为社会所有阶层和群体提供服务的金融体系，通过完善金融基础设施，以可负担的成本将金融服务扩展到欠发达地区和社会低收入人群，向他们提供价格合理、方便快捷的金融服务，不断提高金融服务的可获得性。普惠金融是为社会所有人，特别是为低收入和贫困人口提供金融服务的体系，是使所获得的金融服务体现出实惠的特点，而非救济和施舍。

普惠金融服务均等化，是指有效、全方位地为社会所有阶层和群体提供基础金融服务，建立多层次、广覆盖、可持续的基础金融服务体系，使所有对金融有需求的人都可以平等地享受金融服务，其实质是信贷获得权的均等化，金融融资和投资权的均等化。

按照《海南国际旅游岛建设发展规划纲要（2010—2020）》对各市县的功能分区，本研究选择海南省除三沙市之外的 18 个市县作为研究对象，通过对各市县相关普惠金融方面数据分析海南省普惠金融服务均等化的实际情况。本书构建的海南省普惠金融服务服务均等化的指标体系如表 7 - 8 所示。

金融机构业务发生额可反映金融机构的日常基础性业务的发展情况，从整体上反映经济运行情况，以及个人和机构获得金融机构服务的程度，同时也反映出金融机构对某地区或群体的资金支持力度。针对这一方面，本研究选取了人均贷款额和人均存款额两个二级指标。其中人均贷款额是用各市县的金融机构年末贷款总额除以当地总人数；而人均存款额是用各市县的金融机构年存款总额除以当地总人数。

表 7-8　海南省普惠金融服务均等化指标设计

一级指标	二级指标	计算公式
普惠金融	人均贷款额	金融机构年末贷款总额/常住人口数＊100%
	人均存款额	金融机构年存款总额/常住人口数＊100%
	金融网点人均拥有率	各市县的金融机构总数/常住人口数＊100%
	金融从业人数占比	金融机构从业人员数/当地从业人员总数＊100%
	自助取款机覆盖率	各市县的自助取款机总数/（常住人口数＊1W）＊100%
	POS 机覆盖率	各市县的 POS 机总数/（常住人口数＊1W）＊100%

资料来源：《中国统计年鉴 2011—2015》《海南省统计年鉴 2011—2015》以及中国人民银行海口中心支行统计报告等资料。

在金融机构发展水平这一方面，主要细分为金融网点人均拥有率、金融从业人数占比这两个二级指标，主要是反映各市县金融机构的发展情况。其中，金融网点人均拥有率是由各市县的金融机构总数除以当地总人口，金融从业人数占比是由各市县的金融机构从业人员数除以当地从业人员总数。金融机构的规模、可持续发展水平是发展普惠金融，实现普惠金融均等化的必要条件，目前海南省农村金融体系已经基本形成，各金融机构已不断在农村地区开设金融网点，但由于经营利润较小，可持续能力受到挑战，金融机构退出偏远地区的现象也严重影响了普惠金融均等化的建设。

金融机构空白乡镇问题是城乡金融二元化问题的集中反映，也是加强和改进农村金融服务工作的一大挑战，本研究选取了自助取款机覆盖率和 POS 机覆盖率来反映农村金融服务创新程度和各市县金融服务的充分性以及对于农户需求的满足程度。自助取款机覆盖率是用各市县的自助取款机的数量除以其以万计的总人口数，POS 机覆盖率是用各市县的 POS 机总数除以当地以万计的总人口数。

7.3　海南省城乡统筹基本公共服务均等化的评价方法

现代经济学中，有很多度量不均等程度的指标和方法。当前国内外比较著名的不均等程度测量指标主要有基尼系数、泰尔指数、变异系数等。这些指标的计算方法不尽相同，其优点和缺点也是同时存在的，每一种指标的使用都是和具体的应用环境分不开的。本章节通过对这几个测量方法进行对比分析，最终选取基尼系数来度量海南省基本公共服务不均等化的程度。

7.3.1　基尼系数

由于基尼系数可以比较客观、直观地反映和监测居民及各阶层群体之间的贫富差距，预测、预警居民之间出现的贫富两极分化的质变临界值，克服了其他方法的不足，是衡量贫富差距最可行的方法，因此得到了世界各国的广泛认同和采用。

基尼系数最初是作为一个表达分布不均等的指标而提出的。在很长的一段时间内，人们只是把它和方差或标准差当成作用类似的分布不均等的指标。当经济学家必须从中选择一个指标，就会发现：若不考察这些指标的社会福利含义，就很难判断哪个指标比其他的指标更为合适。因此，经济学家便开始考察各种不平等指标和社会福利函数之间的关系。现在经济学家已经发现许多不平等指标与社会福利函数之间存在直接但又不是一目了然的关系。这些发现还表明，不平等的程度越高，不平等所导致的社会福利损失就越大。这些理论上的发现使基尼系数的社会福利含义更为清晰。

从基尼系数问世以来，有关基尼系数的研究已经历了八十年多年的历程。在过去八十多年中，基尼系数成为经济学中度量经济不平等的主要指标。这个指标已为许多经济学家所通晓，并在实证研究和政策分析中得到广泛的应用。国内外学者对于基尼系数在经济领域中的应用、算法及其局限性展开了深入研究，并随着研究的深入，基尼系数的应用领域也在逐步扩展，在经济领域中，基尼系数不但可以描述收入分配的集中度，还可以描述经济中财产和资本的集中度；除经济领域外，还被应用在人口、工业的地理分布以及地震预测等领域来描述人口的地理分布集中程度、工业的地理分布集中程度、专业产品生产的集中程度以及地震活动的集中程度等。

7.3.2 选取基尼系数的原因

前文第一章节部分我们介绍的变异系数是个无量纲的相对指标，可以用以估计不同量纲和数量级的总体之间的离散程度，但是变异系数测度的准确度没有保障，因为该方法对样本的依赖程度太高，并且变异系数考察的是子群体平均水平与整体平均水平的差异，它没有考虑子群体内部的收入差距。正如 Metwally and Jenson（1973）提出，如果各地区平均水平趋同，那么变异系数将趋于下降，但是实际上各个地区内部收入差异完全可能是变大了的。另外，基于变异系数的不均等程度的相关研究在国内相对较少，可比较的数据还比较缺乏。

泰尔指数最大的优点是泰尔指数具有可分解性，泰尔指数可以分解成组内泰尔指数和组间泰尔指数之和，也就是说泰尔指数在应用时候不需要顾虑交叉项，而与之对应的基尼系数的分解则包含了复杂的交叉项。由于同一个总体，分组方式的不同计算出来的泰尔指数不一样，而且分组越细得出的差异越大。但不同于基尼系数已有的公认的评价标准，泰尔指数还没有这方面的评价体系。对于不同的对象，泰尔指数的变化范围较大，只能对同一对象简单的根据数值大小进行不平衡性比较，不同对象间的数值比较不具备实际意义；同时，泰尔指数无法对合理性区间进行数值确定，对计算结果的解释缺乏定量依据。

在研究不均等程度的文献中，基尼系数使用最为广泛。究其原因，主要有以下几点：

（1）基尼系数能以一个数值来反应总体资源分配不均等情况。

（2）目前我们已经对基尼系数有一个公认的评价标准。国际上通常认为：基尼系数在 0.2 以下表示绝对平均；在 0.2 ~ 0.3 之间表示比较平均；在 0.3 ~0.4之间表示比较合；0.4 ~0.5 之间表示差距过大；0.5 以上为差距悬殊。同时，现研究表明，基尼系数的最佳值为0.33，其太大则缺乏公平，太小则缺乏效率。

（3）基尼系数的相关理论比较成熟，计算方法较多，便于利用各种资料，具体的计算方法在下文中详细介绍，同时，其计算方法依赖计算机也很容易实现，如 Excel 等软件；

（4）从收入分配理论发展而来，本身具有经济学含义，而大多数相对指标的数值没有实质性的经济学含义。

但是，基尼系数也存在不足，基尼系数在数值上等于两倍的“洛伦兹曲线”与绝对平均线所加的面积，与“洛伦兹曲线”或者说与分配格局无关，那么相同的基尼系数可能代表了完全不同的“洛伦兹曲线”，代表了完全不同的分配状况。

通过以上对三种度量指标的分析，再结合本书的主要研究内容，作者决定采用基尼系数法进行评估方法。理由有以下三点：（1）本文只需要测算一个年度的指标并对其数值进行分析，没有其他纵向可比较数值，若使用泰尔指数，则因无法确定合理性区间而缺乏对计算结果进行解释的依据；（2）目前，基尼系数的应用较为广泛，易于获取横向可比较数据；（3）基尼系数计算方法较多，因而和另外两种方法比较起来，其可以利用的资料数据更多。

7.3.3　基尼系数的使用

基尼系数的计算方法很多，相应的基尼系数的形式就有所不同，但是所有的基尼系数都有共同的理论基础，那就是用人口比例和收入比例的对应来表示收入的不平等分配。下面介绍四种常用的基尼系数表示形式。

1. 用几何方法求解基尼系数

如果利用几何方法进行基尼系数的计算，那么我们可以将全部居民家庭户或人口按照收入单调递增顺序排列，并等分为 n 组。设第 I 组的平均收入为 y_i。则第 I 组的收入额占全部收入分配额的比重为：

$$w_i = \frac{y_i}{\sum_{i=1}^{n} y_i} (i = 1,2,3\cdots n)$$

且有 $w_1 < w_2 < w_3 < \cdots w_n$；$w_1 + w_2 + w_3 + \cdots w_n = 1$

于是有基尼系数 $G = \frac{2}{n}\sum_{i=1}^{n} iw_i - \frac{n+1}{n} = \frac{2}{n}\eta_y - \frac{n+1}{n}$

式中，$\eta_y = \sum_{i=1}^{n} iw_i = \frac{\sum_{i=1}^{n} iy_i}{\sum_{i=1}^{n} y_i}$

如果收入分布是连续的，则可将基尼系数的计算公式改写成：

$$G = 1 - 2\int_0^1 L(p)\,\mathrm{d}p$$

一般地，在根据统计资料计算连续收入分布的基尼系数时，首先要设定“洛伦兹曲线”的函数关系式模型，其次用实际统计的数据，借助回归方法估计模型参数，最后确定函数关系模型，进一步确定位于“洛伦兹曲线”下方的面积和基尼系数 G。

几何形式的优点是理解起来比较容易，基尼系数的经济含义可以一目了然，这也正是基尼系数最吸引人的地方。缺点是计算过程相当烦琐。

2. 用平均差方法求解基尼系数

基尼在 1912 年将以（相对的或绝对的平均差为基础的统计方法和几何方法统一起来，得出“基尼系数值总是等于相对平均差的 1/2”的结论，为平均差计算方法奠定了基础。此后的统计学家继承了这一思想，发展了平均差方法。

根据平均差方法，离散的收入分布的基尼系数的计算公式为：

$$G = \frac{1}{n^2\mu_y}\sum_{i=1}^{n}\sum_{j\leq i}(y_i - y_j) = \frac{1}{n^2\mu_y}\sum_{i=1}^{n}\left(iy_i - \sum_{j=1}^{i} y_j\right)$$

（$y_i - y_j$）表示任何一对样本的收入的差，由于居民收入为从低到高排列，并且有 $i \geqslant j$，所以有 $y_i \geqslant y_j$，即 $y_i - y_j \geqslant 0$。

平均差方法计算基尼系数在实践中有着广泛的运用，根据上面的原理首先，将居民按人均收入由低到高排序，分成若干组（如分成 n 组，但不一定等分，如果不分组，以单个居民户或每一人为一组也可以）。其次，计算每组的人口和收入，并汇总全部收入和全部人口。再次，计算各组人口的比重 P_i 和该组收入占总收入的比重 I_i。最后，根据上式推导出计算公式为：

$$G = 1 - \sum_{i=1}^{n} p_i\left(2\sum_{j=1}^{n} I_j - I_i\right)$$

上面的公式因为包含了组内人口和收入的百分比，在实践中有很强的操作性。

连续型收入分布的基尼系数计算公式可以表述为：

$$G = 1 - \frac{1}{\mu_y}\int_a^b (1 - F(y))^2 \mathrm{d}y$$

建立在平均差基础上的基尼系数有着非常优良的统计意义，但其计算非常复杂，因此在经济分析中使用的相对较少。

3. 用协方差方法求解基尼系数

利用协方差方法，离散型收入分布的基尼系数的计算公式可以表述为：

$$G = \frac{2\mathrm{cov}(y_i, i)}{n\mu_y} = \frac{2}{n^2\mu_y}\sum_1^n iy_i - \frac{n+1}{2}$$

连续型收入分布的基尼系数的计算公式为：

$$G = \frac{2\mathrm{cov}\ (y,\ F\ (y))}{\mu_y}$$

协方差方法的优点是可通过软件中协方差的计算程序来计算基尼系数，大大减少了手工计算量，因此在对收入分配的统计学分析中受到了欢迎。

4. 用矩阵方法求解基尼系数

现有文献表明，Pyatt（1976）和 Silber（1989）为了对基尼系数进行分解，提出了矩阵方法。根据这种方法，基尼系数以矩阵的形式表述如下：

$$G = \left[\frac{1}{n}\frac{1}{n}\cdots\frac{1}{n}\right]\left|\begin{matrix} 0 & -1 & -1 & \cdots & -1 \\ 1 & 0 & -1 & \cdots & -1 \\ 1 & 1 & 0 & \cdots & -1 \\ \cdots & \cdots & \cdots & \cdots & \cdots \\ 1 & 1 & 1 & \cdots & 0 \end{matrix}\right|\begin{bmatrix} L_1 \\ L_2 \\ L_3 \\ \cdots \\ L_n \end{bmatrix}$$

式中：

（1）G 是一个 $n*n$ 矩阵，对于分量 G_{ij}，如果 $i<j$，其值为 1；如果 $i=j$，其值为 0。

（2）L 是一个 n 维列向量，其分量 L_i 表示第 i 个个体收入占总收入的比例，并有 $L_1 \geqslant L_2 \geqslant \cdots L_n$，即收入是按照从高到低排列的。

以上四种计算方法从不同角度对 G 进行了近似计算，不同方法计算出的结果不完全相同，但相差不大。本书选取几何方法对基尼系数进行计算。如上文所述，离散型分布虽然易于理解，但是计算方法复杂，相比之下，连续型分布的计算方法更为简单。

7.3.4 本书中基尼系数的使用

本文中的样本数据属于离散型，在这里我们采用拟合曲线法将离散型转化为连续型。其思路为：观察和分析现有的样本数据，接着，采用合适的数学方法拟合出洛伦茨曲线，并借助计算机软件得出曲线的函数表达式 $L(p)$，然后用上文介绍的积分法求出 B 的面积，进而计算基尼系数 G。

例如，如果我们想测算海南省各市县教育支出的均等化程度，测度方法如下：首先将各市县教育支出占比按从小到大的顺序排列，其次求出各项累计数额，用各市县排序的数额去除以最终的累计数额即得到各市县累计比例，即为图中各点所对应的纵坐标的数值。将排序后的各市县按 1－18 进行排序，将各市县的排序数字除以 18，即为各经排序市县所代表数字累计百分，作为横轴坐标。最后用平滑的曲线将散点连接，就可以得到“洛伦兹曲线”。通过上述步骤得到的“洛伦兹曲线”通常是一条向右下方凸出的弯曲的曲线。一般地，“洛伦兹曲线”弯曲程度越大，表示收入分配不公平程度越大。通过趋势线的多项式分析得到了该曲线的具体表达式，设其为 Y。由微积分知识可得曲线下方的面积为 A，因此，可得基尼系数即为 $(0.5-A)/0.5=B$，同理得到其他指标的基尼系数。

8

海南省城乡统筹基本公共服务均等化的现状评估

8.1　海南省城乡统筹基础教育服务均等化的现状评估

8.1.1　海南省各市县基础教育服务各指标分析

表 8－1 显示海南省 2014 年各市县基础教育指标的分布情况。从教育支出占财政支出比例来看，前三名分别为万宁市 23.41%、澄迈县 22.94%、屯昌县 22.88%，比海口和三亚高出近 8%。对这个现象我们可以结合前两项指标综合考虑，由于教育类支出是刚性支出，支付众多的教师工资，维持学校的建设，都需要政府财政的支持。对于经济不发达的市县，这些刚性支出必然会在政府的财政支出中占较大的比重。而经济较发达的地区的支出比重就相对较低。我们同样要看到海南省教育支出占财政支出的比重为 16%，高于全国的平均值 15.18%。对于此，有两个方面的考虑，一个可能的原因是海南省各个市县对教育重视，投入较多。另一个可能的原因是海南经济基础差，底子薄，教育支出的刚性特点拉高了教育支出占财政支出的比重。

表 8－1　2014 年海南省各市县基础教育各项指标

单位	教育经费占比（%）	教育经费支出增长率（%）	小学升学率（%）	生均教师数（师/个）	生均学校数（所/个）
全省	16	0.2	97.84	0.0750	0.0012
海口市	15.55	－7.4	99.16	0.0723	0.0010
三亚市	14.83	12.2	93.19	0.0679	0.0012
五指山市	14.78	0.2	112.12	0.0817	0.0007
文昌市	14.92	－12.9	97.97	0.0731	0.0014
琼海市	14.42	－8.6	111.13	0.0784	0.0011
万宁市	23.41	2.3	93.02	0.0843	0.0011

续表

单位	教育经费占比（%）	教育经费支出增长率（%）	小学升学率（%）	生均教师数（师/个）	生均学校数（所/个）
定安县	18.54	-1.7	93.00	0.0866	0.0020
屯昌县	22.88	11.73	83.13	0.0798	0.0015
澄迈县	22.94	12.9	88.97	0.0829	0.0015
临高县	22.30	15.6	94.57	0.0620	0.0009
儋州市	12.72	22.6	94.40	0.0679	0.0008
东方市	20.09	0.11	90.94	0.0566	0.0006
乐东县	22.27	-12.6	92.60	0.0701	0.0011
琼中县	17.25	-29.07	83.25	0.1124	0.0024
保亭县	20.34	1.11	94.30	0.1132	0.0018
陵水县	20.15	27.89	85.33	0.0925	0.0017
白沙县	15.26	-11.41	86.76	0.0917	0.0017
昌江县	15.34	1.63	97.51	0.0986	0.0021

资料来源：《海南省统计年鉴2015》《2014年海南省教育厅统计报告》。

1. 从教育经费支出增长率方面来看

2014年基础教育经费支出增长率排名较高的是陵水县、临高县和屯昌县，而海口市、文昌市、琼海市、定安县、乐东县、琼中县和白沙县教育支出则出现了负增长情况，由于教育支出主要是教师工资、学校建设等方面，各市县由于基础教育发展情况不一致，导致每年的教育支出增长也不相同。从海南省平均情况来看，2014年基础教育支出平均增长率1.1%，但和全国平均4.73%相比仍有较大差距，海南省每年应加大对基础教育的投入，以提升海南省的基础教育质量。

2. 从小学升学率方面来看

2014年小学升学率排名前三位的依次是五指山市112.12%，琼海市111.13%和海口市99.16%，前两个市均超过100%。由于各市县基础教育水平并不一致，在小学升初中时，很大一部分学生会选择教育水平高的初中，学生流动大，由于小学升学率=初中招生数/小学毕业生数，因此，五指山、琼海小学升学率超过100%，可能是由于周围市县的学生跨市县择校造成的；从整体情况来看，海南省2014年小学升学率为97.84%，同期全国的小学升学率为98%，海南省基本和全国平均中平相同。

3. 从生均学校数来看

生均学校数最多的琼中县是0.0024（所/名学生），而数值最低的东方市生均学校数只有0.0006。我们要注意到这一点，近年来，五指山市的学校逐渐减少，这得益于五指山市采取的教育移民政策，该政策使得全市的农村初中生都能免费进城读书，五指山市通过整合教育资源，对教育资源逐级实行“递减法”：乡镇不再办初中，村级不再办完小。同时我们看到，对于经济发达的区域，如三亚市0.0012、海口市0.0010，数据处于中等偏下，这主要是因为经济发达的地区教育基础雄厚，会吸引很多外地学生来求学，以获得更好的教育，从而导致这些地方出现学生多学校少的窘境。从总体来看，海南省全省生均学校数为0.0012（所/名学生），略低于全国的平均水平0.0018（所/名学生）。

4. 从生均教师数来看

生均教师数指标中的数据也呈现了同生均学校数相同的分布，其表现为越是经济发达的地区，数据反而越低。海口市与三亚市分别排在倒数第一名与倒数第二名。而排在前四位的依次是昌江县0.0986（人/名学生）、陵水县0.0925（人/名学生）、白沙县0.0917（人/名学生）和定安县0.0866（人/名学生）。对于该现象的解释和生均学校数类似，都是由于经济越发达的地区，越吸引更多的学生来求学，导致人均教师数较少，凸显出公共资源的规模效益。

5. 海南省各市县基础教育支出占财政支出比重

从图8－1可以看出，教育支出占财政支出比例最高的是万宁市，占比较低的是儋州市、琼海市、五指山市和三亚市，其余市县占比则比较平稳，均保持在15%～20%之间。由于各地的经济发展水平不同，每年各市县的财政支出总量有很大差别，教育支出也不一致，以定安县和海口市为例，海口市2014年财政支出为1509200万元，教育支出为234735万元，教育支出占比为15.55%；定安县2014年财政支出为188075万元，教育支出为34876万元；从教育支出总量上来看，海口市教育支出远高于定安县，但由于海口市经济较发达、人口多，在其他方面的财政支出也比较多。因此，平均来看定安县的教育支出占比优于海口市。从总体来看，由于海南省的经济发展水平比较落后，教育支出投入就全国而言并没有优势。

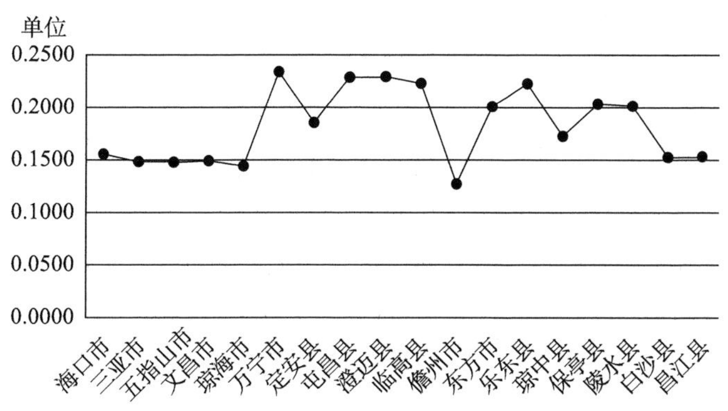

图8－1　2014年海南省各市县教育支出占财政支出比重

8.1.2　海南省城乡统筹基础教育服务均等化的现状评估

1. 海南省城乡统筹基础教育均等化指标的“洛伦兹曲线”

（1）海南省各市县教育支出占财政支出比这一指标所做的洛伦兹曲线

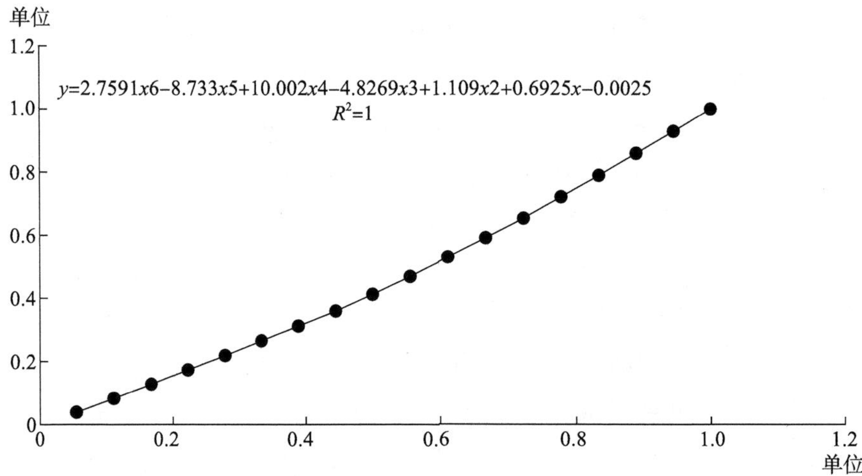

图 8－2　2014 年海南省各市县教育支出占比“洛伦兹曲线”

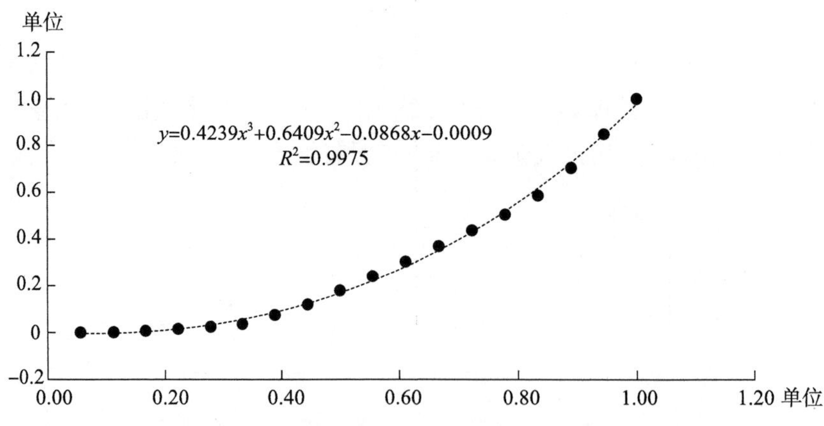

图 8－3　海南省各市县教育支出增长率“洛伦兹曲线”

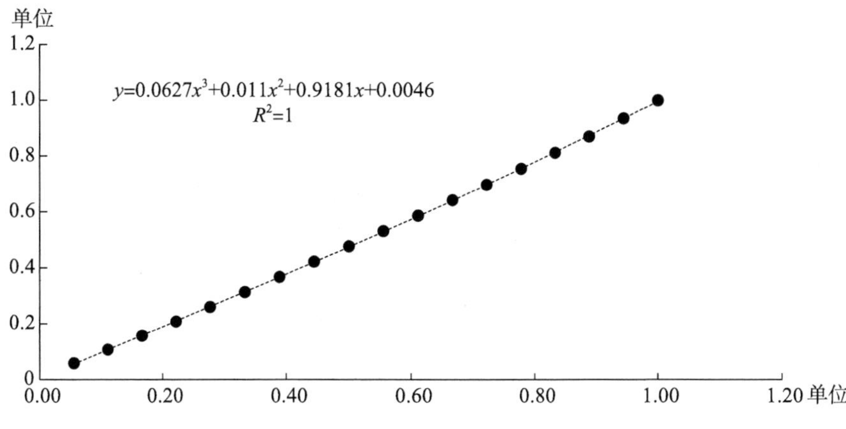

图 8－4　海南省各市县小学升学率“洛伦兹曲线”

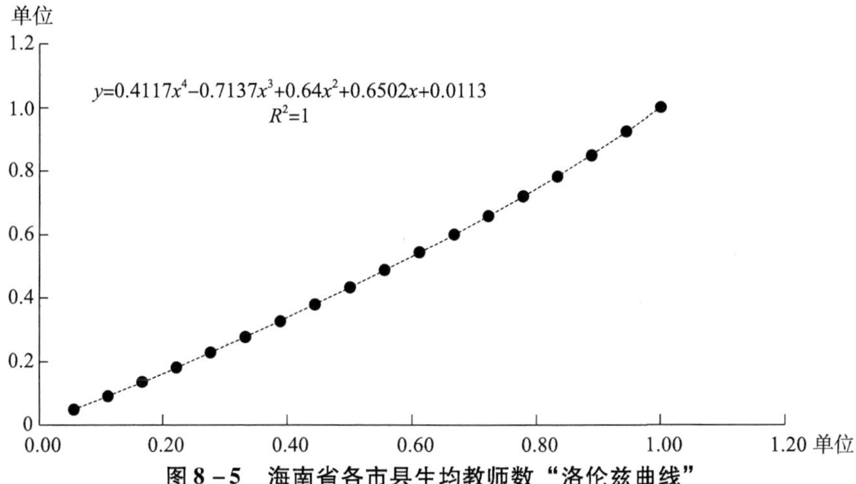

图 8－5　海南省各市县生均教师数“洛伦兹曲线”

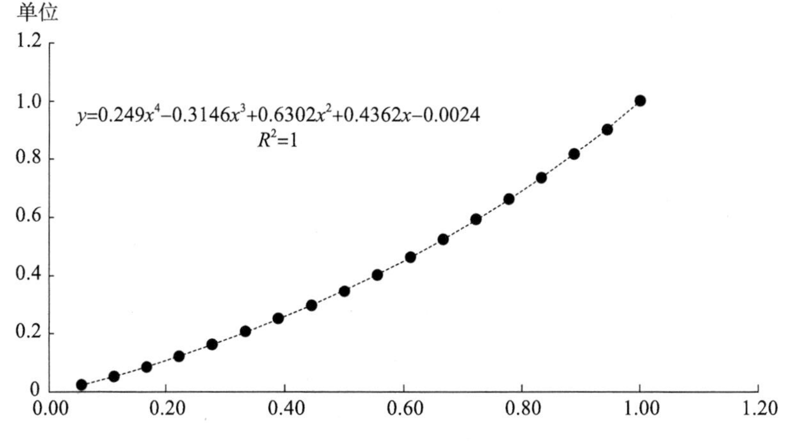

图 8－6　海南省各市县生均学校数“洛伦兹曲线”

按照上述方法，算出海南省2011—2014年各项指标的基尼系数，如表8－2所示。

表8－2 海南省2011—2014年各市县基础教育指标基尼系数

年份	教育经费占比	教育经费支出增长率	小学升学率	生均学校数	生均教师数
2011	0.1309	0.4027	0.0388	0.1713	0.0827
2012	0.1326	0.4039	0.0392	0.1726	0.0901
2013	0.1312	0.4048	0.0398	0.171	0.0808
2014	0.1082	0.4494	0.034	0.2062	0.1153

资料来源：根据《海南省统计年鉴2012—2015》整理所得。

表8－2数据反映了海南省近三年来各市县基础教育的差异程度，从具体指标来看，教育经费占比、小学升学率、生均学校数和生均教师数的基尼系数数值均小于0.21，这说明海南省各市县在这四个指标上所反映的教育水平差距很小，处于绝对平均的水平。各市县教育支出增长率的基尼系数各年均大于0.4，差距较大，这与各市县的经济发展水平和基础教育的现状有关。教育落后地区（如乐东县22.27%），由于学校硬件设施和师资力量差，政府对教育投入相对较大；教育发达地区（如海口市15.55%），由于学校硬件设施和师资力量水平高，政府对教育的投入相对较小。

从这五个指标的基尼系数来看，就海南省的基础教育整体而言处于较平均的水平，各市县的基础教育差距不大，这与海南省人口少、地方小有关；但由于海南建省比较晚，经济发展水平就较全国平均水平而言，仍有较大差距，主要体现在基础教育质量方面。因此，海南省今后在大力发展经济的同时，要加大对基础教育的投入，尤其是学校设施、师资水平等方面。

8.2 海南省城乡统筹医疗卫生服务均等化的现状评估

8.2.1 海南省各市县医疗卫生服务各指标分析

从表8－3可以看出医疗卫生服务各项指标数量在各个市县的分布状况。从经费投入来看，各市县医疗卫生财政投入较高的几个市县分别是海口、三亚和儋州等几个经济发达的市县。从服务机构建设情况来看，三个指标值较大的市县多为五指山、白沙、琼中和昌江等，多为经济发展相对落后地区，而海口和三亚的每万人口基层卫生机构数量较少，低于全省平均水平。这是由于这两个城市的经济较为发达，一方面，人口数量相比其他市县较多；另一方面，省会城市人均收入普遍较其他市县高，人们会寻求质量更高的私立医疗卫生机构，人们的就医选择性更大，因此较之其他市县，基层卫生机构数量会更少。

表 8－3　2014 年海南省各市县医疗卫生服务各指标分析

单位	经费投入	服务机构建设			职业队伍建设		
	医疗卫生财政支出（万元）	每千人口医疗机构床位数	每万人口基层卫生机构数	每百万人口专业公共卫生机构	每万人口卫生技术人数	每万人口执业（助理）医师	每万人口注册护士
全省	884609	3.59	5.23	13.52	53.83	18.73	23.37
海口市	165099	5.51	3.62	15.2	86.73	29.73	41.06
三亚市	53856	3.51	4.37	8.2	60.3	20.85	25.53
五指山市	10842	9.93	10.29	47.62	82.48	21.81	41.71
文昌市	43994	3.05	5.17	9.14	39.98	14.82	16.12
琼海市	42141	2.86	5.35	10.1	52.9	19.57	22.92
万宁市	35617	2.34	7.52	12.59	35.99	12.43	14.64
定安县	21106	2.42	6.6	13.9	41.81	15.85	16.41
屯昌县	16873	2.71	5.03	11.53	41.47	15.03	15.6
澄迈县	29827	2.26	7.07	10.49	36.12	14.92	12.75
临高县	34447	3.7	4.81	11.46	32.19	10.29	14.05
儋州市	62045	2.71	4.52	8.32	42.03	14.64	18.03
东方市	32036	1.82	7.43	12.06	35.3	12.4	14.76
乐东县	37937	3.59	5.33	10.74	35.68	11.92	13.56
琼中县	15013	3.04	5.3	34.21	62.26	21.15	23.77
保亭县	11060	2.74	6.6	26.94	36.43	16.43	12.59
陵水县	29499	2.58	4.47	18.51	37.57	10.43	14.22
白沙县	13534	3.35	7.2	23.6	45.01	16.58	16.22
昌江县	23867	4.98	8.34	22.08	48.04	16.47	20

资料来源：《2015 年海南省统计年鉴》《2014 年海南省卫生厅统计公告》。

从职业队伍建设来看，海口、三亚和五指山的三项指标数都比较高，高于全省平均水平，而其他市县则较低。这是由于职业技术人员趋向于经济发展程度更高的城市，这些城市容易带来更多的就业机会和更高的薪金水平，自然也就形成较高的医疗卫生水平。因此，在现有的医疗卫生资源分布中，经济发达的城市还是拥有了更多的医疗卫生资源。

图 8－7 显示了海南省 18 个市县的医疗卫生支出占总财政支出的比例。从中可以看出，各个市县医疗卫生投入趋势存在起伏，其中占比最高的是五指山市，最低的是海口市。海口市作为海南省的省会，政府 2014 年总的财政支出为 1509200 万元，但是由于人口较多，对于其余各项支出也多，挤占了在医疗卫生方面的支出。而五指山市 2014 年总财政支出仅为 160876 万元，远远低于海口市财政总支出，并且其在医疗卫生方面支出为 10842 万元，因此造成该比例的巨大差距。其余各个市县比例分布趋势比较平缓，说明较为均匀。但是各市县的医疗

卫生占比量和绝对支出额都很小，一方面是由于海南省经济发展不是很发达，财政实力有限，导致支出不足；另一方面也是由于政府相对来讲更注重经济建设的发展投入，而对医疗卫生等民生方面重视度不足。

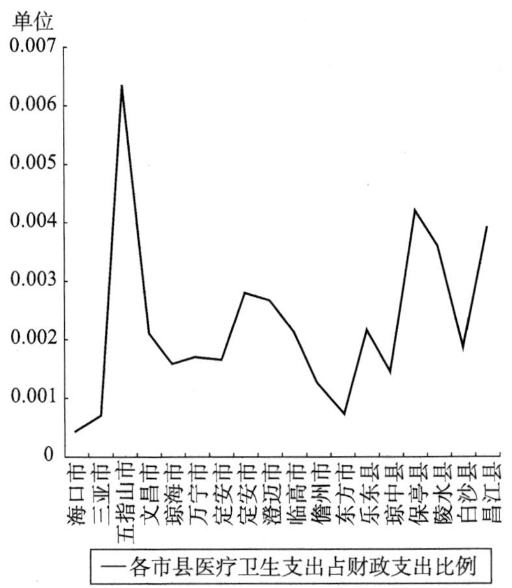

图 8－7　2014 年海南省各市县医疗卫生支出占比

8.2.2　海南省城乡统筹医疗卫生服务均等化的现状评估

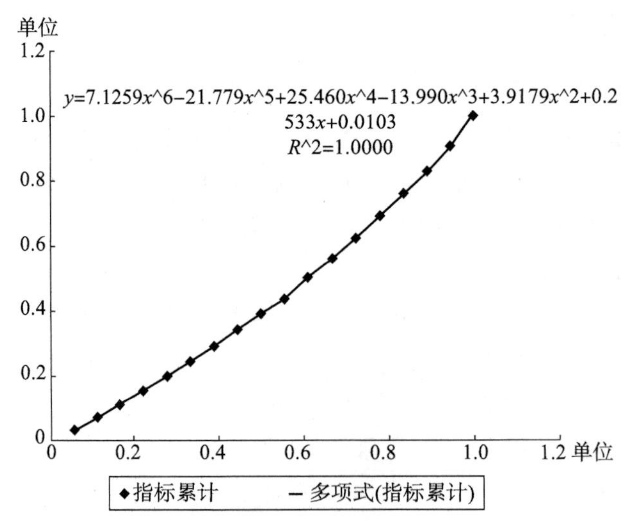

图 8－8　每万人口基层卫生机构数“洛伦兹曲线”

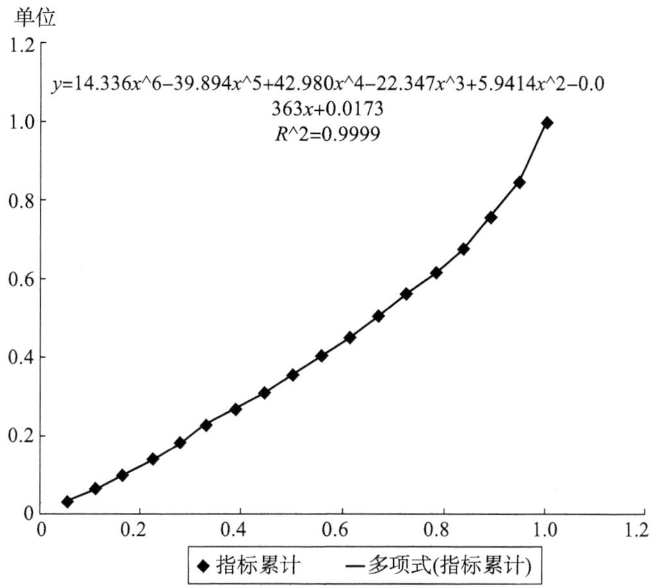

图 8－9　每千人口医疗机构床位数“洛伦兹曲线”

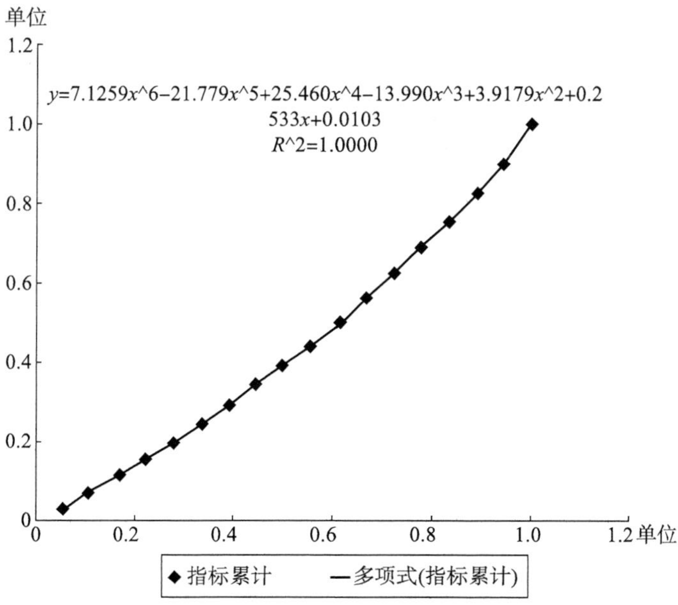

图 8－10　每百万人口专业公共卫生机构数“洛伦兹曲线”

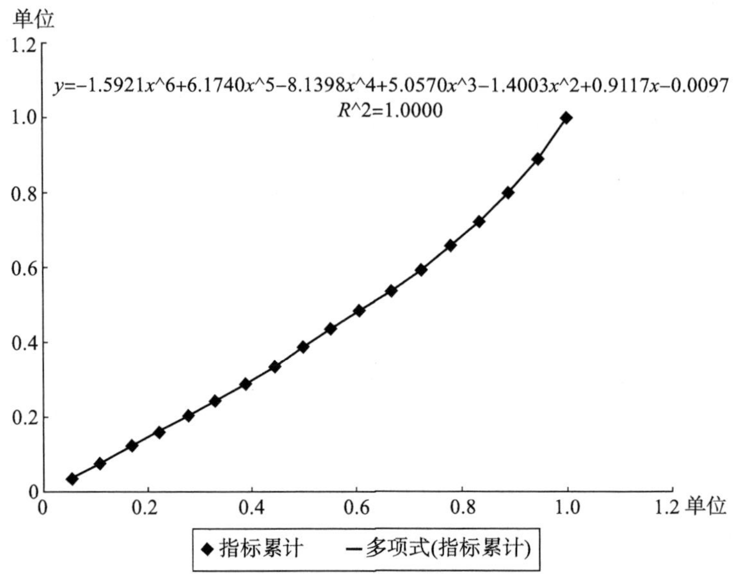

图 8－11　每万人口卫生技术人数"洛伦兹曲线"

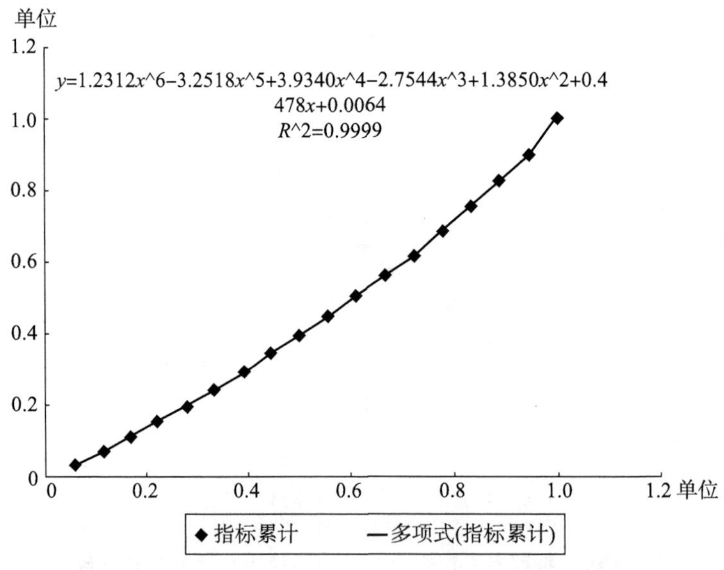

图 8－12　每万人口执业（助理）医师数"洛伦兹曲线"

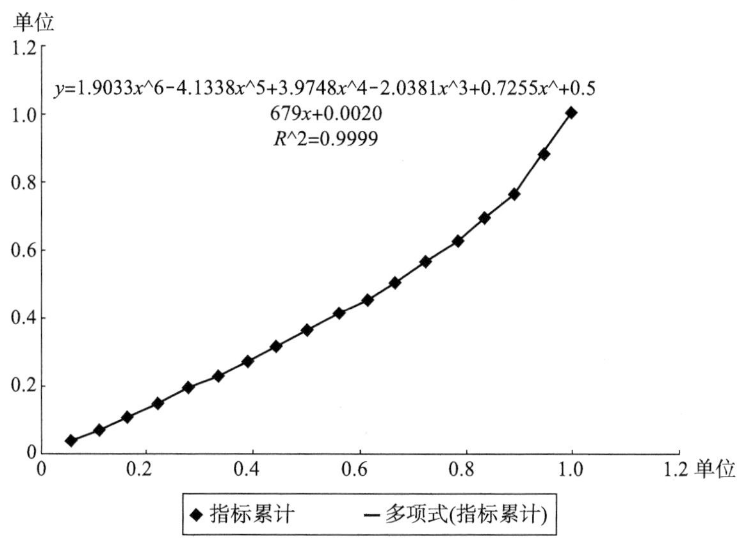

图 8－13　每万人口注册护士人数"洛伦兹曲线"

按此方法，算出了近三年各项指标的基尼系数，如表 8－4 所示。

表 8－4　2012—2014 年海南省医疗卫生各指标的基尼系数

年份	每千人口医疗机构床位数	每万人口基层卫生机构数	每百万人口专业公共卫生机构	每万人口卫生技术人数	每万人口执业（助理）医师	每万人口注册护士
2012	0. 2036	—	0. 32	0. 1732	0. 179	0. 2
2013	0. 2107	0. 1422	0. 288	0. 18	0. 164	0. 206
2014	0. 226	0. 1493	0. 2955	0. 166	0. 152	0. 2075

由图 8－14 可以看出近 3 年来海南省医疗卫生服务状况的均等化程度。从具体指标来看，每千人口医疗卫生机构床位数的基尼系数近两年来有轻微变大的趋势，但就整体而言都处在 0. 2 左右，与此同时，每万人口基层卫生机构数的基尼系数也有轻微变大的趋势，但都小于 0. 15，说明这两个指标的均等化程度较高。每百万人口专业公共卫生机构的基尼系数在 0. 3 附近，近年来略有下降趋势，这表示每百万人口专业公共卫生机构数在海南省各市县之间分布相对平均，比较合理，但是应注意上升的风险，应进一步加强资源配置。

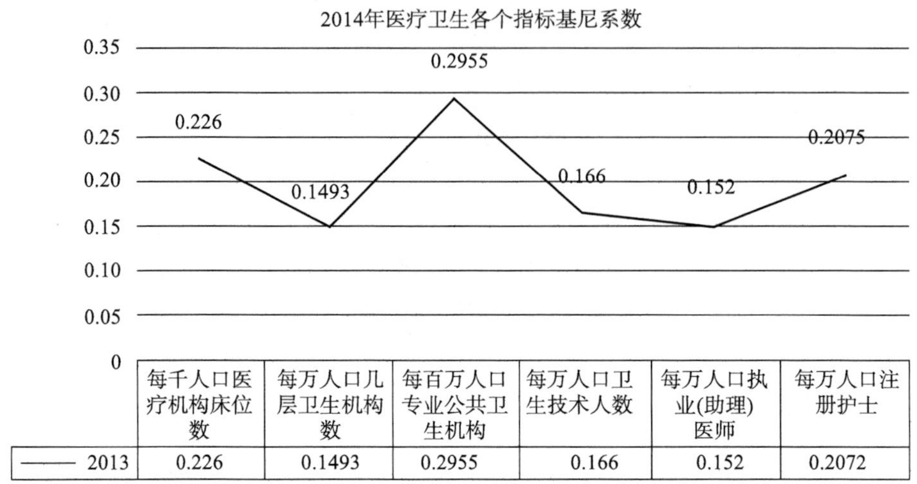

图 8－14　2014 年海南省医疗卫生各指标基尼系数

每万人口卫生技术人数与每万人口执业（助理）医师指标的基尼系数处在0～0.2之间，说明这两项资源的配置也比较均匀。其中每万人口卫生技术人数指标的基尼系数在 2012 年有所提高，因此要时刻注意隐藏的问题并及时解决。

每万人口注册护士指标的基尼系数三年来呈上升趋势，虽然目前均等化程度还比较合理，但是要警惕在经济逐步发展的过程中所可能带来的问题。该指标基尼系数的增加可能是由于随着经济的发展，相关医护人员趋向于经济发展程度较高的城市，如海口、三亚等，从而导致了相对差异。

在图 8－14 中，在总体六个指标中，基尼系数最高的是每百万人口专业公共卫生机构数，其数值也没有超过 0.3，从综合所有指标来看，目前海南省医疗卫生服务均等化程度还比较合理，但并不说明海南省得医疗水平足够高，只是说明海南省各个市县之间的差距较小，因此政府主管部门必须认识到海南省整体经济发展较差，医疗卫生水平与内陆发达省份还有不小差距，需要继续加大各项医疗卫生设施的建设力度。

8.3　海南省城乡统筹社会保障服务均等化的现状评估

8.3.1　海南省各市县社会保障服务各指标分析

从表 8－5 可以看出海南省 2013 年社会保障各项指标数量在各个市县的分布状况。从社会保障经费支出上来看，主要涉及的指标有社会保障支出、人均社会保障支出和社会保障支出占比。其中，从经费投入来看，各市县社会保障财政总投入最高与最低的市县分别是海口市和保亭县，单独这个指标反映不出太多问题，海口市作为海南省省会城市，人口众多，经济总量大，而保亭县则拥有较少的人口，且是全国级贫困县，在社会保障财政总投入较少可以解释。但是如果配合人均社会保障支出和社会保障支出占比两项指标看，发现海口市的人均社会保障支出只有 577 元，反而是海南省 18 市县中最低的，排名倒数第二的是三亚市的人均 760 元，保亭县反而以人均 880 元超过了三亚市和海口市。在人均社会保障支出这项指标中，首先是五指山市，人均 1486 元，其次是琼中县和陵水县，分别为 1304 元和 1246 元，这几个市县均不是经济发达的市县，但是在社会保障方面的财政支持力度较大。人均社会保障支出和社会保障支出占比相对较低，一方面，这说明了海口市和三亚市作为海南省经济较为发达的城市，在基本公共服务的分配上，占据了绝对的优势，另一方面，由于社会保障占比较少，则说明了海口市和三亚市更为注重其他公共服务的建设。在人均社会保障和社会保障支出占比上，指标数量较高的为较为贫困的市县，说明这些市县的居民收入相对较低，更需要政府给予低保等基本社会保障的投入。

表 8－5　2013 年海南省各市县社会保障各指标分析

单位	社会保障支出（万元）	人均社会保障支出（元）	社会保障支出占比（%）	新型农村合作医疗保险参保率（%）	城镇居民最低生活保障覆盖率（%）	农村居民最低生活保障覆盖率（%）	养老金替代率
海口市	125369	577	0.0950	99.72	1.15	5.30	0.4657
三亚市	55656	760	0.0629	98.79	2.01	3.40	0.4599
五指山市	15607	1486	0.1039	96.39	10.77	4.90	0.4816
文昌市	58898	1076	0.1708	100.00	4.17	2.80	0.4625
琼海市	43347	875	0.1122	100.00	2.02	2.20	0.4726
万宁市	46377	834	0.1319	99.08	5.50	3.40	0.4770
定安县	30027	1043	0.1540	100.00	4.40	3.60	0.4680
屯昌县	25723	988	0.1401	100.00	6.20	7.00	0.4595
澄迈县	52815	1107	0.1300	99.01	5.60	6.70	0.3807
临高县	30443	697	0.1064	98.10	4.80	3.70	0.5474
儋州市	72353	752	0.0866	98.77	5.20	9.30	0.3936
东方市	29533	712	0.0866	100.00	4.40	1.80	0.5089
乐东县	42283	908	0.1294	97.14	5.60	4.60	0.5219
琼中县	22882	1304	0.1177	99.73	7.00	3.90	0.5302
保亭县	13082	880	0.0851	96.89	4.50	5.40	0.4774

续表

单位	社会保障支出（万元）	人均社会保障支出（元）	社会保障支出占比（%）	新型农村合作医疗保险参保率（%）	城镇居民最低生活保障覆盖率（%）	农村居民最低生活保障覆盖率（%）	养老金替代率
陵水县	40414	1246	0.0822	100.00	7.40	4.90	0.3856
白沙县	15447	911	0.0842	98.86	9.30	3.60	0.5296
昌江县	22790	1006	0.0933	99.94	7.10	5.30	0.3580

资料来源：《海南省统计年鉴2013》《2014年海南省人力资源和社会保障厅统计报告》。

新型农村合作医疗，是指由政府组织、引导、支持，农民自愿参加，个人、集体和政府多方筹资，以大病统筹为主的农民医疗互助共济制度。采取个人缴费、集体扶持和政府资助的方式筹集资金。从新型农村合作医疗保险参保率这一指标上来看，海南省各市县新型农村合作医疗保险参保率都较高，说明海南省新型农村合作医疗保险制度的建设取得了较好的成效。随着海南省经济与社会的不断发展，2013年新农合参保率达99.19%，而这个数据在2009年只有85%。全省的新型农村合作医疗保险参保率都在95%以上，最低的为保亭县，为96.89%，文昌市、琼海市、定安县、屯昌县、东方市、陵水县，都实现了100%全覆盖。比较各市县参保率，差距并不大。可见，海南省在新型农村合作医疗保险上不仅达到了参保率高，而且实现了各市县较高的均等化程度。

海南省城镇居民最低生活保障覆盖率不仅低，而且差距较大。全省最低生活保障覆盖率不到10%，一些市县，包括省会海口在内，城镇居民最低生活保障覆盖率仅为2%左右，说明海南省在最低生活保障上亟须加强建设。在农村居民最低生活保障覆盖率方面最高的是儋州市，为9.3%，其他几个市县都在3%～5%之间，海南省2013年的农村居民最低生活保障覆盖率平均水平是5.3%，这个数据在2011年为3.9%. 海南省农村与城镇居民最低生活保障的差距主要体现在两个方面。首先，海南省城乡在最低生活保障上的差距较大，从整体上来看，城市生活保障覆盖率要高于农村生活保障覆盖率。其次，海南省各市县最低生活保障差距较大，最低生活保障覆盖率较高的市县多为贫困市县。在养老金方面，海南省养老金替代率较低，全省不到50%，可见海南省在养老金社会保障制度上还需要加强建设和发展，但海南省各市县养老金替代率的差距并不是很大，这与海南省养老金制度整体发展水平不高有关。

8.3.2 海南省城乡统筹社会保障服务均等化现状评估

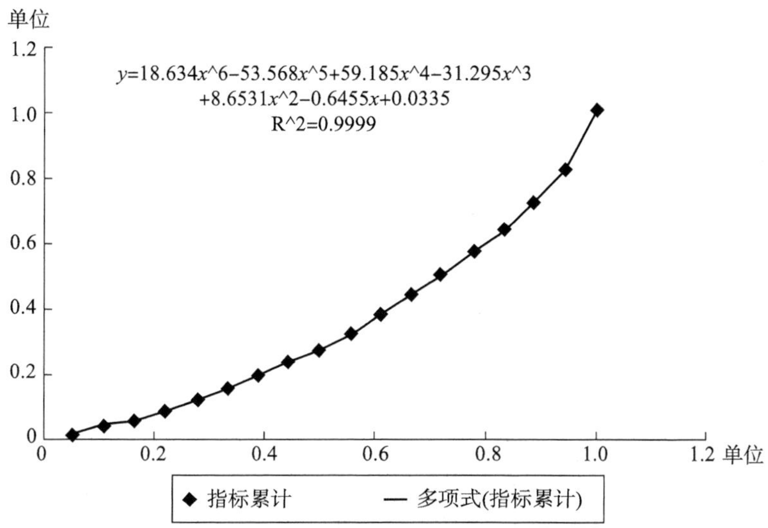

图 8-15　2013 年海南省社会保障总支出“洛伦兹曲线”

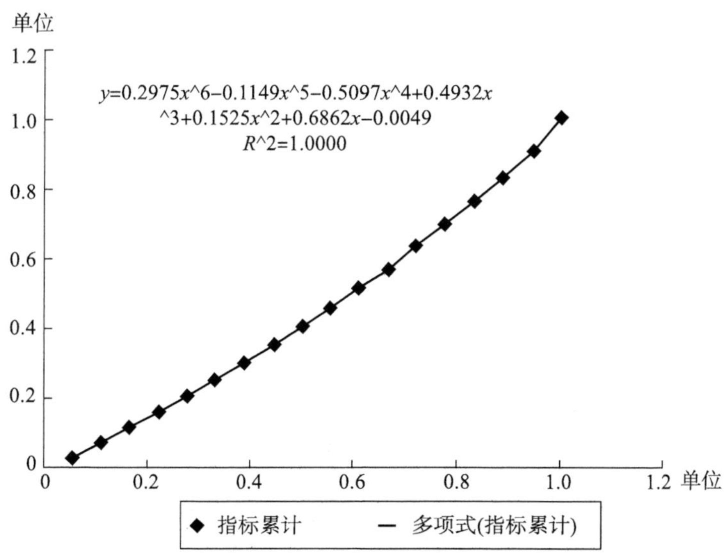

图 8-16　2013 年海南省人均社会保障支出“洛伦兹曲线”

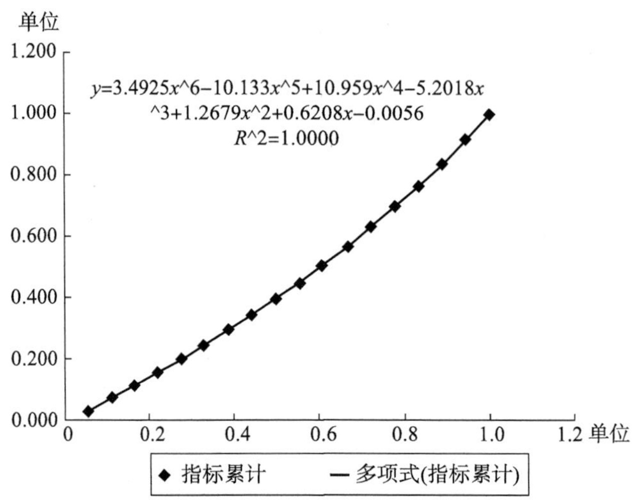

图 8－17　2013 年海南省社会保障支出占比“洛伦兹曲线”

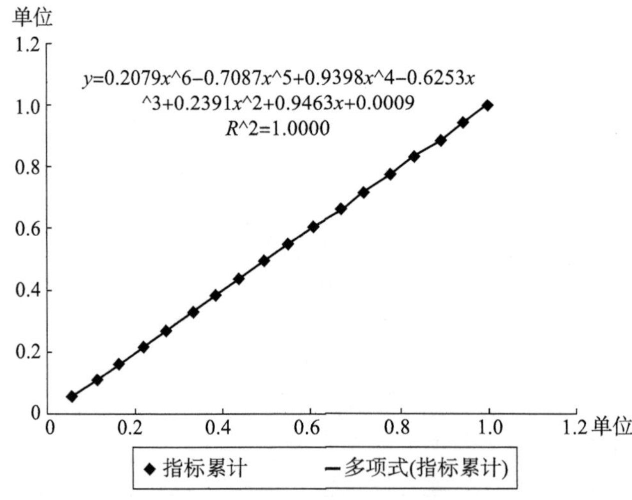

图 8－18　2013 年海南省新型农村合作医疗保险参保率“洛伦兹曲线”

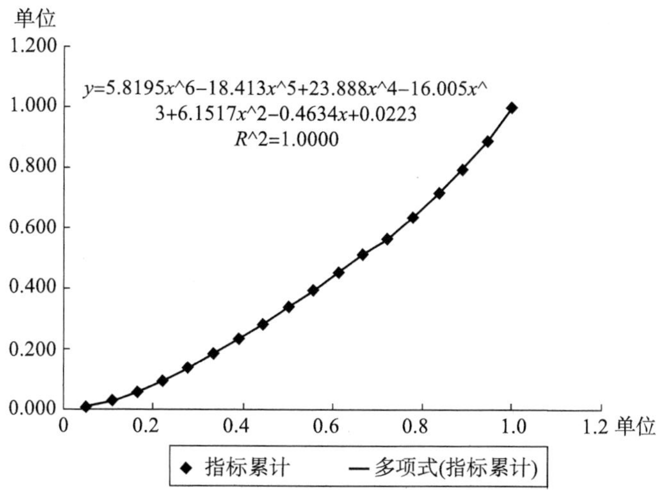

图 8-19　2013 年海南省城镇居民最低生活保障覆盖率"洛伦兹曲线"

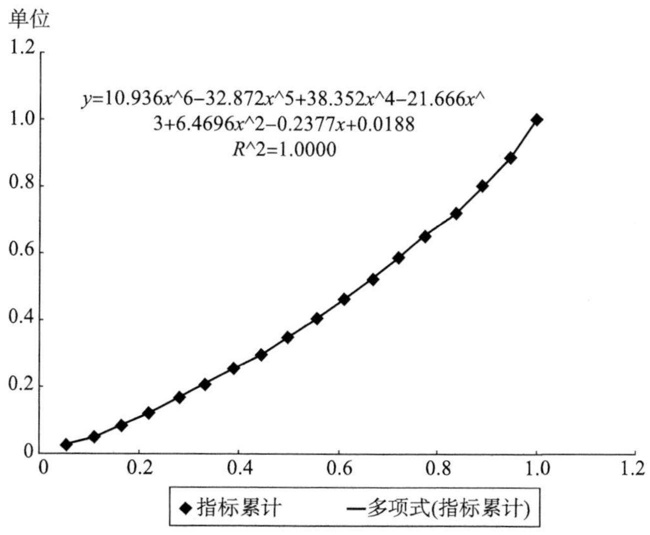

图 8-20　2013 年海南省农村居民最低生活保障覆盖率"洛伦兹曲线"

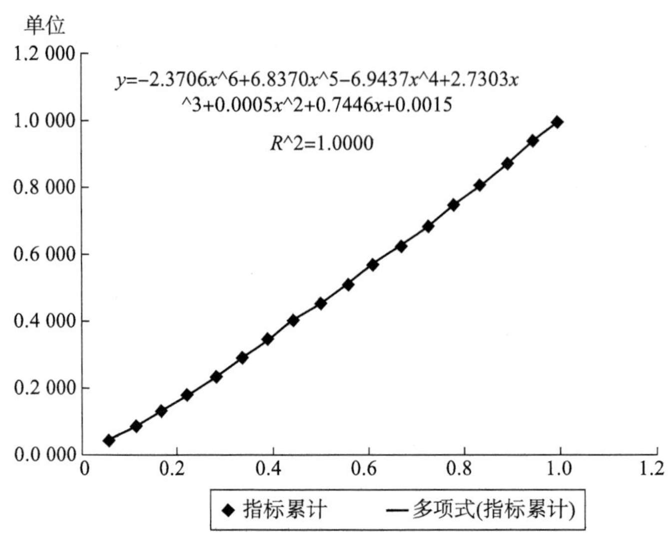

图 8－21　2013 年养老金替代率“洛伦兹曲线”

2013 年社会保障各指标基尼系数如表 8－6 所示。由表可以看出目前海南省社会保障均等化的状况。由图 8－22 可以看出近 2013 年海南省社会保障服务状况的均等化程度。从图形来看，在社会保障方面，不同指标之间的差异明显，这些指标中，最高基尼系数的是各市县社会保障支出，为 0.317。与前文中的表相对比分析，各市县社会保障财政总投入首先，是海口市，海口市作为海南省省会城市，人口众多，经济总量大。其次，是文昌市、三亚市和澄迈县。海口市每年在社会保障支出方面的财政投入是最低的保亭县的 9.6 倍。整个海南省全部 18 市县之间由于自身的经济与城市规模不同，差距巨大。这个指标与人均社会保障支出指标综合在一起分析，2013 年海南省的人均社会保障支出指标的基尼系数是 0.132，这个指标代表基尼系数小于 0.15，说明换算成人均单位后，海南省整体的社会保障支出这个指标的均等化程度较高。

表 8－6　2013 年海南省社会保障个指标基尼系数

年份	社会保障支出（万元）	人均社会保障支出（元）	社会保障支出占比	新型农村合作医疗保险参保率（%）	城镇居民最低生活保障覆盖率（%）	农村居民最低生活保障覆盖率（%）	养老金替代率
2013	0.317	0.132	0.142	0.006	0.241	0.213	0.063

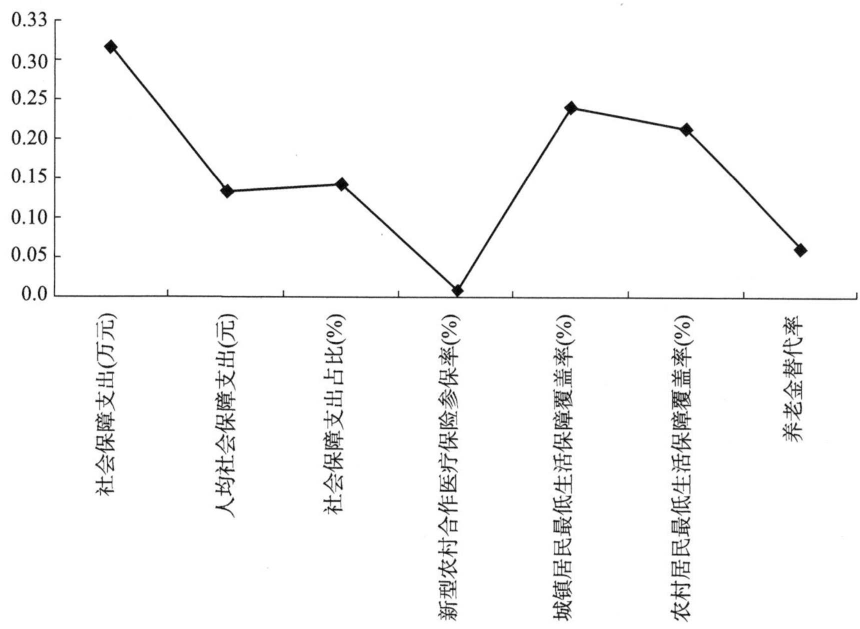

图 8－22　2013 年海南省医疗卫生各指标基尼系数

首先海南省新型农村合作医疗保险参保率的均等化建设程度最高，而指标的基尼系数仅为 0. 006，远远低于 0. 2，可以认为达到了较高的均等化程度。其次，海南省养老金替代率的基尼系数为 0. 063，也远远低于 0. 2，但由前文的分析可以得知，海南省养老金替代率的均等化程度较高是由于海南省养老制度整体发展水平不高。在社会保障支出占比上，基尼系数为 0. 142，在 0. 2 以下，均等化程度相对较好。在最低生活保障上，城市和农村的基尼系数都在 0. 2 ~ 0. 3 之间，从表面上来看，达到了相对平衡的区间，但是，由前文分析可知，海南省最低生活保障覆盖率极低，发展程度低，加上发展不平衡，因此海南省亟需加大对最低生活保障制度的建设和完善，保障居民最低生活水平，改善民生。

8. 4　海南省城乡统筹基础设施服务均等化的现状评估

8. 4. 1　海南省各市县基础设施服务总体指标分析

表 8－7 是 2013 年海南省各市县基础设施建设各项指标数值。从财政投入方面来看，海南省 2013 年市政公用设施建设固定资产投资占财政支出比重的平均值为 6. 31%。在各市县市政公用设施建设固定资产投资的占比中，占比首先是三

亚市，为12.23%，其次是文昌市和五指山市，分别为10.15%和8.08%。海口市占比为7.28%。分析其原因，首先三亚市是国际旅游城市，是我省和国家重点支持建设的城市，在公用设施建设上，投入自然较多；其次，海口市是省会城市，也是海南省基础设施建设的重点城市，所以投资占比相对较高；文昌市公用基础设施固定资产投资占比高于海口市，则是因为文昌市依托靠近海口的地缘优势，自今年以来大力发展旅游业与房地产业，在基础设施上大力投入，通过提升基础设施建设水平来吸引海口游客与大陆购房客。基础设施固定资产投资占比最少的为澄迈县，仅为0.32%，不到该县总财政支出的0.5%。原因之一是澄迈与海口接壤，海口的基础设施对澄迈有很大的溢出效应。总体来说，在市政公用设施建设固定资产投资方面，各市县间有不小的的差距，呈现出越是经济发达的市县越重视基础设施的投入，而经济欠发达的地区基础设施投入较少的形态。

表8－7　2013年海南省各市县基础设施建设各指标分析

单位	市政公用设施建设固定资产投资占比（%）	城市每万人道路长度（公里）	城市自来水普及率（%）	供电量（千瓦时/人）	城市燃气普及率%	城市每万人公厕数（所）	城市每万人道路照明灯（盏）
海南省	6.31	3.13	97.5	2024.1	95.1	0.69	239.59
海口市	7.28	5.19	100	2664.9	99.7	0.76	354.14
三亚市	12.23	3.19	95.6	4317.3	92.5	1.46	258.79
五指山市	8.08	6.18	96.5	880.27	87.7	0.95	1007.71
文昌市	10.15	2.84	99.4	1845	99.6	0.45	107.68
琼海市	5.7	3.25	96.1	1465	86.4	0.94	391.56
万宁市	3.67	1.26	94.2	1004.9	93.6	0.84	71.39
定安县	5.28	2.20	95.2	838	90.6	0.34	82.30
屯昌县	2.82	1.64	95.8	686	82.1	0.61	146.51
澄迈县	0.32	1.06	99.7	4559.4	86.7	0.21	96.02
临高县	3.42	1.31	93.4	665	97.4	0.25	103.46
儋州市	1.59	3.44	98.9	2247	92.1	0.53	298.73
乐东县	1.46	0.75	95.3	930.9	90.7	0.23	97.53
琼中县	1.81	0.68	91.7	2889.4	90.2	0.57	147.64
保亭县	4.71	2.73	94.2	909.7	97.6	0.87	219.25
陵水县	3.03	2.44	95.1	1322.4	84.6	0.58	251.82
白沙县	4.86	2.12	92.3	675.8	95.9	0.29	225.85
昌江县	2.62	5.01	98.3	4230.9	87.3	0.40	197.63
东方市	4.34	2.88	91.4	2189.6	99.8	1.18	189.78

资料来源：《海南省统计年鉴2014》。

从公共交通方面来看，海南省全省每万人道路长度为3.13万公里。各市县每万人道路长度中，排在前三位的市县依次是海口市、五指山市和昌江县，每万人道路长度分别为5.19公里、6.18公里和5.19公里。每万人道路长度最短的是琼中县，仅为0.68公里。仅有6个市县的每万人道路长度超过海南省平均水平，12个市县都低于海南省平均水平，可见，海南省在道路建设上各个市县间差距较大，且大部分市县处于平均水平之下。

海南省全省18市县的自来水普及率都超过了90%，最低的是东方市的91.4%，最高的是海口市的100%，澄迈市和文昌市都达到了99%以上，数值较低的是东方县、琼中县、临高县和白沙县等市县。在这里值得注意的是澄迈县与琼海市，其2014年的GDP分别226亿和184亿，而屯昌县和白沙县2013年的GDP分别53亿和37亿，且澄迈县与琼海市财政预算支出是屯昌县和白沙县的两倍，但是在自来水普及率上却与这些市县接近，这说明澄迈县与琼海市在这项基础设施上的供给不足，未来几年的基础设施建设应该多投向这方面。

海南省全省的城市燃气普及率为95.1%，最高的前三个市县分别为东方市的99.8%、海口市99.7%和文昌市的99.6%。这项指标中，最高的与最低的最多相差17.7%。

2013年我国人均用电量年3911千瓦，这只相当于发达国家水平的一半，是美国的四分之一左右。海南省的均值只有2024.1，达不到国家平均水平。在海南省的18市县中只有三亚市、澄迈县和昌江县超过国家平均值，其余15个市县均无法达到，五指山市、定安县、屯昌县、临高县、乐东县、保亭县和白沙县皆不足1000千瓦时，最低的临高县只有665千瓦时。人均用电量包含了工业、商业等非生活用电量，人均用电量高并不能直接反映人们生活水平质量高。比如我国内蒙古由于重工业比重大，人均用电量接近9000千瓦时，超过了很多欧美国家。海南省人均用电量比较低，说明海南工业还比较落后。从各县的数据差异也说明这一点。

从基本公共设施的建设方面来看，海南省万人公共厕所数为0.69所，三亚市、东方市、琼海市、五指山市、和海口市的指标数量较高，海口市是海南省省会，三亚是我国旅游城市，琼海市因为博鳌亚洲论坛也是基本公共设施重点建设的城市，所以每万人公共厕所数较多。从万人道路照明灯这一指标数量上来看，海口市、三亚市、五指山市琼海市、儋州市、陵水县的万人道路照明等指标数量都明显高于海南省平均水平。

8.4.2 海南省城乡统筹基础设施服务均等化的现状评估

图8-23至图8-28是根据2014年海南省城乡统筹基础设施服务均等化指

标所做的“洛伦兹曲线”。

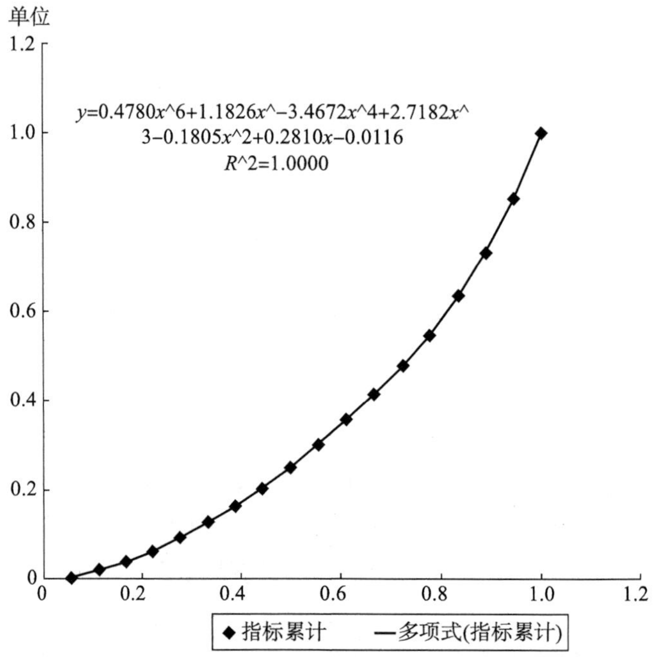

图 8－23　2014 年海南省市政公用设施建设固定资产投资占比的“洛伦兹曲线”

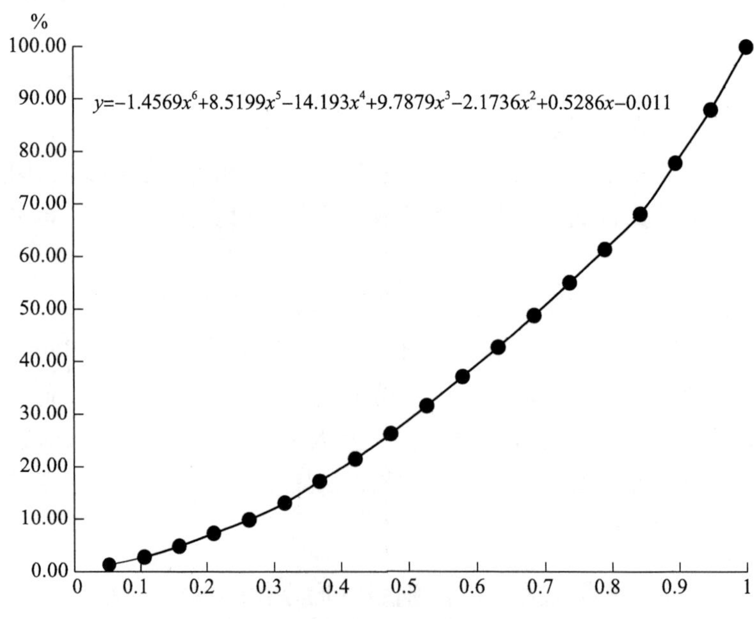

图 8－24　2014 年海南省每万人道路长度“洛伦兹曲线”

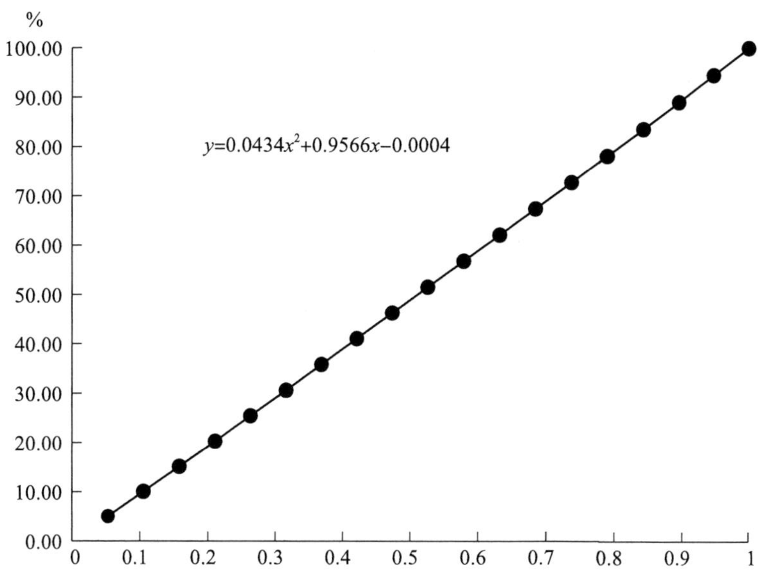

图 8－25　2014 年海南省自来水普及率“洛伦兹曲线”

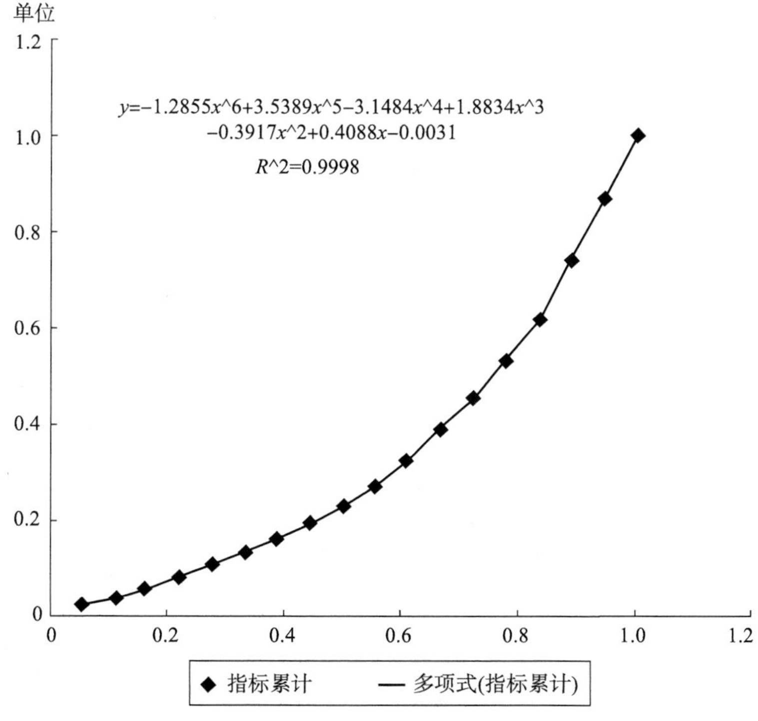

图 8－26　2014 年海南省人均用电量“洛伦兹曲线”

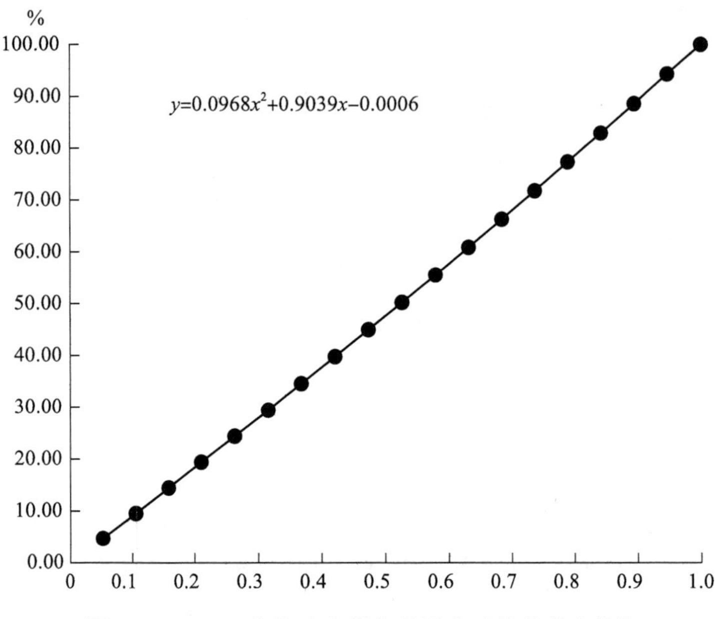

图 8－27　2014 年海南省燃气普及率“洛伦兹曲线”

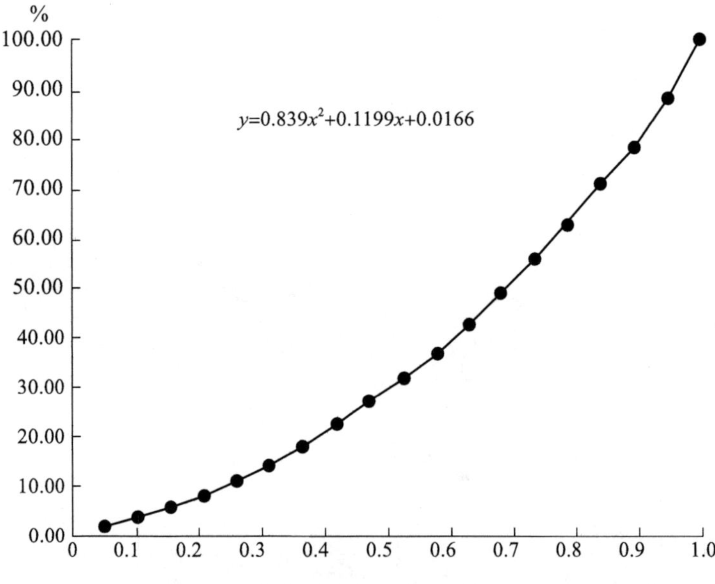

图 8－28　2014 年海南省万人公共厕所数“洛伦兹曲线”

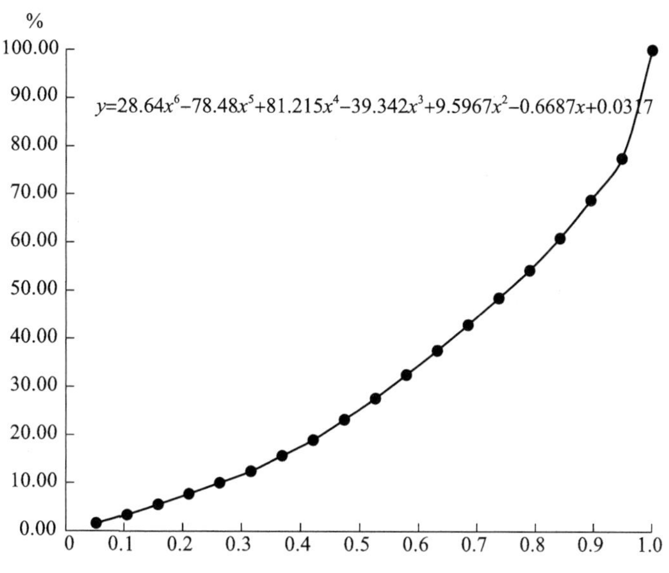

图 8－29　2014 年海南省万人道路照明灯“洛伦兹曲线”

遵照国际基尼系数的划分标准，由表 8－8 可以看出 2014 年海南省基础设施均等化的程度。海南省自来水普及率和燃气普及率的基尼系数为 0.15 和 0.02，远远低于 0.2 的绝对均等标准，可见自来水和燃气供给的基础建设均等化程度高，各市县享受到了基本均等的水和燃气供应这项基础设施服务。每万人道路长度的基尼系数为 0.15，未超过 0.2，处于相对均等阶段，均等化程度相对较好。海南省市政公用设施建设固定资产投资占比、人均用电量的基尼系数为 0.36，相对偏高，虽然没有超过 0.4 的警戒线，但是，全省市政固定资产投入分布还是不均等的。此外，海南省在公共厕所和道路照明这两项基础公共设施建设上，基尼系数是 0.14 和 0.18，没有超过 0.2，可见，这两类公共基础设施的均等化程度还是可以的。从总的来看，海南省基础设施在各市县的分布，虽然有差异，但差异还不算太大。

表 8－8　2014 年海南省基础设施建设指标的基尼系数

指标	市政公用设施建设固定资产投资占比	万人道路长度	自来水普及率	人均供电量	燃气普及率	万人公厕数	万人道路照明灯
基尼系数	0.36	0.15	0.02	0.36	0.02	0.14	0.18

1. 财政投入趋势分析

表 8－9 是海南省 2010 年至 2013 年市政公用设施建设固定资产投资占财政

投入比的基尼系数。从总体上来看，海南省市政公用设施建设固定资产投资占比的基尼系数较大，在 2011 年和 2012 年超过了 0.4 的警戒线，近四年的基尼系数呈现先上升后下降的趋势（图 8 - 30）。2010 年，海南省市政公用设施建设固定资产投资占比的基尼系数为 0.34，处于相对合理的范围，但是到了 2011 年，各市县在基础设施固定资产的投资占比的基尼系数变为 0.47，超过了 0.4 的警戒线，存在较大差异，2012 年，基尼系数没有下降反而进一步上升到了 0.54，各市县间基础设施投资占比的差异进一步增大，表现出明显的不均等。到了 2013 年，基尼系数有所下降，为 0.36，基本降到了 2010 的水平。可见，海南省在基础建设财政投入上，各市县间存在明显的不均等现象，虽然 2013 年差异有缩小的趋势，但是到目前为止，海南省各市县间差异性还是较大的。

表 8 - 9　2010—2013 年海南省市政公用设施建设固定资产投资占财政支出比的基尼系数

年份	2010	2011	2012	2013	2014
市政公用设施建设固定资产投资占财政支出比的基尼系数	0.34	0.47	0.54	0.36	

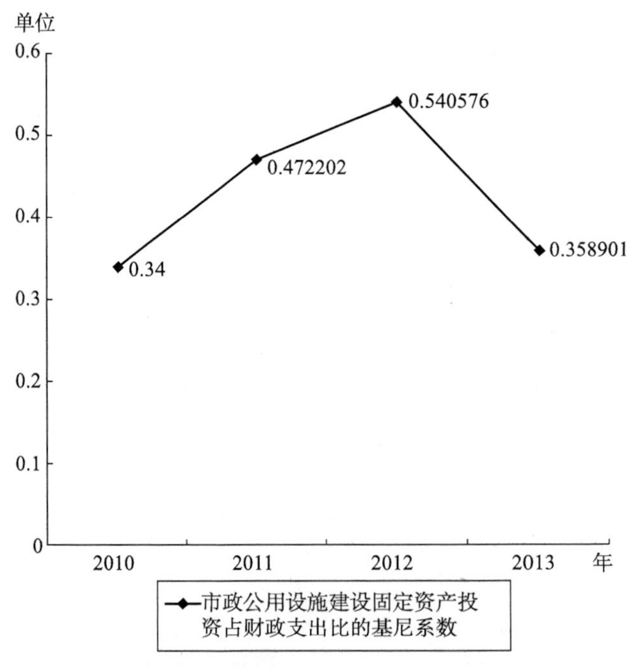

图 8 - 30　海南省市政公用设施建设固定资产投资占财政支出比的基尼系数走势

2. 公共交通

表 8 - 10 是海南省 2010 年至 2014 年海南省每万人道路长度基尼系数。从表

中可以看出，2010 年海南省每万人道路长度基尼系数为 0.54，高于 0.4 的警戒值，说明在 2010 年，海南省在各市县道路建设上存在较大的差异。但在 2010 年之后，每万人道路长度的基尼系数逐年下降，2013 年该项指标的基尼系数下降至 0.3 以下，处于比较均等的范围。从图 8 – 31 可以清楚地看出海南省 2010 年至 2013 年每万人道路长度基尼系数的走势，2011 年差异程度明显下降，之后的两年中，均等化程度又逐渐提高，2014 年该项指标的基尼系数为 0.15，达到 0.2 以下的绝对均等，这表明海南省各市县道路交通基础建设公共服务均等化建设有了很大的提高。

表 8 – 10　2010—2013 年海南省每万人道路长度基尼系数

年份	2010	2011	2012	2013	2014
基尼系数	0.54	0.32	0.30	0.28	0.15

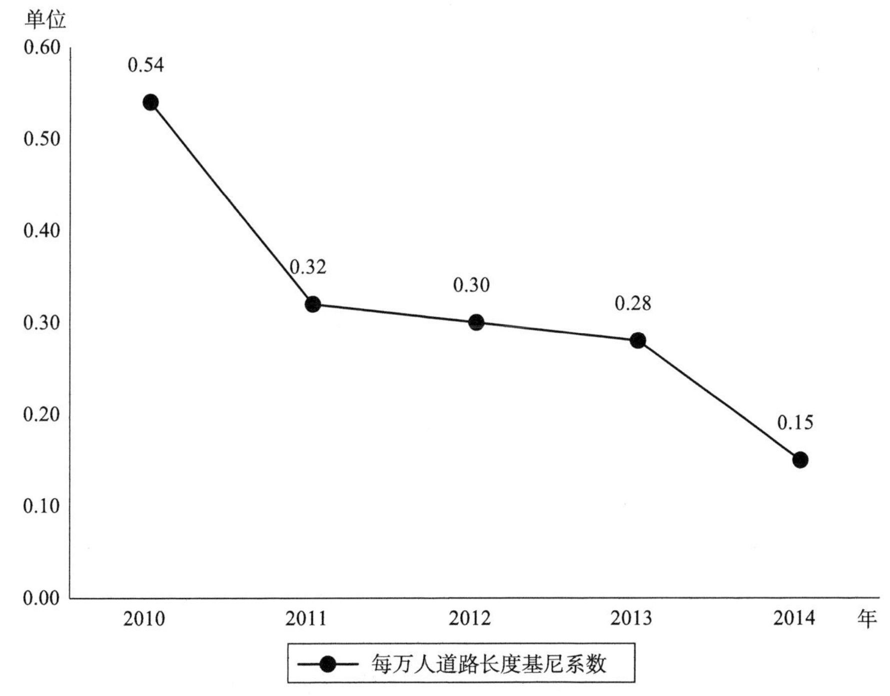

图 8 – 31　2010—2014 年海南省每万人道路长度基尼系数走势

3. 水、电、燃气供应

从表 8 – 11 中可以看出海南省各市县近几年来燃气和供水均等化程度。从总体上来看，海南省各市县燃气普及率和自来水普及率的均等化程度较高。2010 年至 2014 年，两个指标的基尼系数都在 0.2 之下，达到了绝对均等的标准。纵向比较2010年至2013年四年的基尼系数变化（图8－32），基尼系数呈现明显且快速下降趋势。燃气普及率的基尼系数较自来水普及率基尼系数下降更快。通过近四年自来水普及率和燃气普及率基尼系数的比较，可以看出海南省自来水可燃气基础建设的均等化程度非常高。到了2014年，基尼系数非常小，仅为0.02，可以说在全省实现了均等化的自来水和燃气供给。

表8－11　2010—2013年海南省燃气普及率及自来水普及率基尼系数

年份	2010	2011	2012	2013	2014
燃气普及率基尼系数	0.11	0.07	0.07	0.02	0.02
自来水普及率基尼系数	0.07	0.05	0.04	0.02	0.02

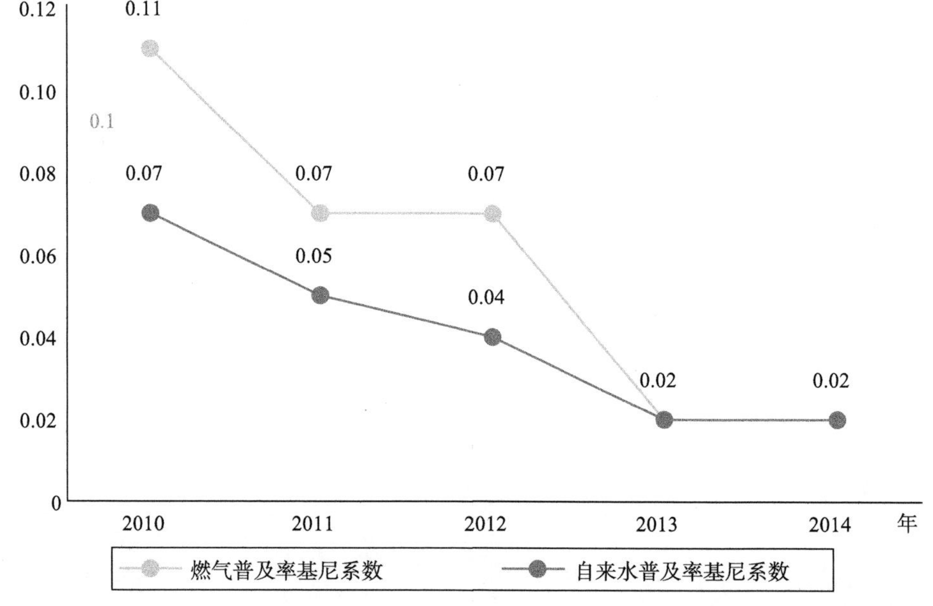

图8－32　2010—2014年海南省自来水普及率、燃气普及率基尼系数走势

4. 基本公共设施

从表8－12可以看出海南省近四年来基本公共设施的均等化情况。从总体上来看，万人道路照明灯和万人公共厕所的基尼系数较高，说明海南省各市县的差异较大。2010年，万人公共厕所的基尼系数为0.51，远远超过了0.4的警戒线，之后呈现下降趋势，到了2014年，基尼系数为0.14，达到小于0.2的绝对平均水平；2010年，万人道路照明灯的基尼系数为0.43，超过了警戒线，随后的几年波动变化，到了2014年，基尼系数为0.18。从近几年的变化来看(图8－33)，海南省各市县道路照明灯和公共厕所的供给，近几年差异化程度有所减小，目前照明灯和公共厕所的供给处于绝对平均状态。

表 8－12　2010—2014 年海南省万人公路照明灯及万人公共厕所基尼系数

年份	2010	2011	2012	2013	2014
万人道路照明基尼系数	0.43	0.35	0.39	0.36	0.18
万人公共厕所基尼系数	0.51	0.43	0.42	0.36	0.14

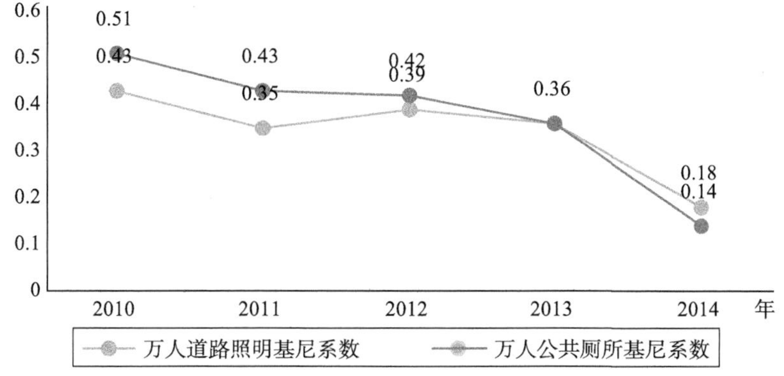

图 8－33　2010—2014 年海南省万人道路照明灯、万人公共厕所基尼系数走势

8.5　海南省城乡统筹公共安全服务均等化的现状评估

8.5.1　海南省各市县公共安全服务的指标分析

公共安全服务关系到多数人的生命、健康和公私财产的安全，是广大人民群众根本利益的重要体现，需要长期持续不断的投入和管理。根据上述公共安全服务均等化程度的评价指标体系和评价方法，在搜集和整理海南省 18 个市县的原始数据的基础上（表 8－13），对 2013 年海南省公共安全服务均等化程度进行评价。

表 8－13　2014 年海南省 18 市县公共安全均等化指标分析

指标 市县	公共安全支出占比（%）	火灾发生率（1/10w）	交通事故发生率（1/10w）	火灾平均直接损失（万元/次）	交通事故平均直接损失（万元/次）
海口市	8.55	19.4	29.2	1.38	0.15
三亚市	6.84	48.2	23.3	1.80	3.09
五指山市	6.89	12.4	14.3	0.34	1.16
文昌市	4.20	7.5	25.1	1.04	0.22

续表

市县 \ 指标	公共安全支出占比（%）	火灾发生率（1/10w）	交通事故发生率（1/10w）	火灾平均直接损失（万元/次）	交通事故平均直接损失（万元/次）
琼海市	4. 60	7. 6	36. 8	6. 04	1. 66
万宁市	5. 10	6. 1	9. 5	3. 99	0. 27
定安县	4. 95	6. 6	9. 0	1. 78	0. 33
屯昌县	4. 23	6. 9	12. 6	0. 47	2. 92
澄迈县	3. 75	10. 0	29. 5	1. 59	0. 46
临高县	4. 04	17. 8	15. 5	2. 84	0. 22
儋州市	3. 72	19. 9	14. 6	2. 55	0. 35
东方市	5. 74	7. 0	32. 2	1. 41	0. 78
乐东县	4. 23	11. 8	15. 6	0. 53	0. 37
琼中县	4. 78	9. 7	18. 2	0. 28	0. 16
保亭县	5. 91	7. 4	31. 5	0. 71	0. 33
陵水县	5. 47	5. 5	8. 9	3. 03	0. 23
白沙县	5. 52	5. 3	39. 4	0. 32	0. 29
昌江县	3. 68	6. 2	19. 4	0. 88	0. 73
海南省均值	5. 12	11. 96	21. 37	1. 72	0. 76

资料来源：《海南省统计年鉴2015 年》。

8. 5. 2　海南省城乡统筹公共安全服务均等化的现状评估

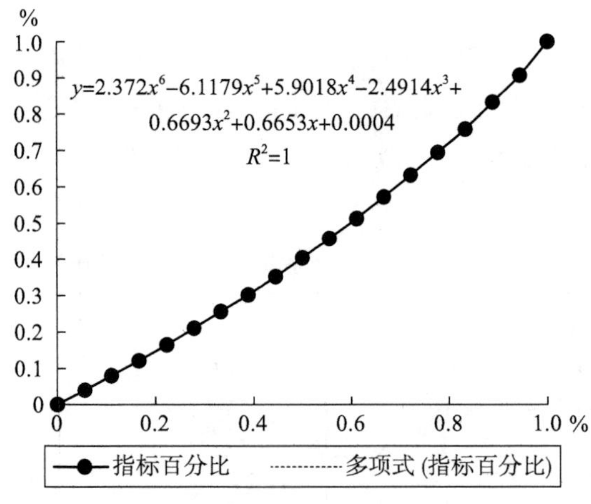

图 8 - 34　2014 年海南省公共安全支出占比的“洛仑兹曲线”

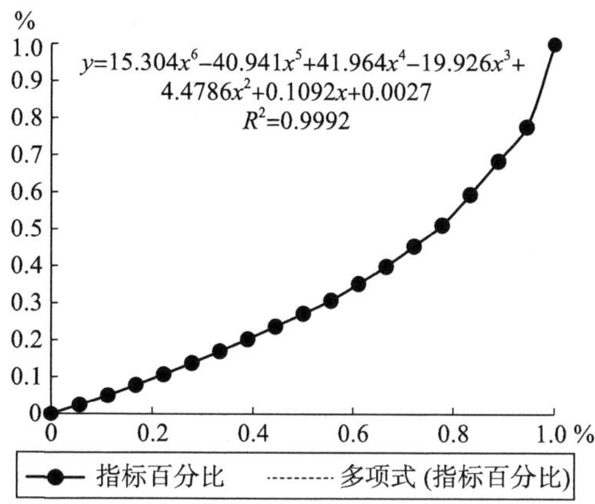

图 8－35 2914 年海南省火灾发生率的“洛仑兹曲线”

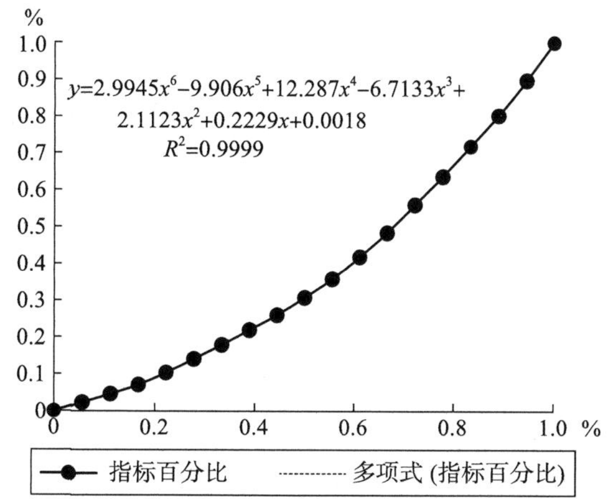

图 8－36 2014 年海南省交通事故发生率的“洛仑兹曲线”

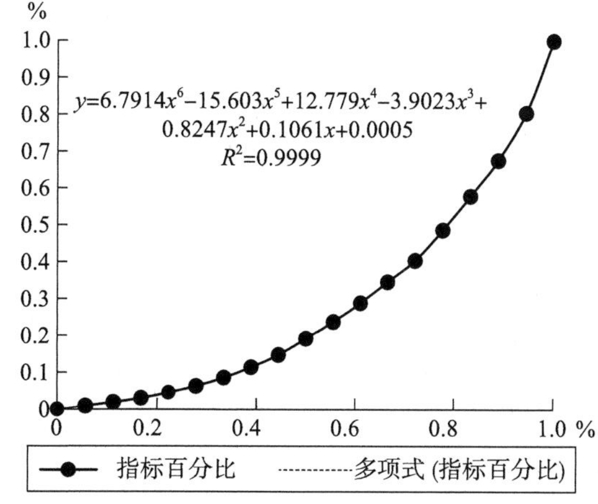

图 8－37 2014 年海南省火灾平均直接损失的“洛仑兹曲线”

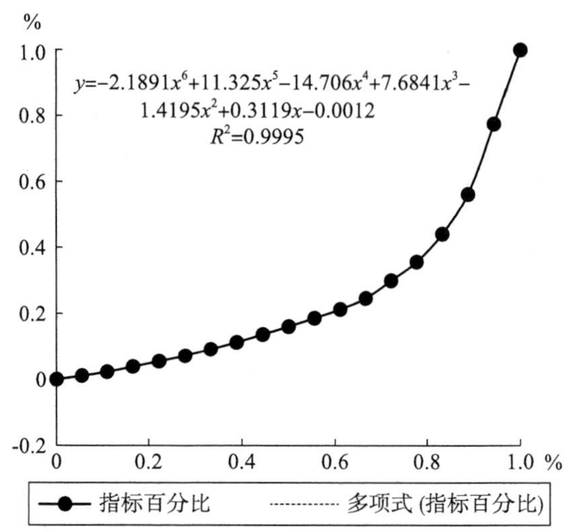

图 8－38 2014 年海南省交通事故平均直接损失的“洛仑兹曲线”

按此方法，算出了 2014 年各项指标的基尼系数，如图 8－39 所示。

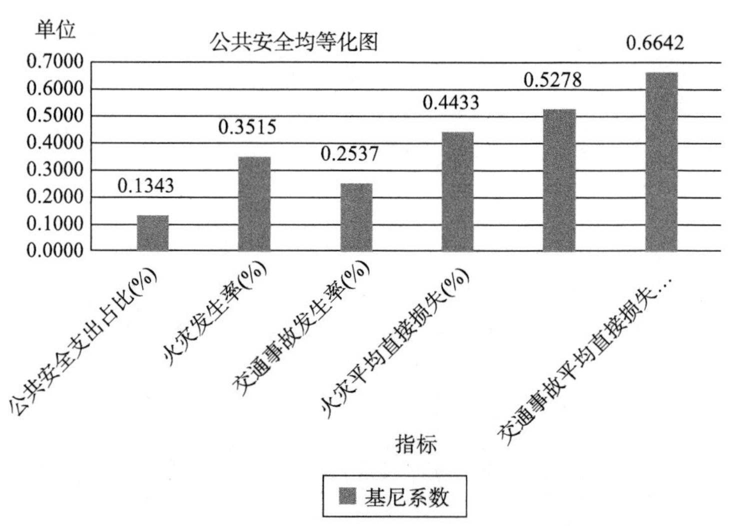

图 8－39 2014 年海南省公共安全基尼系数

1. 从公共安全支出占比来看

2014 年海南省公共安全支出占比的平均值为 5.12%，首先海口作为海南省的两大城市之一，人口周转率大，其公共安全更加受到政府的重视，所以海口的公共安全支出占比最高为 8.55%，其次是五指山市 6.89%，三亚是 6.84%，其他的市县都在 4%～6%之间。公共安全支出占比这项指标的基尼系数仅为 0.15，可见虽然政府偏向于城市，但海南省各市县公共安全支出占比均等化程度仍然很高。

2. 从火灾发生率（1/10w）来看

2014 年海南省火灾发生率（1/10w）的平均值为 11.96 次，而火灾发生率（1/10w）最高的三亚为 48.2 次，紧随其后的儋州、海口、临高分别为 19.9 次、19.4 次、17.8 次，其他的大部分都在 10 次以内。火灾发生率（1/10w）这项指标的基尼系数为 0.42647，稍微超过了 0.4 的警戒线，这主要是由于三亚的火灾发生率（1/10w）远远高于其他市县，可见海南省各市县火灾发生率（1/10w）均等化程度虽然不高，但若排除三亚，均等化程度依然合理。

3. 从交通事故发生率（1/10w）来看

2014 年海南省交通事故发生率（1/10w）的平均值为 21.37 次，而交通事故发生率（1/10w）最高的白沙县是 39.4 次，紧随其后的琼海、东方和保亭分别是 36.8 次、32.2 次、31.5 次，最低的陵水、定安和万宁不到 10 次，其他的都在 30 次以内。交通事故发生率（1/10w）这项指标的基尼系数为 0.2788，低于 0.4 的警戒线，相对合理，可见海南省各市县交通事故发生率（1/10w）基本均等。

4. 从火灾平均直接损失来看

2014 年海南省火灾平均直接损失 1.72 万元，最高的琼海 6.04 万元，省会城市海口 1.38 万元。火灾平均直接损失这项指标的基尼系数为 0.5112，可见海南省各市县火灾平均直接损失均等化程度还有一定的差距，各市县的消防意识、设施和能力还存在一定的不均等性。

5. 从交通事故平均直接损失来看

2014 年海南省交通事故平均直接损失 0.73 万元，最高的三亚、屯昌和五指山市分别为 3.09 万元、2.92 万元和 1.16 万元，其他各市县交通事故平均直接损失都在 1 万元以内，而最低的海口只有 0.15 万元，最高的三亚和最低的海口相差 20 倍多。交通事故平均直接损失这项指标的基尼系数为 0.6642，是以上几项指标中最高的，可见海南省各市县交通事故平均直接损失非均等化程度悬殊，各市县交通安全意识、交通事故应急预警机制存在很大的缺陷。

8.6 海南省城乡统筹环境保护服务均等化的现状评估

8.6.1 海南省各市县环境保护服务的指标分析

环境保护服务关系到海南省国际旅游岛的建设和发展，是海南省发展旅游业的重要保障，需要长期持续不断的投入和管理。根据上述环境保护服务均等化程度的评价指标体系和评价方法，在搜集和整理海南省 18 个市县的原始数据的基础上（表 8－14），对 2014 年海南省环境保护服务均等化程度进行评价，得出均等化程度的评价结果。

表 8－14　2014 年海南省 18 市县环境保护比较

指标 市县	环境保护支出占比（%）	城市绿地覆盖率（%）	万人公园面积（公顷）	森林覆盖率（%）	万人烟尘排放量（t）	工业固体废物综合利用率（%）	污水处理率（城）（%）	垃圾处理率（%）	
								城	乡
海口市	1.82	2.81	3.88	38	10.85	94	88.10	100	75.97
三亚市	0.18	0.89	6.59	68	22.39	100	79.73	100	100
五指山市	3.17	0.25	3.24	83	29.40	100	65.25	100	73.79
文昌市	0.39	0.45	2.50	43	4.14	100	53.49	100	86.05
琼海市	8.94	0.63	4.67	62	5.03	100	49.43	100	100
万宁市	1.99	0.22	0.85	68	4.94	100	98.30	98.24	93.84
定安县	1.45	0.59	2.07	58	15.32	100	65.46	100	100
屯昌县	4.47	0.20	0.61	72	12.29	—	59.07	100	100
澄迈县	1.90	0.15	0.33	49	80.45	83	99.71	100	100
临高县	2.15	0.29	0.45	45	11.74	100	40.63	92.33	36.79
儋州市	3.48	1.89	2.48	52	31.65	100	36.25	100	99.31
东方市	7.50	0.38	2.64	57	67.83	89	29.41	100	44.89
乐东县	0.80	0.09	0.46	63	4.50	0	66.89	100	91.69
琼中县	4.26	1.04	1.87	82	11.41	100	30.89	87.50	86.30
保亭县	0.89	0.37	4.01	85	14.10	100	82.73	95.33	100
陵水县	2.39	0.30	1.63	61	3.40	—	42.34	87.36	88.38
白沙县	3.00	0.10	1.12	83	22.21	100	96.67	97.04	92.49
昌江县	1.16	0.38	1.62	59	259.46	64	46.95	100	100
海南均值	2.77	0.61	2.28	62.67	33.95	65	70.75	99.17	88.41

资料来源：《海南省统计年鉴 2015 年》。

8.6.2 海南省城乡统筹环境保护服务均等化的现状评估

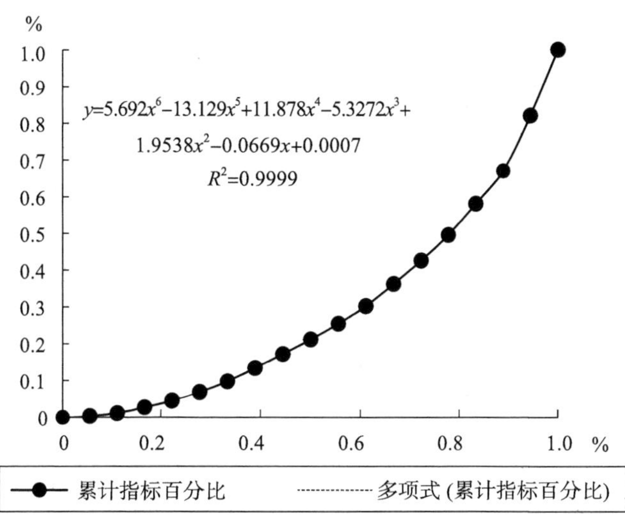

图 8-40 2014 年海南省环境保护支出占比的“洛仑兹曲线”

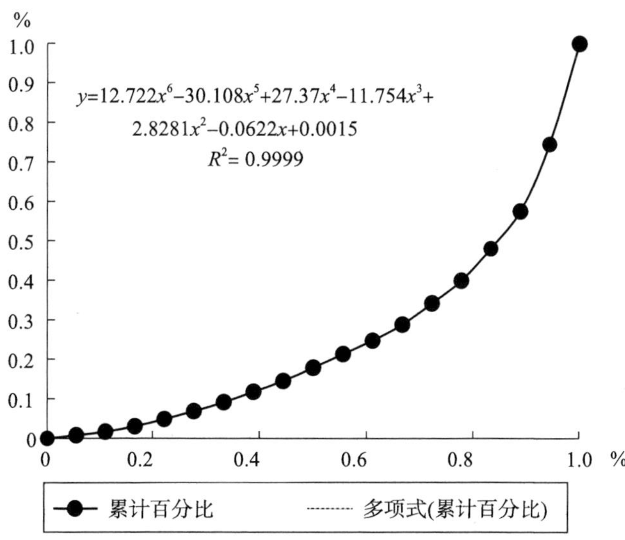

图 8-41 2014 年海南省城市绿地覆盖率的“洛仑兹曲线”

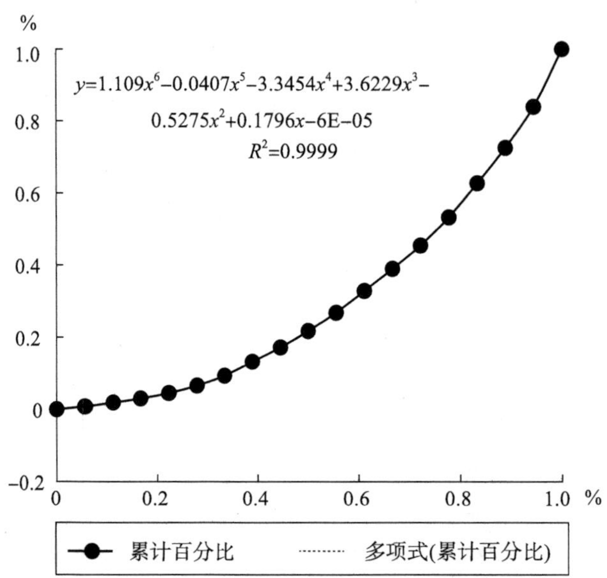

图 8－42　2014 年海南省万人公园面积的“洛仑兹曲线”

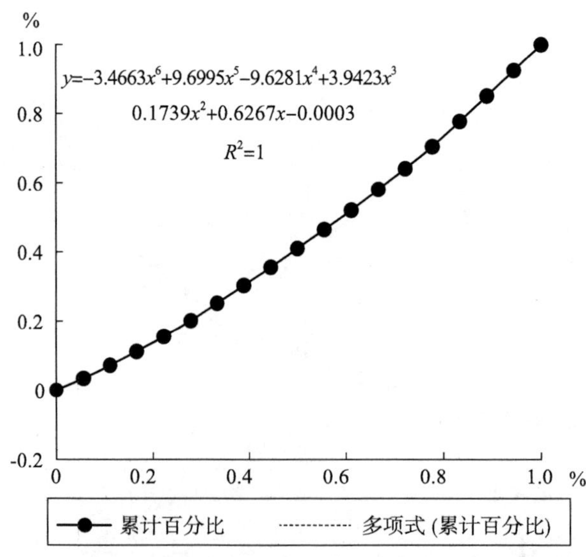

图 8－43　2014 年海南省森林覆盖率的“洛仑兹曲线”

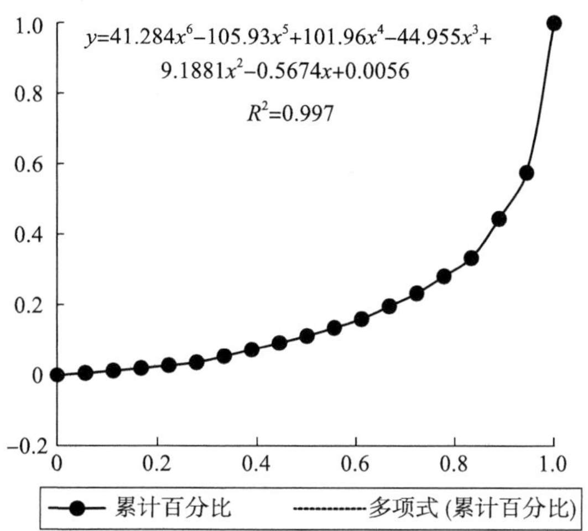

图 8-44　2014 年海南省万人烟尘排放量的“洛仑兹曲线”

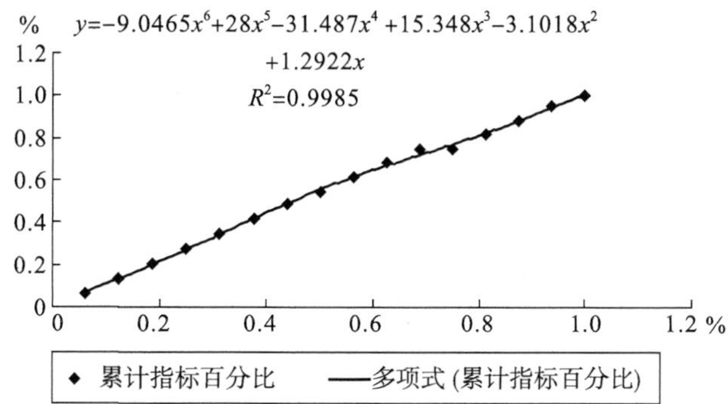

图 8-45　2014 年海南省工业固体废物综合利用率的“洛仑兹曲线”

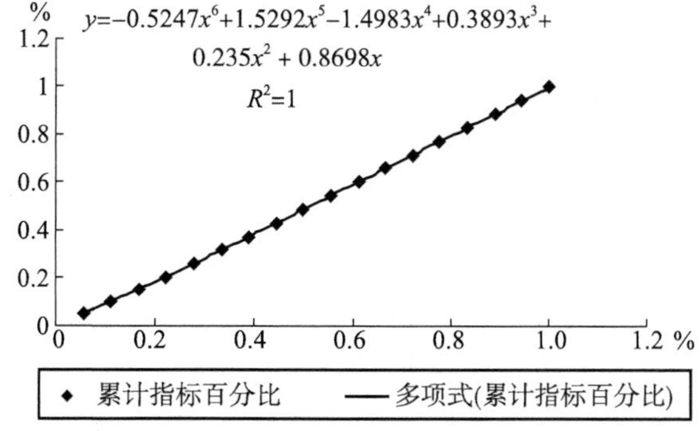

图 8-46　2014 年海南省垃圾处理率（城）的“洛仑兹曲线”

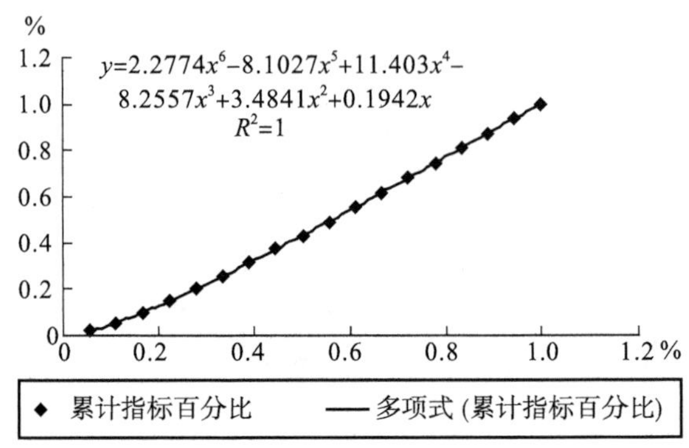

图 8 –47　2014 年海南省垃圾处理率（乡）的“洛仑兹曲线”

按此方法，算出了 2014 年各项指标的基尼系数，如图 8 –49 所示。

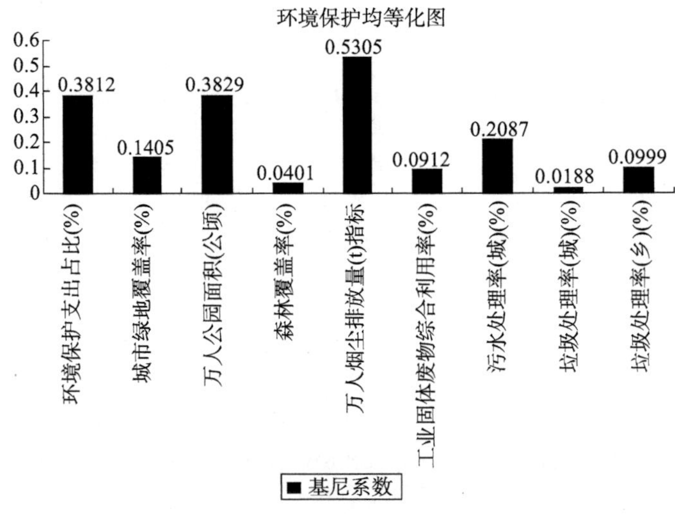

图 8 –48　2014 年海南环境保护基尼系数

资料来源：《海南省统计年鉴 2015 年》、《2014 年海南省政府工作报告》和《2014 年海南省国土资源环境厅统计公告》

注：污水处理率和垃圾处理率 2013 年的数据暂不能获取，以 2012 年数据代替。

由图 8 –48 可知：

1. 从环境保护支出占比来看

2014 年海南省环境保护支出占比的平均值为 2. 27% ，其中屯昌和儋州都在 6% 以上，政府的环境保护支出倾向于落后地区，由于三亚的政府管制较严，故环境保护支出占比并不高，仅有 0. 18% ，是最高屯昌的八分之一。环境保护支出占比这项指标的基尼系数为 0. 3812，可见海南省各市县环境保护支出占比均等化程度相对比较合理。

2. 从城市绿地覆盖率来看

2014 年海南省城市绿地覆盖率的平均值为 0.61%，最高的几个市县分别是海口 2.81%、儋州 1.89%、琼中 1.04%，而其他市县都集中在1%以下，经济发达地区和落后地区虽然相差悬殊，但落后地区相差不大。城市绿地覆盖率这项指标的基尼系数为 0.1405，可见海南省各市县环城市绿地覆盖率均等化程度很高。

3. 从万人公园面积来看

2013 年海南省万人公园面积的平均值为 2.48 公顷，其中海口、三亚都接近 4 公顷，排在前列，而澄迈、文昌、乐东都不足 1 公顷，公园这种公共产品偏向于经济发达地区。万人公园面积这项指标的基尼系数为 0.3829，可见海南省各市县万人公园面积的基尼系数接近 0.4 这一警戒线，但均等化程度仍然相对合理。

4. 从森林覆盖率来看

2013 年海南省森林覆盖率的平均值为 52%，五指山、琼中、保亭、白沙这些经济相对落后地区都在 80% 以上，而经济比较发达的海口仅为 38%，这主要是由于海口人口密集，森林损失严重。森林覆盖率这项指标的基尼系数为 0.0401，可见海南省各市县森林覆盖率的均等化程度非常高。

5. 从万人烟尘排放量来看

2013 年海南省万人烟尘排放量的平均值为 18.03 吨，其中昌江最高，为 155.36 吨，是海南省平均值的 8.62 倍，其次的东方 42.48 吨、屯昌 33.55 吨、澄迈 33.17 吨，都远远低于昌江，最低的琼海 3.03 吨、万宁 4.35 吨，只有昌江的四十分之一左右，相差悬殊。万人烟尘排放量这项指标的基尼系数为 0.5305，超过 0.5，远远大于 0.4 的警戒线，差距悬殊，是唯一一个超过警戒线的指标，可见海南省各市县烟尘排放量的非均等化程度十分显著。

6. 从工业固体废物综合利用率来看

2013 年海南省工业固体废物综合利用率的平均值为 65%，虽然海南省国土资源环境厅未公布屯昌和陵水的数据，但从其他市县来看，工业固体废物综合利用率最低的乐东为 0，最高的三亚、五指山、文昌、琼海、万宁、定安等 11 个市县都为 100%，除去乐东后，其他市县相差不大。工业固体废物综合利用率这一项指标的基尼系数为 0.0912，可见海南省各市县的工业固体废物综合利用率的均等化程度很高。

7. 从污水处理率（城）来看

2012 年海南省城市污水处理率的平均值为 70.75%，城市污水处理率最高的三个市县分别是澄迈 99.71%、万宁 98.30%、白沙 96.67%，都接近于 100%，海口和三亚中等偏上，分别是 88.10%、79.73，而城市污水处理率最低的东方只有 29.41%，相差很大。污水处理率（城）这一指标的基尼系数为 0.2087，可见海南省各市县的城市污水处理率的均等化程度比较高。

8. 从垃圾处理率来看

2012 年海南省城市垃圾处理率和农村垃圾处理率的平均值分别为 99.17%、88.41%，城乡相差 10.76%。海口、三亚等 12 个市县的城市垃圾处理率都是 100%，最低的琼中、陵水也接近 90%，而其他市县都在 90% 以上，相差不大；而对于农村垃圾处理率，只有三亚、定安等 6 个市县为 100%，最低的临高和东方分别只有 36.79%、44.89%，其他市县都在 70% 以上，相差比较大。垃圾处理率（城）和垃圾处理率（乡）的基尼系数分别为 0.0188、0.0999，可见海南省各市县的垃圾处理率的均等化程度很高，城市比农村的均等化程度相对更高。

8.7 海南省城乡统筹普惠金融服务均等化的现状评估

8.7.1 海南省各市县普惠金融服务的指标分析

基于海南省普惠金融服务均等化评估指标体系，在搜集和整理海南省 18 个市县的原始数据的基础上，采用基尼系数法进行普惠金融服务均等化现状的评估。

表 8－15 2014 年海南省普惠金融服务均等化指标体系数据

项目 单位	人均贷款额 元/人/年	人均存款额 元/人/年	金融网点人均拥有率 个/万人	金融从业人数占比	自助取款机覆盖率 个/万人	POS 机覆盖率 个/万人
全省	50173.09	66446.75	—	0.0073	—	—
海口市	165823.2566	51402.71966	—	0.0151	—	—
三亚市	101659.4505	49377.42696	—	0.0084	—	—
五指山市	17961.33813	24964.56464	2.29	0.0045	3.81	55.90
琼海市	19214.35965	29417.88046	2.40	0.0040	4.30	104.93
儋州市	19778.26195	32041.81741	1.08	0.0022	2.34	21.05
文昌市	11944.76808	19454.04846	2.65	0.0048	4.29	51.85
万宁市	10072.99583	18833.86053	1.51	0.0028	2.73	31.24
东方市	10598.53848	14881.09285	1.45	0.0025	2.44	49.19
定安县	17670.39375	16655.87634	1.74	0.0032	2.92	36.70
屯昌县	10043.49387	11129.43311	2.00	0.0045	2.19	15.76
澄迈县	27198.97193	17765.70729	1.49	0.0023	2.92	27.98
临高县	12190.54334	14173.48171	1.15	0.0022	1.81	9.97
白沙县	7943.306972	15466.80128	2.06	0.0036	2.01	37.52

续表

项目 单位	人均贷款额 元/人/年	人均存款额 元/人/年	金融网点人均拥有率 个/万人	金融从业人数占比	自助取款机覆盖率 个/万人	POS 机覆盖率 个/万人
昌江县	10488. 99157	19387. 20488	2. 08	0. 0042	2. 96	27. 90
乐东县	11618. 53601	24906. 31053	1. 12	0. 0020	2. 30	15. 49
陵水县	25100. 86638	19584. 65748	1. 70	0. 0045	3. 02	39. 67
保亭县	6557. 599238	15070. 33843	2. 36	0. 0057	3. 37	60. 47
琼中县	13671. 41485	19965. 26043	2. 57	0. 0119	2. 45	39. 97

资料来源：《2014 年中国人民银行海口中心支行统计公告》。

8. 7. 2　海南省城乡统筹普惠金融服务均等化的现状评估

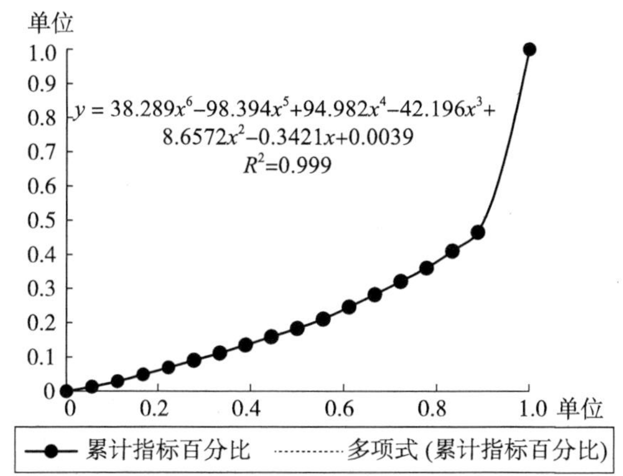

图 8－49　2013 年海南省各市县人均贷款额“洛仑兹曲线”

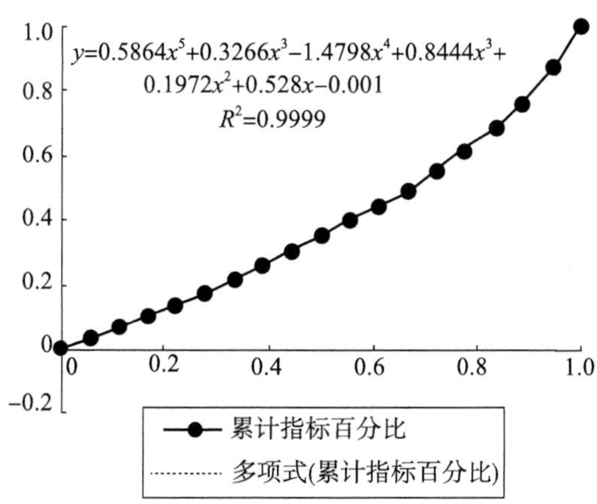

图 8－50　2013 年海南省各市县人均存款额“洛仑兹曲线”

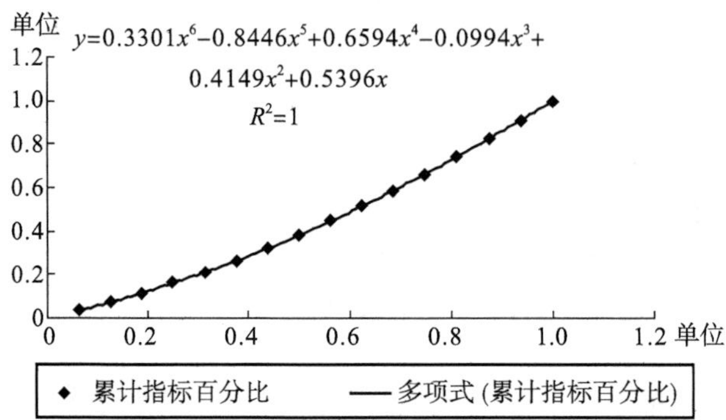

图 8－51　2013 年海南省各市县金融网点人均拥有率“洛仑兹曲线”

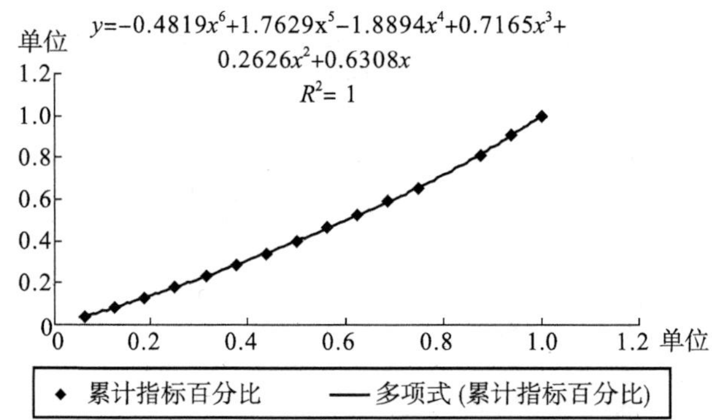

图 8－52　2013 年海南省各市县自助取款机覆盖率“洛仑兹曲线”

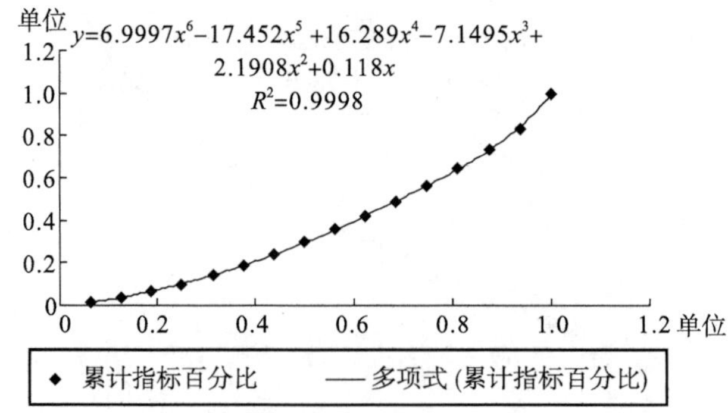

图 8－53　2013 年海南省各市县 POS 机覆盖率“洛仑兹曲线”

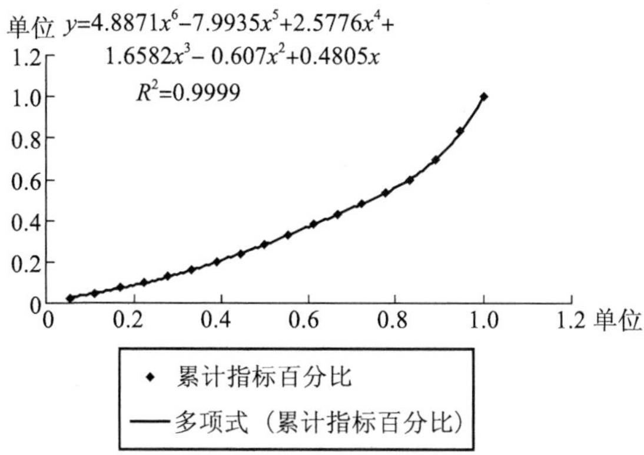

图 8－54　2013 年海南省各市县金融从业人数占比“洛仑兹曲线”

表 8－16　2013 年海南省普惠金融服务基尼系数

项目	人均贷款额	人均存款额	金融网点人均拥有率	金融从业人数占比	自助取款机覆盖率	POS 机覆盖率
基尼系数	0. 5456	0. 3439	0. 157	0. 3321	0. 1417	0. 298

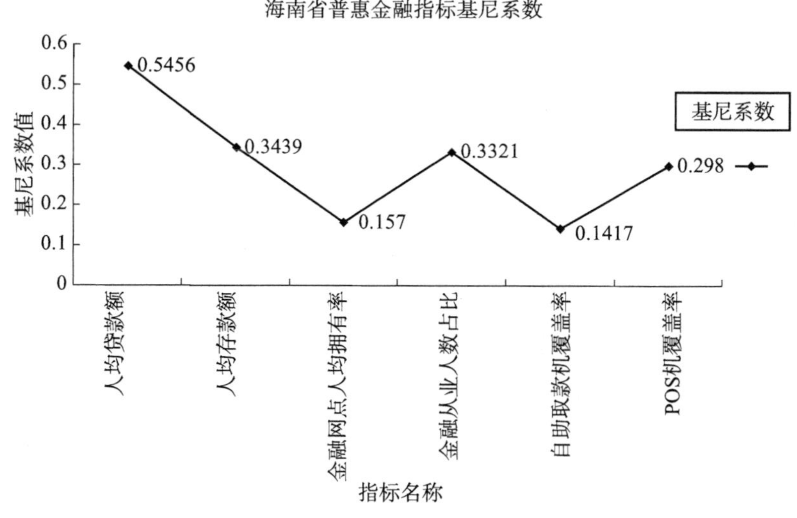

图 8－55　2013 年海南省普惠金融服务基尼系数

通过对海南省各市县的普惠金融一级指标下的六个二级指标的变异系数进行计算，我们可以看出，各市县金融网点人均拥有率和各市县自助取款机覆盖率的变异系数较小，分别为 0. 157 和 0. 1417，根据国际标准，基尼系数低于 0. 2，反映出海南省各市县在金融基础设施的建设上发展绝对均等，各市县发展水平相差不大，在金融机构网点的覆盖和ATM自助取款机的覆盖方面基本实现了全省的均等化。各市县POS机覆盖率的基尼系数为0.298，说明各市县的POS机的普及比较均等，可见海南省的普惠金融理念践行较好，将金融服务延伸到农村地区，使提升普惠金融均等化建设不再是纸上谈兵。而各市县人均存款额和各市县金融从业人数占比两项指标的基尼系数在0.3～0.4之间，分别为0.3439和0.3321，说明其不均等化的程度相对合理。而各市县人均贷款额这一指标的基尼系数为0.5456，说明贷款分布很不均匀，金融资源的分配比较严重的倾向大城市。金融资源对三农的支持力度还不够。

1. 从各市县人均贷款额来看

截至2014年末，海南省本外币贷款余额为5391.5亿元，同比增长19.1%，高于全国水平5.2个百分点；比年初增加734.8亿元，同比多增40.2亿元。贷款期限呈中长期化趋势，投向重点突出。在信贷政策的引导下，银行机构加大对经济薄弱环节的支持力度，“三农”、小微企业、民生工程、技术改造、节能减排、就业再就业等方面贷款稳步增长，小额担保贷款、劳动密集型小企业贴息贷款、保障性住房开发贷款同比增长均高于全省本外币贷款增长。信贷支持实体经济的能力越来越强，在信贷规模迅速增大的同时，贷款质量同步提升。但是，在总量上升的同时，也存在区域分布不均衡的现象。2014年海南省人均贷款额首先是海口市146849.52元，其次是三亚市83830.11元，其余市县均在50000元以下。人均贷款额（元/年）这项指标的基尼系数是0.5456，可见海南省各市县人均贷款的存在结构不均衡问题。

2. 从各市县人均存款额来看

截至2014年末，海南省本外币存款余额为6427.9亿元，同比增长8.0%；比年初增加475.4亿元。省内重点项目贷款带动派生存款增加，推动企业存款增速同比提升。受金融产品多样化，特别是理财产品分流影响，居民储蓄存款增速呈现小幅回落趋势。从存款主体来看，单位存款大幅增长，个人存款增长平稳，财政性存款有所减少。从存款机构来看，海南省农信社系统和中行海南省分行系统存款增幅较大。此项指标的基尼系数为0.3439，这表明其各市县的人均存款非均等化程度相对合理，处在合理范畴之内。

3. 从金融网点人均拥有率来看

在市县人均拥有的金融网点这一指标下，2014年，在海南省县域地区中，文昌市的金融网点人均拥有率为最高，为2.65个每万人，其次是琼中县2.57个每万人和和琼海市2.40个每万人，这一指标的基尼系数为0.157，处于低位水平，可见这一指标较好地实现了城乡均等化。这是因为，近年来，海南银监局通过新建、迁建等方式加大对县域金融网点投入，大力改善县域网点环境，增强县域农村金融服务水平；引导村镇银行深入乡镇、扎根村屯，向下新设网点和业务，扩大金融覆盖面。截至 2014 年末，海南共建成县域金融机构网点 854 家，占比 62. 24% 。此外，辖内机构积极借助现代科技手段，通过发展电子银行等方法扩大金融覆盖面。鼓励银行业机构开展业务产品创新，如“一小通”“益农贷”等，规范和促进林权抵押贷款发放，加大“三农”信贷投入。

4. 从金融从业人数占比来看

从各市县 2014 年的统计数据来看，金融从业人数占比首先是海口市，达到 1. 5% ，其次是琼中县，为 1. 19% ，金融从业人数占比最低的是儋州县和临高县，均为 0. 22% ，全省各市县此项指标的基尼系数为 0. 3321，不均等程度处在合理范围内，但相较于其余指标值，其值较高，说明金融从业的条件各地区差异较大，从业人员分布不均。截至 2014 年 6 月，海南省银行、证券、保险、期货、基金、小额贷款公司、融资担保公司等各类金融机构已达 308 家，从业人员 3. 9 万人，金融总资产 9703. 6 亿元，占全国金融资产总额近 1% ，但这些资源分布仍然不均衡，金融从业人员的从业环境地区差异也较大。海口、三亚等金融业发展较好的地区，金融资源较多，从业环境较好，而深入农村基层的金融岗位由于其工作条件较艰苦，从业人员较少。随着海南省普惠金融的发展和农村金融体系的建立，将需要更多的从业人员深入基层，为农民服务，相关机构也应不断优化金融从业人员的从业环境和条件政策，鼓励更多的金融专业人士投入到为“三农”服务的工作上。

在众多机构中，海南省农信社真正发挥了支农主力军的作用，不仅在硬件上做到金融服务网点覆盖每个行政村，让农民实现“贷款不出镇，还款不出村”。在软件方面，他们还加强了提供贷款之外的实用服务内容，省联社专门聘请省内种植业、养殖业等生产、技术、流通各领域的专家，以及生产一线的实用人才，组成“三农”专家委员会，为农民提供技术和市场流通方面的服务，做到“给农民贷款，教农民技术，帮农民经营，促农民增收”。

5. 从自助取款机覆盖率和 POS 机覆盖率来看

截至 2013 年末，全省各县的自助取款机覆盖率首先为琼海市 4. 30 个每万人，其次为文昌市 4. 29 个每万人，其余县级地区均少于在 4 个每万人，其指标的基尼系数为 0. 1417；而人均 POS 终端机首先为琼海市，为 104. 93 个每万人，其次是保亭县为 60. 47 个每万人，这项指标的基尼系数为 0. 298，可见这两项指标较好地实现了城乡统筹均等化的目标。由于海南省不断推进农村金融均等化工作，力求更大范围普及惠农小额贷款，同时，逐步完善农村金融环境，力争将

ATM 机覆盖至全省的农场。海南省不断扩大农村金融服务，加大为农民增收办实事的投入力度。对符合产业导向、市场潜力大的涉农龙头企业、专业大户、家庭农场、农民专业合作社加大信贷支持。例如，海南省农信社在市县成立三农技术专家委员会，力争每个乡镇都有 1 名以上“三农”技术专家，充分发挥他们的作用，实现“给农民放款、教农民技术、帮农民经营、促农民增收、保农民还款，并加快以自动存取款机（ATM、CRS）、多媒体终端（BST）、POS 收单等为主的支付结算网络建设，海南省农信社在已实现全省 2569 个行政村全覆盖，其中 879 个行政村设立便民服务点两个以上的基础上，继续扩大 ATM 和 POS 机覆盖面，努力实现标准网点和 ATM 机农场全覆盖。

9

海南省争创城乡统筹基本公共服务均等化实践范例的指导思想和目标

指导思想和目标的确定是实现基本公共服务均等化的标杆，它引导对策探讨的路径和方向，使海南省推进城乡基本公共服务均等化有了更明确的方向和更强的针对性。

9.1　海南省推进城乡基本公共服务均等化的指导思想

基于我国基本公共服务需求不断增长和社会经济所处社会主义初级阶段的国情，海南省推行基本公共服务均等化必须坚持以下指导思想。

9.1.1　资金投入与制度建设相结合

如果说资金投入为确保基本公共服务提供必备的物质前提的话，那么制度建设则是保证公共服务资金配置和使用效率的关键。近年来，随着政府职能的转变，为了满足市场经济发展过程中市场对于公共服务的需求，我国财政充分发挥其公共财政职能，各级财政对于公共服务投入力度进一步加大。然而从实际情况来看，其投资效果并不理想，归其原因，就在于当前缺乏一套行之有效的能够保证基本公共服务均等化资金投入效果的制度体系。例如，企业职工基本养老保险中的个人账户“空账”问题需要政府“买单”并创新制度设计；农村居民的养老保险问题需要制度设计和资金支持；城市中弱势群体的医疗和养老保险问题需要结合财力状况设计合理的保障制度。只有在实践中，把基本公共服务均等化的资金投入与相关的制度性建设和创新结合起来，才能够切实提高我国基本服务均等化水平。

9.1.2　重点突出与循序渐进相结合

基本公共服务均等化是一个系统和全面的工程，绝非一朝一夕能够完成的，是一个渐进而长期的过程，而且基本公共服务范围并不是一成不变的，它随着社会公共需求和供给能力的改变呈现出动态的变化趋势，这就要求政府在提供基本公共服务供给的过程中，一方面循序渐进，分阶段确定均等化目标，有步骤有层次的不断提升社会成员的公共服务水平。一个国家或地区总会面临从非均衡发展到均衡发展这样一个过程，在发展初期，多多少少都存在不均衡问题，待发展到一定阶段后，不均衡问题影响到公平，最终影响到效率时，才开始采取措施以促进经济社会的均衡发展。公共服务均等化过程必须与经济发展水平相适应，不能一蹴而就，否则就会出现拔苗助长的情况。而另一方面，应结合实际，突出重点，解决当下最紧迫最关键的制约性服务项目。从客观上来看，基本公共服务的每一个方面都不可或缺，但是从实现情况来看，限于目前的财力状况，每一个具体公共服务项目在均等化过程中都不可能做到齐头并进，必须按照实际需求情况，同时结合地区间和农村发展实际情况，有重点地按照轻重缓急分项目逐步实现公共服务均等化。否则急于求成，力不能及，最终造成的结果很可能是脱离实际，陷入误区，最后欲速不达。

9.1.3 政府主导与市场机制相结合

与私人产品一样，基本公共服务供给需要讲求效率，均等化目标则重在实现社会公平，然而两者并不能绝对化。实践证明，如果基本公共服务完全实现政府垄断供给，不仅会因为政府财力的限制，影响到基本公共服务的供给规模和水平，而且会因为信息的不对称，造成公共服务供给与需求结构性的矛盾。而基本公共服务过度市场化也是造成供给水平不均衡的重要原因。例如，20 世纪 80 年代和 90 年代开始的住房商品化改革和医疗服务市场化改革，都曾经使住房难，看病难成为困扰低收入阶层社会成员的沉重负担，加剧了社会矛盾。因此在基本公共服务供给和均等化的过程中，应打破传统不是政府就是市场的两极模式，实现政府主导与市场机制相结合。在基本公共服务市场化过程中，允许市场进入的基本公共服务，必须要求政府控制服务的安排权，而禁止市场进入的基本公共服务则应尽可能由政府提供，以此来防止因“泛市场化”而导致的基本公共服务不均等。政府可以通过建立一个利益共享，责任共担的机制，有效运用多元化、混合式的治理方式，形成以政府的行政机制为主导，私营部门的竞争机制和社会组织的自治机制共同参与的多种方式并存的供给体制，以此来提升基本公共服务的供给质量、效率和公平。

9.1.4 保住底线与提高水平相结合

保住底线是基本公共服务均等化的最低标准，指的是一个国家的公民无论居住在哪个地区，都有平等享受国家最低标准的基本公共服务的权利。这个均等化就是要托一个底，像普及义务教育，实施社会救济与基本社会保障一样，这些应由政府提供的公共服务，政府应该保证最低限度的公共供给。但它不是唯一的和静止的，它仅仅是表明一个起点和基础。基本公共服务均等化实质上是一个动态的过程，在经济发展水平和财力水平还不够高的情况下，一开始首先是低水平的保底，其次提高到中等水平，最后的目标是实现结果均等。就目前而言，考虑我国财力有限及基本公共服务均等化程度不高等具体因素，政府在推行基本公共服力均等化的过程中，应当确定一个最低的水平，建立基本公共服务最低保障线，实现最基本层面的公共服务均等化。在实现最低层面公共服务均等化目标之后，政府应在经济发展和财力进一步提升基础上，进一步提高基本公共服务均等化水平。

9.2 海南省推进城乡基本公共服务均等化的目标

9.2.1 海南省推进城乡基本公共服务均等化的战略目标

“十二五”时期，海南省进入统筹城乡发展的新阶段。省委省政府高度重视对接城乡基本公共服务制度，缩小城乡基本公共服务差距，是实现城乡基本公共服务均等化作为新阶段的重大任务。加快推进基本公共服务均等化，打破传统农村公共产品和公共服务领域货币供应短缺的制度约束，从而垫高了海南省农业、农村、农民的发展平台，使省农村公共服务体系建设取得了很大进步，但供给不足，质量不高，主体单一，市场化程度低，财力保障不足且支出结构不合理，无法满足农民切实需要等问题依然比较突出。海南省实现城乡基本公共服务均等化的目标，任重而道远。

在“十三五”时期，海南省应在多年统筹城乡改革发展基础上，继续按照《海南国际旅游岛建设发展规划纲要》的要求，进一步解放思想，深化改革，扩大开放，构建更具活力的体制机制，走生产发展、生活富裕、生态良好的科学发展之路。积极发展服务型经济、开放型经济、生态型经济，形成以旅游业为龙头、现代服务业为主导的特色经济结构；注重保障和改善民生，大力发展社会事业，加快推进城乡和区域协调发展，将海南建设成为经济繁荣发展、生态环境优美、文化魅力独特、社会文明祥和的开放之岛、绿色之岛、文明之岛、和谐之岛。为此，在“十三五”时期，海南省政府应正式确立“城乡统筹、五位一体”科学发展总体战略。具体内容包括：

一是大力推进城乡基本公共服务制度的有机衔接，逐步走向一体化。彻底打破“城乡分治”，确立城乡基本公共服务均等化制度，必须落实到具体的发展规划、政策以及行动上，从根本上打破公共服务供给的城乡差别，从制度上予以保障。按照“广覆盖、低水平、兼顾公平和效率”的原则，不断扩大公共服务面向不同群体的覆盖范围和不同地区的覆盖范围，体现基本公共服务的公平性原则，逐步实现基本公共服务均等化。

二是统筹城乡综合配套改革，推进管理体制一体化。改革城乡分割的二元结构，消除影响“三农”发展的体制性、政策性障碍，为统筹城乡发展提供体制保障。统筹国民收入分配，完善公共财政体制，增加对农村公共产品的供给，健全农村公共服务体系；完善农村土地制度，加快土地征用制度改革，切实维护国家、集体和农民的利益；加快农村金融体制改革，增加对农村的信贷供给。新农村建设除了政府提供必要的启动资金外，各村也要自筹一定比例的配套资金；要广泛动员城乡居民参与统筹城乡综合配套改革，逐步建立健全城乡一体化社会管理体系。

三是统筹城乡社会保障制度，推进社会事业一体化。在现代化社会中，所有的公民拥有平等的发展机会和享受同等的权利，当然也包括同等的社会保障权利。尽管根据海南的实际情况，目前还不可能做到农民和市民享受同等的社会保障方面待遇，但“城乡统一”应该而且必须作为海南社会保障事业的最终发展目标。换言之，在承认城乡差距的前提下，根据现实经济条件，充分发挥政府的公共服务能力，积极引导各种公共资源在全社会范围内实现优化配置，实现城乡协调发展，最终实现城乡统一发展的目标。而从国际的经验来看，实现城乡社会经济的统一，首先要从社会保障入手，完善农村社会保障体系建设，逐步提高农村最低生活保障水平，健全教育、医疗等社会救助体系，逐步探索建立农村社会养老制度，使广大农民老有所养、病有所医、弱有所助、贫有所济。

四是完善政策支持，加快机制创新，实现政府公共服务供给机制的一体化。公共服务型政府的重要职能之一就是要不断完善公共服务体系。随着国际旅游岛战略的纵深推进，海南省将面临农村的公共需求全面快速增长与公共服务供给匮乏的突出矛盾。必须建立起城乡统一的劳动就业制度、户籍管理制度、义务教育制度、公共卫生和新型农村合作医疗制度、农村社会保障制度和统筹城乡基础设施建设的保障体系。加快建立形成有利于城乡相互促进、共同发展的体制和机制，逐步实现城乡基本公共服务的均等化。建议海南省成立专门的统筹城乡工作委员会等机构，并按照城乡统筹的要求调整了多个部门的职能，将公共服务管理的重心向基层下移，搭建适度集中的基层公共服务平台，将政府包办、效率低下的基层行政组织转化为集中开放式的政务服务中心，使条条分割、高高在上、“城乡分治”的基层公共服务管理体制在一定程度上获得创新，实现从对上负责到面向居民的重大转变。

五是推行公共服务相关制度和服务标准的城乡一体化。以往基本公共服务供给的非均等化及其在城乡之间的巨大差距，其根本原因是制度分割和缺乏统一标准。因为，只有相关制度与服务标准做到城乡一体化，才能确保人力、物力、财力投入在城乡公共服务方面保持相对均衡。通过推行公共服务标准的城乡一体化，使基本公共服务的项目、程序、服务方式等在全省范围内有了统一的实施标准，可以消除原先因城乡分割、群体分割而存在歧视性与资源配置严重失衡现象，尽管城乡之间的差距并未完全消除，但城乡居民获得的基本公共服务确实在大步地向大体均等的方向迈进。

9.2.2 海南省推进城乡基本公共服务均等化的阶段目标

在我国，实现城乡基本公共服务均等化就是要消除地区差别、城乡差别和居民身份差别，确保不同区域之间、城乡之间、居民个人之间享受的基本公共服务水平一致。它要求在基本公共服务面前，每个人都受到平等对待，即有机会接近基本公共服务（可及性均等），得到的最终结果也是大致相等的（可得性均等），而这显然是一个长期的过程，因为这样一种基本公共服务均等化需要建立在高度的城市化和同质性较强的社会结构的基础上。而海南省目前经济基础较为薄弱、城镇化程度还不高，要在这一历史条件下实行基本公共服务均等化，需要加快城市化建设，打破城乡分割，规范政府间职责划分，完善财政体制改革等，这无疑必须历经一个过程，要经历不同的阶段，而每个阶段其具体目标是不同的，但是各阶段之间并非完全割裂，而是交替进行。

1. 海南省推进城乡基本公共服务均等化的长期目标

2015—2025 年，经过 10 年的努力，国家实力和财力都大大增强，工业化和城市化都已经进入成熟阶段，此时应形成“城乡统筹、五位一体”的科学发展总体战略。争取全省基本建成覆盖城乡、功能完善、分布合理、管理有效、水平适度的基本公共服务体系，全省居民平等享有基础教育、医疗卫生、社会保障、基础设施、公共安全和环境保护等基本公共服务的权利。同时，还要建立起一套动态调整机制，确保城乡基本公共服务均等化的标准可以随着经济发展水平、物价水平以及政府财力水平的变化而进行动态调整，力争做到基本公共服务全覆盖，建立城乡统一的基本公共服务体制，实现城乡基本公共服务制度一体化、管理体制一体化、社会事业一体化、政府公共服务供给机制一体化以及公共服务相关制度和服务标准的城乡一体化。将海南省建设成为经济繁荣发展、生态环境优美、文化魅力独特、社会文明祥和的开放之岛、绿色之岛、文明之岛、和谐之岛。

2. 海南省推进城乡基本公共服务均等化的中期目标

具体来说，中期目标可以分解为推动城乡基本公共服务均等化普遍覆盖和基本实现地区性基本公共服务均等化两个子目标。通过2015—2020年这五年时间的努力，随着我省经济实力进一步增强，财力也较为充裕，在这种情况下，对那些前期已经进行多次改革并且实现均等化的难度相对较低的基本公共服务，比如基础教育、医疗卫生等，可以考虑率先实现全省均等；而对于大部分基本公共服务项目来说，还要考虑地区差距悬殊的现实，可以先考虑现在东部、中部和西部各自地区范围内的均等，之后再考虑实现全省范围内的均等。将农村居民和农民工纳入城镇基本公共服务体系，实现城乡基本公共服务制度的衔接和统一，建立和完善省直管县财政体制，加快完善省对市县的转移支付制度，实现地区性基本公共服务财政能力均等化，基本实现地区性基本公共服务均等化。

3. 海南省推进城乡基本公共服务均等化的短期目标

2015—2018年，经过三年努力，首先实现基本公共服务项目在城乡之间的覆盖，这是海南省实现城乡基本公共服务均等化的基础，也是综合考虑我省的经济实力与财政能力之后的现实选择。我国的经济总量虽然进入世界前列，但人均收入水平和人均财力水平仍相当于中下等发展国家水平，海南省的财力更是不言而喻。在这种情况下，“一步到位”实现均等化并不现实，而应立足实际，着眼于实现城乡居民在公共服务项目上的基本一致，大力推进基本公共服务覆盖工作。其次重点调整财政收支结构，增加对基础教育、公共卫生、公共文化体育、公共交通四项“基础服务”以及对生活保障、住房保障、就业保障、医疗保障等四项“基本保障”方面的投入，坚持投入向农村倾斜、向基层、欠发达地区和困难群体倾斜，建立健全城乡、不同地区和社会群体间多层次、差别化的基本公共服务体系，使基本公共服务加速覆盖广大居民。

10

海南省实现城乡统筹基本公共服务均等化的具体目标与路径选择

10.1 海南省实现城乡统筹基础教育服务均等化的目标与路径选择

10.1.1 海南省实现城乡统筹基础教育服务均等化的目标

1. 海南省实现城乡统筹基础教育服务均等化的总体目标

教育作为海南可持续发展的两大重要基石之一，承载为海南国际旅游岛建设提供人才支持和智力支撑的重大使命，是实现海南省国际旅游岛建设蓝图最核心的关键因素。科教兴琼战略和人才强省战略，为海南省优先发展教育、建立健全教育体系提供了有力支撑。在接下来的五年中，海南省基础教育总体目标为：进一步提高九年义务教育办学水平，实现各市县义务教育基本均衡。

2. 具体目标

（1）实施义务教育标准化学校建设工程。抓紧制定海南省义务教育学校办学标准，合理布局农村中小学校，优化配置公共教育资源并向农村学校倾斜。做好经济发达地区对经济欠发达地区、城市对农村义务教育的对口支援工作，切实改善农村学校和城镇薄弱学校的办学条件。到 2018 年，所有义务教育学校教学实验仪器设备、图书、音乐、美术、体育、卫生等器材配置均达到国家规定标准。全省中小学所有班级配备多媒体远程教学设备，其中 60% 的班级配备交互式多媒体教室，农村乡镇中心小学以上学校建设满足教学需要的计算机网络教室、教师电子备课室和学生电子阅览室，实现小学生机比 12∶1，初中生机比 10∶1，教师机比 3∶1 目标。为全部开设信息技术教育必修课创造条件。建成省级远程教育资源库，开通全省基础教育情报信息网，初步形成覆盖全省、优质教育资源城乡共享的现代远程教育、网络教育和教育信息体系，构建起较为完善的远程教育网络，逐步使每一所学校基本办学条件达到标准。

（2）实施中小学校舍安全工程。按“坚固耐用”的原则，分期分批集中开展中小学危房改造、抗震加固。2015—2018年，用3年时间投入资金24.5亿元，重建校舍100万平方米，加固校舍155万平方米，使全省中小学校舍全部达到抗震设防和综合防灾要求。

（3）实施农村义务教育寄宿学校改扩建工程。与标准化、规范化学校建设、校舍安全工程相结合，重点加强乡镇中学、乡镇中心学校和具有一定规模的农村完小的寄宿制能力建设，发挥集中办学效益，让更多的农村孩子享受到公平的优质教育。到2018年初步满足学校布局调整和农村义务教育学生，特别是留守儿童、孤儿的寄宿学习需要。

（4）继续实施教育扶贫（移民）工程。建设5所九年一贯制思源学校和3所思源普通高中，增加1.95万个优质学位，让更多边远、民族、贫困地区的孩子接受优质教育。

（5）实施新农村卫生新校园建设工程，做好学校改水、改厕、改厨工作。结合国际旅游岛建设对美化旅游环境的迫切需要，在前两年试点的基础上，进一步强化校园环境建设，新建或改扩建学校厕所，兴建生态沼气池，进行食堂改灶，大力改善学校的环境及生活设施条件，保障师生的身体健康与生命安全。

（6）深入开展义务教育规范化学校创建工作。全面提高义务教育阶段学校办学水平，使全省90%以上学校达到县级以上规范化学校要求，10%以上学校达到省级规范化学校要求。

10.1.2 海南省实现城乡统筹基础教育服务均等化的路径选择

1. 完善义务教育的财政投入体制

海南省城乡义务教育虽然在生均教师数和小学升学率方面比较均等，但在财政投入方面存在较大差距。这与当前国家教育财政体制的漏洞不无关系，所以应该首先考虑完善现阶段的教育财政投入体制。首先，针对义务教育供给不均的现状，虽然国家也对义务教育财政体制进行了几次调整，但还是存在教育投资责任主体的重心偏低的问题。许多发达国家在推行义务教育的进程中也遇到过类似的情况。面对这样的情况，这些国家调整了义务教育的供给体制，加大了中央和高层次地方政府的投资比例，使义务教育的投资主体重心上移。所以，为了更好地实现海南省的城乡义务教育均等化供给，相关的体制政策应该进行调整，进一步加大中央财政的投入比例，逐步完善现有的“中央和省级财政经费投入为主，管理以县政府为主”的义务教育体制。其次，针对现阶段的农村教育财政投入体制中存在的省级政府功能缺失、没有担负起自身应有责任的问题，应该加快建立起相应的约束和监督机制，明确海南省级政府在农村义务教育财政投入中的责任。

另外国家在调整义务教育供给均等化的过程中，要想提高义务教育供给的效率，应该给予乡镇一级部门一定教育资源的分配与自主权，不要随着教育责任的上移，使义务教育的事权和决策权也随之上移。

2. 优化义务教育资源配置机制

（1）转变“以城市为主”的教育资源配置机制

长期以来，海南省政府部门在教育资源配置方面更加倾向于城市，使农村地区得到较少的教育资源；另外现在中小学生使用的教材和大纲均是统一制定的，并没有根据城市学生和农村学生不同的能力水平来分别制定，使得农村地区部分学生因为跟不上教学进度而选择辍学。因此，在这种教育资源配置机制下，城乡义务教育的发展是不均等的。为此，就要转变以“城市为主”的教育资源配置机制，实行城乡教育资源配置的大致均等，保证城乡学生都有平等的受教育机会以及享受同等的教育资源。

（2）整合、优化现有的教学资源

教学资源的总量是有限的，教学资源配置的不当会造成教育发展的不均等，因此，海南以政府为主导，首先对中小学的规模、教学点、布局进行相应地调整；对于那些在校生数少、交通极为不便、办学规模小，办学成本较高的乡村学校归并至乡镇学校，对于家庭较为困难的学生进行适当的补助；对于距离较近的、布局不合理、存在浪费教育资源的学校进行合并，提高办学效益；其次对那些布局合理、办学效益较好的学校应进行扩大，实行做大做强的策略。

（3）建立更加合理的义务教育教师资源配置机制

学校的第一资源是教师，义务教育均衡发展中的重要关键性指标就是教师资源配置（包括学校校长与管理人员配置），缩小教育差距，最关键的就是缩小教师资源差距。教师流动如果实现了合理化、良性化，教师资源配置的均衡化就不再是纸上谈兵。海南省应该深入推行“教师资源流动制”，建立更加完善的教师资源流动机制，促进城乡之间教师的互相交流和学习，同时积极鼓励优秀教师和应届大学毕业生到偏远地区支教。在壮大乡村教师队伍的同时，不放松教师教育素质的提高工作，注重教师队伍的建设，通过建立费用全免、内容丰富、形式多元的农村教师培训机制来提高教师的群体素养。此外，针对现在海南省城乡教师薪酬待遇存在差距的问题，可以在原有鼓励性政策的基础上再进一步适当提高教师的补助和津贴，建立农村教师流失补偿机制，薪酬分配和职称评定“补偿性”地倾向农村教师，确保农村教师可以获得全面的保障，减少农村教师的流失。

3. 健全义务教育转移支付制度

海南省城乡义务教育发展不均衡，很大程度上在于农村义务教育经费不充足，财政转移支付的功能没有得到应有的发挥。所以，针对此种情况应该积极地调整现有的义务教育转移支付制度。

（1）完善一般转移支付制度

农村费改税以后，中央和省级政府对于义务教育的转移支付总额是不断增加的，但是仅够农村地区保证基本的教育经费支出。各地的教育支出是与各地方经济发展情况挂钩的，即使各地方在推行义务教育的进程中做出的努力是相同的，但由于地区经济发展水平千差万别，也会出现经济较为发达地区的支出水平较多，经济欠发达地区的义务教育支出较少的状况。美国政府在关注义务教育“公平性”时，始终遵循财政中立的原则，即保证每一个地区的适龄儿童都能有相同的教育经费支出，不论其所在地区的经济发展状况如何。

（2）完善专项转移制度

在专项转移支付制度方面，应该扩大其规模，增加专项转移支付对于山区、农村等偏远地区的专项转移支付力度，设立更多的专项转移款项；规范专项转移支付的计算公式和拨付标准，改变专项转移支付配套资金要求较多的状况，赋予地方政府拥有更多专项转移支付资金自主安排的权力；健全义务教育专项转移支付资金的财政监督、审计监督、人大监督和社会监督，确保专款专用，杜绝截留挪用，以保证义务教育专项转移支付资金在分配和使用上的透明性和规范性，提高义务教育转移支付资金的使用率。

（3）改进转移支付额的计算方法

随着中央和省级政府不断加大对农村义务教育的财政转移支付力度，地方政府对于义务教育支出的努力程度在降低。因此，一方面，在对义务教育财政进行转移支付的同时，应该积极考虑如何有效提高地方政府的积极性。另一方面，在转移支付资金的计算方法上，要尽可能公平、公正、合理地考虑各地经济发展水平差异、政府财政能力差异、义务教育支出成本差异以及政府投入努力程度差异等客观因素，用相对标准化的转移支付公式，测算义务教育的最低经费需求和财政负担能力，再根据测算的结果合理确定转移支付的资金数。

4. 加大农村义务教育经费投入

海南省城乡义务教育经费的投入总量是不断增加的，但是城市和农村之间的生均经费投入还是存在较大差距的，进而引起城乡学校之间的经费投入以及办学条件存在较大差距。因此要改变现有的城乡教育不均等化供给状况，就应该进一步加大对偏远农村地区的教育经费投入，致力于改善农村地区学校的办学条件，均衡义务教育资源配置；另外，还应该积极拓宽教育经费的筹集渠道，鼓励私人、民间企业投资办学，尤其要引导社会团体更加关注农村的教育发展，使其更多向农村学校捐赠与投资。只有这样才能缓解因城乡预算外教育经费的不均等而导致的城乡义务教育经费投入的非均等。

5. 完善义务教育的法律监督制度

海南省自被批准成立“国际旅游岛”以来，一直致力于推进城乡义务教育的一体化建设，陆续出台了多项相关政策，不断加大教育经费的投入，但是经过几年的发展，城乡义务教育的非均等化的程度虽相对缩小，但是缩小的幅度并不明显。这与现阶段很多政策的执行没有相关的法规做保障，义务教育推行的监管机制不健全有一定关系。

首先，推进义务教育均等化发展的法制化建设。国外很多国家都通过教育立法来保证义务教育机会的均等。日本为了实现义务教育的均衡发展，颁布了一系列的法律法规来规定各级政府的责任，如《学校教育法》《地方财政法》等；韩国也颁布了《偏僻地区教育法》来支持偏僻地区义务教育的发展。而我国还没有专门的关于义务教育发展方面的法规。因此，可以借鉴国外的做法，把义务教育的相关条文、规定通过法律的形式确定下来，并逐步建立完善义务教育法律保障体系。这样既能确保海南省在义务教育的发展过程中做到凡事有法可依，又能提高政策法规的执行效率。其次，要建立完善的教育财政投入的监管机制。现阶段关于教育经费投入的专门监管立法还没有成型，所以政府部门应该加快法制建设，形成专门的教育公共财政投入的监管法律，增加义务教育资金使用的透明度，保证各项经费能够落到实处。建议推出《政府间财政关系法》《政府间转移支付法》《义务教育投入保障法》，将各级政府间的义务教育经费支出责任（包含支出项目、支出比例、支出标准、支出方式、拨款方式）列入这三部法律中，以法律的形式保证各级政府在义务教育投资中的主体地位和作用，具体规定财政性教育经费的数量指标。最后，针对现存的义务教育财政投入监管人员素质不高的问题，海南省应该加紧开展相关的专业培训，组织部门人员进行考察学习，定期开展专项业务技能考核，以此来不断提高监督管理人员的专业素养。对于各个监管部门职能分工不明确的问题，应该在完善义务教育财政投入监管机制的基础之上，进一步明确划分监管部门的职权范围以及各自的工作内容，避免出现监管漏洞或者重复监管的问题。

10.2 海南省实现城乡统筹医疗卫生服务均等化的目标和路径选择

10.2.1 海南省实现城乡统筹医疗卫生服务均等化的目标

实现城乡基本医疗卫生服务均等化的目标是要在建立城乡一体化的全民医疗

保障体系的基础上，使全体居民不受贫富、地域等因素的影响而能够均等地享受到基本医疗卫生服务。

这一目标要求政府在战略上制定出切实可行的规划，打破实现城乡基本医疗卫生服务均等化的体制机制障碍。与此同时，在基本医疗卫生服务的资源配置方面，要求政府实现对城乡居民的同等对待，使人们享有同等的基本医疗卫生服务提供的权利和机会。此外，还要求城乡居民享有大体相同的基本医疗卫生服务，尽量缩小城乡之间基本医疗卫生服务所存在的差距，并最大限度地满足人民群众日益增长的基本医疗卫生服务的需求。

城乡基本医疗卫生服务均等化的目标需要分阶段分区域来实现，以城乡医疗保险的稳步改革为切入点，逐步实现城乡基本医疗卫生服务均等化，处理好医疗卫生均等化的近期目标与中长期目标的关系，推进城乡基本医疗卫生均等化的稳步发展。

1. 海南省城乡统筹医疗卫生服务均等化的近期目标

构建低水平、广覆盖的城乡医疗保障体系。首先，将没有任何医疗保障的城乡个体纳入到相应的医疗保障体系当中。其次，进一步推进医疗机构和药品体制的改革。如果医疗机构的行为不规范，药品的价格不受到控制，即使是建立低水平、广覆盖的医疗保障体系，其成本也是相当高的。此外，由于海南省各市县的经济发展水平存在巨大差异，城乡医疗保障体系的改革也不宜采取“一刀切”政策，而是应当先在经济发达地区试点建立城乡一体化的社会医疗保障制度，然后再带动欠发达地区的社会医疗保障制度改革。

2. 海南省城乡统筹医疗卫生服务均等化的中长期目标

建立城乡一体化的全民医疗保障制度，使城乡居民的平等就医权得到保证。首先，将城乡分离的医疗保障制度整合为统一的全民医疗保障制度。其次，在待遇、筹资等方面实现对所有社会成员的基本均等，使城乡居民在医疗卫生领域进入相同的制度体系，享受均等的权利。

10.2.2 海南省实现城乡统筹医疗卫生服务均等化的路径选择

1. 整合优化社会医疗卫生资源

在海南省城镇化快速推进的大背景下，各级政府通过切实发挥规划的引领作用，在制定专项规划的同时，应根据海南省医疗卫生需求、医疗卫生资源现状和流动人口聚集状况等指标，科学合理地配置公共医疗卫生机构。从服务范围的可及性和设施布局的均衡性出发来制定整体规划，加大政策、资金和规划设置对人口密集地区和欠发达地区的支持力度，进一步协调衔接市与区、县（市）两级的同类规划，科学、统一、合理地配置医疗卫生设施资源。与城市相比，农村地广人稀（特别是海南省的中部县市），由于大量当地农村人口离开农村涌入城市，导致农村医疗卫生机构的就诊率逐年下降，农村基本医疗卫生服务资源的利用率较低。为了让农村获得高质量的基本医疗卫生服务，政府除了要加大对农村的投入之外，还应该科学地整合与利用农村现有的基本医疗卫生服务资源。建议政府在增加医疗卫生领域的公共投入的前提下，因地制宜，集中利用资金、设备和人力资源，适当整合农村医疗卫生机构，努力提高基本医疗卫生服务质量，缩小城乡差距。例如，将城乡部分中小学校承担的医疗卫生防疫职能机构整合到当地的疾控中心；将育龄妇女节育、生殖健康保健服务等职能纳入到基本医疗卫生服务范围，由乡镇卫生院、社区卫生服务中心、城区中心医院来完成；将原计划生育指导站整合到基层医疗卫生服务机构等。

2. 扩大服务覆盖广度

从医疗卫生服务覆盖的人群和地域来看，应具备普遍的可及性和地域的公平性。通过建立一套广覆盖的基本医疗卫生服务体系来保障医疗卫生在人群和地域之间的社会公平，使广大人民的基本医疗卫生需求可以得到普遍满足，而不因支付能力的差异造成可以享受到的基本医疗卫生服务数量和质量的差异。其经济和社会意义在于：一是可以促进社会公平和社会稳定，社会环境的改善必然有利于经济的增长；二是对人民基本健康的有效保护必然会减少疾病负担，减少疾病带来的经济损失，同时也有利于提高人口素质，强化海南省的竞争力；三是有利于建立健康和谐的社会，提高海南省在国内的声誉。

在强化对弱势群体的基本医疗卫生服务水平方面，一是要不断加大对中小学生、老人、孕产妇、农村妇女的健康教育、疾病预防和医疗救助力度。城乡医疗救助资金标准在现有基础上应当逐年按照适当比例提高。二是要关注“人户分离”人口，充分发挥现居住地和户籍所在地的联动作用，确保基本医疗卫生服务的均等化。尤其是要提高流动人口的医疗卫生经费，逐步实现其与现居住地户籍人口享受同等标准的目标。三是实行基本医疗卫生服务向农村倾斜的政策，进一步提高对新型农村合作医疗的补助标准。四是通过对法定传染病建立免费医疗制度，对患有重点传染病的特殊群体，建立市、区、街道（镇）、社区（村）四级关怀的救助措施，重点突出基层一级部门的职责。通过扩大服务覆盖广度，着力提高公众享有基本医疗卫生服务的权利。

3. 强化资金人才保障

提供医疗卫生服务是政府的最基本职能，在推进基本医疗卫生服务均等化方面，政府应承担起主要职责。同时，各级政府要积极完善公共财政政策，加大对公共财政的转移支付力度和基本药物制度实施后的财政补助力度，着力提高部门经费开支的透明度。在对医疗卫生服务支出进行绩效考核审计时，应重点考虑医疗卫生服务支出的公平性问题。在人才保障方面，通过采取引进招聘充实一批、在岗培训提升一批、柔性流动支持一批、保障待遇稳定一批的“四个一批”措施，扎实推进以全科医生为重点的基层医疗卫生人才的队伍建设。首先要尽快出台相关政策，把实际服务人口数量（包括流动人口在内）作为人员编制配置的核准基数，比如“按户籍人口十登记在册流动人口50%”的比例，增加医疗卫生专业技术人员的配置。其次要按照一定比例，在社区医疗机构配置医疗卫生专职人员，减少兼职人员数量。同时，基层卫生防疫人员、监督人员应该尽量分开。再次在强化硬件建设的同时，必须高度重视技术人才的引进、培养和留住，采取多种形式加强基层医疗卫生人才队伍的建设，培养实用型的医疗卫生服务人才，并出台相关政策鼓励医学毕业生到基层医疗卫生机构工作。此外，要进一步深化省市级医院对县级医院、社区卫生服务中心和乡镇卫生院的结对帮扶工作，统筹医疗卫生资源在城乡之间的合理流动。通过强化资金和人才保障，努力提高海南省政府在医疗卫生服务的供给能力。

4. 完善绩效评价体系

医疗卫生服务绩效评价体系包括政府自身的绩效评估和公众对政府医疗卫生服务质量的评议。迄今为止，政府自身的绩效评估工作开展相对比较完善，但公众对政府医疗卫生服务的评价体系尚未完全建立。政府自身的绩效评估往往从政府的理想预期出发，注重GDP增长和各种量化指标，没有把公众对政府医疗卫生服务的满意度作为考核政府绩效的标准。建议建立和完善公众对医疗卫生服务的评价体系，对公共部门的行为进行引导和约束，进而提高基本医疗卫生服务的效率和品质。与此同时，要强化基本医疗卫生服务效果的跟踪反馈制度，明确对医疗卫生服务活动监督的主体、对象、内容、程序和方式，进一步规范问责操作程序，健全社情民意沟通渠道，扩大公众在医疗卫生服务问责制中的知情权、参与权和监督权。通过建立科学的基本医疗卫生服务绩效评价体系，提高公众满意度。

5. 整合城乡医疗保险

目前，城乡医保分割对医疗保险的可及性和公平性都有损害，医疗保障作为公共品，理应被城乡居民平等享受，这样才能更好地保障全体公民的基本健康权益。由于现行的新型农村合作医疗、城镇居民医疗保险和城镇职工医疗保险这三种医疗保险制度的筹资机制、缴费标准均存在差异，整合有一定难度。为实现整合的目标，可通过依次打破城乡户籍界限、打破有无职业界限，首先将新型农村合作医疗和城镇居民医疗保险这两大制度进行整合，建立统一的居民医疗保险体系；其次将居民医疗保险和城镇职工医疗保险这两大体系进行整合，最终实现所有人平等参保缴费、享受同等医保待遇的目标。而目前由于城乡医疗保险二元结构的客观事实，决定了城乡医疗保险的整合必须是一个分步骤推进的过程。

实现城乡统筹医疗保险整合可分“三步走”战略（见图 10－1）：第一步，继续实行新型农村合作医疗、城镇居民医疗保险和城镇职工医疗保险制度，实现三网并行，做好扩大覆盖面的工作；第二步，将新型农村合作医疗和城镇居民医疗保险整合为统一的居民医疗保险体系，与城镇职工医疗保险体系并存，实现三网并两网；第三步，将居民医疗保险和城镇职工医疗保险这两大体系进行整合，实现两网并一网。与此同时，城乡统筹医疗保险的整合应该按照先稳定城镇医疗保险水平，然后再逐渐提高农村医疗保险水平的步骤，待时机成熟以后，逐步实行城镇医疗保险与农村医疗保险的整合，实现所有人平等参保缴费、享受同等医保待遇的目标。

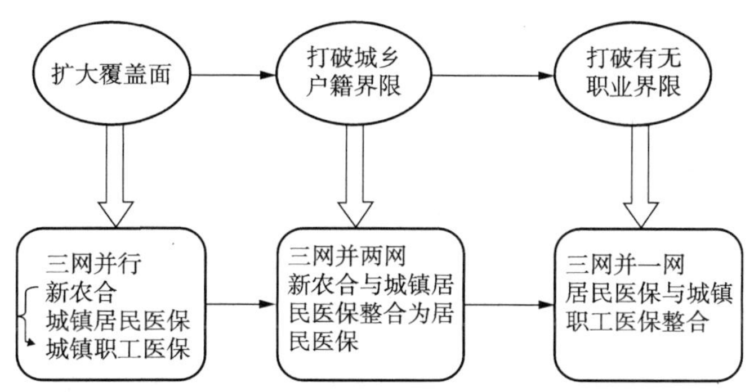

图 10－1　海南省城乡统筹医疗保险整合“三步走”战略

（1）城乡统筹医疗保险整合的第一步：三网并行

这一时期的主要任务是进一步建立和完善新型农村合作医疗、城镇居民医疗保险、城镇职工医疗保险这三张网的制度体系框架，实现相互之间的平稳运行，为制度的整合打好基础。这一时期的重点工作仍然是做好新型农村合作医疗、城镇居民医疗保险和城镇职工医疗保险的扩大覆盖面的工作，而由于目前城镇居民医疗保险的实际覆盖面较窄，因此应当继续做好推进扩大覆盖面的工作。在筹资机制方面，理顺政府投入、企业、集体扶持、个人以及家庭之间的相互关系和缴费比例；在业务管理方面，进一步健全资金监管制度，通过采取必要时将商业保险公司纳入到对医疗保险业务管理的办法，来确保医保资金的可持续发展。就部分城镇非从业人员而言，将城镇居民医疗保险的缴费标准定得太高会影响到他们的参保行为，而在这一时期，可允许城镇非从业人员加入新型农村合作医疗，政府对参加后的城镇居民，与其他参保人员一样，给予相应的补助，并做到同等对待。

（2）城乡统筹医疗保险整合的第二步：三网并两网

这一时期的主要任务是将新型农村合作医疗和城镇居民医疗保险整合为统一的居民医疗保险体系，与城镇职工医疗保险体系并存，实现三网并两网。这样做的原因在于：首先，从统筹层次来看，新型农村合作医疗一般在县级统筹，而城镇居民医疗保险一般在地市级统筹。为实现新型农村合作医疗保险和城镇居民医疗保险顺利而有成效的开展，初步的整合不但可以提高新型农村合作医疗的统筹层次，而且还可以逐步实现医疗保险水平在统筹层次上的均等，提高风险承担效率。同时，还可增强医疗服务购买的第三方对医疗费用的控制能力。此外，新型农村合作医疗与城镇居民医疗保险整合以后，也将有利于缩小其在整体上与城镇职工医疗保险的差距，为医疗保险的进一步整合，即城乡统筹医疗保险一张网而做准备，并为最终消除包括地域、户籍、就业形式等障碍因素做准备。对于经济发达的地区，也可允许农村户籍居民参加城镇职工医疗保险，富裕个体多缴纳参保费用可获得更多的补偿。其次，从筹资水平来看，新型农村合作医疗与城镇居民医疗保险较为接近，初步的整合有利于提高农村整体的医疗保险水平，符合优先次序的原则。

（3）城乡统筹医疗保险整合的第三步：两网并一网

随着海南省目前经济的不断增长和医疗卫生体制改革的不断深入，到 21 世纪中叶，海南省城乡统筹居民医疗保险和城镇职工医疗保险这两大制度体系的整合有望完成，基本实现城乡统筹二元分割的医疗保险体系向城乡一体化的医疗保险制度模式转变，逐步打破地域、户籍、就业形式等因素限制的医疗保险制度，使其均等地被全体城乡居民所享用。当然，这种均等是指在保持形式多样化条件下的均等，是建立在以家庭为参保缴费单位的全民医疗保险体系下的根据家庭经济承受能力来选择相应的保障待遇层次的均等，而并不能达到绝对的均等。

10.3 海南省实现城乡统筹社会保障服务均等化的目标与路径选择

10.3.1 海南省实现城乡统筹社会保障服务均等化的目标

构建社会主义和谐社会，必须以保障与改善民生为出发点，通过不断完善海南省的社会保障制度，逐渐改变城乡二元的社会保障体系，最终实现海南省城乡统筹社会保障均等化。但从目前的条件来看，实现社会保障均等化在短期内并不现实，但将其作为一个追求的最终目标，据此来统筹规划并制订出递进性的阶段性目标，逐步实现城乡统筹社会保障均等化，应该是海南省社会保障改革的基本取向。

1. 海南省实现城乡统筹社会保障服务均等化的近期目标

由于城乡的社会保障存在差别，需要在海南省建立一个统一的制度，统一城乡的筹资渠道、缴费模式和计发办法，着力消除社会保障各种关系转续存在的问题，从提高社会保障的便携性入手，实现城乡统筹社会保障均等化。

在近期目标中，要求在海南省实现社会保障均等化的过程中不追求统一的制度，而是分别对城市和农村的社会保障设计两个标准，允许城乡居民在保障水平方面存在一定的差别。同时在2020年前通过各方的努力，争取在海南省范围内基本建立起覆盖城乡的社会保障体系，使海南省的城乡居民每个人都能享有应有的社会保障。

2. 海南省实现城乡统筹社会保障服务均等化的中长期目标

中长期目标要求在社会保障的各个方面实现全面的城乡均等化，包括养老、医疗、失业、最低生活保障制度等，并且要改革社会保障现存的管理混乱现象，争取能够做到统一规划部署，改变现存的多头管理局面，使社会保障能够在一个规范的系统中有效的运行。在这个过程中应做到协调发展，社会保障制度不能只针对某一方面，应该在社会保障的服务与管理层面进行全面协调，从而使社会保障系统各要素发挥最大的效益，使覆盖城乡的社会保障制度发挥最大的效率。

10.3.2 海南省实现城乡统筹社会保障服务均等化的路径选择

1. 建立符合基本省情的社会保障均等化模式

通过对世界各国社会保障均等化问题的研究，发现世界范围内的社会保障均等化实现方式都不尽相同，即便是经济发展水平相近的国家，也会由于自身文化传统，资源禀赋和价值观等方面的区别，而建立起符合自身历史和传统的社会保障均等化模式，社会保障均等化在实现过程中受到经济发展水平和制度设置的影响，这些制度往往又不是单一存在的，是社会制度，经济制度和政治制度的结合体。社会保障均等化在实现过程中能否同时注重公平和效率，或者在追求公平时至少不损害效率，最需要注意的就是设置具体制度和模式的同时要充分考虑海南省的省情，不能完全照搬某种现成的制度。

现在世界范围内使用最多的三种社会保障均等化制度安排是财政收入能力均等化、标准财政收支均等化和个体最低生活保障均等化。这三种制度安排都有其各自的优缺点和实现要求。第一，财政能力均等化，这种制度在实现过程中对经济数据指标的要求不高，操作简单，但是在地区经济发展水平差异较大的时候，往往难以实现社会保障均等化目标；第二，标准财政收支均等化，这种制度在实现过程中对经济数据的准确性要求很高，操作相对复杂，但是结果比较接近现实，容易实现社会保障均等化；第三，个体最低生活保障均等化，这种制度安排在提供最低社会保障时能够最大限度地做到均等，但是需要制订合理的“最低”保障标准，在标准制订过程中需要详细准确的个人信息和数据，实施成本较高。

从海南省现阶段地区经济发展水平严重不同的情况来看，最适合海南省采用的制度安排是标准财政收支均等化。但是在数据的获取上，海南省短时期内又难以做到细致准确，与制度实施的最低要求相距甚远，而且中央财政的可支配资金也十分有限，管理方法相对落后，因此直接实行标准财政均等化难度很大。在制度设置上不妨把个人最低生活保障标准化与标准财政收支均等化结合起来，先在一些重要的保障项目上实施个人最低生活保障标准化，然后逐步扩大保障范围，最后在适当时候实现标准财政收支均等化。

2. 消除城乡二元结构

（1）消除城乡户籍差异，建立统一的户籍制度

贯彻落实2014年7月30日公布的国务院《关于进一步推进户籍制度改革的意见》的改革举措。彻底改革海南省户籍制度，从根本上改变户籍制度给人们带来特殊的利益，统一城乡户口，使全体公民在任何方面都能得到平等一致的对待。在改革时要遵循适时适度原则，首先在改革开始阶段，要在中小城市进行试点，取消城市落户限制，允许农民自由进城落户；接下来其次要把试点的规模扩大到部分大中城市，放宽在大中城市落户的限制；最后全面取消有差别的户籍制度，实行城乡统一的户籍制度，实现劳动力的自由流动。

（2）建立城乡一体化的社会保障供给制度

社会保障是政府工作的重要组成部分，现阶段海南省不同区域、城乡之间的差距很大，建立城乡一体化的社会保障供给制度就是要逐渐缩小这种差距，使全省各个区域都真正纳入社会保障制度供给范围之内，使政府能够承担更多的责任去为农村提供更多的社会保障。首先，政府应改变优先保证城市的社会保障供给思想，实行城乡统筹发展；其次，应该大力调整城乡收入分配结构，努力增加农民收入，缩小城乡收入差距，并适当将政策向农村倾斜，提高农村社会保障供给水平；最后，增加社会保障的供给渠道，政府应保证提供基础的社会保障，然后通过一些市场化的操作使一些社会机构参与到农村社会保障供给中来，在此过程中，政府还必须起到制订规则和监督施行的作用。

（3）建立运行良好的农村社会保障体系

海南省目前农村社会保障主要由三方面构成，农村最低生活保障制度、农村合作医疗制度和新型农村养老保险制度，就过去的毫无保障而言，是长足的进步，但是对比城市全面的社会保障项目，农村的社会保障体系建立还应加快。但

是财政资金的捉襟见肘使农村社会保障体系的建立速度大大减缓，而制度设置的缺陷又使这些保障项目容易成为一些人中饱私囊的途径，因此必须从加大财政投入和完善制度监管两方面入手，改善社会保障制度在农村的运行情况。

3. 为实现城乡统筹社会保障均等化提供财政支持

（1）加大财政对社会保障的投入

加大财政资金对社会保障的投入，一是要在政府的主导下努力筹集社会保障基金。海南省政府在整个社会保障制度的运作中起主导作用，社会保障制度运作所需的持续稳定的资金，主要通过财政方式来筹集，可以考虑通过划转部分国有资产来做实个人账户。二是要对社会保障实行专门的财政预算管理，可以设立社会保障预算，将社会保障的收支全部纳入社会保障预算统一核算，统一管理，增强对社会保障基金的制约与监督，从而促进社会保障基金安全、有效的使用。三是要努力实现社会保障基金的投资增值。社会保障基金可投资于资本市场实现其保值增值，但财政作为社保基金的最终承担者，应对社保基金的投资建立严格的监管制度，高度关注社保资金的投资去向，除投向资本市场之外，社保基金还可以投向一些公共基础项目，既能提高国民福利，又能取得安全且比较高的投资回报，可以为社会保障提供长期稳定的资金来源。四是要提高社会保障基金的管理层级，更好的发挥社会保障制度维护社会公平正义和保障国民共享经济发展成果的作用。

（2）加大财政对农村社会保障的投入

加大财政对农村社会保障的投入，一是要为农村社会保障提供比较充足的财政资金支持，确保农村社会保障资金到位。海南省各级地方财政都要适当调整财政支出结构，提高社保资金支出比例，加大对农村社保资金的投入。同时还要加强监督，确保财政对农村社保资金的投入到位。二是要明确划分海南省和各市县财政在农村社会保障中的支出责任。应该根据各市县农村的经济发展状况，在经济发展水平比较低，地方财力不足的农村地区，海南省财政应该承担农村社会保障的主要责任，统筹兼顾这些地区农村社会保障的基本需求，适当增加投入；而在经济发展水平比较高，地方财力雄厚的农村地区，地方财政应该承担农村社会保障的主要责任，地方财政可以随着地区经济发展水平的提高，不断增加对农村社会保障的投入。

4. 建立合理的税收转移支付体制

（1）调整转移支付体系

在对转移支付体系进行调整过程中，应遵循以下原则，第一，充分利用具有均等化特征的一般性转移支付，并使一般性转移支付成为转移支付的主要手段。

要加大具有均等化作用的一般性转移支付的规模和力度，使其成为转移支付的主要形式，并辅助以专项转移支付，提高转移支付资金的使用效率。第二，逐步建立横向转移支付。目前海南省实行的都是单一的从上到下的纵向转移支付，由于海南省地区间经济发展水平严重不平衡，加之省级财政资金规模有限，单靠纵向转移支付对实现社会保障均等化的作用并不十分明显，因此，我们可以在继续实行纵向转移支付的同时，辅助试行横向转移支付，使经济发达市县直接支持经济发展水平落后的市县，有助于实现社会保障均等化。第三，提高社会保障在转移支付资金中所占的比例，限制地方政府将转移支付资金用于一般性竞争领域。第四，提高对老、少、边、穷地区的转移支付比例，使这些地区能够弥补财政空缺，保证社会保障的顺利运行。

（2）加强对转移支付的科学化，法制化管理

首先，健全转移支付监管机制。一方面需建立健全财政转移支付考核评价体系，评价标准尽可能做到量化，以用来监督和评价转移支付资金的效果和效益。对于专项转移资金的用途更要采取全程监管的方式。另一方面需要加强监管队伍的建设。好的制度需要好的人去执行才能收到好的效果，监管机制运行时更需要人的参与，可以说没有人就没有监管，因此必须提高监管人员队伍的素质才能使监管机制正常运行。可以采取激励的方式提高人员工作积极性，进而提高监管效率和准确性。其次，加快对于转移支付相关法律的立法工作。将转移支付的方式、资金数额的确定方法、监督机制和评价体系都用法律的形式确定下来，实现转移支付的科学化、法制化。

5. 加快建立服务型政府

（1）明晰社会保障提供主体间的权责关系

明晰社会保障提供主体之间的权责关系主要是明确各级政府之间的事权和财权，这是各级政府履行各自职责的前提条件，同样也是检验自身承担责任的标准和依据。首先，在明确事权上，要充分熟悉政府职责等级划分，尤其对各级政府间交叉事物的管理上，需要更加的规范和细化。熟悉掌握海南省政府和各级地方政府所承担的责任，尽量细化到每一个具体方面。其次，在明确财权上，最重要的是规范各级政府财政的预算，对各级政府财政支出的方向、范围、限额、处罚措施等做出规范。形成对财政支出的申请、审批、拨付、执行、评估等的透明程序。明确财权和事权的划分后，还要及时的支付到位，避免出现有了事权没有财权的情况，影响社会保障均等化的实现。因此，应在明确财权和事权的基础上确定预算，然后保障预算尽快到位，这样才能实现科学的财事权相平衡。

（2）制定统一的社会保障均等化政策标准

好的政策标准是一项政策有效执行的重要保障，需要具有科学、细致、规范

的特点。在政策的执行中，要尽量减少执行偏差，这样才能达到政策制订之初的目标。首先，标准应该是细化的。对于社会保障均等化政策应该细化到点，而不是停留在面上。其次，标准应该是量化的。在政策执行中，定性的标准往往难以准确的把握和检验，而且容易受到人为因素的影响，而定量的指标由于有量的约束，因此很少会受到人为因素的影响，执行效果较好。再次，标准应该具有科学性和可操作性。制订的标准是否科学和易操作，直接影响社会保障均等化的实施效果，因此，制订的标准应该符合当地的经济发展水平和以人为本。最后，标准应当具有一定的可持续性。标准在制订以后不能朝令夕改，这样不但降低政府威信，同时也是一项耗时费力的工作，这就要求标准制订时要考虑到当地的实际发展情况，做好规划和预测。当然计划永远赶不上变化，当标准已经无法适应现实情况时，也应该及时变更新标准。

（3）建立社会保障绩效评估体系

就任何一项制度而言，建立应其的绩效评价体系都是必要的，社会保障均等化的实施情况也需要用绩效评价体系来检验。就社会保障均等化而言，不能用一个标准一概而论，应该针对不同地区和不同项目单独建立各自的绩效评估体系，这样不仅能够及时准确地把握制度运行中所出现的情况，更重要的是能够为政府决策提供真实可信的一手数据，为政府的社会保障均等化建设指引方向。

绩效评价体系中最重要的部分应该是对领导干部的考核。首先，对领导干部增加社会保障领域的考核。在考核中可以设置具体指标，用来衡量干部工作成效。其次，民意表达是否顺畅作为重要考核指标。领导如果不能很好地倾听民声，那么制订出的政策往往都是偏离群众利益的，因此应该把民意表达是否通畅，民意表达是否受到尊重，民意表达后是否得到合理和及时的反馈作为考核领导的标准。最后，应当建立重大事件报告制度、质询制度和民主评议制度。让老百姓能够充分实现参政议政，并且发扬民主监督，社会监督的优点，推进社会保障均等化的顺利实施。

6. 健全社会保障监管机制

引入社会群体和个人力量参与对社会保障均等化政策实施的监管，是城乡社会保障服务均等化顺利实施和取得好成绩的基础。

（1）财政预、结算全面公开

全面公开财政的预算和结算是实现全民监督社会保障均等化实现过程的前提。海南省政府在这点上应该尽快学习西方发达国家，用最流行的手段和最通俗的语言公开财政使用情况，接受全社会的监督，在频率上应保证每年至少两次。

（2）健全社会保障服务均等化的监督机制

首先，尽快建立社会保障效果反馈制度，从整个社会保障政策制订的各个环节进行监督，包括政策制订、实施和评价环节。一个完善的监督机制应该包括监督主体、监督内容、监督方法、监督对象、监督程序和监督方式这六个要素。其次，制订科学可行的操作程序。监督机制的可操作性直接影响监督效果，在设置操作程序时应该尽量简化程序，减少因为程序烦琐造成的结果失真。再次，建立自上而下的问责制度。把社会保障写入干部考核条例，使之成为一个硬性的要求，实行一票否决制。最后，还应加强对统计部门的直接管理，避免统计部门因为地方领导的干预而弄虚作假。

10.4 海南省实现城乡统筹基础设施服务均等化的目标与路径选择

10.4.1 海南省实现城乡统筹基础设施服务均等化的目标

结合海南省城市化发展的具体情况，海南省基础设施服务均等化有三个目标——短期目标、中期目标和长期目标。整个基础设施服务均等化过程的三个目标也对应地分为三个阶段：形式均等的初始均匀阶段、转化过程的过渡均衡阶段、全面均等的优质均质阶段。每个阶段均由特定的基础状态开始阶段性均等化进程，通过特定的均等化方式达到该阶段的均等化目标。整个过程以形式均等开始，通过过程均等，最终达到基础设施服务的全面均等，即形式和后果都均等的理想状态。

1. 海南省实现城乡统筹基础设施服务均等化的短期目标

海南省基础设施服务均等化的短期目标是实现形式均等。初始均等化是低度城市化阶段针对低密度人口分布状态的基础水平的适应性覆盖阶段。该阶段的基础状态为人口低密度分布，设施覆盖有盲区，设施水平不平衡，同时由于城市化程度较低，城乡人口分布相对稳定。针对海南这一初始阶段的特征，均等化的目标应当设定为保障社会所有成员最基本的生存和发展条件的获取权，即实现基本公共服务设施均等化的形式均等。由于尚未进入快速城市化阶段，实现形式均等的资源利用效益相对较高，但资源主要通过转移支付途径获取，因此后果均等对于外部的依赖性较高。

2. 海南省实现城乡统筹基础设施服务均等化的中期目标

海南省基础设施服务均等化的中期目标是实现转化过程的过渡均衡。转化过程的过渡均衡是指快速城市化进程中设施改善与人口适度集聚并行的引导性覆盖阶段。针对该阶段的特征，均等化目标应当设定为过渡转化型均等化目标，即选择需求最迫切的设施种类，结合人口密度变化趋势和空间发展的战略性区域，有重点地优先提高人口集聚目标区域的基本公共服务设施水平，同时扩大优质设施的覆盖范围，扩大优质服务的覆盖人群。通过吸引和鼓励人口向经济发展较好、公共服务质量较高的地区集中，同时以服务扩散和人口集中两种方式提高享受优质基本公共服务的人群范围。整个过程应充分结合城市化目标和重点，利用过程调解后果均等与形式均等，有选择地、有序地推进城乡基本公共服务设施均等化发展。

3. 海南省实现城乡统筹基础设施服务均等化的长期目标

海南省基础设施服务均等化的长期目标是实现全面均等化的优质均质。全面均等化的优质均质是高度城市化时期优质水平的人口全覆盖阶段。该阶段的基础状态为人口集中过程和设施改善进程已趋结束，区域已实现高度城市化，社会所有成员的基本生活和发展条件已得到全面保障，城市化地区的优质服务设施能够高效地为绝大部分人口提供均等的优质基本公共服务，但仍存在一小部分由于特殊生产生活方式和地形地貌等原因而居住在农村的居民可能面临较高的交通成本。针对该阶段的特征，均等化目标可设定为在一定区域内实现可持续的优质基本公共服务的人口全覆盖。这一目标主要通过对各种非空间性政策措施的完善来实现，重点降低农村居民获取基本公共服务的可达性困难（包括交通时间和费用）。例如，给予适当的区位补贴，使农村居民可以消费与城市居民同样的代价享受同城市地区居民一样的优质基本公共服务。当然，由于整个地区处于高度城市化时期，经济社会发展水平较高，高度城市化地区对于非城市化地区的转移支付能力较强，因此形式均等问题将逐渐成为次要问题，而更高层次的后果均等将随着经济社会水平的提高而不断演变。

10.4.2 海南省实现城乡统筹基础设施服务均等化的路径选择

1. 以省政府为第一主体，合理划分各级政府权责，建立分工问责机制

海南省现阶段在推进公共基础设施建设上，省政府、市政府、县政府和乡政府应该做到各司其职、分工合作，即实行基础设施发展的政府分权制度。

目前海南省农村公共产品供给实行的政府分级负责制在实际操作中还存在很多缺陷，突出表现为公共产品供给的错位与缺位及事权与财权的不对称。一方面是本应由上级政府承担的职责被强行推卸给下级政府，造成省级以下地方政府在各项公共服务职责之外还要承担过多的指标压力；另一方面是将本应由政府承担的职能推卸给广大农民群众，加重群众的负担。

结合海南省的实际情况，本研究团队认为基础设施均等化的第一责任主体应是省级政府，省政府需要对全省各市基础设施的发展水平和进度做总体规划，在财政上支持各地的设施建设，并监督下级政府的落实。各市、县、乡政府则要在

省政府的统一指挥下分头负责自己管理区域内基础设施的均等化建设，接受上级的监督，积极配合兄弟部门的工作，并及时向上级政府汇报成绩和困难。此外，还应确定负责各类基础设施建设的责任主体，在各司其职的基础上通力合作，以求最大限度地提高基础设施均等化的水平。

2. 遵循规律，全盘规划，提高基础设施投资益

基础设施的规划是指根据国家或地区经济的发展需要，在充分考虑与权衡效率、公平和环保目标的基础上，对基础设施的发展进行数量、结构和项目选择的设计和规划。从海南省经济发展的现状来看，四类基础设施建设都已经取得了不错的成果，下一步要做的是提高各类设施的供给水平。海南省内也有许多空间范围大、时间周期长的基础设施项目，需要各级政府合理规划，积极协作，以预测可能存在的问题和难点，在尽可能完满的情况下协调各方，设计出最科学的基础设施发展规划。

从海南省全省来看，均等化包括两个层面。一是全省 18 个县市之间的均等化；二是同一县市内部各乡镇间的均等化。基于各地区经济发展差距较大的客观现实，18 个市县之间的公共基础设施差距难以在短期内消除。因此，应首先缩小同一县市内部各乡镇间的差距，其次逐步在全省层面缩小各县市间的差距。从均等化的内容来看，现阶段应重点解决人民群众需求最迫切的污水和垃圾处理设施的均等化问题，再逐步向更大范围和更高水平推进。从均等化的投入来看，当前重点要用好增量资源，确保增量资源向欠发达地区、农村和弱势群体倾斜，再逐步盘活和优化存量资源。

3. 增加基础设施建设的供给主体

本研究报告所研究的公共基础设施是基础中的“基础”，引入市场竞争是手段，可以作为有益的实现方式。但在以竞争促均等的过程中必须把握好主从关系，政府是第一责任主体，在与私人部门合作时必须掌握所有权、定价权等关键权力，以保证基础设施的公益性。海南省各级政府的职能转变已经取得了积极的进展，但不容回避，仍没有彻底摆脱计划经济体制下的职能框架模式。在新的经济形式和管理理念下，海南省政府应该充分利用省内市场经济发展较好的优势，合理定位政府角色，做好企业参与基础设施建设的导航员和护航者，既为企业创造机会，又为政府排忧解难，同时还有利于提高公共基础设施均等化水平的最终目标的实现。

在农村基础设施的建设方面，应该构建一套多中心治理模式，以保障公共物品供给的高效优质。首先，政府是最大的供给主体，以公权力为凭借的政府是社会公共事务的主要管理者。涉及整个省甚至国家的公共基础设施应该由省政府提

供，涉及各市县的相关的设施则由地方政府提供。其次，农村社区的集体供给和治理是有益补充，比如富裕农村集体出资修路、建设垃圾处理厂等。再次，各类非政府组织也可以成为公共基础设施建设的供给主体，比如省内的慈善机构、行业协会和各类专业协会等，除了出资，还能出力、出点子，促进基础设施建设的发展。最后，社会捐助是基础设施建设的又一重要资金来源。海南的一些先富群体，致富不忘回馈社会，他们的热心与慷慨在公益事业上得到了很好体现。当然，在倡导社会协同、多方参与之时，一方面要明确政府在公共基础设施产品供给与决策中的主体作用，另一方面要推进基层民主建设，完善民意表达机制和沟通协调机制。

4. 设置基本基础设施建设多元化的供给方式

政府在设置多元化的基础设施的供给主体之后，还应该设置多元化的基础设施供给方式。政府在明确基础设施供给责任的前提下，可以通过招标采购、特许经营和政府参股等形式，把一部分基础设施建设项目交给非政府组织去实施。而且还可以通过市场化的途径，考虑将基础设施建设部分向市场开放，让一部分民营资本进入，为提供基础设施建设服务。政府负责制订规则和监督这些机构的行为。

5. 设置考评指标，完善基础设施均等化的绩效管理

建立基础设施均等化的考评指标体系的主要目的包括两方面，一是以此评估各地公共基础设施的均等化水平，使各部门对现处的地位和今后的发展有比较清醒的认识；二是以考评结果来约束、引导公共部门的行政行为，提高其在公共服务供给方面的效率。

海南省公共基础设施的绩效评价体系应该包括公共交通、水电供应、广电通信三个方面的单项和综合评估。同时，还要完善评估系统，包括目标制定、执行、评价等环节。要建立相应的制度框架，保证评估体系发挥其应有的作用。要引入多元化的评估机制，既运用国际通行的指标，又要选择适合海南省实际的计算和评价方式，同时必须坚持透明性、公开性的原则，以公民为中心，以满意为尺度，建立多元化、全方位的绩效评估体系。

10.5 海南省实现城乡统筹公共安全服务均等化的目标与路径选择

10.5.1 海南省实现城乡统筹基本公共安全服务均等化的目标

1. 海南省实现城乡统筹基本公共安全服务均等化的总体目标

公共安全是一个永恒的话题。只要经济社会发展，我们就必须与各种灾害事

故做斗争。城乡一体化公共安全体系，实质是以相关法律法规和部门规章为依据，包括监测预警、信息报告、应急处置、反馈评估、社会动员等。隐患的产生是动态的，要想从根本上改善公共安全状况，就需要全社会行动起来，从硬件和软件两个方面，共同构建城乡一体化公共安全体系。

2. 海南省城实现乡统筹基本公共安全服务均等化的具体目标

(1) 硬件方面：构建城乡公共安全应急处置和防控一体化体系

第一，构建城乡一体化公共安全突发事件应急处置体系。一要健全监测预警机制。做好风险隐患普查和整改，加强各类监测预警系统建设。研究制定科学、统一的风险隐患分级分类标准，做好风险隐患普查数据的统计和分析，逐步健全对危险源的分级、监控和评价工作机制，逐步完善各类突发公共事件的监测网络。尤其应重视社区、农村和重点企事业单位应急预案编制，以形成“横向到社区、纵向到乡村、辐射到重点企业”的完整的城乡一体化预案体系。二要健全调查评估机制。调查评估既包括对安全生产事故原因、性质的调查评估，也包括对灾害影响、损失的评估，还包括对政府应急管理能力的综合评估。第三类综合评估是以改进管理效果为目的，从突发事件的事前、事中和事后来对公共安全管理的综合能力进行的评估。此类评估在海南是非常缺乏的，也是最需要加强的。三要完善应急指挥体系。在众多的行业性、专业性、部门化指挥机构的基础上，进行横向联动、纵向整合、辐射重点，以理顺职责、形成整体，实现各种应急队伍在组织上的统一性、行动上的协调性、资源上的共享性，从而保证在处置突发公共事件时能够做到行动迅速、优势互补、相互协作，在平时能够做到加强对应急物资的储备与管理、加强对应急队伍的管理与培训，促进整个应急体系的协调发展。

第二，构建城乡一体化公共安全防控体系。一要加强社会治安防控体系建设。针对社会治安防控特点，坚持综治牵头、部门参与、协调联动的工作原则，形成人防、物防、技防相结合，专群相结合，城乡一体化的应急机制。二要实施公共安全资源倾斜政策。当前农村公共安全基础工作十分薄弱。要统筹城乡公共安全工作协调发展，坚持行政执法力量下沉，重点要科学合理配置农村基层行政执法力量，推动公共安全工作重心下移、保障下倾，大力推进公共安全资源向农村地区倾斜、公共安全工作向农村地区延伸。三要完善城乡公共安全空间布局一体化。市、镇、中心村（社区）三级规划要考虑城乡公共安全空间布局一体化，考虑设施配套、产业发展、民生需求和生态保护等，体现城乡公共安全规划的完整性、系统性、科学性。四要打造“综合安全防控网络”。采用先进的全球定位系统（GPS）、地理信息系统（GIS）、卫星遥感系统（RS）及通信网络系统等，实现对城乡一体化公共安全风险的精确监测，以技术促进城乡各种资源整合和各部门的协同行动，逐步将公共卫生安全，城市水、电、气，防震、防空、护林防火等应急救助系统纳入统一的指挥调度系统，建成一个真正意义上的“社会公共安全综合防控网络”。五要尽快制定城乡一体化的《公共安全管理指南》。提供标准化的公共安全管理工作和活动方案，明确公共安全管理中不可缺少的准备措施、管理活动和步骤、管理的质量以及如何制订应急预案、救援的优先次序、怎么进行恢复重建等。

（2）软件方面：构建城乡公共安全行政管理、教育和资源保障一体化体系

第一，构建城乡一体化公共安全行政管理体系。一要理顺社区、农村管理体制。完善城市社区“网格化管理”模式，推进社区居住人口户籍、计划生育、劳动就业、城市低保、社会治安等属地化管理，并积极向农村新社区延伸。加强各级政府应急管理领导机构和办事机构建设，明确地方政府主要领导作为本区域突发事件应对工作的第一责任人并加强考核。二要明确地方政府在多元合作中承担的职责。政府有责任整合各方力量构建合作体系，为社会参与提供技术、资金、知识等方面的支持。城乡一体化公共安全管理机制建设需要坚持统一领导、综合协调、分类管理的基本原则。三要在法律层面上将社会组织纳入安全管理体系。在各级政府的应急预案、预案管理办法以及实施细则中都应该具体明确社会组织在应急管理体系中的参与方式、地位、职责以及与政府机构的关系，从而保证社会化机制运作过程有法可依。四要构建社会组织间的联动机制。在纵向上，由政府做联动机制的总指挥，进行统一规划和安排，加强对社会组织的支持力度；在横向上，明确各社会组织的职责，职责功能重叠的地方由政府进行协调整合。五要加强综合性应急救援队伍建设。做好应急队伍、物资、场所等资源普查和统计工作，指导各单位建立由本单位职工组成的专职或者兼职应急救援队伍。指导专业应急救援队伍和非专业应急救援队伍联合培训、联合演练，提高合成应急、协同应急的能力。

第二，构建城乡一体化公共安全教育预防体系。一要建立健全以中小学为主的学校公共安全教育体系。公共安全教育是最好的灾害救援。从教学时间分配、教学资源开发、师资队伍建设、教学方法创新、监督和评价等方面建立相应机制，确保学校公共安全教育取得实效。二要建立健全公共安全的社会教育体系。根据教育对象的特点，采取有针对性、容易被接受的教育形式。深入开展“送法下乡”、“律师进村”等活动，确保每年每个单位、学校至少开展一次大型的普法宣传。三要健全以行业为主的专业安全教育体系。根据行业特点，进一步完善消防、交通、卫生、化工、矿业、建筑等重点行业的安全生产教育体系，特别要注重加强这些行业中农民工的安全教育。四要进行综合安全知识的普及教育。对全社会、全体公民进行综合安全知识的普及教育尤为重要，这其中既包括社会公

共安全体系法律知识层面、科学技术知识层面的教育，也包括个人自我防护和应急处理技能知识的宣传、普及和教育。五要加大公共安全教育的资金投入。公共安全教育应该纳入国家教育培训的范畴，建立相应的资金保障机制，确保在公共安全教育研究、师资培训、教材编写、课程开发、基地建设等方面有足够的资金保障，鼓励社会组织和个人通过多种形式资助或参与公共安全教育。六要搭建公众参与公共安全危机治理的信息平台。政府应在本地区的政府网站建立公共安全网页，通过媒体架起公众与真相、公众与政府之间的桥梁。通过信息平台开展公共安全知识的普及教育，并对政府治理公共安全事件的工作进行有效监督。

第三，构建城乡一体化公共安全资源保障体系。资源保障是有效应对突发公共事件的物质基础和人力保障，在整个应急体系中具有基础性作用。一要建设应对城乡突发公共事件的多元财力保障机制。资金制约是当前完善海南城乡公共安全一体化机制的一大“瓶颈”，亟须建立一种应对突发事件的多元财力保障机制。二要尽快确定责任保险和巨灾保险的整体规划。支持保险业积极参与公共安全管理，实现信息共享、风险共防、责任共担，共同构建起城乡公共安全一体化保障网络。三要大力发展慈善事业。健全税收优惠机制，给予捐赠人相应激励，强化对慈善事业的依法行政和监管力度，创造更有利于慈善事业发展的法治环境。四要加强救灾保障机制与备灾物品库建设。建立健全救灾物资储存、调拨和紧急配送系统，积极培养和发展经济动员能力。在对现有各类应急资源普查和有效整合的基础上，统筹规划应急处置所需物料、装备、通信器材、生活用品等物资的储备，制定储备和调用管理制度。五要逐步实现储备物资的社会化。通过对社会仓储、物流资源进行调查，采用登记、定购、代储等方式适时征（调）用，充分发挥社会资源的作用。社会公共安全正在成为一个新兴产业，对这个新兴产业做好规划、引导，将成为拉动国民经济发展的一个新的增长点。六要加强救灾抢险队伍建设。注重不同专业技能人员的优化组合，建立健全组织体系和管理制度，开展经常性的培训、演练与考核，不断提升救灾抢险队伍的战斗力和综合应变能力。

10.5.2 海南省实现城乡统筹公共安全服务均等化的路径选择

1. 完善城乡公共安全服务的制度、法律法规及财政体系

(1) 推进城乡公共安全服务制度的衔接与统一

实现公共安全服务均等化是海南省一项系统的社会工程，需要海南省政府全面地规划和引导。打破城乡分割的二元公共安全服务制度与标准，加快完善公共安全服务政策体系，编制并实施公共安全服务均等化的相关规划，确立公共安全

服务的范围、标准以及与之相适应的一系列的制度安排，为协调机制的运转消除制度和政策上的障碍。制定和完善实现城乡公共安全服务一体化政策，强化政策与制度统一的协调配合。政府应当就公共安全服务的范围、项目和标准等细节性问题进行磋商讨论，协调研究并确定范围合理、规范的标准体系并以政策法规的形式颁布，将城乡公共安全服务一体化标准体系纳入法律体系内，制定相应法律和法规保障公共安全服务与公民基本权利结合起来，利用法律法规切实保障公共安全服务均等化的法制化。另外，不同区域的经济发展水平不一，因此在城乡公共安全服务一体化进程中也不能实行同步走的政策，必须依照不同区域和城乡的发展水平，实行分步走的策略，确立并完善城乡公共安全服务一体化的制度和管理体系。发达地区，如海口、三亚，加快提高其公共安全服务水平，建立试点，为城乡制度对接创造条件，即在统一城乡公共安全服务制度之前，可先出台过渡性办法，预留城乡制度对接。在中等发达的地区，借鉴发达地区的经验，试点推进，最终实现城乡公共安全服务制度的对接。在欠发达的地区，先完善公共安全服务体系，在政策和制度的基础上，逐步实现公共安全服务制度的对接。

（2）建立并完善地方法律法规

城乡公共安全服务均等化是一项复杂、长期的系统性工程，涉及任何社会利益群体和个体之间的切身利益，需要构建和完善法规体系来规范发展。就目前海南省实际情况而言，要实现城乡公共安全服务一体化，必须以法律的形式保证城乡公共安全服务一体化过程中的工作规范，从制度上减少漏洞。推进城乡公共安全服务一体化地方立法，规范各级政府和相关部门承担的职责和任务。地方各级政府签订推进公共安全服务一体化的各项协议，努力打破城乡二元制和区域所带来的限制，保证城乡公共安全服务一体化的权威性和持续高效的运行。

（3）调整和完善政府的公共财政体系

政府财政支持是城乡基本公共安全服务一体化可持续发展的基本保障。要实现城乡基本公共安全服务一体化，就必须调整财政投入结构，加强财政体制的变革与创新。一方面，政府需要扩大对农村公共安全服务的财政支出比例，建立广覆盖、多层次的支农资金，为发展农村公共安全服务提供稳定的资金来源。另一方面，应当增加农村公共安全服务的财政支出，使资金向农村基本公共安全服务领域倾斜，形成有力稳定的财政支撑体系，逐步将农村公共安全服务供给纳入到政府财政支出的范围内。

2. 第二步，建立城乡公共安全服务反馈机制

（1）建立服务评估体系，保障城乡基本公共服务一体化工作的有效进展

首先，建立以城乡基本公共安全服务一体化为导向的政府官员绩效评估体系，由政府部门、公众媒体和公民三部分组成的多元评估机制。政府部门应当加

大对农村公共安全服务的供给数量，同时兼顾农村基本公共安全服务的供给质量，以服务质量为工作重要内容，树立官员公共安全服务供给中正确的政绩观。其次，设立评价公共安全服务的模型，由相关领域专家根据海南省经济发展状况和城乡基本公共安全服务实际水平研究设计，建立科学的评价指标和权重，着重评价其实际性和可操纵性，建立起高效的沟通反馈机制；再次，应从法律上认可公共安全服务评价的地位，保证公共安全服务评价成为政府公共管理中的基本环节，促使政府积极地参与公共安全服务评价工作，只有在法律上树立起公共安全服务评价的权威性，才能保证公共安全服务评价机构在进行服务质量评估时不受任何组织或个人的干扰和影响。

（2）建立和完善利益诉求机制，提高公共服务的决策水平

保障城乡公共安全服务决策的正确和有效，关键在于建立充分表达民意需求的制度化决策机制，改革基础公共服务自上而下的决策程序，使政策的制定应当从人民的基本需求出发。一方面，拓宽人民利益表达渠道。进一步拓展群众利益诉求渠道、调整完善利益诉求机制，改革信访制度，深入了解群众的需求和存在的困难，并及时采取相应的措施，同时引导群众以合法的方式表达利益需求，防止因群体冲突造成的社会混乱。另一方面，一步构建和完善公民与政府间的沟通渠道与交流平台，使民众可以通过正式途径顺利准确地表达需求，保障群众参与权、知情权和话语权的实现。兼以网络平台、电子媒介、报刊杂志等作为辅助渠道，将人民群众的需求以公共信息的方式发布出来，拓宽农民利益表达渠道。对多元化民间组织团体实行引导和规范，在尊重其自主管理权和话语权的基础上，保证其组织理念与国家政策的一致性，健全和发展基层民主制度，保证农民享有更多更切实的民主权利。

3. 第三步，扩大城乡公共安全服务供给渠道

（1）创新基本公共安全服务供给模式，推进基本公共安全服务供给主体的多元化

在基本公共安全领域实现“公共合作行政”。在基本公共安全产品供给上，可以采取不同的供给方式。例如，委托授权、合作外包、购买服务、公私协作等，政府在其中的角色可以既是生产者，又是提供者，还可以只是购买者抑或仅仅是监管人。事实上，近年来部分省市推行的治安承包、民间反扒队、民间消防队等尝试，均是在治理理念下基本公共安全服务供给方式的尝试。实践证明，这些丰富的供给主体，在政府指导、监管、付费的情况下，完全能够弥补基本公共安全服务供给不足的缺陷，加大薄弱地区的供给力度和供给水平，逐步实现整个基本公共安全服务的均等化。这些经验对海南省都有很大的借鉴意义。

（2）加大农村地区基本公共安全服务的投入，提升农村地区公共服务水平

目前，其他发达省份正在实行的农村警务战略就是加强农村地区基本公共安全服务的重要举措，农村警务战略的主要目标就是建立以农村警务站为基础的公共安全服务网络，提升农村地区基本公共安全服务供给水平，适度增加农村警力，指导并提高村民自治组织（联防队、巡防队），提供基本公共安全服务的能力和水平。当前，加快农村报警服务系统和快速出警机制的建设，提高农村地区警情响应速度，加强农村地区交通事故、火灾事故等应急救助机制建设等措施应尽快实现，逐步改善目前农村地区基本公共服务薄弱的状况。

10.6 海南省实现城乡统筹环境保护服务均等化的目标与路径选择

10.6.1 海南省实现城乡统筹环境保护服务均等化的目标

1. 海南省实现城乡统筹环境保护服务均等化的总体目标

理想的城乡关系就是城市和农村各司其职、相辅相成，即由城市主要提供工业制成品以及大部分的服务性产品，农村则主要提供优质的资源性初级产品和健康的生态服务和环境质量，并在农村居民和城市居民享有同等或相近满意度的生活水平的条件下，允许农村和城市环境存在合理的客观差距，这也是城乡环境保护统筹的目标。对经济较发达，而且与城市生态联系紧密的农村，可以提倡城乡环境一体化，即以城市标准规划农村，以社区标准建设村庄，通过连续几年的环境整治活动，实现了农村环境管理的制度化、长效化。

二元结构背景下的城乡环境统筹就只能是有限的统筹，差距还是主要的。在破除城乡二元结构的新时期，城乡环境保护统筹的总体目标是要以城市环境保护反哺农村环境保护，消除城乡环境保护二元结构，在城乡区域范围内实现城乡经济与环境保护的协调发展，城市污染治理和农村生态防治的协调发展。

2. 海南省实现城乡统筹环境保护服务均等化的具体目标

（1）短期目标：城乡环境分别与经济、社会可持续发展

第一，城市环境与经济、社会可持续发展。

通过对城市功能的划分，城市的可持续发展可以理解为这样一个动态过程：在一定的时空尺度上，以长期持续的城市增长及其结构进化实现高度发展的城市化和现代化，从而既满足当代城市发展的现实需要，又满足未来城市的发展需求，实现城市由不协调到协调、由非可持续到可持续的变化过程。城市是区域经济发展的主要责任者，而环境问题产生的根源在于经济，环境问题的实质就是污染者获得利益而将污染成本转嫁于社会，实现城市的可持续发展必须统筹城市经

济社会发展与环境保护的协调发展。

第二，农村环境与经济、社会可持续发展。

农村环境与经济可持续发展包含两层含义：一方面，通过改进技术、加强管理，确保获得和持续满足目前几代人和今后世世代代人的需求，同时不造成环境退化；另一方面，解决农村的经济发展问题和诸多社会问题，保证社会更加公平和谐。其实质是把保护和提高资源环境与满足人类需要结合起来，建立起生态合理、经济可行、社会可接受的可持续发展模式。农村地区加快经济发展、改变落后面貌的愿望十分强烈，这种积极性应当充分肯定。但在新的阶段，农村发展必须创新发展观念，拓宽发展思路，转变发展模式。要认识到，生态环境是生产力，也可以出效益，环境好了，对投资者的吸引力就大；环境不好，吸引力就差。要把加强农村环境保护放在更加突出的重要位置，在经济发展中促进保护，在保护环境中求得发展，努力实现经济发展与环境保护的“双赢”。

（2）长期目标：城乡之间经济与环境可持续发展

农村是区域可持续发展的主要载体和环境基础。但是，我们清楚地看到，农村的环境污染大部分不是由农村自身造成的，主要是城市造成的，如果城市的垃圾不能在城市内部消耗，就必然会向农村地区扩散；城市工厂产生的酸性气体不得到严格的控制，就必然会产生酸雨等有害物质。对农村这些外源性环境问题的解决，不是仅依靠农村自身的措施就可以实现的，更多的还是赖于城市环境问题的解决。统筹城乡环境，这就要求处理好城市环境保护与农村环境保护的关系。城市环境和农村环境是有机整体、不可分割。目前，不少地方对城市环境保护日益重视，而对农村环境保护还没有提起应有的重视高度。现在社会上有这么一句话，就是“城市污染农村的水和地，农村污染城市的饭和菜”。农村环境上不去，不仅影响农村居民的生存环境，也影响城市居民的“米袋子”“菜篮子”“水缸子”的安全，城市环境也好不起来。农村和城市，实际上只是分工的不同。分工的不同会导致经济数量、结构、供需情况的差别，这些是合理的，但本质上不应有更多的差别，也就是说农村居民和城市居民基于各自需求和效用评价，对于生活质量的满意程度应当是相同或接近的。这样才能确保城市和农村在各自保持自身功能完善的同时，实现城乡区域内整体经济与环境的可持续发展。

10.6.2 海南省实现城乡统筹环境保护服务均等化的路径选择

1. 第一步，提高公民环保意识，优化公共财政体制

（1）增强政府环境保护服务的均等化意识

加强城乡环境保护统筹的教育，让城乡居民认识到城乡环境质量的优劣与自身利益息息相关，引导大众建立起人与自然和谐相处，兴衰与共的观念和信念，

主动参与城乡环境保护，发挥舆论监督作用，尤其是强化农村的环境控制体系，真正把环境保护变为整个区域内的全民自觉行动。提高思想认识，一是要充分认识环境保护服务对于海南省发展的重要性，二是强化均等化思想对城乡环境保护服务发展的指导，遵循“预防为主”和“以农村为重点”的方针，逐步缩小城乡差距。公共服务是实现社会基本平等和稳定的基础，发挥重要的社会矛盾的“缓冲器”作用。推进海南省城乡环境保护服务均等化，是公共服务体系建设的长远目标，也是服务型政府建设的重要价值追求。从海南省建设国际旅游岛的大局来看，实现环境保护服务均等化，能够维护和保障公民的基本权利，为构建和谐社会奠定坚定的政治基础和稳固的社会基础。树立以提供均等化的公共服务为中心的政府职能观和绩效观，加大对农村环境保护事业的投入，缓解城乡环境保护服务的矛盾，维护社会的公平与稳定，实现城乡环境保护服务均等化，有利于推进海南省国际旅游岛的建设。

（2）深化公共财政体制改革，建立环境保护经费保障机制

实现基础环境保护服务需要充足的经费保障，所以急需完善财政的预算管理制度，增强环境保护预算的合理性和科学性。根据各地的需求，在财力和能力许可范围内，逐步扩大环境保护服务项目内容。以项目或计划为基础的专项转移支付要积极的寻求，确定其转移支付力度与环境保护服务的实际成本相协调。一是要强化省级政府的责任意识，增强省级财政对市县级财政的指导和协调功能，加大省对市县一般性转移支付力度，提高基层政府提供环境保护服务的能力。二是进一步完善“省直管县”的财政管理体制，减少财政管理层次，提高行政效率和资金使用效率，缓解县乡财政困难。

2. 第二步，建立城乡环境保护服务的反馈机制

（1）及时建立环境保护服务均等化的绩效评价体系

做好环境保护服务的绩效评价体系，根据环境保护服务项目的成本来测算结果，以实际效果为导向来建立相应的人事和财务等激励机制。积极扩大政府的参与度，及时进行财政的绩效评估。及时建立各项服务项目的考核评分标准，确定与其拨款经费的比例，实现资金分配与绩效的结合，确定科学的考评。科学的环境保护服务绩效考核机制应包括以下四个方面：一是将各级财政配套资金是否及时、足额到位和城乡差距是否在逐年缩小纳入相关政府官员的工作绩效考核指标中；二是考核专项资金的使用情况，资金是否足额、及时到达各基层环境保护机构，以及是否全部用于环境保护事业；三是充实环境保护服务内容，包括服务项目的增多、服务内容的扩展以和服务质量的提高；四是完善、具体、科学、可行的绩效考核制度，包括对环境保护机构的考核的标准、主体、内容、方式以及考核结果的运用等。

（2）建立跨部门的联动机制

一项公共政策的实施往往要牵动很多政府部门，现阶段海南省政府部门的本位主义和协作效果还不是很高，所以要在部门沟通上多下功夫，提高政府办公的效率，要积极推进大部制的改革，梳理政府审批的工作流程，改革组织部落，树立协作意识，可以借助正式沟通和非正式沟通等方式加强部门的沟通和交流，在联动机制上做的更有效率和流畅。

3. 第三步，扩大城乡环境保护服务的供给渠道

（1）建立环境保护服务市场的多方参与机制

环境保护公众参与制度基本的价值目标，应当是促进环境管理民主化、保障公民环境权的实现、有利于提高公众环境意识从而实现可持续发展目标。公众参与的内容应包括预案参与、过程参与、末端参与、行为参与；公众参与机制应包括知情机制、表达机制、监督机制、诉讼机制等，积极参与环境保护和环境治理，起到群众监督的作用，真正发挥公众对城乡环境的监督作用。

环境保护服务的供应主要责任在政府，但是很多国外及发达省份关于展开的环境保护服务的有益探索对海南省有很大的启示。在环境保护领域，政府可以建立比较完善的财政支持体制和考核监督机制，扩大民营机构来积极参与，加强市场在提供服务上的力度和水平，这样就可以为市场提供优质的环境保护服务。

（2）倡导民间环保组织的建立与积极参与

环保民间组织在影响政府环境政策，监督政府更好地履行环保职责，从事环境宣传教育，推动公众参与等方面都起到了积极的作用。这是因为，在很多时候，人们之间的相互教育或组织内部的自我教育，比外在的教育更为有效。同时，民间环保组织的发展，也会节约政府的管理和监督成本，还能成为政府推进环保的促进因素。实际上，在一些西方发达国家，民间环保组织是控制环境破坏，推动环境保护的一支重要力量。我国其他省份已经成立了许多环保组织，如地球村、自然之友、绿色之友等，有些是政府成立的，有些是自发建立的。这些环保组织持续地对环境问题进行关注，进行环境意识的宣传教育，组织各种各样的环境保护活动，从而进一步提高了人们的环境意识。相比而言，海南省应当更加积极培育民间环境保护组织，鼓励公众积极参与环境保护，促进环境控制与监督。

10.7 海南省实现城乡统筹普惠金融服务均等化的目标与路径选择

10.7.1 海南省实现城乡统筹普惠金融服务均等化的目标

在充分发挥政府引导扶持作用的同时，坚持以市场为导向，立足省情实际，

不断优化金融资源配置，以金融改革发展成果惠及全省人民为宗旨，以实现城乡金融服务均等化为目标，以增加广大群众对基础金融服务的可获得性为核心，进一步健全金融服务体系，丰富金融产品，加强政策支持力度，优化金融生态环境，提高金融支农支小支弱覆盖面，努力为低收入人群、小微企业等弱势群体和社会薄弱环节提供全方位的金融服务，促进区域经济转型升级和全面小康社会建设。

1. 海南省城乡统筹普惠金融服务均等化的具体目标

（1）普惠金融总量目标

提高全省涉农贷款、小微企业贷款，实现年均稳步增长；小额担保贷款、助学贷款、下岗失业人员小额担保贷款、保障性住房贷款等民生领域贷款余额实现年均增长 20% 左右。2015—2018 年全省县及县以下金融机构存贷比达到 60% 以上，使全省县域内银行业金融机构新增存款可贷资金 75% 以上用于支持当地经济发展，2018 年达到 80%，使有信贷需求的农户贷款率达到 70% 以上。提高中央政策性农业保险品种承担风险保障金额的总量。

（2）普惠金融机构目标

在偏远乡镇建设多家村级便民金融服务站，让农民在 2 ~ 5 公里之内均能享受到基本金融服务。鼓励大型商业银行恢复或增设服务功能齐全的县域分支机构，引导股份制商业银行和城市商业银行向县域和重要集镇延伸。继续发挥海南省农信系统在海南省基层农村的金融主力军作用。使小额信贷等金融服务实现农村的全覆盖。同时大力推进发展网络银行、电话银行、手机银行等现代金融服务方式，扩展现代化支付系统在农村地区的辐射范围。

（3）普惠金融综合目标

在海南省市县每年至少推出 2 ~ 3 项有特色、效果好、可复制、易推广的金融扶贫产品和服务方式，有效缓解贫困地区“三农”贷款难、贷款贵的问题。探索建立农村产权评估、收储、流转、处置服务平台，办理农村资产交易、“三权”交易、“三农”和中小微企业股权及债券交易等业务。开展农村土地承包经营权、集体建设用地使用权抵押贷款试点。设立融资再担保平台，积极引导和扶持融资担保机构拓展小微企业担保业务，提高服务中小微企业的能力。

（4）普惠金融生态目标

建立健全适合农户和小微企业特点的信用信息征集和信用评级体系。大力推进信用乡（镇）、信用社区、信用企业、信用村、信用户建设，拓展企业、个人征信系统覆盖面。力争 2018 年末将全省小微企业、农民专业合作社、种养大户全部纳入信用评级体系，对信用评定为高等级的主体给予无抵押、无担保的信贷资金支持。提高金融债权胜诉案件的执行率，发挥司法诚信对信贷增长的促进作用。坚决打击和取缔非法经营、非法集资、高利贷、地下钱庄等违法活动，开发全省金融生态环境监测评价系统，建立金融生态环境基础数据库。

10.7.2 海南省实现城乡统筹普惠金融服务均等化的路径选择

在海南省城乡二元金融结构下，农村金融服务长期不足，严重制约了普惠金融均等化进程的推进和发展。在当前经济发展阶段，城乡普惠金融服务一体化建设，就是以支付结算、资源配置、转移分散金融风险为主要内容的金融服务的普惠建设，消除城乡金融服务种类、工具、质量上的差距，提升农村金融服务水平，促进海南省城乡统筹普惠金融服务的更好发展。

1. 建立城乡统一的支付结算服务体系

支付结算服务是金融体系最基本的职能，也是金融功能实现的前提，便捷、安全、高效的支付结算渠道是各类经济金融活动安全和效率的保证。金融支付结算系统按运行主体可分为两类，一类是人民银行推动的、旨在实现资金跨地区、跨金融机构流动的大金融支付系统，另一类是金融机构推动的、旨在实现本机构内部资金流动的金融机构系统。出于竞争和发展需要，城市金融机构都致力于增进、改善、提高系统的服务水平及设施建设以获取更多的资源和效益。而在农村金融市场上，农信社凭借其资金、网点、人员“三多”优势为农村的支付结算服务提供主体。

加快农村现代化支付结算体系建设，鼓励支持农村金融机构创新支付工具，开发与新农村建设、国家惠农措施相适应、适合农村地区需求的支付产品和服务，鼓励城市金融机构支付结算服务向农村延伸，对建立城乡一体化的支付结算服务体系有重要的意义。

2. 建立城乡统一的资源配置服务体系

金融是经济的核心，是激活资源促进经济发展的“催化剂”，对资金缺乏，其他资源丰富的农村地区尤其如此，然而，面对海南省农村巨大融资需求，正规金融机构未能发挥其农村金融市场主力军作用，对三农信贷的支持作用履待加强。城市偏向的金融制度加剧了农村融资条件和环境的恶化，导致农村资金外流。对正规金融机构来说，农村金融市场有效抵押不足、信用体系不完善、缺乏担保等是造成其借贷的主要原因。追求 GDP 增长的各级政府重点关注城市及工业融资需求，建立了多元化的担保体系、比较完善的征信系统等，大大改善了城市融资条件及环境。相比较而言，农村融资环境没有明显改善：只有使用权的农地、林地、水面、宅基地等作为有效抵押品的创新仍处于探索之中，“信用村、信用户”的建设依然“任重道远”，农业保险还处于试点阶段等。与不断完善的城市金融环境相比，进展迟滞的农村融资环境“持续恶化”，导致农村资金外流。

推进普惠金融服务的均等化需要建立城乡统一的资源配置服务体系，即要通过合理的金融安排，引导金融资源“下乡”为农村服务。首先，要打破金融机构城乡分立态势，建立城乡一体的金融机构和金融服务体系。农村资金“饥渴”并不是因为缺乏资金，而是缺少能为其提供适合信贷服务的金融机构，要在积极增加农村金融机构的基础上，革除城乡金融机构和服务分立的陈旧观念，建立城乡一体的金融机构体系和服务理念，实现金融信贷服务的普惠制。其次，要加大政府支持力度，破解“三农”贷款“两高一低”与商业金融机构追求“三性”的固有矛盾，引导金融资源向“三农”集中。

3. 建立城乡统一的金融风险分散转移服务体系

农村金融风险转移分散渠道严重缺乏，风险集聚于金融机构，从而限制了农村金融市场发展。在城市，风险治理逐渐规章化，形成了比较完善的保险市场、抵押品市场、担保市场、资本市场等。而在农村，国际通用的分散转移金融风险的渠道基本上处于起步阶段：以化解农业自然风险为主旨的农业政策性保险还没有形成农村地区的全覆盖，其经营机制、补偿机制、发展机制还很不完善。政府对农村金融职能定位的偏差使其忽视了对农村金融风险的治理，导致了农村金融机构的高风险。农村金融风险分散和转移渠道——农业保险、农村担保、农产品期货、直接融资等严重缺乏，“三农”发展的自然风险、市场风险、信用风险集聚于农村金融机构而无法实现分散转移。

建立城乡统一的金融风险分散转移服务体系，分散降低农村金融风险，要着重做好以下几点工作：首先，加强农村担保体系建设。成立省级财政支持的市、县二级政策性担保和再担保机构，探索以龙头企业、农村经济合作组织、协会等为纽带的互助联保体系，支持商业担保体系建设，发展农户联保、结对互保等民间担保方式；其次，发展农村保险业，有效分散农业生产风险。加快发展政策性农业保险，扩大政策性保险覆盖范围、保险品种和补偿力度；完善农业保险再保险机制；构建由再保险、财政巨灾风险基金、共保体共同组建的农业巨灾风险分散机制。最后，发展农产品期货市场，增加农产品期货交易品种，分散农产品价格风险。

11

海南省率先实现城乡统筹基本公共服务均等化的体制创新

海南省要推进城乡公共服务均等化需要从体制上进行创新，而体制创新不是仅凭海南省一声之力就能实现，需要从国家层面着手，需要中央与地方齐心合力上下求索，需要对政府管理体制、财政管理制度以及社会保障制度进行改革创新。

11.1 政府管理体制的创新

11.1.1 均等化取向下政府价值取向的合理定位

政府价值取向是指政府主体在行使公共权力、管理国家事务以及社会公共事务过程中的价值追求，它决定政府的行为取向。在传统计划经济体制时代，我国曾一度深受公平与效率这对矛盾张力的困扰；改革开放初期，“效率优先，兼顾公平”方针很明显偏向了效率取向；党的十七大报告提出“初次分配和再分配都要处理好效率和公平的关系，再分配更加注重公平”，并且“把提高效率同促进社会公平统一起来”作为我国摆脱贫困、加快实现现代化、巩固和发展社会主义的十大宝贵经验之一，这说明政府价值取向在一定程度上又回归到公平取向上。事实上，效率与公平是一种辩证关系，它们之间既矛盾又统一，且两者之间又互为前提。结合我国国情，本课题认为，海南省在基本公共服务均等化进程中，应将政府价值取向合理定位为“民主、效率、公平”。

1. 恪守基本公共服务均等化供给的民主维度

所谓基本公共服务均等化供给的民主维度，就是海南省政府在推行基本公共服务均等化的过程中一定要做到换位思考，为基层人民着想，力求政府提供的基本公共服务具有代表性、回应性以及责任性。也就是说，海南省政府必须能够真正代表民众的所思所想，并对公众的基本公共服务需求做出及时、快速的回应，而且能够以一种最负责任的方式去满足民众的服务需求。如何代表民众的基本公共服务意愿，如何回应民众的服务需求，以及如何有责任地进行有效供给，是当前海南省政府的价值取向之一。

2. 恪守基本公共服务均等化供给的效率维度

实现基本公共服务均等化离不开中央以及海南省政府的综合财力，而财力又与经济发展水平与发展程度有最为直接和密切的关系。本文主观地将经济领域划分为两个“泾渭分明”的过程：一是创造财富；二是分配财富。在创造财富过程中，要想将经济总量这个“盘子”做大做强，坚持“效率优先”的发展方针是行之有效的，因为只有将经济“蛋糕”总量做到最大，民众才有可能、才有机会分得更多的“蛋糕”。而在分配财富过程中，则应当坚守公平正义原则。事实上，效率必须与公共利益、平等自由、个人价值等社会价值观念目标结合起来才有意义。

3. 恪守基本公共服务均等化供给的公平维度

在恪守“民主”和“效率”这两项价值观的同时，海南省政府还应恪守促进“社会公平正义”这项重要的价值观。当前政府价值观的根本目标在于实现公平与效率之间的最大平衡，不论是用效率去抑制公平，还是用公平去冲击效率，这都是不可取的。在公平与效率的问题上，海南省政府应该要保证公平基础上的效率，把公平作为效率的前提，避免社会畸形发展。同时，也需要在效率的前提下实现公平，没有效率的公平必然会导致社会发展停滞，会陷入一种平均主义的状态之中。

11.1.2 均等化取向下政府政绩观念的理性调适

就政府或政府领导人而言，政治因素是影响它们或他们的重要驱动力之一。具体到基本公共服务领域，那就是，以“经济增长”为硬指标的政绩考核制度，导致包括海南省在内的各地方政府将主要精力投入于GDP和财政收入的增长，将中央财政支付转移资金过多地用于经济建设，在客观上忽视了对基本公共服务的投入，从而弱化了基本公共服务的供给能力。因此，要适度调整当前政府经济职能的比重，必须转变“以经济增长为导向”的政绩考核体系，逐步建立“以基本公共服务均等化为导向”的多元综合政绩考核体系。在这个转变过程中，政府服务部门及其服务人员应该恪守以下几种全新的政绩观念。

1. 恪守“以公共利益为导向”的政绩观

“以经济增长为导向”的政绩观在一定程度上侵蚀了民众的公共利益，政府部门或领导者更多地从私利的发展动机迎合上级部门的政绩考核。事实上，公民有一种基于共同利益基础之上的公共利益，放置公共服务领域，推行基本公共服务均等化就是当前我国民众最为重要的公共利益之一。这些公共利益得不到保障的话，将直接影响他们的生存权、发展权以及健康权。因此，海南省政府应该恪守“以公共利益为导向”的政绩观，摈弃“以经济增长为导向”的政绩观，将公共利益的执政观内化为指导自身管理实践的行动指南，帮助公民明确表达公共利益。此外，政府还应该在帮助公民实现公共利益的过程中扮演重要角色，切实保护公民的公共利益。

2. 恪守“以公共责任为导向”的政绩观

“以经济增长为导向”的政绩观说明我国政府将责任重心偏向于效率维度。由于上级部门可以通过内部控制与外部控制，使下级部门必须对上级部门承担政治责任。因此，上级部门出台的经济增长考核指标，也就成为下级政府追逐经济建设的指挥棒。这种“对上负责”的方式使下级部门无形中忽略了“对下”——即对民众负责的重要性和必要性，从而导致对“公共责任”负责的链接缺失。在迷失“公共责任”的情况下，政府部门很有可能在经济建设中谋取部门利益和私人利益。为此，我国应该尽快建立“以公共责任为导向”的政绩观，而绝不仅仅只关注“惟上不惟下”的政治责任。当然，尽快建立“以公共责任为导向”的政绩观，还基于另外一层考虑，当前我国各级政府在基本公共服务均等化供给过程中分别扮演服务提供者与服务生产者的不同角色，往往是中央与省级政府出钱、给政策，而下级政府及其事业单位直接提供均等化的基本公共服务，也就是说，形成了供给责任与供给行为之间“两层皮”的脱节现象。在当前我国尚未构建完善的监督约束制度的背景下，地方政策能否真正执行上级政策精神，能否切切实实地推进基本公共服务均等化，这里面存在很大的弹性空间。为此，从自律层面来看，海南省各级政府应该恪守“以公共责任为导向”的政绩观。

11.1.3 城乡统筹公共服务均等化取向下各级政府间的职责分工

对政府间公共服务，特别是基本公共服务的职责进行合理而明确的分工，并在此基础之上确定相匹配的财权，一直是各国政治体制改革与行政体制改革的重点与难点。我国虽然历经了多轮改革，但政府间公共服务职责分工仍存在诸多不尽人意之处，这在一定程度上源于政府间基本公共服务职责没有进行合理而明确的分工。本课题认为，只有在“地方分权的基础上，保持必要的中央控制”的宏观政治背景下，方能实现政府之间基本公共服务职责分工的帕累托最优。从总体来看，可以依据受益原则和效率原则、溢出原则和公平原则、法制化原则等理论，指导中央与海南省政府间基本公共服务职责分工的有序进行。

1. 依据受益原则与效率原则进行分工

受益原则与效率原则是进行政府间基本公共服务职责分工的首要原则。通过这两项原则，大致可以区分哪些是全国性基本公共服务，哪些是地方性基本公共服务，哪些是跨区域的基本公共服务，在此基础上，初步确定中央政府与地方各级政府之间的基本公共服务职责。一般而言，全国性的基本公共服务主要包括国防、外交、邮政、铁路、航空、国家级公路、天气预报、国家自然资源保护等。这些基本公共服务的受益范围是全国性的，其服务水平在全国也是大致一样的，由全国人民共同使用并且共同分担成本，这类基本公共服务由中央政府统一提供和集中管理最为有效，一般应该纳入到中央政府的服务职责范围。地方性的基本公共服务主要包括地方性的公共设施建设、公共交通、治安服务、垃圾收集与处理、污水处理、供水供电供气、消防等。这类基本公共服务的受益范围与成本分担体现明显的地方性和内部化，由地方政府供给更为有效，更能满足辖区内居民的需求，一般纳入到地方政府服务的职责范围。跨区域的基本公共服务主要包括教育、社会保障、医疗卫生、环境保护等，这类公共服务的受益范围通常超越了一定的行政区域，其成本分担在技术上也难以测量，应该由中央政府与地方政府通力合作、协同供给，方能保障其有效、公平和公正，因此，一般由中央与地方政府共同承担服务责任。

2. 依据溢出原则与公平原则进行分工

溢出原则与公平原则也是进行政府间基本公共服务职责分工的重要原则，其主要是就跨区域性基本公共服务而言。通过这两项原则，可以区分中央政府和地方政府联合供给的基本公共服务中哪些公共服务具有更加明显的外部效应性，具备更加明显的收入再分配性质，或者其容易导致政治上与宏观经济上的不稳定状况，进而依此确定中央政府和省级政府介入下级政府公共服务领域的范围与程度。一般而言，溢出效应、收入再分配和需要维护稳定的程度越强，中央政府介入程度也越高，承担的责任也越大，反之亦然。在政府间公共服务职责分工中，中央政府通常负责给这类公共服务制定相关政策，并提供相应服务资金，主要发挥“服务提供者”职能；而地方政府则主要负责贯彻落实中央政府制定的相应政策制度，从而构成一种中央政府与地方政府分工合作、联合供给的政府间基本公共服务体制。诸如，义务教育、医疗保险和社会保障等基本公共服务就是政府间联合供给的基本公共服务。

3. 依据法制化原则进行分工

法制化原则是进行政府间基本公共服务职责分工最直接、最明确的又一重要原则，也是推进基本公共服务均等化最直接的操作依据。当前我国还没有制定有关基本公共服务均等化的专项法律法规，更多的是依靠党和国家的政策方针得以推动，缺乏一套全国统一的均等化标准以及操作指南，这使得基本公共服务区域之间、城乡之间以及群体之间呈现出极大的非均等化状况。当前最为紧迫的任务之一就是专门制定用于调整和规范政府间公共服务关系的基本法律，以法律条文明确规定各级政府之间公共服务，特别是基本公共服务的职责分工，将政府间的公共服务职责纳入到法制化的管理轨道上来，迫使各级政府各自依法履行自身的职责和义务。

4. 依据以上原则进行具体分工

在受益原则和效率原则、溢出原则、公平原则、法制化原则等理论的指导下，本文将进一步明确政府间基本公共服务具体的职责分工，详见表 11 -1。

表 11 -1　政府间基本公共服务职责划分

一级指标	二级指标	职责归属
基础教育	义务教育的普及	中央政府
	师资队伍建设	海南省各级政府
	办学条件	海南省各级政府
	教育质量	海南省各级政府
医疗卫生	公共卫生	中央政府
	基本医疗服务	海南省各级政府
社会保障	养老保险	中央政府
	医疗保险	海南省各级政府
	失业保险	海南省各级政府
	工伤保险	海南省各级政府
	最低生活保障	海南省各级政府
基础设施	邮政、电讯	中央政府
	电力	中央政府
	燃气	中央政府
	自来水	海南省各级政府
	交通运输	中央、海南省各级政府
公共安全	社会治安	海南省各级政府
	火灾	海南省各级政府
	交通事故	海南省各级政府
	自然灾害	中央、海南省各级政府
环境保护	工业污染治理	中央、海南省各级政府
	森林园林绿化	海南省各级政府
	污水处理	海南省各级政府
	垃圾处理	海南省各级政府

11.2 财政管理制度的创新

公共财政资金是促使各级政府推进基本公共服务均等化的基本手段，因此，建立和完备政府间基本公共服务的财政制度，就显得尤为关键。如果不能对基本公共服务的财政收支进行制度化规范，势必导致基本公共服务均等化过程软弱无力，从而最终无法实现均等化目标。为此，可以在海南省设试点，适度改革现有分税制、逐步取消税收返还制以及健全财政转移支付制度三条途径，以此构建一种能够确保提供基本公共服务均等化所需财政资金的财政制度。

11.2.1 适度改革现有分税制财政制度

根据国家统计局公布的数据，2009—2013 年，中央财政收入分别占当年全国财政总收入的 52.4%、51.1%、49.4%、47.9%、46.6%。尽管中央财政收入占当年全国财政总收入的比重在逐年降低，但是还是可以看出我国现有分税制导致税权高度集中于中央政府，而并没有为地方政府提供实质意义上的财政分权与自主权。这最终导致中央与包括海南省在内的地方政府之间形成一种非均衡的财政收入局面。

为此，应该规范中央与地方之间的事权划分。在事权的划分问题上，首先应该考虑适当减少县级政府的事权和支出责任，将公共服务的支出重心适当向省和中央上移，赋予海南省级政府与其财力适应的公共服务事权和支出责任，让省政府在提供公共服务中发挥更大的作用。其次应该要建立基本公共服务的各级政府共享与分担机制。对中央以及海南省各级政府之间在基本公共服务领域交叉或重叠的事权进行明确并具体的细分，落实中央政府与海南省各级地方政府之间在提供纳入基本公共服务方面的事权安排，通过明确细分各级政府的事权和支出责任来构建基本公共服务提供的有效保障机制，实现基本公共服务的稳定提供，国家负责保障全国范围内的基本标准的公共服务提供，只承担保障基本公共服务均等化的支出责任，同时允许海南省政府根据自身财力提供超过基本标准范围之上的公共服务，但对海南省政府的超标服务不提供财力支持，由其根据自身发展水平量力而行。最后还应该完善专门的法律法规，将各级政府承担的基本公共服务的事权以法律的形势固定下来，将原则性事权与支出责任划分为具体可操作的法律法规。

11.2.2 健全财政转移支付制度

完善财政转移支付制度是协调地区收入分配、实现政府宏观调控目标、促进基本公共服务均等化的有效手段。为了有效调节和保障城乡之间基本公共服务均衡发展，必须强化政府间财政转移支付对基本公共服务均等化的作用。均等化转移支付，是指以客观、科学地评估收入能力和支出需求为基础，以各地政府能够提供基本均等的公共服务为目标而进行的转移支付。

提高城乡基本公共服务均等化程度，必须强化政府间转移支付对公共服务均等化的作用，提高转移支付的额度。海南省是一个城乡经济发展不平衡，城市与农村居民收入水平、消费水平和生活质量差距非常明显的城市。区间经济发展存在客观差异不利于实现区域基本公共服务均衡发展。因此，需要发挥财政的再分配作用，完善转移支付核算方法，加大转移支付的力度，缩小横向和纵向之间的财政差距。完善海南省当前的转移支付制度，需从以下几个方面努力。

1. 调整转移支付的类型结构，提高一般性转移支付比例

研究设计一套公式，科学分配转移支付资金，客观核算每个地区的财政收入能力和支出水平，加快调整转移支付的类型结构，从逐步实现基本公共服务均等化的要求出发，进一步提高一般性转移支付比例，使其成为转移支付的主要形式。

2. 调整转移支付的地区分配结构，增加郊区特别是远郊区所获份额

在确定转移支付数额时，以“因素法”逐步取代“基数法”，也就是按照各区域的人口数量、人均地区生产总值等客观因素来计算转移给地方的补助数额，逐渐形成平衡、合理的财力分布格局。

3. 明确各市县财政转移支付资金的倾斜重点

调整和规范海南省各市县与乡镇之间的财政关系，完善激励、约束机制，增强各级政府调节财力分配的责任，提高县级财政对乡镇财政的指导和协调能力，逐步形成平衡、合理的财力分布格局，强化基层政府提供基本公共服务的体制保障能力。

总体来说，海南省级财政在分配转移支付资金时，既要遵循国家有关规定，又要因地制宜、因时制宜，密切联系海南实际，不断健全转移支付体系，完善转移支付办法，优化转移支付结构，清理、规范、统筹安排各类专项转移支付。建立均衡性转移支付规模的稳定增长机制，省级财政根据收入增长和中央均衡性转移支付安排情况，逐年增加资金额度，采取统一规范的方法进行分配。省级财政通过财政体制调整从中央和省内各市县集中的财力，加大对落后地区和农村地区转移支付力度，增强县乡政府履行公共服务职责相应的财力保障。除此以外，省级财政还将积极筹措资金，安排自有财力加大对市、县转移支付力度，保障和改善民生，推进基本公共服务均等化，支持重大基础设施建设、产业振兴和园区发展，推进国际旅游岛建设。建立健全县级基本财力保障机制，完善激励约束措

施，鼓励市、县财政收入规模上新台阶，实现跨越式发展，调动市、县政府发展财政经济的积极性。

11.2.3 完善公共财政和社会资金投入体制

1. 建立健全财政支农资金稳定增长机制

海南省政府应该适应我国进入工业反哺农业、城市支持农村新阶段的要求，调整国民收入分配格局和财政支出结构，使其更多地向农村倾斜，增加财政对农村的投入力度，确保财政支农资金总量的稳定增长，并扩大公共财政覆盖农村的范围和支持力度。

2. 调整财政支农结构

调整财政支农结构，为广大农民提供充足的农村公共品。根据海南省现阶段的实际情况，应主要集中在水利最低生活保障、医疗、基础设施建设、农田水利基本建设、农村电网和道路等基础设施建设、农村生态环境保护建设和农业科学技术的推广上。加大对农业基础设施的投入，可以为农民的生产提供良好的外部条件。

3. 建立和完善多元化的资金供给体系

由于海南省广大农村地区的公共产品供给水平较低，供给任务十分艰巨，再加上我国财政实力有限，仅依靠财政力量难以保证农村公共产品的有效供给，所以应构建多元化的资金供给体系，积极引入外国资本、社会资本、民间资本，汇集社会各方力量，形成以公共财政为主体，社会各方共同参与的多元化的资金供给体系和多元化供给格局，补充政府供给的不足。政府可以采用财政补助、税收优惠等政策，在明确产权的前提下，按照“谁投资，谁收益”的原则引导私人资本进入。

11.3 社会保障制度的创新

11.3.1 逐步建立城乡一元化的户籍管理制度

户籍管理制度是指国家户籍管理机关对辖区内人口进行登记、立户以及分类编制的管理制度。根据国际经验，实施户籍管理制度的主要功能在于对辖区内人口进行身份确认与人口统计，为政府部门进行社会管制提供依据。然而，我国户籍管理制度的功能远远不止于此，它在识别居民身份和严格限制属地居民自由流动的同时，还与教育、医疗、社会保障、就业等社会福利强行挂钩，这导致海南省以及其他省份的农村与城市形成了两种截然不同的“城乡二元”户籍管理制度。这种户籍管理制度导致城乡居民只能无奈选择完全不同的社会福利与基本公共服务。因此，若要推进基本公共服务均等化，必须通过如下路径改革现有户籍管理制度，真正建立城乡一元化的户籍管理制度。

1. 逐步建立城乡一元化的户籍登记制度

近几年海南省政府和民众对城市和农村这种二元体制问题的关注度越来越高，也制订了很多措施以期改革现有户籍管理制度，然而这种农村与城市双重制度的性质并没有改变，市民享受国家财政提供的教育、卫生、医疗等社会保障，而农村的社会保障则仍主要依靠于农村集体经济和农民筹资的形式自主解决。因此，要改变这种二元结构问题，首先就要取消当前通用的“非农户口”与“农业户口”的分类登记方式，其次逐步建立城乡一元化的户籍登记管理制度，实现城乡居民在户籍登记方式上的统一，消除他们在身份标签上的差异。如果做到了这一点，至少可以保障居住在农村的居民有权利享受城市里相对比较完备的公共基础设施。

本课题认为，可以遵循“户改先行、配套跟进、量力而行、逐步到位”的套路改革现有户籍制度，即先通过统一的户籍登记制度取消城乡二元社会结构的身份标签，以这种新的户籍制度对原有户籍管理制度承载的其余社会福利功能形成“倒逼”机制，促使户籍制度本身剥离除“人口管理”与社会管理之外的福利待遇功能，从这个角度来看，以城乡一元化户籍登记的户籍管理制度只是实现均等化的充分条件之一，而非充要条件，关键还是要围绕一元化户籍登记制度出台相应的户口迁移以及与基本公共服务均等化的配套行政管理制度。

2. 降低城市户口的“准入”门槛

诚然，各地政府在设置“准入”门槛的时候，既应该考虑当地经济社会发展的需求，也应该考虑当地的社会资源和自然资源的承载能力。但是它们也有责任为想迁入该城市的不同人群提供等同对待的机会。结合海南的具体情况，海南省政府应该通盘考虑本地区经济与社会的可持续发展，因地制宜地健全和完善城市户籍“准入”标准的制度建设，为不同类别的外来人口提供平等的加入本地户口的公平机会。

11.3.2 逐步健全群体间社会福利的配套制度

既然基本公共服务大部分由省级政府统筹，那么只要属于海南省政府管辖范围内的居民（不论是城市居民还是农村居民），都应该享受全省统一的、低标准的、均等化的基本公共服务。本着这种改革设想，本课题认为，海南省政府应该逐步统筹城乡之间的基本公共服务配套制度，从而推进城乡基本公共服务制度的有机衔接。逐步健全和落实不同群体间的社会福利配套制度是解决群体间与城乡间基本公共服务均等化的又一重要视角（见表 11 -2）。

表 11 -2　不同群体社会福利的配套制度设想

权益类别	权益内容	本地农村人口与城市人口	非本地人口与本地城市人口	
		改革办法或情况	改革办法或情况	替代性管理手段
就业权利	就业资格	基本无差别	消除差别	居住证
	就业扶持政策	消除差别	有条件享受	居住年限
教育权利	义务教育	权利无差别，资源配置差别较大，可逐步缩小	受教育权利差别基本消除，同等就近上学上有差别	居住证 社保参保年限
社会保障权利	基本医疗保险	统一制度和标准或先统一制度	有条件消除差别	居住证 中央补贴
	基本养老保险	统一制度和标准或先统一制度	有条件消除差别	居住证 中央补贴
	失业保险	基本无差别	允许参保	居住证
	最低生活保障	标准有差别，可统一标准	有条件享受	居住年限

资料来源：王列军.《户籍制度改革的经验教训和下一步改革的总体思路》.《江苏社会科学》2010 年第 2 期的整理得出。

1. 建立城乡统一的义务教育体制

海南省政府应建立城乡统一的义务教育体制，促进教育均衡发展。教育为民生之基，公民能否享受平等的受教育权，不仅影响起点公平，也会影响其发展的机会公平。为此，应该合理配置城乡教育资源，逐步缩小城乡义务教育发展的差距。第一，政府要科学制定城乡中小学布局规划，统筹改善城乡学校办学条件和技术装备。第二，应该通过开展名校下乡、城乡帮扶、百校结对、师徒牵手、网络全域覆盖等活动建立“以城带乡，城乡互动”的机制，引导城区优质教育资源向农村流动，提升农村教育的质量和水平。针对农村中小学优质师资短缺的现实，加大政策激励推动城市教师向农村流动，实施中小学校长定期交流轮换制度，选派 100 名城区学校校长到农村学校任职，市级财政设立专项目标奖励经费；实施中小学教师定期支教制度，即从城区学校选派 1% 的教师到农村学校定期服务，并把支教一年以上作为晋升高级职称的必要条件；实施名校集团定期交流制度，名校集团龙头学校与成员学校之间、城乡结对学校之间按一定比例，统筹干部教师相互交流。

2. 加快农村医疗卫生服务体系建设

促进城乡公共卫生服务均等化，难点在农村卫生资源的短缺，重点在提升农村公共卫生水平。海南省政府应该出台一系列改善农村公共卫生服务的政策，把健全农村公共卫生服务体系作为提升农村公共卫生水平的关键环节。第一，政府应该加快建立和推广新型农村合作医疗制度，扩大新型合作医疗的覆盖面，逐渐提高农民大病医治的报销比例，同时更多致力于农民的小病医治和大病预防，保障农民享有卫生保健和基本医疗服务；第二，应该建立农村公共卫生防疫体系和农村大病医疗救助制度，消除中国农民几千年来一直面临的生存恐惧，建立医疗救助制；第三，针对海南省农村专业医疗人员缺乏，业务水平不高的现实，采取定向培养、强化培训、医师招聘等多种方式完善农村医疗人员的队伍，并且进一步加强对边远困难地方乡镇卫生院、村卫生站的技术支持与援助，促进城乡基本公共卫生服务均等化、基本医疗服务同质化。

3. 建立城乡统筹一体化的社会保障体系

当前社会保障制度问题产生的根源在于相关制度的城乡分割与群体分割，并由此带来的公共资源配置失衡。海南省政府应该积极探索建立覆盖城乡居民的社会保障体系，鼓励已建立保障制度的地区完善制度，支持未建立保障制度的地区建立制度，并妥善解决失地农民和进城农民工的社会保障问题，应着重建立完善农村最低生活保障制度、养老保险制度、新型合作医疗制度。一是要建立科学合理的最低生活保障标准，在保障困难群众最低生活水平的基础上，依据城市和农村以及不同地区经济发展水平和消费水平的高低可以有所不同。二是要建立灵活多样的养老保险制度。养老保险的形式可以多样化，主要有基本养老保险、补充养老保险、商业养老保险等。在普遍建立基本养老保险制度的基础上，鼓励农民个人按照自愿原则，缴纳补充养老保险费和购买商业养老保险。在缴费方式上应充分考虑农民收入不稳定的特性，为农民设立多种保障标准供其自由选择，允许农民分期缴费，进城务工农民享受当地职工同等待遇，按所在地区养老保险政策，由个人和用工单位按一定标准灵活缴费，农民工返乡后养老保险金可以直接转回户籍所在地。三是要大力推行新型农村合作医疗制度。突出大病统筹为主，重点解决农民“因病致贫，因病返贫”的问题。当前，应进一步加大政府资金投入，扩大保障范围，提高保障水平，使农村新型合作医疗的保障水平逐步向城镇基本医疗保障制度靠拢。

4. 统筹城乡基础设施建设

海南省政府应该将农村基础设施建设纳入长期发展规划，把农村道路、供电、供水、文化设施等农村公益性基础设施的投入列入各级政府的预算支出范围，加快城市基础设施向农村延伸。按照基础设施城镇化、服务设施社区化的要求，着手实施以中心村（农村社区）和中心镇为重点的农村基础设施提升工程，加快农村基础设施现代化进程，进一步完善农村“四通”工程，继续搞好农村路网建设，提高通达深度和建设质量，加强养护管理，确保路况完好；继续推进村村通自来水工程，优先解决高氟、苦咸、污染严重地区的饮水安全问题，有条件的地方要实现城乡一体化集中供水；继续完善村村通电工程，重点搞好配套设施建设，减少损耗，提高农村生产、生活用电的保障率和安全性；系统推进农村信息化，逐步实行广电网、电信网、互联网“三网融合”，加强涉农信息资源的开发利用与共享，全面提高农村信息化服务水平。

5. 建立城乡一体化的就业政策和管理体制

海南省政府应该把农民就业纳入整个社会的就业体系，实施积极的就业政策，建立城乡一体的就业体系、就业失业登记管理制度。一是统筹城乡劳动力就业，促进农村剩余劳动力转移。二是取消对农民进城就业的各种限制。三是建立保护农民工合法权益的长效机制，营造公平的就业环境。

11.3.3 逐步实现社会保障一体化的制度衔接

由于各地政府社会保障的参保标准和报销标准不尽相同，导致区域之间、城乡之间社会保障制度存在较大差异，在制度衔接上也存在很大难度。同时，社会保障制度也具有很强的地域性，从而导致社会保障制度在地区间不能互认互通，如果居民从一个地区迁徙到另一个地方，社会保障制度的衔接将成为一个很大的问题。以基本医疗保险为例，如果某人在户籍所在地办理了基本医疗保险业务，自己在海南省就业或创业的话，他必须回到参保所在地报销相关医疗费用，不能在海南报销费用，这无形中给居民增加了参保成本，也浪费了参保人的时间和财力，而且在具体操作上，我国基本医疗保险分为城镇职工医保、城镇居民医疗以及新农合三大模式，不同的医保模式由不同的政府部门分管，城镇职工医疗保险由人事劳动部门分管，城镇居民医疗保险由民政部门分管，而新型农村医疗保险则由卫生部门分管。三种模式在参保标准、缴纳年限以及结算时间上都不完全一样；除此之外，不同基本医疗保险模式采用不同的管理软件，导致三种模式之间缺乏有效衔接。为此，未来海南省要推进基本公共服务均等化，国家也应该要逐步实现社会保障制度一体化的制度衔接，这是一件必须解决的现实操作问题。

11.3.4 逐步健全基本公共服务的法律法规体系

1. 建立规范的基本公共服务法律法规

以《宪法》对公民基本权利的规定为依据，围绕义务教育、公共医疗、基本社会保障、公共就业服务等制定相关法律法规，如财政转移支付法、农业投入法、农民权益保护法、农民养老社会保险法、农村扶贫与救济社会保险法、农村残疾人保险法、农民医疗社会保险法、农村工伤社会保险法等，这些应有的法律法规，目前我国还没有制定出来，需要加快制定的步伐。只有尽快出台一系列法律法规，才能将农民的合法财产权利以及平等参与经济活动和社会事务的权利纳入法律保障范围。

2. 整合现有法律法规体系

现行的基本公共服务相关法规多以政府法规政策和部门条例为主，立法层次较低，缺乏全国统一的法律体系，在有的领域政策文件起更实际的作用。虽然这种模式有利于地方政府因地制宜地制定和实施政策，但也成为逐步实现基本公共服务均等化过程中的不确定因素。因此，应该对已有分散的相关法律、法规，进行整合，提升法律层次，形成比较完善的城乡基本公共服务均等化的法律法规体系。

3. 加快基本公共服务重大项目立法进程

加快基本公共服务重大项目立法进程，首先应逐步使中央与地方政府在基本公共服务中的职责法定化；其次要加强政府与社会组织关系的立法，对民间组织的法律地位予以确认；最后按照基本公共服务均等化的原则，将公共财政纳入法制化轨道。

12

海南省率先实现城乡公共服务均等化的机制创新

基本公共服务机制作为贯彻落实基本公共服务体制的一种保障机制，对推进基本公共服务均等化起到十分重要的作用。因此，应该秉承包容性增长与公平正义的经济社会发展理念，对基本公共服务决策、供给、评估和监管等运行机制进行有效创新，以便更好地推进基本公共服务均等化实现。

12.1 基本公共服务均等化决策机制的创新

基本公共服务均等化是指对那些事关民众生存与发展的、低标准的基本公共服务实行均等化，是尽可能缩减区域差别、城乡差别以及群体差别的一种必要手段。既然如此，政府部门如何对这些需要均等化的基本公共服务做出比较合理甚至堪称科学的服务决策，是海南省政府推进基本公共服务均等化的根本前提。

12.1.1 提升基本公共服务决策的民主化程度

提高海南省基本公共服务决策的民主程度，可以从居民参与机制、内部协商机制以及决策公开透明机制这三个方面进行决策机制创新。

1. 健全基本公共服务决策的居民参与机制

居民参与基本公共服务的决策过程是衡量政府服务决策民主化程度的重要准绳之一。居民参与基本公共服务决策过程的宗旨，在于通过这个平台能够自由且畅通地表达自身对基本公共服务的利益需求，而普通民众或弱势群体鲜有途径和渠道参与到基本公共服务决策过程当中来。因此，必须健全和完善基本公共服务决策的利益表达机制，拓宽畅通的、居民参与服务决策的利益诉求渠道，让不同的社会群体能够通过合法的正当途径来表达自身的利益现状与利益诉求，从而享有平等享有服务利益意愿的表达权利，促使政府在充分了解和获取基本公共服务信息的基础上进行决策。

明确了居民参与基本公共服务决策的重要性与必要性，接下来海南省政府要做的就是如何健全和规范居民参与机制。要使居民真正参与到基本公共服务的决策过程中来，杜绝“走过场”“做样子”现象，海南省政府需要在以下两个方面下功夫：第一，海南省应借助“后现代公共行政”理论，在政府与居民之间建立一个“公共能量场”，即促使海南省政府部门和服务人员抛弃“官本位”旧俗，将海南省政府置于与居民平等的法律地位，并在此基础上与居民进行真诚而热情地对话，在这场对话中允许对话双方争辩，相互展开论证，甚至倡导相互反驳。第二，拓宽和健全居民参与决策的渠道。比如，海南省政府可以在政府网站上设立针对基本公共服务的专栏，接受广大居民的建议和意见，让广大居民参与进来，健全基本公共服务的决策机制。

2. 健全基本公共服务决策的内部协商机制

让与基本公共服务均等化息息相关的体制外居民参与决策过程，是海南省推进基本公共服务民主化决策的主要试金石之一。除此之外，如何充分发挥体制内政府决策部门其余非领导人员在决策过程中的决策协商作用，也是影响基本公共服务决策机制的重要因素之一。当前，海南省在公共服务的决策机制上，采用的是“首长负责制”的决策体制，虽然法律上规定了公共政策议案应该充分讨论、集思广益，但最终决策结果大都是以领导“拍板”的方式“一锤定音”，这会导致决策部门内部的不同声音不愿或者不敢表达出来。因此，健全决策部门内部的协商机制，营造一种让所有参与决策的政府人员都能自由发言、表达观点的平等对话环境，按照民主集中制的组织活动原则，充分发挥领导集体中各个成员的集体智慧，集思广益，群策群力，取长补短，不断优化方案，这也是衡量决策民主化的重要内容。凡是涉及对海南省重大项目建设或大额资金使用进行决策时，要经过领导班子集体讨论之后方能做出决策，要保证决策班子的每个成员都享有发言权和表决权，如实记录领导班子所有成员的个人意见与主要理由，严格记录决策表决的方式与表决结果，并保存备案，从而建立一种常规性的决策过程情况的记录备案制度。

同时，在公共服务均等化的建设过程中，海南省应该积极向先进的省份学习。例如，浙江省是我国较早实施基本公共服务均等化的省份，并且取得了一定的成果，海南省政府在对本省基本公共服务建设进行决策时，也可以适当学习先进省份的经验，取其精华，因地制宜，发展适合本省的基本公共服务均等化机制。

3. 健全基本公共服务决策的公开透明机制

基本公共服务决策过程的居民参与机制和内部协商机制相当重要。与此同时，建立健全基本公共服务决策的公开透明机制也是检测海南省决策民主化程度的主要指标之一。即便形形色色的客观或主观因素导致居民不能参与到服务决策过程中来，政府决策部门也应该将决策结果，通过各种合法有效的途径向居民公开。总之，随着社会民主程度的不断提升，包括公共决策在内的政务公开势必成为未来民主政府执政的必然趋势。虽然我国于 2008 年 5 月 1 日开始实施了《中华人民共和国政府信息公开条例》，但执行情况并不理想，为此，若要切实推进《政府信息公开条例》和决策公开透明机制的话，必须坚持政务公开制度，充分发挥居民的知情权和监督权。

海南省政府网站设立专栏，定期公开本公共服务均等化的信息，同时广泛接受居民关于公共服务建设中的投诉和建议，各市县之间的公共服务建设也要信息通畅，决策机制相互公开透明，才能保障海南省各区域之间协调公平的发展。

12.1.2 提升基本公共服务决策的科学化程度

决策科学化是衡量公共决策过程和结果是否合理科学的重要维度，它与决策民主化有截然不同的本质内涵。诚然，决策民主化在很大程度上有助于促进决策科学化，是决策科学化的充分条件，但决策民主化并不必然带来决策科学化。所以考察基本公共服务决策科学化的维度与考量决策民主化的维度也截然不同。海南省应该从公共决策系统、公共决策人员以及公共决策规则三个维度对基本公共服务决策的科学化程度进行相应创新。

1. 优化基本公共服务决策系统的结构组成

现代化的公共决策系统一般由决断子系统、参谋子系统、信息子系统和监控子系统四个子系统构成，各子系统共同构成了公共决策系统这一有机整体，子系统之间各自发挥自身功能，促使公共决策朝着科学化方向迈进。优化基本公共服务决策系统的结构组成，理顺子系统之间的权责关系，是促进决策科学化的必要措施。在决策过程中，决策各子系统分别承载不同的功能，发挥不同作用，若不健全和优化其结构组成，必然导致某些决策功能越位、缺位和错位，造成公共决策质量下降；还会造成决策责任模糊、相互扯皮，最终导致对决策部门无法有效问责。

海南省应该摆正决断子系统与其余三大子系统之间的相互关系，本着统一、精简和效能的原则，合理设置决策系统，明确各子系统岗位人员的任职资格和能力要求，着重强化参谋子系统在决策系统中的地位和作用，海南省党政部门决策机构要特别重视与高校、科研院所紧密合作，充分发挥和利用这些高级知识分子的智慧，另外还要高度重视信息子系统和监控子系统的建设，从而形成一套功能完备、通力协作的公共决策系统。

2. 提升基本公共服务决策人员的综合水平

公共服务决策人员知识水平与综合素质的高低直接决定公共决策质量与水平的高低。因此，提高决策人员包括知识水平与综合素质在内的综合水平，也就成为提升决策科学化的重要内容之一。首先，切实提升海南省基本公共服务均等化决策领导班子的综合水平。由于海南省实行“首长负责制”的决策体制，决策部门的领导班子在决策过程中扮演着非常重要的角色。因此，提升海南省领导班子的知识水平与能力水平就成为提高决策质量的重中之重。特别在近几年，国家提出了“学习型组织”和“学习型领导”的口号以来，海南省应该积极响应并学习。其次，海南省决策部门更应该将提升自身知识水平与能力水平作为提高自身素质的重点来抓。同时，海南省决策部门还应该不断重视决策班子的年龄、知识、性格、能力等多方面的结构组成。从年龄结构来看，为了保持可持续发展，领导班子应该有老、中、青三个梯队组成，其中以中青年成员为主。从知识、性格、能力这几方面来看，应该本着互补原则进行组建，形成多元化的人员结构组成，从而提升决策班子的整体功能。

此外，也应该提升海南省咨询系统人员的业务素质。不仅要充实咨询机构的人员和力量，还需要通过教育培训、在职学习等多种途径，把他们培养成为具有较宽知识面、具备现代化决策理论素养、掌握现代决策技术和方法的高级业务人员。最后，还应该提升海南省信息系统人员的综合素质。当前的社会是信息化社会，信息人员从纷繁复杂的各种信息中收集、筛选、整理和保存有价值的信息，这绝不是一件简单的事情，因此，要对信息人员进行思想政治和信息管理技术培训，增强他们对信息事业的热忱，加强他们对信息敏感性的培养，促使他们提高捕捉有价值信息的能力，以便为决策部门提供更多及时有效的决策信息。

3. 遵循基本公共服务决策原则的科学规律

基本公共服务决策原则是决策部门进行决策应该遵循的基本原则，是实现决策科学化的重要条件。公共决策是一门科学，有其自身的内在运行规律，海南省政府在进行基本公共服务均等化服务的决策过程中，应该遵循以下科学的决策原则：第一，信息化原则。海南省政府应尽可能全面、准确、系统地收集与决策有关的信息，在此基础上对其进行加工整理，并做出正确的分析判断，这是进行科学决策的必要前提。从一定程度上讲，决策过程就是决策信息的收集、整合加工与转换的过程。决策者只有在充分掌握准确可靠信息的基础上，才能制定出更加合理而科学的决策。第二，预测性原则。公共决策是对未来之事与长远之事进行规划和部署，海南省政府在决策时必须对海南省基本公共服务均等化的发展趋势与发展方向做出大胆而科学的预测，必然要应用到预测学和未来学的相关理论与方法，否则，缺乏科学预测理论指导的决策，很有可能会陷入盲目决策的陷阱。第三，可行性原则。公共决策的目的不仅仅在于政策本身的出台，关键是要将出台的政策执行下去，并能够解决实际问题。因此，政策执行的可行性是评价政策本身的重要准绳，进行基本公共服务决策必须兼顾当前海南省经济、政治与社会的发展程度，同时也要考虑当前海南省执行该项政策的技术水平程度。否则，即便是再完美的决策，也只是“一纸空文”，最终付之东流。第四，民主集中制原则。海南省决策部门应该充分发挥民主，积极营造平等的、自由的对话氛围，充分调动政策制定者的积极性与创造性，海南省政府有关决策者要善于依靠集体智慧和力量进行决策；要广泛听取有关专家、学者和实践经验丰富人的各种意见和观点，走“政府与群众相结合”的决策路线。

12.1.3 提升基本公共服务决策的法制化程度

法制化程度是衡量基本公共服务决策机制是否合理科学的重要维度之一。公共服务决策法制化的重要性有目共睹，它是“依法治国”和“依法行政”等法治精神的重要体现，也是实现公共服务决策民主化与科学化的重要保障。实现决策科学化就是要实现决策主体法制化和决策程序法制化。

1. 实现基本公共服务决策主体的法制化

海南省应该从以下几个维度理顺决策主体之间的关系，实现基本公共服务决策权力的法制化：第一，切实推行党政职能分开。海南省政府应该从以往统揽大权的传统模式中解放出来，通过制定方针政策的领导方式，着重发挥政府公共决策的作用，而海南省政府部门也应该在基本公共服务均等化基本方针政策的前提下，结合省情和各市县具体情况做出执行性政策。第二，正确理顺省政府与立法机关之间最高决策权的关系。各级党委要充分发挥行使决策权的积极作用，为海南省人大提供各种政情民意，不断改善海南省人大进行公共决策的环境，促进人大提升决策水平。而人大在决策过程中也应该充分考虑党的路线、方针、政策，要更多地组织和团结人民群众。第三，正确理顺立法机关与行政机关之间的关系。由于当前我国还没有出台全国统一的基本公共服务均等化的法律法规，海南省在实现城乡基本公共服务均等化的过程中没有相应的法律法规的参照，在制定均等化的目标时也没有标准可以参考，这无形中将具体实施权力下移到了地方立法机关与行政机关。因此应强化立法机关和行政机关之间的关系，使海南省政府的基本公共服务决策能够更好地体现民意，这是未来重塑立法机关与行政机关之间关系的重要议题。

2. 实现基本公共服务决策程序的法制化

公共决策是事关民众底线生存和发展的基本公共服务决策，更加应该通过法律法规的形式将其决策步骤和决策程序确定下来。考察基本公共服务决策程序的法制化程度应该兼顾两个方面：第一，决策过程是否有民众参与以及是否反映了人民意志；第二，决策程序是否符合科学的决策步骤。

决策过程是否有民众参与是考察决策行为民主性的必备条件，而决策过程能否充分反映广大人民群众的意志和意愿则牵涉公共决策行为合法性的依据。如果不能反映人民意志的话，就意味该项决策不仅毫无意义，甚至还可能侵蚀人民的合法权益。

科学的决策程序有其固有的决策步骤，只有按照法制化的决策步骤按部就班地贯彻执下去，方能尽可能提高公共决策的合理性与科学性。海南省应该从“调查程序、方案设计程序、可行性论证程序、社会交流程序、政策合法化程序”五个决策程序进行法制化规范。

12.2 基本公共服务均等化供给机制的创新

虽然基本公共服务供给机制无法决定均等化的供给范围，但它可以直接影响均等化过程中基本公共服务供给的质量与品质，因此，创新供给机制也是推进基本公共服务均等化的题中之意。当前海南省基本公共服务供给机制是典型的“单中心”模式，从而导致该供给机制凹凸显出“质量低下、回应缓慢、服务态度差”等现实弊端。这种“单中心”的提供主体最终势必步入“单中心”的供给方式，即政府部门直接生产基本公共服务。因此，要创新基本公共服务供给机制，首先必须跳出对基本公共服务属性的传统惯性认识误区；其次在此基础上构建一种“多中心”的基本公共服务主体体系，并且采取多样化的服务提供方式，从而构建一种“多中心”的基本公共服务供给机制。

12.2.1 构建多中心的基本公共服务供给主体

当前海南省政府在基本公共服务供给过程中同时扮演了服务的提供者、安排者和生产者三重角色，忽视了服务提供和服务生产相分离的可能性与必要性。事实上，海南省政府在社会发展中的中心地位，不是靠直接提供公共服务来体现的，而是作为合作者、催化剂、促进者体现出来的。政府应该将服务的提供职能与生产职能分离，通过各种制度安排让非政府组织、私人部门和居民集体共同参与承担公共服务的供给，完善以政府供给为主、民间资本广泛参与的供给机制，在以政府为主导的框架内，充分发挥市场、社会力量，最终形成由政府机制、市场机制和社会机制组成的“三位一体”的“多中心”基本公共服务提供主体体系。

1. 充分发挥政府机制的主导性供给功效

当前海南省政府应该构建以政府为主导的基本公共服务提供体系，积极发挥非政府组织、私人部门以及居民社会等多种供给主体的辅助能动作用。不过，政府不能“事无巨细”地直接生产各种各样的基本公共服务，而应该及时地回归到“掌舵”的位置上来，在基本公共服务领域履行“掌舵者”职能，政府应该更多地扮演安排者和提供者的角色，通过设计各种制度安排让私人部门或社会承担生产者的角色。如此一来，政府节省了很多资金，把这些资金投入到那些急需的事物上；另外，可以抽出精力管理那些“管得好、急需管”的事情。因此，政府应该尽可能地将具体生产职能下放给事业单位或私人部门，同时又要不断地向这些部门加强各种可行和有利的影响，让其“划桨”，并且在供给过程中不断建立健全与基本公共服务均等化相关的法律法规，为具体生产基本公共服务的主体提供比较完备的制度保障。除此之外，政府部门还应该积极协调和严格监管这些生产主体，从而敦促这些提供主体一起组织和保障基本公共服务的顺利生产。

2. 充分发挥市场机制的竞争性供给功效

基本公共服务全部由政府组织或公营部门提供、生产或管制，并非是唯一或最有效的途径。于是，在政府公共服务中引入市场机制，用市场的优势去改善政府的功能，把竞争注入政府服务工作中，实现公共服务供给多中心的制度安排，已成为公共服务的必由之路。海南省政府可以借助市场组织和社会组织的优势与能力来生产某些公共物品或公共服务，关键是公共服务必须打破垄断，实现竞争共存。市场作为提供服务的一方主体，在公共服务市场化进程中主要起到以下重要重要作用：市场机制有利于提高服务质量和服务效率；市场机制有利于政府减轻财政负担，降低服务成本；市场机制有利于转变政府职能和精简政府机构。

3. 积极发挥社会机制的辅助性供给功效

海南省政府应该在提供公共服务（当然也包括基本公共服务）的过程中积极吸引社会机制（本节主要指由非政府组织和居民社会共同组成的基本公共服务相关供给机制）参与进来，充分发挥其辅助性供给功效。对于政府而言，政府通过向非政府组织购买基本公共服务，可以起到优化政府职能的“瘦身”功效，促使政府部门由“大包大揽”的全能式政府向“有所为，有所不为”的有限政府转变。而对非政府组织而言，它们贴近社会，与社会民众保持着比较密切的联系，而且组织机构富有弹性，反应迅速、灵活多变，能够为民众提供多样化和个性化的服务。

12.2.2 实现多样化的基本公共服务供给方式

1. 引入市场供给机制

毫无疑问，政府是实现城乡基本公共服务均等化的主要责任主体，但是这并不意味着政府是基本公共服务的唯一供给主体。基本公共服务的供给应当以政府为核心，私人部门和第三部门共同参与，海南省应该建立以政府、居民、社会及市场多维互动的生产模式。政府除了亲自参与基本公共服务的供给，还有责任充当“中间人”的角色。例如，可以搭建融资平台，吸引更多社会资金服务于海南省城乡基本公共服务建设；建立与非政府组织的伙伴关系，促进基本公共服务多元化的主体供给结构的形成，从而减少财政负担和风险。

针对海南省城乡基本公共服务非均等的现状，对于基本公共服务供给相对落后的农村，更应当引入多远供给机制。其一，在一些市场和资本力量相对较强的农村地区，通过引入公共服务的市场供给机制，不仅可以弥补因政府财力不足而带来的供给不足的问题，而且出于追求利润、吸引顾客等目的，市场供给往往可以比政府机制提供更加有效和优质的服务，从而有利于城乡基本公共服务均等化的实现。其二，在海南省农村地区和较为落后的市县，政府的财力有限，市场力量的发育还不够成熟，如果完全依赖政府供给机制，则农村地区基本公共服务的供给水平将会更加有限，并且会与城市的差距越来越大。随着设计会经济的发展，中国的非政府组织不断涌现并迅速成长，这些组织以及一些有公益心的个人，也可以提供相应的基本公共服务。自愿供给机制的引入，可以大大提高农村地区基本公共服务的供给水平，有利于城乡之间均等化的实现。

此外，基本公共服务的政府供给机制也并不意味一定由政府组织生产。研究证明，与市场主体相比，政府的优势在于宏观调控而非具体生产，政府供给、政府生产的模式往往会带来资源浪费和效率低下。因此，近几年国内许多地区都在探索在公共服务生产领域引入市场主体，比如通过合同形式将农村地区的卫生保洁承包给私人。而从具体的实施效果来看，采用政府供给、市场生产模式以后，不仅节省了公共资金，而且还提高了生产效率，保证了服务质量，得到了居民的拥护与支持，从而在某种程度上也促进了基本公共服务均等化的实现。

2. 创新分类供给机制

目前，海南省农村基本公共服务的供给内容和范围模糊，供给主体缺乏，职权不清，这是导致城乡基本公共服务非均等化的根本原因。针对这一现象，海南省可以分类供给，将农村基本公共服务按照上述分为基础教育、医疗卫生、就业和社会保障、基础设施、公共安全、环境保护六大类40个具体项目，并对其供给内容、供给主体、供给方式等都做了明确规定。按照“公益性服务政府承担、福利性服务社会承担适度补贴、经营性服务探索市场化供给”的思路，合理区分政府、市场、社会在农村基本公共服务供给中的责任，明确规定县乡政府、村自治组织和市场主体在农村基本公共服务中的供给责任，基本形成“政府主导、市场参与、社会协同”的农村基本公共服务多元供给机制。通过分类供给机制，不仅明确了农村基本公共服务的范围与标准，而且促使政府由基本公共服务的直接生产者转变为间接保障者，以便政府集中人财物增强农村基本公共服务供给能力，提高农村基本公共服务的水平。

12.3 创新基本公共服务均等化评估机制的创新

“体制内”的评估机制，导致对基本公共服务均等化供给质量与内容的绩效评估基本上流于形式，而且当前海南省更多地停留在评估均等化的覆盖率普及层面，也就是主要评估政府服务部门投资了多少基本公共服务资金，有多少人受益了。评估机制并没有很好地解决基本公共服务均等化的产出效应，即评估机制忽视了基本公共服务资金投入到底在多大程度上促进了均等化的实现。英国、美国等发达国家不仅十分重视对基本公共服务投入环节的评估，而且还十分重视对基本公共服务产出环节的评估。例如，英国为了提升基本公共服务的质量与效率，专门制定了一套包含 192 条指标的公共服务“最佳价值模式”，通过这项公共服务评估指标，对各级地方政府所提供的公共服务质量与品质进行比较系统而全面的评估。与英、美等国比较完善的公共服务绩效评估机制相比，海南省基本公共服务均等化评估机制还比较稚嫩。因此，为了推进公共服务的均等化，海南省应该从评估主体、评估指标以及评估方式方法等多个维度创新基本公共服务均等化的评估机制。

12.3.1 优化基本公共服务均等化的评估主体

“单一化”评估主体的内在缺憾，是催生基本公共服务非均等化的主要原因之一。事实上，“体制内”评估主体开展的内部评估，更多的只是一种工作流程或官场形式，并不能起到很好的监督作用。随着均等化工程的不断深入，评估主体不仅要对基本公共服务资金投入的覆盖率进行评估，还应该对这些资金所带来的社会效应进行评估。若要对此开展评估，评估过程势必变得复杂烦琐，没有专业的第三方评估机构的积极参与，肯定无法达到很好效果。而且，若要真实了解均等化实现的社会效应，缺乏公众这一受惠对象肯定是美中不足的。因此，秉承上述理念，当前我国应该优化基本公共服务均等化的评估主体，构建一种由行政机关、专业评估机构以及公众共同参与的评估主体体系。

1. 充分发挥政府评估机构的作用

由于我国现行的制度，决定了政府部门仍然是基本公共服务均等化的推行者，是当前我国推进基本公共服务均等化无可撼动的评估主体。

作为评估主体，海南省政府应该将重点放在评估内容和评估手段上。一方面，政府绝不能仅仅将评估重点集中在基本公共服务的资金投入环节上，而更应该将评估焦点拓展到评估基本公共服务资金是否有效推进了均等化效果这个层面上来。事实上，基本公共服务资金投入就实现均等化而言，只是实现均等化的一种手段和工具，具备推进基本公共服务均等化的财政能力只是实现均等化的前提条件，但绝非必然条件。海南省政府除了做好对基本公共服务资金投入的评估，更应该评估资金投入后的效果，相对落后地区和农村的基本公共服务是否得到了显著地改善，城乡之间和区域之间的基本公共服务非均等化状况是否有所缩减。另一方面，“体制内”评估主体在评估手段方面应该扭转以往单一的评估手段，将基本公共服务利益相关人纳入到评估活动中来。正如和前文提到的让居民参与到基本公共服务均等化的决策中一样，海南省政府也应该让非政府组织、市场和居民参与到基本公共服务均等化的评估中，市场和居民和基本公共服务之间有着最为密切的利益关系，基本公共服务均等化实施的效果也最为直接的体现在居民的生活中，因此，评估主体的多元化，可以健全海南省基本公共服务均等化评估机制。

2. 切实强化专业评估机构的作用

虽然海南省政府担任评估的主要任务，但政策评估模式在运行实践中，往往摆脱不了对上级或本级政府的依赖性，在评估过程中往往受到各层级领导的行政干预，常常无法自主、独立、客观、公正地开展评估工作，处于一种附属地位，而且这些评估机构往往“故步自封”，与学术界联系不强，对新兴的评估技术以及评估手段掌握不足。这在客观上迫切要求海南省培育和建立独立的、专业的第三方评估主体，并使之逐步成为基本公共服务均等化的核心评估机构。

第三方专业评估机构往往具有比较广泛的、良好的社会关系，能够更方便地了解民意，能够与社会进行很好的沟通与交流，能够收集到政府评估机构无法获取的信息资料。而且，独立的专业评估机构地位相对比较中立，在评估过程中能够保持比较客观、公正的态度，可以促使评估结果更加科学和可信。另外，专业评估机构的评估技术和评估方法一般比政府评估主体更加先进、更加科学，这也会促成评估结果的合理化与科学化。

当前，海南省独立的第三方专业评估机构尚不成熟，这也是制约海南省构建多元化评估主体的客观原因之一。这与独立的第三方评估机构的生存空间有很紧密的联系，未来海南省政府应该重视第三方专业评估机构的作用，在社会上挖掘具有实力和潜力的第三方专业评估机构，以社会中介（各种事务所）、新闻媒体、科研机构等为代表的第三方，逐渐构建多元化评估主体。

3. 高度重视公众参与评估的作用

作为利益相关人的公众参与基本公共服务均等化的评估过程，应当成为海南省基本公共服务均等化评估体系的潮流。“居民参与政府绩效评估，以评估的方式监督和控制政府的行为，一方面，促使政府更加重视居民的需求，并给予积极回应；另一方面，也能使居民的民主权利得以保障。引入社会公众参与政府绩效评估，构建多元的政府绩效评估主体机制，是政府绩效评估发展的一种客观趋势”。事实上，充分发挥居民在公共服务评估过程中的参与权和监督权，对政府履行公共服务职能起到非常重要的帮助。

首先，政府应加大居民对海南省基本公共服务均等化评估的参与程度，这有利于确保居民个人利益和集体利益不断得到政府官员的倾听和关注。其次，广泛的居民参与，有利于政府部门提升基本公共服务评估的质量。因为民众是基本公共服务的直接消费者，他们十分清楚自己真正需要什么样的基本公共服务，也非常明白自己需要多少基本公共服务，还知道政府推进基本公共服务均等化的实际效果是否符合了民众的实际需求。再次，大量利益相关的居民参与到评估过程中来，有利于基本公共服务政策的执行，而且很可能会增强居民对政府的公共信任程度。海南省政府应该通过多方面的渠道加强居民对基本公共服务均等化评估的参与度，通过网站、社区等多个方面宣传，让公民参与进来。

12.3.2 完善基本公共服务均等化的评估指标

在对基本公共服务均等化评估指标体系的设计，主要应当遵循科学性、全面性、可操作性和有效性。，目前在对基本公共服务均等化的评价研究中，已经初步形成了一套评估指标体系，为了确保指标体系的科学性和适用性，海南省应该在借鉴这些指标体系的基础上，充分考虑基本的省情，不断完善真正适合评估海南省基本服务均等化的指标体系。

当前，我国和各省在对基本公共服务均等化的指标体系构建中，主要分为基础教育、医疗卫生、社会保障、公共安全和就业、环境保护、基础设施这六个方面，这六个方面涵盖了居民生存和生活最基本的保障，但是，海南省应该结合省情，完善更适合本省的指标评估体系。例如，在环境保护指标体系上，海南省自然资源充足，各省的绿地面都较为充足，但是由于经济欠发达，城市化建设不足，因此市容环保上差距较大，海南省在这一指标体系的设计中，就不能紧紧或者着重测评自然环境，而应侧重主要由政府提供的市容环卫这些更能体现社会性的环境，更好地推进海南省基本公共服务均等化的有效实施。同时，海南省还应积极创新基本公共服务均等化的评估指标体系。例如，2005 年，联合国开展“国际小额信贷年”，首次提出普惠金融的概念。普惠金融指的是有效、全方位为社会所有阶层和群众提供的金融服务，通过完善金融基础设施，以可负担的成本将金融服务扩展到欠发达地区和社会低收入人群，不断提高金融服务的可获得性。海南省应该抓住这个理念，将普惠金融纳入基本公共服务，让金融这项服务为海南省所有阶层的人，特别是低收入和贫困人口服务。

12.3.3 评估非公共服务投入项目带来的社会收益

除了对海南省经济和财政状况的评估和对海南省城乡、区域间基本公共服务均等化的评估，还应该做好对非公共服务投资项目带来的整体社会收益的评估。以“统筹划分、分清主次、先后有序”为指导原则，合理安排财政资金。政府用于非民生项目的资金有时候也会起到改善民生的作用。例如，海南省政府可以考虑出资扩建海南省内的城市商业银行、农村商业银行等地方性商业银行，以满足海南省企业贷款和城乡居民的小额贷款需要，这个项目的扩大可以实现城乡居民更高层次均等收入。也就是说，政府不仅仅应该把基本公共服务局限在居民的教育、收入、养老、医疗等基本方面，还应当考虑金融这项基本的公共服务，让金融业成为接近百姓的普惠金融，为社会带来更高的公平和效益。

12.4 基本公共服务均等化监管机制的创新

基本公共服务均等化是事关公众生存和发展的民生性工程，因此，对基本公共服务供给领域应该进行严格且可持续的监管也就显得至关重要。但是，目前海南省在基本公共服务监督管理上还存在一定的问题。事实告诫我们，政府服务部门除了代表公共利益，在管理过程中往往同时也会想方设法地谋求部门利益；公共服务人员除了会扮演“行政人”角色，在服务过程中也往往充当了“经济人”角色。因此，必须对政府服务部门及其服务人员进行必要的监督管理。海南应该构建一种多主体、多层次的监管主体体系，强化行政系统外部组织的监督地位，同时，针对基本公共服务的经费问题，进行有效的监督，在此基础之上，逐步形成一种合理的、长效的、协调的、科学的基本公共服务均等化监管机制。

12.4.1 强化行政系统外部组织的监督地位

海南省仅有行政系统内部的监管主体是不够的，行政系统内部监督主体在监管过程中往往夹杂一定的“惰性”而懒于监管或放松监管。因此，海南省应该强化权力机关、政党组织以及司法机关等行政系统外部组织的监督地位，促使这些外部监督主体能够实实在在地行使其合法的监督职权，从而有利于推动基本公共服务均等化进程。

首先，强化权力机关的监督地位。海南省各级人大常委会应该毫无疑义地成为政府服务部门及其服务人员推进基本公共服务均等化最重要、最直接的监督机关；各级人大应该着重在财政预决算环节审查公共财政制度是否倾斜于基本公共服务领域；海南省人大代表应该尽力履行好民众代表的职责，尽量帮底层民众说话，帮他们表达疾苦。

其次，强化司法机关的监督地位。从法理上来看，司法机关可以根据法定职权和合法程序对政府服务部门及其服务人员进行必要的监督。它主要处理和解决政府服务部门或服务人员在基本公共服务供给过程中存在违法行为的问题。虽然当前推进基本公共服务均等化过程中并没有问责制度，但是随着基本公共服务均等化工程的逐渐深入，国家必定会逐步制定和出台全国性的基本公共服务均等化最低标准以及一系列用于考核评估基本公共服务均等化的指标体系。这些刚性标准和指标将成为保障民众享有基本公共服务均等化的法律保障，一旦政府服务部门或者某些领导一意孤行拒绝执行这些刚性标准和指标，那它们或他们就应该被追究行政责任，甚至是刑事责任。

12.4.2 发挥居民和社会舆论的监督作用

居民有事情喜欢找政府部门或工作人员来解决，对政府部门的依赖性和信任度较高，这是海南省政府部门与居民社会之间存在的一个比较普遍的现象。对基本公共服务均等化工程的监管亦是如此，民众更加信赖相关政府部门对服务供给部门及其服务人员进行监管。事实上，基本公共服务均等化是与平民百姓息息相关的民生底线工程，居民是基本公共服务均等化的受益对象，是基本公共服务改革的原动力，同时也是主角。因此，海南省政府应该让民众和社会舆论合法、主动地加入到监管政府基本公共服务均等化的供给过程中来。

1. 充分发挥公民的监督作用

海南省政府应该通过多种渠道充分让公民参与到基本公共服务均等化的监督中，公民可以通过听证会等途径监督和影响政府部门制定有关基本公共服务均等化的政策、规章；公民可以通过检举、举报甚至控告政府服务部门及其服务人员在基本公共服务均等化过程中存在的渎职、侵权以及违法的行政行为；居民还可以通过信访等渠道表达均等化过程中存在的形形色色的问题。实践证明，平民百姓是最直接、最广泛、最密切、最具发言权的基本公共服务均等化的监督者，海南省政府应积极发挥公民的监督作用。

2. 充分发挥社会舆论的监督作用

由于社会舆论在信息传输上具有广泛、公开、快速等自身特点，使它成为一种非常重要的监督渠道。事实告诉我们，不管是食品安全领域震惊全国的“三鹿毒奶粉”事件、“红心蛋”事件、“染色馒头”事件，还是基本养老保险领域“北京昌平财政局会计挪用农村养老金还巨额赌债”事件以及“云南红河女处长贪污挪用养老基金”事件，都是因为社会舆论高度且持续地跟踪报道，并且引起广大人民群众以及相关党政部门的高度关注和重视，从而促使有关政府部门监管和查处此类事件。海南省应该借助媒体和社会舆论的方式，加大对基本公共服务均等化的监督。

12.4.3 建立基本公共服务经费保障的监管职能

海南省应该按照建立公共财政体制框架的要求，对财政管理体制进行全面改革，完善财政一般转移支付制度，确保对“三农”投入的稳定增长，大幅度提高农村乡镇和贫困市县公共服务供给水平。同时，海南省也应该将基本公共服务的经费保障机制作为提高基本公共服务能力的关键举措，旨在解决“钱从哪里来”的现实困难，为提高基本公共服务水平提供财力保障。

一是建立经费投入的持续增长机制。海南省应该将各级政府基本公共服务经费纳入到本级财政预算，并要求各级政府对基本公共服务投入的增长幅度必须高于同期财政经常性收入的增长幅度。以保障基本公共服务经费的持续增长，满足各种基础设施建设的需要。

二是健全专项资金管理机制。为了保障各市县，尤其是贫困市县基本公共服务专项资金的规范管理、有效使用，海南省应该出台对基本公共服务专项资金的管理办法，对专项资金的安排、管理、部门责任等进行规范，确保项目资金不被挤占、挪用。各市县政府也应制定相应的专项资金管理办法，探索出一些有益的专项资金管理与使用办法，以此来健全专项资金的管理。

三是尝试基本公共服务资金的社会融资机制。目前，海南省农村基本公共服务建设存在资金短缺的问题，为了从根本上解决村级基本公共服务资金短缺问题，吸引社会资金参与农村基本公共服务，海南省可以尝试使用基本服务资金的社会融资机制。例如，成都市为了解决农村基本公共服务资金短缺的问题，制订了《成都市基本公共服务和社会管理村级融资建设项目管理办法》，确定以市小城投公司作为融资平台，各村（涉农社区）在民主决策的基础上，按专项资金标准最多放大 7 倍向小城投公司融资，用于村一级的基础设施和基本公共服务设施建设。海南省可以借鉴成都社会资金的方式，来解决海南省贫困市县基本公共服务资金短缺的问题。

参考文献

[1]［美］珍妮特·V·登哈特，罗伯特·B·登哈特．新公共服务［M］．北京：中国人民大学出版社，2016.

[2]［美］约翰·威尔逊．公共服务财政管理［M］．北京：清华大学出版社，2008.

[3]［英］保罗·乔伊斯．公共服务战略管理［M］．北京：清华大学出版社，2008.

[4] 陈思霞．中国基本公共服务均等化评估及优化机制研究［M］．北京：经济科学出版社，2015.

[5] 中华人民共和国统计局．中国统计年鉴（2000—2015）［M］．北京：中国统计出版社．

[6] 中华人民共和国卫生部．中国卫生统计年鉴（1999—2015）［M］．北京：中国协和医科大学出版社．

[7] 中华人民共和国教育部发展规划司．中国教育统计年鉴（2001—2015）［M］．北京：人民教育出版社．

[8] 赵强社．城乡基本公共服务均等化制度创新研究［M］．北京：中国农业出版社，2015.

[9] 程志强，潘晨光．中国城乡统筹发展报告［M］．北京：社会科学文献出版社，2012.

[10] 张大维．城乡社区公共服务体系一体化建设研究［M］．武汉：华中科技大学出版社，2015.

[11] 薛曜祖．城乡公共资源优化配置的制度安排研究［M］．北京：中国财政经济出版社，2014.

[12] 刘德吉．基本公共服务均等化：基础、制度安排及政策选择［M］．上海：上海交通大学出版社，2013.

[13] 基本公共服务均等化研究课题组．让人人平等享受基本公共服务［M］．北京：中国社会科学出版社，2011.

[14] 全国干部培训教材编审指导委员会组织．城乡规划与管理［M］．北京：人民出版社，2011.

[15] 李兵弟．中国城乡统筹规划的实践探索 [M]．北京：中国建筑工业出版社，2011.

[16] 罗震东，张京祥，韦江绿．城乡统筹的空间路径 [M]．福建：东南大学出版社，2012.

[17] 农业部软科学委员会办公室．城乡发展一体化与农村公共服务 [M]．北京：中国财政经济出版社，2013.

[18] 和立道．中国城乡基本公共服务均等化问题研究 [M]．北京：社会科学文献出版社，2014.

[19] 中国（海南）改革发展研究院．基本公共服务与中国人类发展 [M]．北京：中国经济出版社，2008.

[20] 苏时鹏．城镇化进程中的城乡基本公共服务均等化研究 [M]．北京：中国农业出版社，2011.

[21] 樊丽明，石绍宾等．城乡基本公共服务均等化研究 [M]．北京：经济科学出版社，2010.

[22] 北京师范大学管理学院编．中国基本公共服务均等化发展报告 [M]．北京：经济管理出版社，2011.

[23] 李伟．我国基本公共服务均等化研究 [M]．北京：经济科学出版社，2010.

[24] 古建芹．推进城乡统筹发展的财税政策研究 [M]．北京：人民出版社，2015.

[25] 李旭章．中国财政变革与基本公共服务均等化 [M]．北京：中共中央党校出版社．2012.

[26] 樊继达．统筹城乡发展中的基本公共服务均等化 [M]．北京：中国财政经济出版社，2008.

[27] 傅崇兰．城乡统筹发展研究 [M]．北京：新华出版社，2005.

[28] 马海涛等．中国基本公共服务均等化问题研究 [M]．北京：经济科学出版社，2011.

[29] 王习明．城乡统筹进程中的乡村治理变革研究 [M]．北京：人民出版社，2012.

[30] 刘志昌．中国基本公共服务均等化的变迁与逻辑 [M]．北京：中国社会科学出版社，2014.

[31] 沙安文，沈春丽．地方政府与地方财政建设 [M]．北京：中信出版社，2005.

[32] 王莹．财政均等化：理论与实践 [M]．北京：中国财政经济出版

社，2008.

［33］林闽钢，王增文．区域性基本公共服务均等化评估研究—以江苏省为例［J］．城市发展研究，2013，(3).

［34］田发，周琛影．区域基本公共服务均等化与财政体制测度：一个分析框架［J］．改革，2013，(1).

［35］王宏远，林永新，胡晓华．城乡统筹中的基本公共服务均等化规划技术探讨［J］．城市发展研究，2011，(9).

［36］邱霈恩．城乡统筹发展与基本公共服务均等化比较—杭甬徽三地地方政府管理创新专题调研报告［J］．人民论坛·学术前沿，2012，(7).

［37］梁功平，刘方．促进我国基本公共服务均等化的政策建议［J］．中国财政，2013，(5).

［38］宋洁．地方政府基本公共服务均等化评价体系及实证研究—以X省为例［J］．甘肃理论学刊，2013，(2).

［39］张忠利，刘春兰．发达国家基本公共服务均等化实践及其启示［J］．中共天津市委党校学报，2013，(2).

［40］姜晓萍，吴菁．国内外基本公共服务均等化研究述评［J］．上海行政学院学报，2012，(5).

［41］刘京．基于蒂伯特模型市场化方法推进我国基本公共服务均等化［J］．财经界，2013，(7).

［42］曲丽，王睦欣．吉林省基本公共服务均等化存在的问题及推进对策［J］．行政与法，2013，(5).

［43］黄丽华．论基本公共服务均等化总体实现的政策路径［J］．社科纵横，2013，(3).

［44］杨文卿．试论公共服务均等化政策的可行性—以北京市为例［J］．法制与社会，2013，(1).

［45］姜晓萍．统筹城乡中基本公共服务均等化研究—以四川省成都市为例［J］．社会科学研究，2012，(6).

［46］吴业苗．需求冷漠、供给失误与城乡公共服务一体化困境［J］．人文杂志，2013，(2).

［47］国务院发展研究中心和世界银行联合课题组，李伟，Sri Mulyani Indrawat，刘世锦，韩俊，Klaus Rohland，Bert Hofman. 中国：推进高效、包容、可持续的新型城镇化［J］．中国经济报告，2014，(04).

［48］程红霞．李克强．城镇化思想研究［J］．湘潮（下半月），2015，(12).

[49] 国家基本公共服务体系“十二五”规划 [N]. 光明日报，2012 - 07 - 20 (009).

[50] 本刊编辑部. 国家新型城镇化规划（2014—2020 年）解读 [J]. 中国经贸导刊. 2014 (12)

[51] 张敏. 全球城市公共服务设施的公平供给和规划配置方法研究—以纽约、伦敦、东京为例 [J/OL]. 国际城市规划，(2017 - 05 - 11).

[52] 崔惠玉，孙靖. 公共服务均等化：国际经验与借鉴 [J]. 地方财政研究，2010，(02).

[53] 张亲培，刘兆鑫. 日本基本公共服务均等化特征及启示 [A]. 地方政府发展研究（第四辑），2009，7.

[54] 刘志广. 日本地方交付税制度及其对中国实现基本公共服务均等化的启示 [J]. 现代日本经济，2011，(01).

[55] 廖明华. 完善国库集中支付制度改革的建议 [J]. 中山大学学报论丛. 2006 (04).

[56] 刘美奕. 财政国库集中支付下会计集中核算的利与弊 [J]. 中国国际财经（中英文）. 2017 (12).

[57] 马晓河，罗蓉，等. 加拿大和美国基本公共服务均等化情况的考察 [J]. 宏观经济研究，2008，(02).

[58] 高培勇. 美国的联邦财政补助制度 [J]. 外国经济与管理，1985，(03).

[59] 吴伟东. 公共服务均等化的发展困局与效率提升—英国的经验及启示 [J]. 城市观察，2011，(03).

[60] 李湘昀. 国外转移支付制度比较与借鉴 [J]. 中央财政金融学院学报，1994，(11).

[61] 谭东升. 财政转移支付的国际比较与启示 [J]. 财经理论与实践，1996，(03).

[62] 葛乃旭，宋静. 德国转移支付制度改革及对我国的启示与借鉴 [J]. 地方财政研究，2013，(01).

[63] 徐水源. 德国城镇化进程中加强公共服务均等化制度建设与启示 [J]. 人口与计划生育，2016，(02).

[64] 林晓. 德国的财政平衡及其对我国的启示 [J]. 新疆财经，1995，(05).

[65] 贾康. 澳大利亚财政的“均等化”制度简介 [J]. 经济研究参考，1992，(Z2).

［66］张兆鹏．均等化转移支付制度的国际借鉴—以澳大利亚维多利亚州为例［J］．地方财政研究，2011，(09)．

［67］李刚，李晓环．谈变异系数在区域比较中的应用问题［J］．统计研究，1999，(S1)．

［68］黄转苦，冯忠明，张诚一．海南省卫生资源配置公平性泰尔指数评价［J］．中国公共卫生，2016，32 (04)．

［69］彭定赟，王磊．财政调节、福利均等化与地区收入差距—基于泰尔指数的实证分析［J］．经济学家，2013，(05)．

［70］杨卫星，李建红．海南探索医保省级统筹实施路径［J］．中国医疗保险，2009，(10)．

［71］王列军．户籍制度改革的经验教训和下一步改革的总体思路［J］．江苏社会科学，2010，(02)．

［72］中国互联网络信息中心．2014 中国互联网络发展状况统计公告［R］．北京：2015.

索　引